U0918130

之○諭軍機大臣等前據明瑞等奏稱伊犁
爾地方修城駐兵事宜具奏。經軍機大臣議
准發熱河滿洲兵遣往伊犁之兵尚將來
盛京綠營兵約計二千五六百名。現在各令
挈眷陸續起程。伊犁除原曾將兵營房修蓋。
不妨暫住帳房。至滿洲綠營兵共有二千。伊
犁雅爾地方。未必有如許房屋。可以存住。理
應預備邊寨。推爾兵若派現在伊犁兵
丁。則此輩屯種之兵。即可任伊犁兵丁空
閒房屋。若即派此項屯種兵丁。則伊犁
亦須預造房屋。以備兵丁到時居住。前爾等
奏准行者不明白指示。明瑞或未能善為籌
備。諭明瑞酌量先撥兵丁。是否可以將其派

乙多字軍機大臣等奏盛京將軍舍圖肯等
奏稱遵旨於盛京錫伯兵内挑選一千名等
因。移駐伊犁應照索倫兵丁之例派員管領
請選防禦驍騎校各十員。帶領出口沿臺由
盛京所派內揀文理通曉筆帖式二員備名
一、兵以到至伊犁後。官員兵丁應領俸
餉約須銀千兩。就近於盛京戶部支領再
為此又派協領防守尉各一章京四前餘
一、自照看約束選委邊門等處學等酌派從
前咨給案咨盛京移駐伊犁派有經管協領
大員。查選出錫伯今舍圖肯所奏選派官員
遠赴邊門。並未兼及長途護送之人應令派
協領城守尉各一員。送至伊犁。其章京前來。

戍边精英

上卷／出征·锡伯营

吴文龄 著

沈阳出版发行集团 沈阳出版社
新疆生产建设兵团出版社

图书在版编目（CIP）数据

戍边精英：全2册 / 吴文龄著. —沈阳：沈阳出版社，2017.3

ISBN 978-7-5441-8258-4

Ⅰ. ①戍… Ⅱ. ①吴… Ⅲ. ①长篇历史小说—中国—当代 Ⅳ. ①I247.5

中国版本图书馆CIP数据核字（2017）第046653号

出版发行： 沈阳出版发行集团 | 沈阳出版社
（地址：沈阳市沈河区南翰林路10号　邮编：110011）
网　　址： http://www.sycbs.com
印　　刷： 辽宁奥美雅印刷有限公司
幅面尺寸： 155 mm × 235 mm
印　　张： 36.5
字　　数： 400千字
出版时间： 2017年3月第1版
印刷时间： 2017年3月第1次印刷
选题策划： 陈　尧
责任编辑： 闫志宏　张　闯　周武广　耿作军
封面设计： 杜　江　杨　雪
版式设计： 杨　旭　姿　兰
封面绘图： 张君华　胡文光
责任校对： 程欣欣　耿作军
责任审读： 滕建民　耿作军
责任监印： 杨　旭

书　　号： ISBN 978-7-5441-8258-4
定　　价： 72.00元（全2册）

联系电话： 024-24112447　62564985
E-mail： sy24112447@163.com

作者简介

吴文龄，又名吴扎拉·文龄，男，锡伯族，副编审，1944年9月出生于新疆伊犁察布查尔锡伯自治县爱新舍里镇依拉其牛录。曾任新疆人民出版社宣传科长、《书刊文萃报》编辑室主任等职。1980年起发表锡伯文、汉文作品，锡伯文代表作有《锡伯族民间故事》《锡伯族谚语》《锡伯族情歌》等，汉文代表作有长篇小说《喋血金佛》《血胆名猎》《西陲碣石》《流芳（三部曲）》等，另有诗歌、散文多篇发表于报纸杂志上。

内容提要

乾隆年间，清政府为巩固西北边防，从盛京所属十五城抽调千余名锡伯精兵，携带家眷驻防伊犁。这支队伍在盛京锡伯家庙会集，告别故乡亲友，一路风餐露宿，跋山涉水，经历友情、亲情、爱情之种种磨难，行程一万多里，经时一年零五个月，胜利抵达伊犁，设旗建营，开创戍边屯垦的伟大基业。三十多年后，锡伯营人口倍增，地少粮缺，生存陷入困境。锡伯营在总管图伯特率领下，力排众议，以九族之命力争，经过近七年的艰苦劳动，终于挖通二百余里察布查尔大渠，开辟万亩良田，保障边疆，造福后世。

小说分为《出征·锡伯营》《奔腾·锡伯渠》上下两卷，歌颂了勇往直前的英雄主义精神，赞扬了逆境求生、不屈不挠的民族精神，弘扬了舍己为人、团结一心的爱国主义主旋律。

主要人物

绰克托——锡伯营西迁奉旨钦差，领队大臣
舍图肯——盛京将军
欧阳瑾——奉天府府丞
德　公——萃升书院教习，绰克托的老师
阿穆呼朗——盛京镶黄旗协领，西迁第二队营长
噶尔赛——熊岳城协领，西迁第一队营长
华尚阿——盛京佐领
萨晋图——盛京镶蓝旗防御
萨音布——盛京镶蓝旗马甲，萨晋图之孙
色本泰——教书先生，图伯特的纳克出
图伯特——乳名图克善，长大后为伊犁锡伯营总管
伊尔哈——色本泰之女
华沙布——盛京骁骑校，伊犁锡伯营五牛录佐领
柯　保——盛京镶蓝旗骁骑校
艾新芝——柯保之女
巴扬阿——盛京正白旗骁骑校，伊犁大渠总监官
扎　西——巴扬阿跟丁，柯保之子
锡林春——凤凰城防御
硕尔泰——锡林春之子，长大后为伊犁锡伯营副总管
莫　伦——锡伯家庙喇嘛，后为伊犁锡伯营靖远寺达喇嘛
巴兰泰——理藩院笔帖式
德　保——理藩院笔帖式
善　清——理藩院领催
成衮扎布——乌里雅苏台将军
纳苏肯——乌里雅苏台领队大臣
多尔古——乌里雅苏台蒙古王爷
其木格——多尔古之女
格尔登——乌里雅苏台蒙古王爷
松　筠——伊犁将军
普萨保——伊犁锡伯营领队大臣
巴尔布——伊犁锡伯营一牛录佐领
呼图克——伊犁锡伯营二牛录佐领
纳尔泰——伊犁锡伯营三牛录佐领
柯伯克——伊犁锡伯营四牛录佐领
绰布图——伊犁锡伯营六牛录佐领
达明阿——伊犁锡伯营七牛录佐领
德克津布——伊犁锡伯营八牛录佐领
额尔固伦——伊犁锡伯营防御
乌里雅苏台——伊犁锡伯营先锋，艾新芝之子
包吉力——纳尔泰之女
觉　罗——硕尔泰跟丁，华沙布之子

锡伯族亲族间称谓

塔　　义：曾祖父

太　　提：曾祖母

额　　爷：祖父

玛　　默：祖母

阿　　默：父亲

额　　妮：母亲

纳 克 出：舅父

合纳克出：舅母

阿　　哥：哥哥

德　　噢：弟弟

格　　合：姐姐

额　　夫：姐夫

哈 拉 达：大姓族长

莫 昆 达：哈拉内分支族长

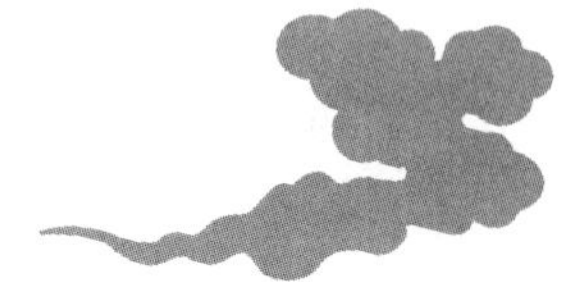

1

响晴薄日旱天雷！哐啷啷的一声，像是响自天地交接之处，视野之内，大山的尖儿、田野的边儿、蒲河的沿儿，凡是带边带框能看出轮廓的，都为之颤了一颤；又像是当头炸响，让人两耳轰鸣，胸中窒息，腿脚软得恐怕当场委顿在地，像有一只无形的大手把他牢牢地摁在地上。

风云突变！

萨晋图突然闪过了这个念头，这种感觉仿佛三十多年前在准噶尔的战场上，八旗兵勇追杀残敌，纵马呼啸如同围猎兼游戏小兽，可转瞬间不知从哪儿冒出了数不清的敌兵，漫山遍野，遮天蔽日，天空也一下子变暗了。刚才还是耀武扬威的猎手，转眼就成了身陷绝境的困兽。

今天这种感觉从何而来呢？萨晋图坐在牛车上一袋接一袋地抽着旱烟，已经大半个时辰了。牛车上装满了官粮，两个轮子深

深地陷入泥中，像从地里出来的一样。前几日秋雨不断，每天下上一场，这条道泡得像河泥一样软，拉庄稼的大车一辆辆地碾过，早轧出两道深深的车辙。对面的牛车偏偏也要走这两道辙，从坡上下来便勒不住缰绳，行到萨晋图的牛车前才停下，就这样僵持起来。对面车上也坐着一个老汉，年纪与萨晋图差不多，灰白的胡子，腮帮上多了些肉，肚围肥大，倒像个用不着自己干活儿的土财主。车子上叠放着四只大木箱子，酒盅大的铜钉磨得发亮。“土财主”也没说话，跟倒腾家底似的一会儿从车上拿起件袍子拍一拍，一会儿拎起双靴子掸一掸，一会儿又捧起顶帽子吹两下，好像伏天过后，这些衣饰都要晾晒晾晒，可分明是新近置办的，透着光鲜。“土财主”看一件爱一件，胖脸蛋上泛起了笑意，那笑意确是发自心底。萨晋图看了也禁不住嘴角跟着翘一翘。

可是响雷过后，萨晋图不由得重新打量起“土财主”，突来的一声巨响，“土财主”眉头都没皱一下，仿佛眼中只有那一件件的衣饰，世间万物都不存在一样。但萨晋图感觉到自己却存在于“土财主”的视野之内，任他怎样折腾，眼角余光一直锁在自己的身上。他拿起每一件衣饰都像是在向自己显示，嘴角的笑带着得意，偶尔侧过脸去，现出脖颈子上斜拉着两条又粗又硬的肌肉，脸蛋上方的颧骨眉弓依然带着硬朗的棱角，眼角眉梢暗藏着一股杀气。萨晋图突然感觉，这是一种跟死人打过滚儿的人才能有的杀气。

就在这时，身后不远，马蹄声响，狂肆而散乱，赶车人连喊带叫，“闪开了，闪开了”，比马闹得还欢。不多时一辆马拉的弧顶小轿停在了萨晋图身后。想是着急赶路，轿子里的人早探出身子，手搭着赶车人的肩膀大声叫嚷：“我说干什么呢，太阳地不是你们家炕头，跑这会相好的唠闲嗑儿，不会躲边上去？我们还要赶路呢！”说出话来好像不动下巴用舌头一划拉一嘟噜一串地就从后槽牙、舌头根底下溜了出来。“土财主”闻声一挑眉毛，萨晋图也侧脸瞟了这位一眼。车上人此时也看明眼前的情形，突然乐了，“哟呵，早就听说可头回见着，真有顶牛的。顶牛顶牛，两个倔老头！”说到这儿，一拍赶车人的肩膀，“小子，你说这俩老头谁能犟过谁，我跟你赌三十两银子。”赶车的满脸堆笑，“我的爷，小的这辈子也没有胆子跟您赌钱，您甭跟小的赌这三十两，还是先把索珞大爷那三十两赢到手吧。”说到这儿，扭头冲着萨晋图二人喊道，“老家伙，甭在这犯倔，干点儿什么不好，赶紧给好人腾地方。”萨晋图皱了皱眉，慢慢收起烟袋，身子一挺下得车来。那位“土财主”忽然说了话：“放着官道不走，偏往这庄稼地里钻，哪有这样赶路的？这里可是官家地，碾着了轧着了，可要受罚的！”车上人可是不肯吃亏的主儿，受不得抢白，“怎么着，你哪只眼睛看着我碾着轧着了，我的车不能走，你们的车怎么就能走？这老头是种地的，拉着一车，一车——这都是什么呀？反正是地上长的，倒是可说的，你那车上哪儿偷坟掘墓分的贼赃也往这道走，可怎么说？”车上人原本还要说，“土财主”把眼一瞪，脸上一沉，刚才两腮的肉颤巍巍地像豆腐似的，突然一下就冻上了，车上人后面的话便吞了回去。那赶车的却大声呵斥：“老家伙，别要横，我家爷是京里户部的上差，你们地里打的那些东西，够不够数，几等几品，都是我们爷说了算，就算在这块地里横蹚，让你颗粒无收，也是爷撇撇嘴的事，谁敢责罚？赶快把路让开，你们盛京城的将军大人还等着我们爷喝酒呢！”

“土财主”正要发作，萨晋图低声言道：“光棍不斗官府……”“土财主”扭头看着萨晋图，“忠勇巴图鲁，我的老阿哥，你怎么还这样胆小怕事？你我的命是从准噶尔捡回来的，捡了我就不还了，还怕他官府！”萨晋图一愣，“你是——”

“怎么，连我都忘了？当年锡伯兵丁活下来几个？三个！穆特苏被一条伤腿耽误了半辈子，就剩你我算是囫囵人——我是窝国善哪！”

“哎呀！你是窝国善！”萨晋图抢步上前一把握住“土财主”的双臂，上上下下打量一番，“真的是窝国善兄弟，你可发福了。多年不见，你跟我开这么大玩笑……”

“这几年是好过了些，你的侄儿巴扬阿大有长进，已做了牛录的骁骑校，我就跟着享几年福。”窝国善回头拍了拍车上的箱子，“眼下又要成亲了，我忙着置办置办……”

萨晋图觉得像自己家里有了喜事一样，不由跟着高兴起来，忽又有些疑惑：扎勒牛录正白旗远在城东郊外，怎么跑到城西来置办。“不知道彩礼还缺些啥，我这当长辈的也该略表些心意。”窝国善迟疑了一下，“你那侄儿当年披甲，三箭连珠，技压全场，成名以后没人超越，只可惜少了一匹上等的战马。如今我那亲家又是有头有脸的官爷，我儿更不能减了威风。谁都知道你这牛录的色本泰会养马，我正要到他那儿挑匹好马。”

萨晋图心中更加不解，色本泰养马养的可是拉车犁地的庄稼马，要挑战马当去西城门外马市，那可是关外有名的大马市。萨晋图不便多问，只好随口说道：“不知道是哪家的姑娘有这样的福分，能做了老兄弟家的媳妇。”

“就是你们镶蓝旗的老佐领家……”不等窝国善把话说完，

旁边马车上的人可等不及了，“嗨，真跑这儿会亲家哪！你们到底让不让路？”

窝国善刚说到兴头上，被人打断心中大为不悦，“老阿哥，我们拼死拼活给满洲人打下江山，却还要受这帮奴才的气！”萨晋图劝道：“打下江山儿孙坐，就当这些晚辈不孝，缺了管教吧，以后自当有人惩戒！”“好吧，咱们给孙子们让路。”

窝国善回头看看退路，刚才从官道上下个慢坡拐向田间的土路，如今退回官道便成了爬坡，车轮陷在泥中，试了几次却越陷越深，只管迎着坡往泥中使劲。萨晋图正要帮忙，窝国善冲他一摆手，示意不必麻烦，便将身子靠在牛车的一侧，半蹲下来，右手扳住车辕，双腿蹬地一长身形，就把那半边车子抬了起来，直到轮子高过了车辙形成的水沟外沿，才左手扯动缰绳，将牛往横向牵。那牛车一扭，车轮便斜担在车辙沟上。窝国善一按车辕，飞起身在车厢上方折了个跟头，便落在牛车的另一侧，同样半蹲身子紧靠在牛车另一侧，将牛车抬起，待车轮离地，便吆喝了一声，那头牛挪动两步，这边的车轮也偏出了车辙印。这牛车本就有二三百斤的分量，加上车上几只大箱子，能有四百多斤，那窝国善举重若轻就像孩子摆弄玩具一样。萨晋图在旁看着，脸上露出赞许的笑容。等到窝国善的牛车退回官道上，他便如法炮制，一手抬车轮，一手扯缰绳，左边拉一下，右边抬一下，牛车脱开了车辙沟，顺利爬坡上道，整个过程也是轻描淡写。窝国善见了竖起了大拇指。

“老阿哥，老当益壮，这气力不减当年哪。”

“你也是啊，看着发福了，身手还这般了得。”

两人正客套时，官道下传来叭叭的鞭子声，夹杂着赶车人的

吆喝。两人挪车之时，马车上的主仆二人只傻愣愣地看着，根本没看出门道，见道路让开，便紧挥马鞭，想一鼓作气冲上坡去，只是偏偏一只车轮也陷到深深的车辙里。赶车的见赶不动车，便跳下车来到马前，一手扯着嚼环，一手甩着鞭子，左拉右扯，那马车左扭右扭却怎么也上不来。坐车的看见，从车上下来减轻车的重量，也不见效果。赶车的低声说道："我的爷，不如将车上的东西卸下来，上了坡咱再装上。""住口！"坐车的呵斥了一声，用眼睛环视了一圈，"那东西哪是随便装卸的，这荒郊野外……"说到这儿脸色有些发白。赶车的连忙宽慰，"绰克托大人的人马就在左右，眼见着就到盛京城了，爷尽可放宽心。""那也不成，这些东西你知我知，绰克托那家伙是第一个要瞒的。快叫那两个老头儿帮忙，把车抬出来。"

萨晋图和窝国善看着坡下赶车的折腾了半天不动地方，此时却向二人走来，便知道来人想要求帮。窝国善道："改日我恭送喜帖，请阿哥一家去吃喜肉。兄弟我告辞了。"往坡下扫了一眼，"我才不伺候这帮奴才！"上了牛车不紧不慢地走了。

赶车的走上坡来，眼见着窝国善走了，急忙拦在萨晋图面前，"老人家，我家爷乃京中户部的靳坤大人，奉皇上的旨意……"萨晋图根本没听他说什么，摆了摆手，便向坡下的马车走去。赶车的大喜，连跑带颠地追了上去，到了车前言道："这位便是我家大人。"萨晋图拱了拱手。那位户部大人三十上下，微有些须髯，脸上似笑不笑点了点头，见萨晋图转身向轿子走去，噌地一下先钻进了车里，把车厢里一个大箱子紧紧抱住，转身放下了前帘。

萨晋图来到陷住的轮子一侧，找好了位置，向赶车的示意了一下，然后背靠轿子，往起一抬，感觉颇有些分量。那赶车的不知道怎么配合，见萨晋图示意，竟也跳坐到车上，车轮抬起之后，也不知道应该轻挪车辆，好让轮子转到泥沟之外，便猛地一鞭子，拉车的马儿受惊，奋力向前一冲，把萨晋图扯个趔趄。萨晋图连忙蹬个后弓箭步身形往下一坐，那马车竟被他这千斤坠牢牢地定住。马匹前冲的劲头未泄，原地踏了几步便向旁使力，横方向一下子闪开了。萨晋图感觉背后的车厢猛地离开了身子，紧接着车辕脱手，他连忙转过身，马车竟向坡旁边的深沟栽去。马儿感觉到有坡也知道收势回头，只是受车舆所累，转过半个身子，那轿子便侧翻过去。萨晋图抢步上前，一把扳住车辕，轰隆一声，车厢里像有个大铁球翻滚了一下，撞到了翻到底下的车厢帮上，萨晋图也猛一发力才没有被带倒。原来是车内的那只大箱子翻了。靳坤在车内惨叫一声，便没有动静。突然，轿帘内伸出了一只惨白的手，像只鸡爪子似的平空抓挠着。一旁赶车的手扒脚蹬连喊带叫。萨晋图不容多想，连忙弃了车辕腾出双手一手擒住赶车的，一手捉住那只“鸡爪子”，双双往怀里一拽，腾腾腾倒退了几大步，后腿单膝点地才稳住身子。车上两个人向前扑倒重重地摔在地上。萨晋图进前查探了一下，见都能喘气，赶车的还知道喊疼，便放下心来。忽听咴咴的马叫，扭头看见拉车的马还在坡下挣扎。萨晋图心疼牲口，转身下坡想把马解下来，那位坐车的靳坤大人突然挺起头，冲着萨晋图的背影又伸出那只“鸡爪子”，叫喊道：“箱子，箱子——”一口气没倒顺溜，又憋死过去。萨晋图把马从车辕上解开，扭头看见轿帘下露出个大箱子，心想那位大人喊的箱子便是这个吧。踏上车辕伸手一搬，眉头不由一皱。这箱子与平时装行李的箱子略有不同，像是的书箱，不管装啥都决不会这么沉重，除非里面装着金银。萨晋图不由得回想刚才这主仆二人的一举一动，说是官人却连个随从都没有，带着一箱子金银，放着官道不走，鬼鬼祟祟钻庄稼地，难道这里装的是贼赃？萨晋图猛地站起身来，扭头往坡上看去，看见赶车的正往这里张望，二人目光一碰，那赶车人跟做了贼似的一猫腰。萨晋图迈步向坡上走来，赶车的赶忙抱起那位大人，“我的爷，快醒醒，露馅了，全露馅了。”萨晋图一步步走近，面沉似水，厉声问道：“二位是什么人？这箱子里到底装的什么？”这时，赶车的再看萨晋图可不是刚才那个蔫了吧唧的庄稼人，而是满脸的杀气。“穷山恶水出刁民！”赶车的认准萨晋图这是见财起意，嘴里说不出话来，只顾往后躲闪。萨晋图却步步紧逼，说话语气也像变个人似的，“在下镶蓝旗防御萨晋图，二位跟我到衙门……”赶车的根本没心思听他说什么，冷不丁大叫一声：“救命啊！刁民造反啦——”就这一嗓子，还真惊动了官道上的行人。两匹战马七八个兵丁正在急急赶路，远远见路边停着驮庄稼的牛车，本未留意，忽然听到牛车后传来救命的喊声，一下就涌到了牛车前。赶车的看见了救星，叫得更欢，“大人救命——他要打劫钦差！”萨晋图一听，大急，向前紧走两步，“诸位，莫听他胡说，他是吓糊涂了……”不等他说完，早有两个兵丁冲过来，两杆长枪左右两路交叉刺来，只想压在肩头将萨晋图锁住。萨晋图往旁一闪身左臂抡开一绕，便将两杆枪绕在肋下，单臂夹住，一拧腰身转动脚步，两个兵丁被带着踉跄几步，甩在一旁，两杆枪都被夺去。待等萨晋图身子转过来时，他已将长枪抄在手中。他抬头看了一眼马上之人，一脸横肉，身着行装马[illegible]是一位武官，戴着顶子，马前兵丁穿着号坎儿，确实是官府之人。萨晋图无奈地摇了摇头，将枪横在地上，单手打尖施礼，“在下乃是盛京镶蓝旗防御萨晋图，见过大人！”不料想马上那位大人大喊一声：“我管你是谁！给我绑了！”

2

“出关便是山，何处见平川？远村炊烟起，近埠有良田。”

日头偏西，晌午时毒辣的太阳已经靠近地面，反而柔和了许多。午后一场过街雨好像老天爷浇花似的，洒了一阵就过去了，却也杀住了秋老虎的威风，天空被洗刷得湛蓝清澈，越发地高远了。这是盛京地面上最好的时节了。

绰克托陪在老师身边，望着蒲河两岸阡陌纵横，像一块块硬毛挺立密密匝匝的厚毯子，铺展开去直到天地的尽头，便禁不住顺口吟首小诗。老师听罢，微微点头，“出京一千五百里，只有到了奉天府，才明白什么叫一马平川，什么叫尽收眼底。”

“学生此次出京，却惊动先生一路奔波，真是罪过。”

“傅恒大人早知你是我的学生，军机处派你的差事，竟特地写信向我征询，我当然明白他的用意。为师在盛京多年，还是有可用之处的。”

“都怪学生愚钝，劳先生和傅恒大人牵挂。”

“不必过谦。调锡伯兵马西迁，事关重大，其中也多有烦琐，确要仔细谋划。”

“临行时傅恒大人确有交代。此前设总管伊犁等处将军，朝中就争议颇多。此次明瑞大人上书，要在塔尔巴哈台等地筑城设卡，调兵驻防，而手上之兵不足驾驭，营中将领不堪驱驰，想请

朝廷征调各处兵马，擢拔将领增派伊犁。而朝中竟又有人以蛮荒之地不足固守为由妄议裁撤将军，收回兵力。我大清自圣祖朝三代征讨，时过甲子，兵逾百万，才有眼下太平初现，若拱手让出，只怕没了噶尔丹却又有多少个和卓冒出来。"

那先生接道："汉拜将军，唐设督护，当今皇上文治武功不在圣祖之下，对西域边疆有汉唐之心。一些肖小远无守土戍边之谋略，近不能领悟圣意，真真枉为当朝大员。傅恒大人既能力排非议，筹划谋虑，尔等就当鼎力担当。"

"先生教诲的是，只是学生尚有疑惑。皇上已准明瑞大人请驻参赞大臣、领队大臣之奏，爱隆阿大人为参赞大臣已赴伊犁，学生拟任领队大臣，却没有随行。去年兵部一纸令下，察哈尔兵、索伦兵已开赴南疆，为何此次调锡伯兵，却要着我等奉旨督办？"

"盛京陪都，龙兴之地，非他处可比。我朝入关，自顺治十五年设盛京礼部，至康熙三十年置盛京兵部，五部俱备，同时又有留守大臣，历昂邦佐领、奉天将军直至当今皇上定称盛京将军；又兼改辽阳府设奉天府管理民人。凡种事务，多有交叠，趋利避繁，往往事倍功半。去年奉天府尹通福寿涉治中高锦收受一案，被朝廷革职查办，新任府尹乃是满洲正白旗光禄寺卿耀海，当时现任盛京将军舍图肯大人也由福州将军任上刚刚调来，朝廷便令奉天府尹受他节制，那耀海大人如何服他。这便是傅恒大人派尔等督办之意。将军、府尹和五部侍郎均与京中连带相关。你虽有圣旨在身，恐怕这官场中的泥浊也牵绊手脚。这些话傅恒大人恐不便说出，就算是为师妄自揣测吧。"

绰克托自知老师与傅恒大人交往至深，这番话即便不是傅恒大人在信中明言，也会是暗中授意，由老师告诫自己的。

“先生教诲，学生顿觉明朗。难怪出京之前，兵部与户部都派了笔帖式随行。”

“噢？莫小瞧笔帖式，虽大不过六品却乃是八旗出身之路，升迁颇快，此等人定为各处大员心腹，但不知来的是哪两位？”

“户部靳坤，兵部索珞。二人一个好赌，一个好色，沿途之上多生事端。学生怕误了与先生相约的时辰，索性与他们分路行走，约定在永安桥头会合。此二人受不了我的约束，却又不想分开行走，是我与他们设赌，后到者罚银三十两，他们才肯答应。现在想来，恐怕此行他们另有所谋。”

师生二人说话间，官道之上走来了一队人马，两匹战马，七八名兵勇，中间还夹着一辆牛车，车上一个大箱子前半躺半卧斜倚着一个人，正是那位壕沟里翻了车的户部笔帖式靳坤。此时萨普图却被绳捆索绑押在牛车之后。绰克托见了，心里一翻个儿，这两位瘟神又惹事了。

一行人见了绰克托等人，连忙停脚下马，与绰克托见礼。靳坤病怏怏地叫道：“绰克托大人，只因跟你打赌，赶路翻车，可摔着我啦！只怕输了银子还搭上汤药钱。”绰克托摆摆手不提打赌之事，便引荐索珞和武官与老师相见。索珞早见绰克托身边有一位长者，须发花白，面色润泽，单手负在背后显得器宇不凡，暗暗思忖绰克托撇开自己不知私会的是哪一位官员。绰克托一一介绍过索珞、靳坤和护卫领队果莫之后，才向众人介绍，这位长者乃自己的恩师，原是吏部官员，现在盛京城德盛门里萃升书院教书，世人皆称德公。索珞等人不知萃升书院底细，听说是个教书先生，便不以为意。

索珞言道："绰克托大人说是与我们打赌，实则赶来拜会恩师，足见师生情厚。我们都是性情中人，绰克托大人一路也没少关照，出公差办私事，不妨事不妨事。"

绰克托不理他的话头，一指被绑的萨晋图转头，问护卫的领队果莫："这是何故？"果莫便将见到靳坤翻车，赶车的说萨晋图打劫之事说了一遍。绰克托听罢看了看萨晋图，本本分分一个庄稼人，近前问道："这位老汉，你是何人，方才我听闻的可是当真？"萨晋图一直强压怒火，这些京里的人不明是非，只想到城里衙门说个清楚，见绰克托面善才开口答道："在下盛京镶蓝旗牛录防御萨晋图，在田中拉送官粮，遇上大人翻车，上前帮忙，却被诬打劫民差！"

绰克托回头问那赶车的车是怎么翻的，赶车的一指萨晋图，"让这老汉抬车，却把车掀到沟里。"绰克托大奇，"一个老汉能有多大力气。"赶车的忙道："力气大着哪，我和大人被他一手一个从车上提到空中，大人才摔成这样。"

"这么说你家老爷是被这老汉救下的。"绰克托见赶车的无话可说，便转身问车上的靳坤，"老兄可曾丢了什么？"边说边看着靳坤身后的箱子。"没丢！什么也没丢，只有这公文和书籍，哪有什么可偷的！"靳坤最怕别人注意这箱子，直起身子将身后箱子挡了一挡。

"那为何将他绑了起来？"绰克托奇怪地问。

"嗨，我是摔着了，醒的时候便见已经绑了，我当是因他弄坏了我的车，索珞大人要绑便绑了呗。"靳坤满不在意地答道。

"成何体统！"绰克托暗骂一声，转身来到萨晋图近前，冲旁边的兵丁一伸手，兵丁会意，抽出腰刀交到绰克托手中。绰克托一揪绑绳，刀刃在绳子上一抹，抖了几抖便为萨晋图松了绑绳。“老汉受惊，一场误会，现已真相大白，且勿见怪。”说罢从怀中掏出五两银子递到身前。哪知萨晋图双手把银子挡回，谢过了绰克托，转过头看着车上的靳坤。靳坤愣了一会儿才想起，自己还坐着人家的牛车呢，刚要挪动身子便又想起身后的箱子，他可不愿再折腾了，索性一言不发装糊涂。这时索珞脸上挂不住了，虽然翻车的是靳坤，可是下令抓人的却是自己，绰克托连问都不问一句便自行放人，当下言道：“绰克托大人，他虽是旗人，却是伊彻满洲，是个锡伯人罢了，劳您失了身份。”绰克托道：“非我刻意，只是地近陪都，我不想让盛京城里的人以为我们京里的不爱惜地方子民，损折了皇上的圣名。”索珞道：“这刁民弄翻了靳坤大人的车子，也应受些责罚，这也是维护朝廷的威严。”绰克托还未答话，靳坤一旁说道：“对呀，坏了我的车，便赔我一辆，我索性坐着牛车进盛京。”

德公闻听，哈哈大笑，“盛京皇宫之内有皇上御题‘紫气东来’，大人坐牛车是想效李耳骑牛吗？不如坐我的车舒服一些。”说罢一指路边树下停着的一辆匹马小轿。靳坤略有迟疑，想不出德公是夸他还是损他。绰克托一旁却不干了，哪能让老师让出车子，只好与萨晋图商量：“这位老汉，劳烦你用牛车送我们一程，到盛京城内，你便可回去，我可多加路费。”说着又要掏银子。

萨晋图也看出了几位官爷是什么性子，这位绰克托大人确实与那二位不同，便爽快地答应了，“也用不上银子，只有一样，大人还须稍等片刻，容我回家通告一声，车上的庄稼被丢在了路边，我让家人赶来收拾，那可是官粮。”

绰克托此时越来越觉得萨晋图不像普通的庄稼人，一不怕官，二不贪财，真叫个不卑不亢，还很大度厚道，便允了萨晋图回去。果莫一旁低声问道：“大人，是否着人看着?”绰克托摆了摆手，反叫果莫将马匹交给萨晋图，一干人等在永安桥旁等候。没一会儿索珞就不耐烦了，“我们护奉圣旨，却在此久候一个老头儿，朝廷颜面何在?”靳坤也道：“区区一辆牛车，用后着人送还不就是了嘛。”绰克托被二人唠叨久了，脸上不由变了颜色。德公此时言道：“不如留下两人候着，我陪几位大人慢慢领略一翻，永安桥蒲河水，塔湾夕照，叠道御路，这盛京老八景新八景，一路下来都可有所观瞻。”靳坤听了不以为然，心想我只识得火号的成色，索珞识得娘儿们的姿色，谁还管那老八景新八景的，顺口答道：“那御路叠道我倒听过，近年不断工地修，征召当地徭役，都折银免了税赋，户部转呈了不少的折子。”

德公道：“皇上巡幸盛京已过十年，近来紧修御路，去年还重修了凤凰楼、衍庆宫、崇政殿和大清门，恐有再次东巡之意呀。前两次皆北出蒙古，回转南下盛京，若再出行怕要走盛京叠道了，不然如何大兴土木。”

见索珞与靳坤不由地点了点头，却又一脸茫然，德公接着言道：“皇上在盛京城墨宝颇多，凡过一景便赋诗题联，我萃升书院对这些皇上的诗联墨宝琢磨反复，都觉得看景不若听景确非妄言。等两位大人回京交差，恐怕皇上会御前询问盛京风物，两位大人若能以皇上诗句回复那是最能传情达意的。”二人闻听眼睛一亮，皇上的喜好早就听说了，此次若真能面圣交差，按德公所说回奏，定能说到皇上的心里去。我们是谁呀，笔帖式，能说会道记性好。靳坤忽地来了精神，“先生，方才您说的什么老八景新八景的，不知道一会儿能见到几处，皇上在哪儿吟过诗，在哪儿题过字呢？”德公往前一指，“千丈晴虹跨赤霄，天边忽下永安桥。两位大人请随我来。”

绰克托在后边看着索、靳二人陪在德公两旁，忽然觉得老师对付这两个瘟神真是信手拈来，便也跟着往永安桥而来。但见蒲河上横跨着一座三孔拱桥，桥洞之间有分水石护桥桩，上有两只龙头从桥身子里钻出来。桥面足有四五丈宽，桥头两座石狮一雌一雄扭脸相望，端柱头上是圆雕的小狮子，后接护栏两厢排列，莲花状的柱头，汉白玉的护板，抱鼓石上刻虎鹿犀牛麒麟瑞兽，护栏板上是云卷花开的吉祥纹。

绰克托看着德公人等边走边说过了永安桥，自己停在桥中央回头往来时官道上望去。过了一会儿便见一马飞快，萨晋图骑在马上须发飘动，甚是威武。两下会合之后，整装登程。靳坤搭边挤在德公的车上，不住地攀谈。索珞一旁并马而行。而绰克托的马和萨晋图的牛车行在最后，那赶车的此时则坐在牛车上挡着大箱子。走着走着，萨晋图觉出这位京里的绰克托大人还挺爱和自己说话，问了不少锡伯人的事。

不知不觉来到了一座土岗之上，眼前霎时开阔了不少，不远处，一座古塔拔地而出，正是德公所说的无垢净光舍利塔。塔的那面一湾流水波映余晖，两岸细柳垂荫；塔的这面顺坡而下，一条宽阔的大道伸展开去，两旁密植古木，树杈交叠，把中间的大路遮掩得如同隧道一般，那就是皇家御路盛京叠道。走下坡来，此时夕阳照在身后，回望古塔，塔身背光漆黑一片，而夕阳余晖却给塔的外廓镶上一道金边，在红霞蓝天之中更显得界限分明。有风吹过，塔檐下的金铃略有晃动，便将铃后的光一闪一闪地透过来，仿佛是金铃本身发光一样。这难道便是塔湾夕照之盛景吗？

一行人在德公的指引之下走上了御路叠道，才发现这条大路不光宽阔平整，古木遮蔽，路旁树下，还用碗口粗的巨木搭成了护栏，护栏外还有壕沟，真是一条封闭的通道。一直走出三五里，前面现出一片开阔地，才仿佛觉得从洞里钻出来一般。开阔地的对面，一连片的高墙大院。此时天色已暗，依稀看到一个院落，竟是金顶红墙，院落不知有多深广，因为离着院墙很远，竟然有一座高大楼宇，楼高三层，离着很远也须仰视。天边最后一丝光亮让天空还有微微的蓝色，楼檐一角上的怪兽仿佛高高地挂在天边，又像牢牢地镶嵌在青石板上。顺开阔地向前走近了，才看出那一片院落原是几座庙观，此时大门关闭，一派肃穆。绕过这些大院落，绰克托等人心头一震，不由得驻足观望，方才那座高大楼宇并不在庙观的院落之中，而是远远地坐落在一道数丈高的城墙上。雄关当道，原来是盛京城到了。

忽然身后一阵钟鼓之声，不知从哪个庙观中传出。德公忙提醒众人，加紧前行，关城门的时辰到了。还没等众人动身，开阔地另一侧跑来三四匹快马，在众人前面呼啸而过，马上人齐声吆喝，马鞭甩得叭叭作响，要说是赶马倒不如说是赶人。索珞平日骑马也是甩鞭子甩惯了的，见有人抢道，提马先跟了上去，果莫连忙纵马跟随。眼见着城楼越来越近，前面那三四个人喊着“且慢关门，让我们进去”。突然间在离城很远的地方便勒住了马。眼前是一座牌坊。原来离盛京城城墙外一里多地还有一道土筑的边墙，一人来高，三尺多厚，牌坊下大门已关，一队兵丁把守，领头的正在那里问话。骑马的也不下马，口中嚷道：“当值的，我们是镶蓝旗骁骑校家的跟丁，有要事进城见我家大人！”

守门的喊道："没看见关城了吗？你家大人怎么还能在城中？"骑马的答道："今日就有钦差进城，将军大人特召我家大人议事，迎候钦差。"领头的回头问了问身边人，"今日可有钦差的通告进城？"身边人全都摇头。领头的便道："你家大人不就是柯保吗，也轮得上他来迎候钦差？少在这儿大话哄我。"骑马的急道："近日便是教场大演武，将军大人想给京里的人瞧瞧，便召大人商议。"领头的点点头，"好吧，你们有什么事情，我可派人给里面带个话……"骑马的一听磕巴了几下，"此事，此事须当面回禀，不方便转告……"领头的一听，颇不耐烦。身边一个小校忽道："有什么不能说的，是你家大人相好的跑了吗？"

"你嘴巴放干净点！"骑马的大叫。

"你们倒是干净，每次演武，你们家的大人何时在城中待得住，不是到北门外去赌，便是去东门外找乐儿。你还是去东营子找吧，问问那里的老鸨子可曾见了你家大爷！"

骑马的听完呸了一口，"不知道你家哪个姐哪个妹卖到了东营子，偏找不到主道，劳着你跑这儿兜买卖！有种的让我们进城，找来我家大人当面说道说道。"

领头的火也上来了，"你个赛思黑的种，别在爷我面前逞威风，大清玉律，城门起落，寅戌三刻，就算钦差大臣到了，也得等明个天亮。"这时领头的身后灯光闪动，一匹战马停了下来，后边跟着一队官兵。马上人隐在灯火后看不清楚长相，只听得沉沉地喝道："呔！让他们进来！"领头的闻声回头一看，"协领大人，是柯保家的……"这位协领大人手一摆，"我都听到了，放他们进来！"

领头的一脸不甘，转身回来，"外边的，协领大人让你们进

来。”柯保家的跟丁听了心花怒放，“就说吗，盛京城哪个不给我家大人面子。”几个人刚要催马，忽见前面刀光一闪，协领大人在马上把腰刀抽了出来。灯笼挑起，但见这位协领虎威威的一张脸，满面络腮，大环眼瞪得跟铜铃相仿，几个跟丁吓得迟疑不决。协领大人吼道：“进还是不进？”跟丁不敢搭言。“不进就滚！”协领一声怒吼，跟丁们一打哆嗦拨马就跑。守门的都觉得解恨，“协领大人，痛快！跟您当差就是痛快！”协领大人面无表情，“你们手里家伙是切菜的吗，再有叨扰，莫多废话！”说完拨马带人走了。

“喳！”守门领头的冲着背影应了一声，回身嚷着：“亮招子，什么我家大人你家大人的，一些个伊彻满洲的锡伯人，也跟爷摆架子，协领大人有令，再有讨嫌的，用家伙说话！”

“喳！”众人齐声应道。

忽听边门外有人喊道：“守门的听着，奉旨钦差绰克托大人到，快快开关放行，往你家将军府中通报！”

守门领头的一听，“呀呵，这是撺掇好的，戏耍爷爷。弟兄们，弓箭伺候着，黑灯瞎火我也看不见啊，谁再吵吵进城，就给我乱箭齐发！”

“喳——”

3

盛京城往西五里，有一处颇为神奇之地。想当年，蒙古林丹汗部向太宗皇帝献宝，队伍行至外攘门西五里之时，驮着佛门圣物玛哈噶拉千两金佛的白毛骆驼，突然卧地不起，不肯再行一步。想是佛的指示，太宗皇帝便在此处修建了一座喇嘛庙——莲花净土实胜寺——供奉金佛。这座喇嘛庙又叫皇寺，到了圣祖康熙朝，在这座皇家寺院的西边，隔着一条小路，又多了一座家庙。起初只有平房五间，颇为简陋，但是一直伴在皇寺身畔，不但供着三世无量佛，还供奉关公，香火不断。这就是锡伯人的家庙，太平寺。

绰克托陪着德公一边在太平寺中观赏，一边听着德公讲述皇寺和太平寺的来历，忽然觉得自己能在太平寺借宿，仿佛也是老天的安排。眼前的太平寺已今非昔比，坐北朝南，两进的院落，三座大殿，东西各有配殿。前殿门前，东雄西雌一对石狮，青砖铺就的三级台阶，四根大红柱，三间大殿门，门额正当中，一块黑漆的横匾，上写“锡伯家庙”四个斗方大字。殿高两丈有余，青砖筒瓦，前出廊檐后出厦，廊檐下绘就彩色的吉祥图。中殿、后殿比前殿更加雄伟。这些都是锡伯人捐资捐工合力筹建的。绰克托听闻，暗自佩服。

二人又往里走，正看见萨晋图也早早起来，正帮着当值的喇嘛劈柴。盛京地面多烧秸秆，这时节已开始有人拉车进城贩卖，像这等硬柴可要贵了很多，都是族人捐给庙里的。此时天色亮了许多，忽听身后“当啷啷——”一声钟鸣，震得人浑身一颤。钟声悠悠好似海浪一波一波向远方传去。德公见绰克托吃惊，笑道：“这便是皇寺钟鸣……”忽听房门响动，索珞披衣趿鞋跨出房门破口大骂：“我说你们庙里穷疯了怎么着，大早上就做道场敲你家的丧钟，怎不都死绝也好安生些，不来搅你大爷的好梦！”

叫喊声惊动了早起的喇嘛，有人停下来朝门房这边看。萨晋图一手拿着斧子一手掐根劈柴也从里院走了出来，气得青筋暴跳，“大人，佛门圣地，您胡说些什么？”

索珞打昨晚就不痛快，在边门叫城，被守城的一通训斥，险些动起手来。偏偏绰克托不与守城的计较，由这个锡伯老汉领着借宿太平寺。到了这儿，索珞让喇嘛将大门打开，车马进院，可是锡伯人又有规矩，大门两侧皆有神灵，马匹不能进入。从侧门进庙之后，没有安排到内院住宿，只在门房一侧的几个房间歇息。靳坤放心不下他的大箱子，整夜翻来覆去，连带着索珞也睡不安稳。刚刚睡沉实了，却被那钟声硬生生吵醒。如今萨晋图一顶撞他，不由得来了精神，“老奴才，敢跟大爷这样说话，别人睡觉你敲钟，也是这庙上的规矩，也是你们的乡俗？”

“晨钟暮鼓，这是大清的规矩。你们皇寺的钟，敲不敲与我何干？”萨晋图险将“你们满洲人”说出。索珞道：“什么十乘寺八乘寺，爷我不高兴，让你们一个也剩不下。”索珞指着萨晋图手中的劈柴，“你就多预备些个，老子正要一把火烧了这鸟寺。”

“一派胡言！”绰克托一旁忍无可忍，“索珞大人，实胜寺乃盛京皇寺，达喇嘛品级在你我之上，出入皇城都不受约束，大人且不可胡言乱语。”

这时围观的喇嘛已多，萨晋图心中又急又愧，我这是把恶魔引进了庙里，不由厉声喝道：“庙是不同的庙，佛是一样的佛，我好心领你到此投宿，你竟如此藐视我族人。你嘴再不干净，我就让你做了烧火的劈柴。”说罢将那截圆木往地上一立，右手斧子一落，咔嚓一声将圆木劈成两半。

这时庙外匆匆走进一人，四十多岁，将萨晋图拉到一旁。萨晋图一看，正是同一牛录的教书先生色本泰。庙内走出一年轻的喇嘛，围观的喇嘛见了便自行散去。绰克托与那喇嘛相见，正是昨晚借宿时见过的莫伦喇嘛。索珞见无人理睬便悻悻地回到房中。

萨晋图由色本泰拉到庙外，这才稍有平息，便问色本泰因何到此。原来色本泰一早领着女儿伊尔哈进城卖马，顺路给庙上拿些药材。萨晋图左右看看问："伊尔哈在哪儿?"

"丫头贪嘴，跟着华沙布、图克善往城边先走了。"色本泰见萨晋图似有心事，又问，"大叔找伊尔哈有事?"

"昨晚我出家门时，萨音布还未回来，不知是不是和伊尔哈在一起。"

"伊尔哈知道要来卖马，昨天便去找萨音布，今早又去，也没找到，才由华沙布陪着，心中好不乐意。大叔放心，这些娃中萨音布最为长进，春上刚又披甲入册，不会惹是生非。就算遇上麻烦，凭他的身手，盛京城恐怕没几个是他对手。"

"多事之秋啊，这几日便要秋场演武了，我总觉得有大事发生。"萨晋图想起色本泰进城卖马，便问起昨晚窝国善可曾选中了好马。色本泰苦笑，"他哪里是来买马的，那是来夸官的。他儿巴扬阿要娶亲，那一大车聘礼，还没让亲家见过，便让我们牛录人都知晓了。"萨晋图一听不由也笑了，"这个窝国善，他说亲家是哈达牛录的，原来是来显摆的。"色本泰道："穆特苏大叔说，他不是显摆给亲家看，是显摆给萨晋图大叔看呢——四十多年前的那桩事，他还没忘呢。"见萨晋图无语，色本泰便问起方才之事，萨晋图把昨晚之事略表一番，忽然有了主意，自己不便再与这些人同行，就劳烦色本泰回家时将那辆牛车带回，于是领着色本泰来见绰克托。

绰克托将萨晋图送出庙外，还在替索珞赔情，萨晋图倒有些过意不去，“大人与那两位，同行不同路，不是一般人品，在下心怀感激，日后定当报答厚待之恩。”

绰克托送走了萨晋图，转身进庙，却见索珞、靳坤已经收拾完毕，不知是嫌庙上的早饭清淡还是待着别扭，张罗着早些进城。色本泰劝道：“寅时三刻皇寺鸣钟之时，盛京城内钟楼上也会鸣钟，八门依次鸣锣，先是东门东关，次是北门北关，再次南门南关，最后才是我们要进的西门西关。锣声响过，城关开放，买卖商贩早就等在关外，这时进城，边门到城门，再到钟楼鼓楼，常是寸步难行，逛城的多是在边外用过早饭才进城去。”

索珞哪听他多说，招呼手下人走在前头。果莫也觉得这两位是惹事的主儿，这回便守在了绰克托身旁。色本泰是读过书的，听说德公在车上，便陪在车旁。一行人等来到西边门外，果然是人山人海。前行的索珞与靳坤走进攘外门里便走不动了，从马上透过城门洞往城里望去，正前方有座方方正正的鼓楼，楼下四面开门，人潮涌动，一直连到城门洞。这时一名小校来叫索珞，原来是绰克托派人告知，让他们回转向南进怀远门，走皇城门前，才能进将军府。索珞掉转马头，一打眼，前面也有个骑马的，却是个婀娜的少女，正左顾右盼，满脸的好奇。索珞眼睛一下就直了，不由自主地跟着少女往北而去，顺着墙根来到角楼之下，前面就是卖骡贩马的大牲口市。

牲口市上人略少些，都是些灰头土脸的汉子，这一个水灵灵的丫头往这边一走，所有人不由都看了过来。一个嘴里叼根草棍的马牙子嬉皮笑脸迎了上来，“哟，这是哪家的格格，我搀着你点儿，留神踩着驴粪蛋上。”说着往少女马侧贴过来，伸手要扶马镫。少女一带马，用马头隔开马牙子，脆生生地说道：“来这儿当然是卖马，难道看你变戏法吗？”马牙子一只手举在半空，顺势去抓马的嚼环，“呵，胭脂马。爷们儿最喜欢，爷帮你卖个好价。”只顾嘴上讨便宜，一不留神那匹马厚嘴唇一翻龇出大槽牙冲他手上吭哧就是一口，马牙子哎呀一声一甩胳膊，虽然躲过却吓得不轻，“好烈的马，不让爷好好调教调教，窝在家里可没人要了。”少女知他嘴不干净，言道：“好马不服孬种，降不住牲口算你没本事。”说着一磕肚带，这匹马轻盈盈地绕了一圈，把马牙子甩在一边。马牙子还不甘心，又贴上身来，径直去抓少女的手。少女大怒，抬手躲开，就势将手中马鞭子一扬，喝道：“干什么！”马牙子道：“妹子好不懂规矩，买卖不交言，我想问个价儿。”说着故意把手褪到袖子里。少女也不明白，“问价你便开口问——十五两！”哄地一下，旁边看热闹的一齐笑了。少女大窘，自己也不知道这马该卖多少钱，急道：“这马是我养大，不为给额爷养病才不会卖，马上的披戴都是我绣的呢。”马牙子笑道：“这马上的东西都一起卖？”“对，都算在一起。”“那也值不了十五两。”

“谁说不值？我出二十两！”旁边忽然有人接过话头。马牙子回头一看，“掌盘的，这可不合规矩。”那个掌盘的冷笑一声：“这地界我家二爷就是规矩。”“别总拿二爷吓唬我，盛京城可不是你们家的。”马牙子说话已经没了气势，只在嘴上想找些面子。这时掌盘的身后围上来四五个人，当中拥着一位，面色灰暗，一张很不匀溜的脸上两个小豆眼，就像土豆子上用筷子扎出来的；粗脖儿大下巴，说出话来嗓门还挺大，“捅马屁股的，滚一边去，这桩买卖二爷我做了。”马牙子叫了声“二爷”，溜溜地走开了。那位二爷抬眼看着马上的少女，朝旁边掌盘的努努嘴，

掌盘的打怀里掏出一锭银子，抬手向马上扔去。银子落在少女身上，少女忙用胳膊夹住，落在手里掂一掂少不了二十两。少女正要下马，掌盘的忽道："哎，不用下来，我给您牵马，格格坐稳了就成。"

少女奇怪，"收了钱，马就是你们的，我不骑了。"掌盘的笑道："格格方才说了，凡是马上的一起都卖。如今不光马归我们了，格格也归我家二爷了。"周围人哄地又是大笑，可是看着那二爷的架势，不像是在耍笑少女，而是动真格的，便都没了动静，看着这事怎么闹下去。忽然一条黑狗蹿到了马前，冲着掌盘的狂吠两声，龇牙低吼，做出了扑咬的准备。一个十来岁的少年跑到近前，大喝一声："图伯特在此，都给我规矩点！"

掌盘的一愣，"谁家小崽子，滚一边去！"

少年不惧，"我是哈达牛录的图伯特，她是我格合。你才滚一边去。"这少年就是色本泰的外甥图伯特，乳名图克善。

"跟爷装横。你格合收了银子，卖给我家二爷了，你赶紧给家里送个信，你格合今儿个就不回去了。"

"我们是卖马的，不是卖人的。"

"你格合收了银子，买卖就算成了。"

少女一听，啪地将银子往地上一摔，"这钱是你扔给我的，还给你！"

"笑话，成了的买卖还能反悔，咱盛京城可没这规矩，你们说是不是？"掌盘的一吆喝，围在二爷旁边的几个人一起应和："没这规矩——"围观人群中有人骂了一句："这叫哪门子规矩，真他妈不是东西。"那位二爷一听，不由往四处撒目，见周围看热闹的交头接耳，不想耽搁，忙叫手下上前，想要强行牵马。人群中忽又传来一句京腔："大活人卖个牲口价，真是好买卖，不如我出三十两！"二爷一惊，再抬头看，见一个人催马从人群中慢悠悠走了出来，是个生脸，问道："干什么的！"

"京城兵部上差，我是你索珞大爷。"正是兵部笔帖式索珞。

那位二爷冷笑一声，"你若是本地的，哪门哪户，二爷我还能琢磨一阵有没有你这一号，扯出八百里拿京官来吓唬我，盛京城五部衙门二爷也不是没见过。"

"狗奴才，你敢辱官犯上，报上名来！"索珞骂道。

"二爷乃镶蓝旗哈达牛录海保，我额夫是牛录骁骑校柯保大人，盛京城无人不晓！"

索珞嘿地一下气乐了，"一个小小骁骑校罢了，牛成这样，你们盛京没人了吗？"

海保大怒，"一泡尿，数不清的狗尿苔，皇城根下你这般豆大的官儿有的是。二爷今天让你见识见识盛京城有没有人。小的们，给我轰出去。"几个手下上来就轰索珞的马。索珞身为兵部的笔帖式，在当兵的里面算是识字的，在文书里面算是会武的，平时就会假横，这么多人一围当时就麻爪了。此时掌盘的又要牵少女的马，图克善叫道："慢着。你们是柯保家的人，可曾知道我师父？"掌盘的问道："你师父又是哪位？"

"我师父就是萨音布，今春披甲的头名勇士，柯保家的艾新芝格合是我师父没过门的媳妇，老防御萨晋图是我师父的额爷！"

掌盘的听完寻思了一下，忽然哈哈大笑，"说来说去，都是我们家大人的奴才。"

海保道："萨音布是什么东西，披了甲又能怎样，哪能配得上艾新芝，小奴才不要胡说八道。"

图克善还要说话，却被少女拦住，“图克善记住，人家是老爷，我们不稀罕，将来萨音布哥哥的媳妇，一定是我伊尔哈。”

海保大笑，“知道想男人啦，把二爷伺候高兴了，也许把你赏了那个奴才，省得他惦记艾新芝。”

掌盘的忽道：“二爷，不如赏给我吧，萨音布算个什么玩意儿……”突然啪的一声鞭子响，“啊！”“哎哟哟——”有两个人接连叫了起来。原来伊尔哈又羞又气，抬手一鞭抽在掌盘的头上，掌盘的大叫一声。索珞被人围着正在害怕，忽见动起手来，吓得一端肩膀，仿佛鞭子抽到他身上一样哎哟哟地叫着，“打人啦了……”伊尔哈打了人也自害怕，直吓得一鞭子一鞭子停不了手地抽。那掌盘的被打蒙了，抬手护着头不知躲闪，鞭子打一下，他便啊一声。鞭子落在同一个地方，袖子都给打烂了。

海保一时看呆，猛地大叫：“干什么哪？动手哇！”手下人这才撇开索珞，要夺伊尔哈的马鞭。这时人群一分，两名军校长枪开道，果莫持刀在后紧催战马，来在索珞马前，色本泰和另一个兵勇则冲到了伊尔哈身边。海保气红了眼，大叫着：“给爷叫人，来帮手啦！”马蹄声响，人群外又冲进来三四匹马，为首的跳下马来，在海保跟前低声传话，却是昨晚边门外叫城的那几位跟丁。海保不等那人说完，突然暴跳如雷，“什么！艾新芝被抢走啦？”跟丁嘴一咧，险些哭了：“我的二爷，这事能嚷嚷吗？”手下人听海保叫喊，便也跟着嚷起来，“格格被抢走啦，格格被抢走啦！”

海保喝道：“别喊了！抄家伙！”说罢翻身上了跟丁的马，双脚踹镫，跑出不远又兜马回来，问那跟丁，“艾新芝被谁抢走的。”

“没看清楚！”

"抢到哪儿去啦?"

"还无下落!"

"那我上哪儿救人?"

"小的们不知。大人在将军府中等候钦差，脱不开身，才叫二爷查找格格。"

海保气得没着没落的，怎么救人，心里无数；有心下马，看手下人拿刀动枪，对不起刚才那份气势，啪地抽了跟丁一鞭子，骂一声"没用的奴才"，纵马走了。

4

自从老罕王突降圣旨迁都沈阳，这座明廷的卫城一下子就成了满洲人的根基。太宗皇帝改十字街为井字街，四门改八门，到圣祖朝又将两道护城河并为一道，修边墙，设八关，更使得此城八门正戴，方隅截然，京阙之规模大备，天眷盛京谋克敦天下闻名了。

绰克托骑在马上，一边走一边四下观看，自己在京城虽见多识广，但如盛京城这般规模在别处亦未多见。进了怀远门，面前这条大街，左有皇宫，又多府衙，盛京将军、奉天府、盛京五部、承德县等大小衙门，都在街南。前行不远，便是奉天府丞的官衙。德公就此与绰克托等人辞行。自己外出多日，回城之初当与府丞欧阳瑾知会。绰克托知道恩师此次专为自己而来，见府丞也有一半是为自己的事奔波，心中感激，恭送德公直到看不见身影。

再往前走，转眼就到了武功坊前。盛京城除了大西边门与怀

远门之间道路偏向西南之外，其余各处是门关相对，笔管条直。在皇宫北侧一东一西有钟鼓二楼，犹如两座屏风，挡住了六门的冲煞；而在皇宫南面大清门前，文东武西立了两座牌坊，又称东华门，西华门，就成了抚近门与怀远门内的屏障。此时武功坊下大门紧闭，有军兵把守。门前有一座木牌，朱红的大字，武官见了下马，文官见了下轿，便是人们所说的下马碑。众人下了车马，早有军校上前通告，侧门打开，才进了武功坊。索珞昨晚吃了守门的憋，今早又受了地头蛇的气，看着把门的就不痛快。可是他也晓得规矩，行走在大清门前，不敢有丝毫的放肆。过了大清门，前面又有一道门，便是文德坊；出文德坊东行，眼瞧着抚近门就在前面，旁边又忽现一座牌坊，规模似文德武功坊具体而微者，乃是一座辕门，原来是盛京将军府到了。

盛京将军府所在，原是朝廷入关前的吏部衙门，坐落在抚近门内大街与德盛门内大街路口东南角，如今门前多了两处辕门，成了陪都内的第一大衙门。此时府门大开，除了盛京将军舍图肯，副都统、城守尉、城防尉、防御、骁骑校等大小官员早已候在门外。绰克托等人被迎进府中，但见印务处、折本房、步营司、督捕司和户礼兵刑工五科办事房分厢排列。众人到侧院稍作安顿，然后净面洗手，换上了朝服，这才手捧圣旨来到衙门大堂。

大堂上盛京大小官员跪地听旨。绰克托将圣旨展开，却是简简单单一句话：今着伊犁等处将军领队大臣绰克托督办盛京锡伯兵移驻伊犁之事，盛京将军转饬盛京五部奉天府各处，从容筹办。舍图肯口称奴才谢恩领旨，这才站起身来。但见其身材魁梧，面方须长，表情深沉，双眼放出慑人的光芒，乃堂堂一品武将。绰克托急忙上前见礼，舍图肯摆手辞让，让众人落座，说出话来瓮声瓮气，倒也快人快语。“绰克托大人，方才圣旨中皇上所说的移驻伊犁，到底是怎么一回事？”

绰克托便将军机处另一函公文呈交上去。舍图肯展开公文，翻看了几页便放在一旁。绰克托见他一时不得要领，便细细道来。“多日前，伊犁将军明瑞大人上奏，经实地踏勘，朝廷拟于伊犁之外筑城设卡一事确可落实。先当于塔尔巴哈台筑城，再筑雅尔城，驻兵一千五百名，屯田兵五百名。这屯田兵拟调绿营兵前往，而一千五百兵额，便由各处征调。”

舍图肯问道：“区区一千五百兵，还用得上大老远地调盛京锡伯兵吗？”

绰克托答道：“皇上有意经营西域，驻守、设卡、巡查等差颇为繁多，俟西征军、换防兵撤回后，伊犁所有移驻之兵近六千名，恐不敷分驻各处；且伊犁、塔尔巴哈台周围地方广阔，多选派数千名携眷兵移驻，似于一切均有裨益。皇上已允明瑞大人所求，现驻避暑山庄达什达瓦厄鲁特官兵情愿移驻伊犁，拟于其六百名兵中选五百名，并由官员内选其情愿者携眷移驻，官员不敷管带者，亦可酌派驻京厄鲁特人中选情愿者携眷前往；另有避暑山庄、喀喇河屯等地满洲、蒙古三千兵内，拟选一千兵，酌派官员携眷移驻。明瑞大人特奏请皇上，称盛京锡伯兵有四五千名，技艺尚可，狩猎又如索伦，朝廷遂定由盛京锡伯兵内拣精壮者一千名，酌派官员，携眷前往。”

“满洲、蒙古、绿营、厄鲁特……”舍图肯口中念叨着，又问，“有索伦兵吗？”绰克托道：“索伦兵、察哈尔兵已于去年开拔，如期抵达。”舍图肯哈哈大笑，“朝廷征剿大军一撤，他明瑞

这个伊犁将军便成了空架子，既然无兵，筑的什么城，先筑城，再要兵，打好柜子要家什，这是向皇上讨家底呢。”忽然想起眼前的绰克托便是伊犁的官，又言道，“绰克托大人受傅恒大人器重，却也被明瑞给讨要去了。”当即有人附和道：“就是，绰克托大人在皇上跟前享福，却受累到那荒无人烟的地方受苦。”

绰克托笑笑摇摇头，“各位大人，经略西域确乃皇上心中头等大事。塔尔巴哈台地方非但与伊犁毗连，且通达阿尔泰、科布多等地。若只于伊犁驻兵而塔尔巴哈台不驻，则西北两路声势不能呼应。唯于塔尔巴哈台驻兵，周围环设卡伦，则西北两路方能彼此呼应，伊犁军威将更加强盛。皇上早曾敕谕阿桂大人着办此事，明瑞大人赴任前，皇上又下谕留心办理。故明瑞大人只是遵旨办事而已。且傅恒大人闻奏，与舆图核对，明瑞大人所请筑城设卡、驻兵之地及派遣参赞大臣领队大臣、编派兵丁游牧、届时巡查等项事宜，俱合地方情形，已奏请皇上恩准。”

舍图肯道：“既然皇上恩准，我等自然照办。区区一千兵，便借给他明瑞充充身家。”

绰克托笑道：“明瑞大人当初上奏，确是想让这一班锡伯兵驻防三年，三年后携眷驻防伊犁之满洲、察哈尔兵，均可操练有成，索伦、厄鲁特等亦定居游牧，彼时便可换防。只是皇上下旨，让此一千锡伯兵携眷而行。”

舍图肯道：“又当如何？”

绰克托道：“携眷而行，便不是换防，而是长驻，这借期嘛恐怕要长喽。”

舍图肯道：“那要多长？”

绰克托用手一比画，“皇上说，一甲子——六十年！”

舍图肯啊了一声，“六十年？孙子都成爷爷了，那还回得来吗？我说他明瑞只管开口要这一班锡伯兵，只怕要我盛京满洲兵，我舍图肯不肯给他。本将军可不小家子气，便将一千锡伯兵给他就是。”

绰克托见舍图肯爽快，心中高兴，又言道：“强将手下无弱兵，盛京兵强马壮，当是将军治理有方。西北驻防之处，哈萨克人等尽管亦知感恩戴德，然惧威尤甚，若兵威不能慑服彼等，则哈萨克等反致狂妄无忌。听闻锡伯人未甚弃旧习，狩猎为生，技艺尚可，近几年朝廷出兵，未曾遣派伊等。于此项锡伯兵内拣其优良者派往，亦可与黑龙江兵匹敌。”

舍图肯大手一挥，“我盛京守兵一万六七千余，个个强悍。不日就是秋场演武，绰克托大人可一同看看盛京八旗的军威！”

事情顺利，绰克托心中高兴，回到侧院钦差馆驿换下官服，换上一件便装马褂。手下人来报，色本泰还在府外候着。绰克托想起还有萨晋图的牛车要还，又想早些将府中之事告知恩师德公，便叫上两名随从出得将军府来。色本泰知道萃升书院所在，就在将军府南、德盛门以里，便引着绰克托前往。自己的牛车是过不了文武二坊的，正好出德盛门转向西行。绰克托再次拿出银两酬谢，色本泰执意不肯，倒是德公听见，叫人去拿一套满文书籍来送与色本泰。色本泰大喜，立在门外候着，却见华沙布骑马而来，马上驮着图伯特。

绰克托早上见过华沙布，正是他帮着寻找走散的索珞，也略带听闻了马市之争。此时见华沙布行色匆匆，见着色本泰低语了几句，色本泰听罢一脸的惊讶，绰克托便叫过华沙布询问：“早上马市与索珞大人争执的是什么人？”华沙布愤愤地答道：“那人

名叫海保，不但是马市一霸，在盛京城也是恶名远播，可比当年的扎士卜。就仗着他额夫柯保，是镶蓝旗的骁骑校，听说又要当佐领了。”

绰克托奇怪，问道：“盛京八旗佐领也只是五品，更何况七品骁骑校，怎能在盛京城为所欲为。”华沙布道：“本来我族人当不了佐领这么大的官，盛京城六十六佐领有两个锡伯人，祖上都是佛满洲，年纪已过六旬，也靠的是一辈子的战功才熬到今天，却落得亲眷全无，回到盛京，柯保认了宗亲，做了华尚阿老佐领的干儿子。”

色本泰一旁接口道：“盛京城八门八关，内厢边外，分由八旗掌管，大小事务则由六十六佐领着办。两位佐领年迈，许多事都由柯保去办，柯保结交越来越广，买卖越来越大。有些事官不闻府不问，不规矩的也都成了规矩。”

绰克托便问华沙布，急着来找色本泰是不是那海保又来找麻烦。华沙布支吾几句。色本泰道：“都是儿女情长之事，不足言道。”绰克托也不便多问。这时书卷捧来，色本泰受宠若惊，深施一礼谢过了德公与绰克托，转身上车，与华沙布、图伯特往德盛门而去。

一路之上，色本泰紧赶牛车，不停地向华沙布打听。华沙布心里惦念伊尔哈，在色本泰面前不敢多言，反倒是坐在牛车上的图伯特向舅舅讲述清楚。

伊尔哈早上在马市鞭打了掌盘的，惊恐之余听闻柯保家的艾新芝被人抢走，那艾新芝与自己的心上人萨音布梅竹马，眼见着到了婚嫁年龄，两家忽然生疏起来。萨音布每每想见艾新芝都要想方设法瞒过两家人，有时还得求伊尔哈和华沙布帮忙。如今艾新芝被抢，萨音布一夜未归，其中必有缘故。伊尔哈心中烦闷，着急回家，色本泰也担心海保等人再找麻烦，便让华沙布送伊尔哈和图伯特回去，那马暂时卖不成了。回到牛录，伊尔哈与华沙布、图伯特分开，独自来找萨音布。华沙布心中有些酸楚，信马由缰，可是没过多久，伊尔哈慌慌张张地纵马而回，叫华沙布马上去找阿默色本泰，自己去请穆苏特额爷，都到萨音布家聚齐，去晚了，萨音布恐怕被萨晋图额爷打死了。

色本泰听了心中着急，不知道萨音布闯了什么祸。牛车行走多时，远远地离开盛京城，前面已快到蒲河。

阳光下，悠悠河水像一面镜子闪闪发光。远远望去，水面上几乎看不见一道波纹或是小小的漩涡，河边的丛林，追逐河水漫延而去，受着明朗阳光照射，有几处彼此分离开来，在浓密昏黑中熠然发光。林边是一片片芦苇丛生的沼泽地。在这个季节里，高高的芦苇都已发黄，长长的苇叶若黄色飘带，在微风中沙沙作响。几只小巧的水鸟扑扇着翅膀在芦苇中穿来穿去，有时颤颤悠悠地落在芦花上啾鸣不止。

再往前行，一望无际黄灿灿麦茬地连着一片片燃烧的高粱地，赤橙黄绿，映入眼帘。田边有几头牛和散落的羊群在懒洋洋地走动，像是为了躲避蚊蝇向河边溜去。

在一片麦茬地的一家打谷场上，当中高高堆起麦垛。围着麦垛铺开的麦圈，大圈套小圈，有一尺多高。一个光背赤脚十几岁男孩儿，一手牵着缰绳，一手摇动长长的赶马鞭，一边不停地吆喝着拉磙马，一边在麦圈间跟着石磙跑。石磙不停地在麦圈上滚动，腾起一阵阵刺鼻的灰尘，呛得人直咳嗽。那男孩儿满脸的汗尘几乎淹没了他那一双小眼睛。头顶上留的小铲铲落满尘屑，瘦

小的腿肚被麦芒打得火辣辣的。旁边有位拿叉的四十出头的汉子，上身穿一件粗布开襟背心，下着宽裆裤，敞露着紫铜色胸膛，露出被阳光晒黑的粗脖子。他一边快步绕着圈子翻动麦圈，一边冲着小孩儿不停地大声呵斥：

“阿林，眼睛看什么，往麦圈上走！”

“阿默，那马嘴飘，一挥鞭就往外拽！”男孩儿像是受了委屈似的白了那汉子一眼，高高噘起了嘴。

“你牵马还是马牵你，大人说话还敢顶嘴！”那大汉听了儿子的话停了步，等儿子再次转到跟前时，突然举起手中木叉朝那前头马的屁股上狠狠地打了一下，那马惊得昂起头拽着缰绳撒开蹄子跑了起来，石磙在后面乱滚乱撞。

“阿默……”阿林牵不住缰绳，急得哭着喊了起来。

“嚷什么？我跟你这般大牵过四匹马！”那汉子似乎一点都不心疼儿子。

“奥顿，那是拉磙马，你急什么！”

色本泰的牛车正走到麦场北边麦堆旁，听见父子俩的吵声，忍不住大喊一声。那大汉正是萨晋图的儿子奥顿，回头看见色本泰，便不再训斥阿林。色本泰又问：“萨音布回来了吗，萨晋图大叔何在？”

奥顿火气又腾地升起，“别提那小子，不争气的东西。”

阿林一旁大声叫道：“大叔快去，我阿哥正在受罚呢。额爷发火了！”

色本泰顾不上奥顿和阿林，又向萨晋图家赶去。

萨晋图的家坐落在牛录南侧一条曲巷里，高高的院墙内三间宽敞的茅草屋迎着阳光，显得幽深恬静，散发着秋日浓浓的田园气息。阳光透过大木格窗，把屋内淡淡照亮。屋里西边墙上挂着一张烟色画像，画像上的老祖宗一身戎装，相貌堂堂，威武无比。旁边还挂着祖上当年用过的弓箭、盔甲、腰刀。西北角供奉着喜利妈妈神，由红绫罩着，一年只能打开一次。

此时，萨音布正在院子里跪着。一大早，他还乐呵呵喜滋滋的，但踏进屋见额爷一双怒火燃烧的眼睛和双双跪在地上脸上露出惶恐不安神色的阿默和额妮时，那张青铜色坚毅的脸上进门前含着的微笑和喜悦顿时消失了。他两耳嗡的一声，从下到顶掠过一阵战栗，惊慌失措跨前几步，也扑通一声，跪在阿默和额妮后面。

萨晋图没再说话，嘴唇微微颤抖着，他把脸侧过去，慢慢地点了一锅烟，呆呆地看着烟锅上一丝恍惚飘浮的蓝烟。

“额爷，”萨音布慢慢地站起身走到萨晋图面前，低着头，像一个做错事的孩子寻求大人的宽恕似的站着，“额爷，昨夜我和艾新芝在一起。”

萨晋图心头一震。这几天，他的心全都系在萨音布身上，萨音布彻夜未归，他便担心了一夜，思来想去，总有一种祸事临头的预感压迫着他，无法解开的担忧、恼怒、愤恨撕扯着他的胸膛。看来萨音布是江河决堤收不住了，他也无法制止这孩子青春狂热感情的喷发激荡。可是，艾新芝毕竟是柯保家的女儿，柯保要做盛京佐领了，要当老爷了，早已不是当年的那个和奥顿称兄道弟的少年了。这样下去会有什么结果呢？

奥顿在一旁说道：“怎么又去找艾新芝，额爷的话你没记住吗？早就跟你说过，什么指腹为婚，都是当年酒后胡言，莫再当真！人家是老爷，我们高攀不上。”

萨音布泪眼看着阿默，思绪纷繁，一时陷入沉思。

小时候，艾新芝和他们家是邻居。他俩两小无猜，从小玩到大。有一年，柯保和他阿默去萨尔浒围猎，柯保坐骑突然被林中冲出的野猪撞上，大惊，撒蹄狂奔。柯保猝不及防，身子一仰摔下马，一条腿被套在镫盘里，差点被小路边大树撞死。幸好他阿默奥顿手疾眼快，飞马加鞭冲过去一探身将惊马笼头抓住，才救下柯保。从此以后两家更是亲密无间，你来我往，从未伤过和气。而艾新芝和他之间，不知从什么时候起，两个人天真活泼、漫不经心的目光突然间变得含情脉脉、柔情蜜意，两个小孩儿一下变成大人。从此，他的内心充满躁动的情绪，无论走到哪里，每每想起艾新芝妩媚的容颜，就心魄荡漾，坐立不安，一种抑制不住的强烈欲望使他总想陪在她身边，紧紧抱住她那柔软的腰身，傻傻盯住她那一双秋水般清澈的眼睛，握一握她那发烫的纤手，摸一摸她那虹霓般的笑脸，用千万思念亲吻她那红润的唇才安心。

离艾新芝家后院不远，有一棵大柳树，躯干高大，枝叶茂盛，是他们两人倾诉衷肠的地方。可是柯保当上骁骑校之后，非但处处拿横眼看他，还让手下人看着，不让艾新芝出门。

越是有人逼他，他越要去争强，这是他们家祖传的脾气。

“我非要去找她，一定要把她抢过来！”昨天傍晚萨音布打定主意，即刻飞马直奔大柳树。

这段日子，萨音布不来可苦了艾新芝。本来过得甜蜜的日子忽然失去光彩，一种无名的惆怅和无奈时时罩在她的脸上。尤其深夜静屋独坐时，她感到说不出的孤独悲凉，苦涩的泪水止不住往下流。她记得萨音布第一次握她的手，握得那么有劲！萨音布第一次吻她的唇，吻得那么狂热，使她差点窒息，红肿的嘴唇疼了好几天。自那时起，她再也不能没有他，一天不见，如隔一年，朝思暮想，茶饭不思。更令她悲愤难忍的是她父亲竟然把她许给扎勒牛录比她大十几岁的巴扬阿，她万般无奈，悲痛欲绝。这一天，夜色刚刚降临，她又倚在窗口痴痴望那一身披着银光的大柳树流泪，朦胧中忽见大树底下火光一闪一闪。她慌忙把泪水一抹，探身再定睛看时，果然见大树底下火光闪烁。

“啊！萨音布，萨音布！”意外的惊喜令她一时乱了方寸，突然间，几个月压抑的感情喷涌而出，燃烧的思念驱使她不顾一切奔出屋，一口气跑到大树底下。等到柯保家的跟丁追出来时，大树下蹿出匹马，马上人将艾新芝抓起横在马上，趁着夜色跑远了。

空旷的田野边，萨音布和艾新芝紧紧拥抱在一起，千般言语，万般恩爱，化作滴滴泪水，声声呜咽。夜被泪水浸透，风被呜咽淹没。

“萨音布，我，我阿默要把我嫁给巴扬阿，我宁死也不嫁……”艾新芝伏在萨音布胸前，全身哆嗦着。

“艾新芝，你说什么？”萨音布听了艾新芝的话，两眼望着天空，不知如何是好。“这可怎么办，我能怎么样？”

“萨音布，你把我带走吧，无论带到哪儿都行，我不图荣华富贵，做一辈子柴米夫妻也情愿！”

“艾新芝，话虽好说，我能把你带到哪儿去呢？就是我们私奔，你阿默会放过我们吗？”

“萨音布……”艾新芝忍住呜咽，抬头望着萨音布脸上的两行泪痕，“萨音布，我不管那么些，今夜我把身子也给你！”

艾新芝说着脱去身上衣服，一下袒露出那对谁也没见过谁也

没摸过只有她知道的白嫩、浑圆、坚挺、令人发狂的乳房，宁静中含着一种强悍的不肯屈服的从容神情。

萨音布一下愣住了，张着嘴，全身阵阵颤抖，不知是意外的惶惑还是大胆的冲动。他有生以来从未见过女人露裸的躯体，更不用说是像艾新芝这样有着仙女般万分妩媚、千种风情的体态和女人特有的荡人心魄的魅力。

此时此刻，艾新芝却多么渴望他伸出粗壮的臂膀，狠狠地抱她，亲她，摸她的身子，做一个真正属于她的男人，而她也做一个名副其实的女人！

可是，萨音布却站着，痴痴望着她，一动不动。

“萨音布，你?”艾新芝没想到萨音布对自己的举动会如此惊疑不定，突然间她意识到什么，双臂急忙将胸脯抱住。就在这一刹那，萨音布突然醒悟到自己是个男人，一下把她拥到自己轰然燃烧的怀里，狂热地吻她，吻她滚烫的脸，吻她兴奋的嘴唇，吻她闪光的脖颈，吻她香酥的胸脯……那一双她看着长大的手那样强烈地摸她，揉她，摸她的芳体，揉她的乳房。她感到阵阵疼痛，疼到心里……经过一阵感情的喷薄交锋，他们终于进入一个只有狂热、欢愉、销魂的神奇世界，多少思念，多少恩爱化作一阵阵深深的呻吟。萨音布强有力的爱给予她从未开窍的身子一次次生命波荡的满足，她忘记了身边的原野，忘记了头顶的碧空，忘记了那些日夜缠绕她的疑虑、烦恼、苦闷、孤独、寂寞，忘记了一切。

萨音布从回忆中醒来，看着奥顿，轻声答道：“阿默，他们要把艾新芝嫁给别人！”

萨晋图三人听了都是一愣，互相看了看。奥顿咬咬牙，道："嫁便嫁了，与我们何干。"

"他们要把艾新芝嫁给正白旗的巴扬阿，那个只知道喝酒打人的犟种！"

"巴扬阿？"萨晋图大吃一惊，不就是窝国善的儿子吗？窝国善给儿子置办亲事，要娶的却是柯保家的艾新芝！

"额爷，艾新芝说她死也不嫁巴扬阿。"萨音布终于说出心里话，心里的石头落了地。

"额爷，她，她把身子也给了我……"萨音布鼓起勇气再补了一句。

"什么？你说什么？"萨晋图瞪大两眼，张口结舌，差一点儿说不出话来。

"额爷，您惩罚我吧！艾新芝已经是我的人了，我死活不能抛弃她！"萨音布说着忍不住泪水夺眶而出，跪倒在额爷面前低下了头。

"啊？"萨晋图几乎昏了过去。

奥顿夫妇听了儿子的话，霎时如雷轰顶，那蓝色的道道闪电顷刻之间化作两点鬼火，那鬼火又变成柯保的一双眼睛，两束凶狠目光像两把剑刺透了他们的皮肉，心头种种险恶揣测一眨眼成为无法逃避的灾祸。

萨晋图再也无话可说了，他像是一下跌进万丈深渊，一片虚空四无着落。他失望地长叹一声："好吧，那就听天由命吧！"说完让萨音布一个人跪在当院，萨晋图站起来往炕沿枕木上磕空烟锅，朝腰间一别，萨音布额妮战战兢兢地问了一句，"阿默，您要做什么？""我去见哈拉达。"说完出门走了。

奥顿夫妇看着儿子不敢私自起来，木然地陪了一会儿。直到伊尔哈来了，陪着萨音布额妮一起落泪。奥顿看不下去，叫上阿林到麦场去了。伊尔哈哭了一会儿，突然想到解救萨音布的办法，安慰了萨音布额妮几句便匆匆离开。萨音布额妮焦急地等着，终于把色本泰盼来了。

色本泰进门不见萨晋图，向萨音布额妮问话，萨音布额妮支支吾吾不敢以实情相告，便又找伊尔哈，得知去穆特苏额爷家求救。色本泰苦笑，那穆特苏病在炕上，如何能来？可又一想，伊尔哈对穆特苏像亲额爷一样孝顺，为了治病，连马都要卖了，穆特苏对她自然疼爱，这伊尔哈为了萨音布，啥都敢做，也许真要把穆特苏折腾来了。想到这儿，急急忙忙又往穆特苏家中赶去。

穆特苏家庭院很大。东边是草棚，西边是马牛圈，中间三间土屋，墙很厚实，都架着粗黑的木头屋架。屋西边一根烟囱又高又大。进了门，西间大屋西炕头放着躺柜，正面涂画公鸡叫鸣图案，色调陈旧，柜面却漆黑发亮，上面供奉着佛龛，两边摆着长木匣和各种器皿。屋西北角神位供着喜利妈妈神，旁边挂着几张貂皮，直落在炕头大红漆面躺柜上高高叠起的花被上。东炕头放着一张矮脚桌，穆特苏老人吃力地坐在旁边，破裂的嘴唇含着烟嘴，黯淡的双眼愣愣凝视着窗外，久久才呼出一口烟。他形容憔悴，病色的脸灰暗苍白，颧骨高而凸，下巴长而瘦，一看便知是多年卧病的人。

色本泰进屋时，看见萨晋图在屋中坐着，不由问道："大叔没去找哈拉达吗，没去就好，没去就好。"

穆特苏说道："有什么大不了的，还要惊动哈拉达，想让全族人都知道吗？知道也不怕，柯保家的又能怎样，抢便抢了。"

见色本泰惊讶，又道，“怎么，你是教书识字的，我族老辈的规矩也当知道，抢亲抢亲，自古老婆就是抢来的。到哈拉达那里也是这个理。”

色本泰暗道，这都是哪辈子的事儿了，现在哪有真抢亲的。又看看萨晋图，萨晋图默默抽着烟，沉思不语。

萨音布是萨晋图第一眼见的孙子。小时候圆圆的脸，黑黑的眉毛，一双机灵的大眼睛透着聪明，特别惹人喜爱。到了十几岁，萨晋图发现他长得越来越像他父亲奥顿，骨骼粗大，声音深沉又豪放，而且膂力惊人。有一次他和几个牧童在河边放牛，不知从哪儿里冒出一头公牛，疯狂地吼叫着闯进牛群追逐小牛，用锋利犄角乱牴乱挑。几个小牧童吓得只顾大喊大叫。

萨音布并不惧怕，他从地上抄起一根木棒，飞也似的奔过去，左手一下拽住那公牛尾巴，拼出全身力气，硬是把那公牛拉住，用右手挥动木棒狠狠地往牛身上一阵猛打，疼得那公牛哞哞乱叫，扭头逃走。十八岁应试披甲，他一鞭劈断指厚牛皮，破例升为马甲，领了俸地。这次秋场比武，若是能崭露头角，说不准将军大人还给他一官半职。所以，萨晋图特别疼他，溺爱他。不过，自得知艾新芝要嫁到窝国善家，萨晋图心里忐忑不安。这小子身边有俏丽姑娘不要，却偏偏去碰那已有主的艾新芝。

萨晋图左思右想，心里也不愿把萨音布犯的错张扬出去。穆特苏见他还在犹豫，急了，“还有什么可说的，我族人中，像萨音布这般人物也是不多，他还是刚刚振翅的雏儿，早晚要成空中的鹰，你不能早早折了他翅膀，他可是我整个乌克孙的宝！”

萨晋图道：“话虽如此，只是他小小年纪，胆大妄为，不好好管教，日后还了得！”

穆特苏见他吐了口，才撇撇嘴道：“日后再说，眼下秋场演武在即，暂且不要处罚。至于柯保那边，备足大礼送过去，娶了艾新芝，皆大欢喜！”

5

盛京将军府大排筵宴。绰克托已经记不清盛京此行这是第几次大宴了。这一回，不但将军衙门、盛京五部、奉天府、承德县大小官员差不多来了，连盛京将军辖下府县的武官也来了不少。可是绰克托心中烦闷，自打舍图肯接旨当天许下调兵之事，之后就再也不提，偶有涉及，舍图肯顾左右而言他。这样下去，绰克托也不知这趟差事算不算完成。

几杯酒后，绰克托酒壮形色，见舍图肯又来劝酒，开口言道：“多日来承蒙将军款待，只是圣命未竟，公使未成，在下心中惴惴。今日将军大人若不有个明了，这酒实在难再下咽。”说着用手将酒杯一盖。一旁坐着的两个副都统和奉天府尹耀海、奉天府丞欧阳瑾等人均听得一清二楚，都停下杯箸看着。舍图肯一愣，而后哈哈大笑，“绰克托大人躲酒可躲不了。”靠近绰克托低声言道，“圣上下旨，让你我从容筹划，老兄急什么?”绰克托道：“圣上怜恤，臣子更当鞠躬尽瘁，如今索伦兵、察哈尔兵都已开赴，厄鲁特人归心似箭，整装待发，只有盛京城锡伯兵如何选派、携眷多少、军费几何，还没给朝廷有个呈报。”

忽听堂下有人言道：“上马为兵，下马为民，八旗兵随时听候调令。”众人看去，堂下站起两位老将，身材魁梧，须发花白，冲绰克托、舍图肯高声言道：“将军大人、钦差大人，听闻皇上有旨调盛京锡伯兵戍边，我二人愿效犬马，甘为驱驰。”

绰克托听罢大悦，用目光询问舍图肯。舍图肯道：“此二人乃是盛京佐领华尚阿和锡林泰，锡伯人，只是已到卸任之年。”转头向那二人道，“两位忠勇如当年，其心可表，可是朝廷的事当一件一件来办，少安毋躁。”

华尚阿道：“还有什么事先于皇上交办之事，什么事能重于守土之事！”

舍图肯怒道：“本将军做的哪件事不是皇上交办之事？冬至大典，官粮赋贡，眼下又到了交租子的时候。”转身点指身边亲随，那亲随从怀中掏出一张折子，躬身道：“将军，今年年贡仍如往常，肉房备用，盛京将军年额交鹿七百八十只，狍二百十只，鹿尾二千个，鹿舌二千个，又鹿肠、肚，狍肠，熊，野猪，野鸡，树鸡等无定额。又有干肉库备用，盛京将军每年额交鹿筋一百斤，獐狍背什骨、虎威骨、虎胫骨无定额。盛京佐领每年额交腊猪二十口，咸鱼一千五百斤，腌鹿尾无定额……”

舍图肯摆手让亲随停下，言道：“我是个粗人，这些事哪算计得清，前任福州，年贡是茶，龙颜大悦；可任盛京后贡的是狍獐麋鹿。这等活物不能自种自收，林子里没有我又奈何。贡额不足便有小人妄进谗言，皇上颇有责怪之意。今年本将军可得仔细。”

绰克托道：“此事自有专人去办，怎劳将军费心。”舍图肯道：“那日我答应调兵，管年贡的便来诉苦，一千锡伯精勇，箭法俱佳，此一去便少了一干好猎手。”

华尚阿大吼：“我八旗勇士不是用来打猎的，可是上阵杀敌的！只当我们是打牲部落？”

一旁锡林泰道："请将军大人、钦差大人下令，我二人愿领了这份差事。"

忽听堂下又有人大声说道："将军大人三思，两位佐领年过六旬，千里行军，徒受奔波，皇上闻知，还以为我盛京无人呢！"

绰克托扭头看去，在一旁站着两人，一个是兵部笔帖式索珞，另一个满面通红，眼大如灯，正是盛京协领阿穆呼朗。方才索珞特意向阿穆呼朗敬酒，阿穆呼朗便来回敬，将堂上对话听得一清二楚，不由脱口而出。

华尚阿愤愤道："协领大人这是何意！若欺我二人年迈，老汉偏不服你，马术箭法、摔跤角力，咱二人可到院中较量较量！"说得急了，偏偏一口气不顺，哐哐地咳嗽起来，堂上堂下便有人哄笑。

索珞此时酒态毕露，对阿穆呼朗一挑大指，道："协领大人好威风，一语气坏了老锡伯，我索珞再敬一杯，谢协领大人不杀之恩。"说罢一饮而尽，绰克托恼他此时横插一笔，只怕搅了正事，刚要开口，索珞却又满上一杯向舍图肯敬来，"将军大人，那日我等奉旨进城，守城的奴才竟然要把我等乱箭射死，原来是协领大人下的令。今日一见，不但敢吓唬我等，还敢呵斥这班老家伙，威风，盛京的将军们果然威风啊！"

绰克托大急，这一番话语只怕要把所人都得罪了。舍图肯反而大笑，"老兄挑理了，阿穆呼朗还不向索珞大人敬酒赔罪。"

阿穆呼朗把眼一瞪，"方才我已回敬大人，若要这么说，我偏不敬了。"

舍图肯骂道："犟种！你虽官居四品，人家终究是京官——老兄，您是九品还是八品？"

索珞扯开嗓子："我是七品——"

"嘿，笔帖式都能做到七品，终究是大衙门里的。阿穆呼朗还不多多亲近。"

阿穆呼朗哼了一声，转身回到自己席前。绰克托这才注意到，阿穆呼朗竟然未和盛京城的官员同席，而是和外埠州县的武官坐在一起。

席间站起一员武将，乃是熊岳城协领噶尔赛，将阿穆呼朗劝回，转身来到华尚阿身前，劝道："二老莫急，阿穆呼朗大人性直，却无冒犯之意。此趟差事功微事繁，徒劳奔波，真真是为二老担心呢。"

"圣祖朝，我锡伯人三次南迁，广布盛京，荷锄背弓，从不叫苦畏难。"华尚阿高声对堂上说道，"我二人随圣祖先皇征战四方，微积寸功，别的不敢说，三年之内定能将锡伯劲旅迁驻伊犁。"声音大了，便又咳嗽起来。堂下又有人笑。"三年！老英雄想先用两年养病吗？"有人附和大笑。华尚阿又急又气，憋得满面通红，咳得更厉害了。绰克托不忍，正要下堂宽慰几句，华尚阿强忍一口气，喝道："我儿何在！"堂下顿时无声，隔了片刻，有一人低眉顺眼地来到近前，尊了一声"阿默"。华尚阿道："我华尚阿为朝廷征战一生，无亲无眷，皇上怜悯，赐我还乡，只认下这么一个义子。尔等却笑我回来养老。尔等夜郎自大，不知京城繁华胜这里百倍，我等尚不流连，还贪图此等安逸？此次西征，我就算一把骨头扔在路上，还有我儿替我裹尸。柯保，当此将军大人钦差大人均在，你便大声说来，能否完成老父的心愿！"

华尚阿和锡林泰此时都盼着眼前柯保痛快地说声"能"，柯保却半天无声，偷偷抬起眼皮四下撒目，低声道："阿默醉了，

此等大事哪是我们说了算，自当听从将军和钦差大人吩咐，阿默下来休息片刻，稍后再议。”

华尚阿骂道：“哪那么多啰唆，只说你能还是不能！”那柯保还在支吾。有人叫道：“柯保，枉老佐领如此抬举，当你有种，哪知你早被骗了。”哄笑中又有人道：“这西迁路便是升迁路，你不是早盼着佐领的位子……”“本是无缺的，瞧你这㞞样，直把你老干爹气死，也好补了这个缺……”忽听华尚阿大叫一声，喷出一口血沫，委身倒地。

次日天明，绰克托早早起身，由武官陪着出了将军府衙，往萃升书院而来。德公正在书院中，师生相见，绰克托便将昨晚席间之事讲述一遍。德公叹道：“酒宴上如何定事，此一回又是不了了之。”绰克托道：“昨晚仓促中，将军大人倒也吐了口，他说皇上既然派了钦差，此事便由学生全权做主，将军大人决无异议。”

“由你做主？你人地两疏，如何做得了主。这舍图肯貌似粗鄙，却是油滑，若此耽误了大事，他又不担责任。”德公沉思了片刻，又道，“无妨，为师带你去见府丞大人，定有裨益。”

绰克托记得初进盛京怀远门时，德公曾亲到奉天府丞衙门见过欧阳大人。萃升书院在圣祖朝原本就在天祐门内大街盛京府丞府衙东面，只有厅堂三间，乾隆初年，又在德盛门内修建义学，名为沈阳书院。几年后，奉天府劝募官绅，开基拓土，增建学堂五间，斋舍十一间。从此，沈阳书院规模初备，名声外扬，同铁岭的银冈书院、辽阳的襄平书院，并称盛京三大书院。欧阳瑾乃是汉人，祖籍江西，到任之后，亲题“萃升书院”四字楷书匾额，悬挂于沈阳书院的仪门之上。从此，此处又称萃升书院了。

德公从教书院多年，与欧阳瑾交情深厚，见面之后便将绰克托此行的来龙去脉毫无隐瞒说了一遍，现今最难之处就是手下无人，领兵带队，筹算支派都要帮手。京中兵部户部派来的笔帖式，非但用不上，反而时常惹出麻烦。昨晚夜宴之上，欧阳瑾从头至尾看得清清楚楚，当下言道："钱粮草秣之筹算，书院便可担当。萃升书院官田颇多，休养生息，自有人打理，今日便可派人任绰克托大人差遣。至于领兵带队嘛——"说到这儿，欧阳瑾略有迟疑，接着说道，"华尚阿与锡林泰被人讥笑，全受那柯保所累。两位老佐领灯下黑，柯保所作所为全然不知，略有听闻也被柯保蒙蔽，不然昨晚也不会让柯保同行。他们不知，就算他们想让柯宝西迁，将军大人也不会答应的。"绰克托闻听此言，面露不解之色。

欧阳瑾道："将军大人勇猛，却贪酒误事，凡事不放在心上。去年竟误年贡，是柯保多方筹措，补足了鹿尾鹿舌，才没有误了祖宗祭祀。将军大人自此对柯保另眼相看，眼下正是用他的时候。"

绰克托道："此人竟有如此本事。"

欧阳瑾道："柯保的内弟海保买卖颇多，只是手脚不干净，他贩卖的马匹多是来路不明。"

"听闻他家乃是马市一霸。"

"他是旗人，将军府对其所为充耳不闻，奉天府便也奈何他不得。"欧阳瑾转回正题，道，"华尚阿与锡林泰在盛京六十六佐领当中还是受人敬重的，满洲蒙古将官与他们虽来往甚少，但也佩服他们一身的战功，在本族当中更有威望。锡伯人有哈拉莫昆

乌克孙大小族人，乌克孙从莫昆达，莫昆达从哈拉达，锡伯人西迁还须仰仗这两位族中长老。另外，绰克托大人可去太平寺看看，太平寺乃锡伯人家庙，与皇寺毗邻，圣祖朝初建时只有平房五间，到如今竟至如此规模，俱是族人捐资筹建，锡伯人心所向可见一斑。那捐资之人，在族人亦颇具声望，当有多人在世，得此几人，便抓住纲领，到时兵可行，民可用，西迁事宜人和这一项便占了。”

绰克托与德公离了奉天府丞府衙，踌躇满志。德公看了，微微笑道：“府丞大人乃是汉官，方才有些话不便细说，不知你可有所感悟。”

绰克托道：“老师说的可是锡伯兵与满洲官的调和？太祖皇帝有言，锡伯与我满洲同支，学生从小受汉文经典教化，家中与蒙古姻亲，断无鄙视他族之心。”

德公道：“圣祖朝，罗刹人侵占大清疆土，蒙古王爷献麾下九部共保北边，打那时起锡伯人便归了满洲。只是圣祖皇帝下旨，免了锡伯人自佐领以上所有官职，后又三次南迁，散布在盛京八旗各处，他们敬萨满，习满文，与我满洲无二，但一直难脱奴婢之身，直到如今方有好转。”

绰克托停下脚步，正视德公，道：“老师言下之意……”

德公道：“远赴伊犁，前途未卜，你若有心固守轮台，便就此打造一支兄弟军，视锡伯人为满洲人，视锡伯兵为满洲兵，启用锡伯将领，也省去了满洲官与锡伯兵调和之虑。”

绰克托一躬到地，道：“谢老师教诲，学生正有此意。眼下便想去拜访那两位老佐领。”

师生二人分手，德公回书院等候欧阳瑾调派的田庄主簿，绰克托派人叫上了华沙布，直奔西关内厢华尚阿家来。

此时华尚阿半卧在炕上，正捶炕沿大骂。柯保跪在一旁，被骂得不敢抬头。直到华尚阿咳嗽起来，柯保才敢上前。候着义父缓和一些，柯保小心回话，“阿默，不是我昨晚无能，近日你那心疼的艾新芝竟被强人抢了去……”

华尚阿大吃一惊，“艾新芝怎么了，找到没有，现在何处……”柯保暗松了一口气，知道一说艾新芝，华尚阿便什么都忘了，忙道：“找到了，已平安到家，晚些便来给您请安。”

“什么人如此大胆，敢在盛京地面上抢人！”

“尚未查到。阿默，那些满洲人瞧不起我们，我们日子好过些，便有人不舒服。这次艾新芝毫发未损，想是有人戏弄我们。”

华尚阿道：“人家瞧不起，我族人更当自强。昨晚你确是没种。”

“这几日为艾新芝的事担惊受怕，根本不知道堂上发生何事。怕有人用计陷害，所以没有仓促答应。”

华尚阿道：“会有什么阴谋诡计？”

柯保道：“阿默，此次西迁，若是满洲将官领队，待锡伯兵到伊犁，那满洲将官还能返回盛京。若是我等锡伯将官领队，只怕便和那锡伯兵一道永驻伊犁了。”

华尚阿道：“那又如何？”

柯保道：“伊犁乃边远蛮荒之地，瀚海雪峰，鸟兽无迹，哪是人待的地方。阿默回盛京养老，才舒服了两年，年后将佐领之职卸了，便可安享清福，儿我小心孝敬多好……”

“呸！”未等柯保说完，华尚阿当面啐了一口，“我当别人笑我回来养老，却是出自你口。你还是不是锡伯人，可有脸面去见

族人。”正骂着，仆人来报，钦差绰克托大人登门拜访。华尚阿和柯保大吃一惊，华尚阿翻身坐起，柯保上前要扶，却被骂了出去。柯保有心见钦差一面，却也无法，只得悻悻躲开了。

华尚阿由仆人扶着迎出当院，却见绰克托与华沙布已进得大门，抢步而来。华尚阿慌忙跪倒。绰克托上前搀扶，华尚阿起得猛了，眼前一黑，竟倒在绰克托怀中。等到华尚阿醒来，自己又躺在炕上，眼前是老伙伴锡林泰，钦差绰克托也坐在一旁。华尚阿连忙向绰克托告罪，说话颇为吃力，最后说道：“钦差大人屈尊寒舍，想是有所差遣，尽管吩咐便是。”

绰克托道：“此次锡伯兵西调，携眷离家，牵扯颇多，我想奏请皇上，许锡伯兵自管自带，启用锡伯将领，特此拜访两位老人家。还望暂逞廉颇之勇，成全这份心意。”

华尚阿眼中一亮，“大人果真要用我锡伯官兵。”

“当然！锡伯满洲本是一家。”

华尚阿闻听，气血上涌，激动得满面通红，脖筋迸现，急咳一阵又咯出血来。锡林泰在一旁是老泪纵横。华尚阿看着绰克托，“锡伯满洲本一家，这可是当年老罕王说的。为了这句话，锡伯人便把命卖给了他。士为知己者死，今日我便把老命交到大人手上。只是，当着外人我们争些脸面，当着大人，我便以实相告，人不服老是不行啊。”说到这儿，又沉默片刻，眼中流下泪来，“偏偏柯保那个孬种——唉，不提也罢——大人，我向您保荐一人，乃是镶蓝旗哈达牛录老防御萨晋图，此人大小阵仗历经无数，战功在我二人之上，行军布阵老到干练，族中无人不服。只是，只是年纪也是不小，不知可堪重用？”

绰克托闻听心头一喜：“莫不是永安桥外的萨晋图，确是老当益壮，老当益壮!”

“大人可认得老防御?”

“认得，认得，我与他确是有缘。”

华尚阿扁了扁嘴，“如此最好。大人，我锡伯族人个个骁勇，就连那柯保，几年前也是条汉子，只是近来只知道钱哪官的——过几日便是盛京秋场演武，大人可见到我族人身手，拣可用之人，尽可征调。”

绰克托道：“这秋场演武是怎样情形?”

锡林泰见华尚阿吃力，接着言道：“盛京八旗每年两场演武，秋季更盛，步兵布阵，骑兵马术，角力、弓箭都是必考。往年正白旗骁骑校巴扬阿是场中魁首，今春有个新披甲入册的萨音布，武功不在巴扬阿之下，两个都是我族人。盛京入秋，便要选派捕鲜佐领，带一队人马到吉林、黑龙江捕猎，腊月才回。今年秋场操练，便要选拔头名武状元，做捕猎的先锋。这下惹得盛京十二州县十五城的大小武将都来争功，连场外的赌局都开了。”

绰克托一皱眉，道：“好大胆，就不怕步营司查抄吗?”

锡林泰道：“将军大人好大喜功，不在意这些，下面谁还去管?我族人特例，朝廷有俸无粮，全靠附丁自种。满洲八旗却是不同，铁杆的庄稼，旱涝无忧。耍钱拼酒泡馆子，武备松懈，从官到兵，俱都像京城里的子弟一般游手好闲。昨晚那个阿穆呼朗，鲁莽之辈，只知道用鞭子刀子说话，但也算是个汉子，不屑与盛京城这般人为伍。除此还真找不出个像样的，我族人不自管自带，我看将军大人也派不出人来。”

华尚阿道：“不提那些。锡伯精勇遍布盛京十五城，这次演武齐聚东校场，也省了绰克托大人的麻烦。至于家眷底细，来日

我等便在家庙聚集哈拉达、莫昆达，将西迁之事知会族人，率土之滨，莫非王臣，走到哪儿都一样。”

6

几天后，天高气爽，在浑河南岸的东校场，一阵阵喊杀声震荡天宇。

盛京将军舍图肯，钦差大臣绰克托，各旗协领、城守尉、防御等依次端坐校场当央的阅兵台上，全神贯注地观看比武。

先是各旗精锐布阵演示，接着步射。十几名精壮射手经过一阵紧张比射，只剩凤凰城防御锡林春、盛京城镶蓝旗领催华沙布、扎勒牛录骁骑校巴扬阿、马甲先锋萨音布、熊岳城领催萨英阿等几名射手。当六色靶移到五十步时，只见射手们依然如初，一支支离弦的箭飞向六色靶心，引得几千双眼睛直直盯着，博得阵阵喝彩。最后轮到哈达牛录马甲萨音布，只见他大步出列，微微昂起头，看着远处三座空靶，取牛筋弓在手，轻拉几下舒展双臂，从箭袋里取出三支桃木箭，左手如托泰山，右手如抱婴儿，三支箭接连射出，只听“嗖嗖嗖”的响声，嘭嘭嘭皆中靶心。

“好！”全场顿时爆发出一阵喝彩声。将军大人见了大悦，神采飞扬地从座位上站了起来，大声吩咐左右：

“快传令下去，箭靶移到百步外，取硬弓来！”

“喳！”传令兵立刻遵命急步跑下台去。箭靶很快被移到百步外。萨音布朝台上诸位大人看了看，长长地呼出一口气，接过硬弓和长箭又大步流星地步入场地。

一双双紧张的眼睛盯着萨音布，大家都替他捏着一把汗。萨音布摆好架式，又回头朝萨英阿和华沙布看了一眼，他俩急忙投去信赖的目光。只有巴扬阿面无表情。他镇定自如，取弓搭箭，左手食指贴着箭杆，右手扣紧了弓弦。

全场屏声静气，鸦雀无声，所有目光都向靶心投去。不料，只听啪的一声，因用力过猛，弓背刚刚拉开就一下断裂。萨音布怔了一下，急忙放下弓箭，急步走到阅兵台前，单膝跪下，“请将军大人，诸位大人恕罪！”

“萨音布，快起来！好臂力，何罪之有？既然你能把那硬弓拉断，我赐你一张弓！”舍图肯说着从侍从手里接过一张牛筋硬弓，凝视半晌，说，“这张弓，跟随我南征北战已过半辈，本想把它传给我子孙后代，今日见你武艺出众，如此力气，这张弓就送给你吧，千万别辜负我一片心意！”

“谢大人！”萨音布疾步走上台，双手接过将军赐的硬弓，受宠若惊，激动得两眼热泪盈眶。

“继续骑射！”舍图肯下令继续比武。骑射开始后，巴扬阿、萨英阿、锡林春等剽悍的射手一个个驰马跑马沟，从疾奔的马背上侧射、仰射、后射，箭箭不离靶心，又博得全场阵阵喝彩。萨音布直立在飞奔的马上，鞍底那匹黑马四蹄腾空，如蛟龙一般引颈伸躯从跑马沟驰过，大家但听“嗖嗖嗖”几声响，萨音布从将军赐的硬弓里射出之箭将前面几个人射的箭兜底送出靶心，他的箭全都穿在红色靶心上。

“噢！”全场爆发出一阵雷鸣般欢呼声。台上诸位大人从座位上站起来，互相看着、说着，赞叹不止：“好箭法，真是少见！”

绰克托更是感慨万千，长叹一声，说：“锡伯兵真乃我军之劲旅！”

阅兵结束后，将军大人率诸位大人回到议事堂。大家分别坐定后，将军大人扫了一眼，言道：

“诸位，今年将军阅兵到此为止。优胜者由将军府给予重赏，并报皇上擢升重用。今后各牛录、各旗一定要抓紧布阵操练，千万不要废了军习。对于军中不效力、不遵法令渎职者严惩不贷!”

“遵命!”众官全体起立，齐声领命。

入夜，盛京将军府内灯光摇曳，宁静怡然。盛京将军舍图肯坐在灯下批阅文书。

“大人，绰克托大人求见。”一内侍举步进门禀报。

“哦，有请。”舍图肯有些愕然。

钦差大臣绰克托步履匆匆，踏着夜色进门。

“将军大人，深夜相扰，请多包涵。”绰克托一进门深表歉意。

“哪里，哪里，老兄言重了，你我之间不必拘礼。”舍图肯起座迎迓。

两人坐定，绰克托开门见山说道：“锡伯兵西迁一事，卑职会同各旗协领、城守尉、佐领等对各项事宜已粗略拟定。从盛京所属十五城锡伯兵内挑选身强力壮、家中无牵挂、马背技艺谙练、善于狩猎者共一千名，每五百名为一队，每队委任营长一员，拣选防御十员，骁骑校十员管带，至于官员人选，卑职不敢做主，特来向将军大人呈报，请大人定夺。”

舍图肯思忖片刻，“防御十员、骁骑校十员，在内部通融调办即可，只是彼处锡伯佐领只有华尚阿和锡林泰两员，皆年逾六旬，已到卸事之岁，难当此重任。”

“哦，此项一千名锡伯兵非同一般，抵达伊犁前若无协领、佐领等大员管带，则恐难以管束。路途万一有个差错，你我可担待不起呀!”绰克托道。

“看来只好从现有协领、城守尉中选派贤能者各一员，沿途管束，直送该地再返回，如何?”舍图肯道，“现有在员中只有盛京镶黄旗协领阿穆呼朗和熊岳城协领噶尔赛多次管带过锡伯兵，能肩负此重任，老兄意下如何?”

“如此最好。另查前移驻伊犁之索伦、察哈尔兵迁往伊犁时，曾派佐领四员，领一百名前锋护送。这锡伯兵是否也要护送?”绰克托接着言道。

“为何还需护送?”

“圣上之意，此次锡伯兵要走蒙古路，出彰武台，过乌里雅苏台、科布多，进驻伊犁。公文中早已说明。”

“噢。”舍图肯好像刚刚记起，“千里护送，大费周折……不如，送到彰武台如何?”

“也好。我便如实向皇上回奏。一千名官兵及家眷数目、动用银两、米粮数额，官兵所分得盐菜银、车马牛驼、帐篷、锅等均造具细册在此，以备报兵、户两部，请大人过目。”绰克托边说边将花名册递给舍图肯。

“每人口粮多少?”舍图肯将花名册接过放在案头，问道。

“现拟定官兵及家眷皆由启程处裹带两月口粮，一个月茶叶。另外，锡伯人从黑龙江南迁已有五十多年，他们久居这里驻防屯田，已不善游牧负驮。今移驻异地，若不预备接济，路上恐致窘迫。卑职由伊等应得各项银两内，合每户节银三十两给予按名分

包，行至蒙古路后将包按名交给本人携带，以备沿途接济。另乃为伊等得力起见，给予千户兵拨马二千匹，牛三千头，每户马二匹，牛三头，车一辆，均折价银两分给每个人。”

“好，老兄想得周全，全仗你才能完成圣命啊。”舍图肯忽觉轻松许多，也由衷感激绰克托。

“大人，还有一件事。此乃拟启用老防御萨晋图、骁骑校华沙布等管带名单，请大人过目。选定的西迁兵丁名单何时公布，还请将军大人定夺。”

“喔，此事暂缓。他们在此安居乐业数十载，待他们高高兴兴过个年再说吧！”

次日，盛京将军舍图肯在将军府召见了盛京城镶黄旗协领阿穆呼朗。赐座后，舍图肯开门见山，说道：“这次西迁锡伯兵路途遥远，且要走荒无人烟的蒙古路，若无干练贤能大员管带，恐难顺利到达，经绰克托大人极力保举，我将此重任委于老兄，一年之内将伊等带到伊犁，你看如何？”

“大人，这，这……卑职恐难担当。”阿穆呼朗听了舍图肯的话，脸上立即显露难色。

“哦，这话从何说起？”舍图肯想不到他刚一开口，阿穆呼朗就推辞。

“锡伯兵久住盛京，自恃满洲八旗，早已养成骄横之气。伊犁地处极边，催促大紧，卑职唯恐兵马不服管束，万一路上发生异端……”

“阿穆呼朗，你是钦命大员，圣谕在手，怕什么？只要恩威并施，执法从严，还怕制服不了他们？”

“好！有将军大人这句话，就算用鞭子赶，也要把他们赶到伊犁！”阿穆呼朗瞪起眼睛答道。

“那就回去筹办有关事项吧。”

“喳！”

色本泰斜坐炕沿正翻阅一本书。

坐在一旁的穆特苏说：“色本泰，听华沙布回来讲，朝廷又要搬咱锡伯兵了。”

“我也听说了。萨晋图大叔复了防御的职，华沙布升了骁骑校。”色本泰答道。

“华沙布有了出息，只怕我这条腿要成了累赘。真是可恶可恨！”穆特苏老人越说越气，把旱烟锅朝炕头枕木上使劲敲了敲，又朝地下狠狠咳出一口痰。

“老伙计，什么事又把你惹得发那么大火？”萨晋图从门外走了进来。

“唉，我算什么？我发脾气谁听？萨晋图阿哥，你说这次西迁我们去不去？”

“去！我是一定要去的。当年有多少兄弟，满洲的、蒙古的、绿营的，把命留在那儿，我得去给他们守住坟头。”萨晋图虽然经历多年军旅生涯，也许是年老的缘故，提起迁移一事不免忧心忡忡，难过伤感。

“先辈们从白山黑水南迁这里，只不过是十几天的路，两地山山水水还是一样。只是那伊犁，遥遥万里，我这条腿，拖累不只我一个，还有华沙布啊！”

“老伙计，不要再犯愁，我都想好了，以后你就搬到我家，由奥顿、阿林孝敬你。”

“啊！你们一家要骨肉分离?”

“有分就有聚。西迁之后，我族人便不再分散在满洲八旗各处，而是要有自己的锡伯营，分我一小家，换来一族相聚，没想到我还能盼到这一天。”萨晋图感慨万分。“好。这不是分离，是我族人的团聚，子孙万世，繁衍不息。”三个人都振奋起来。

咚，咚，咚，一阵沉闷的马蹄声由远渐近，接着大门吱地重重一响。

“是华沙布回来了。”穆特苏老人听见大门响，看了一眼萨晋图轻声说。

华沙布现在已经是盛京城的骁骑校，他生着宽大的前额和一双含蓄的眼睛，身材不很魁伟，却仪表堂堂，性格持重谨慎，不像其父锋芒毕露。

“华沙布，把酒葫芦拿过来，我们几个以后难得一聚，今天喝它几碗!”华沙布屁股还没挨炕沿，穆特苏就吩咐说。

“萨晋图阿哥，色本泰，快炕上坐!”

三个人乐呵呵入座，华沙布端起油黑发亮的酒葫芦给每人斟了一碗酒，站在一边。

“好了，去归去，咱不说那些了。”穆特苏老人终于抛开烦恼，干枯的脸上漾起少见的笑容。

“来，咱们干一碗!”

大家举碗，一饮而尽，说着、笑着，陈年老酒一下肚，忘记一切，乐得一个个合不拢嘴，笑出了泪。

夜已深，苍穹已星光灿烂。三个人喝得酒兴大发，气氛热烈时，牛录外突然传来一阵纷乱的马蹄声。

萨晋图不免警觉，“华沙布，这般深夜牛录外是何处人马?”

"萨晋图阿哥，管它呢，他们既然不来骚扰我们，我等自顾喝酒。来，华沙布斟酒!"

"老伙计，还是小心为好。你们先吃着，老夫去探视一番。"

萨晋图说着借助酒力走出大门，纵马来到牛录外，向街头黑暗处极目张望，冥冥中见一骑者隐隐而来。

"谁?"他放开嗓门大声喝问。

"额爷，是我!"

"啊，萨音布，你回来了?"他急忙问道。

"额爷，捕鲜队伍已回，我们是连夜急行，我盼着早些回家给额爷请安。"萨音布勒缰下马，看着额爷，激动不已。

"啊！回来就好，快给我说说，此次围猎可有斩获!"萨晋图一听到狩猎，顿时来了兴趣。

当今皇上，常仿古猕狩之礼出外行围，整饬军旅，演练技艺，怀柔属部，弘振军威。不仅指挥、鞭策满洲官兵奋勇驰逐，擒捕猛兽，还经常深入林中，纵马奔驰，拉弓放箭，射捕奔鹿，而且特别喜欢督众人捉虎。由此八旗官员便也以狩猎好手为荣。这次盛京捕鲜出猎后期，盛京将军与吉林将军相约，竟也带队出猎，两边大有较量一番之意。

那一日黎明时分，两翼人马数百人从两侧进入老森林。老森林阴郁朦胧，一片静谧，只能偶尔听见马匹的喷鼻声和镫盘的碰击声。两位将军身披戎装，立马中央，威武雄壮，众武将紧拥左右，屏息倾听林中动静，凝目洞察四处迹象。一排射手张弓搭箭站在前面，随时准备齐射自围内逃出的野兽。

日出之前，两翼人马齐鼓号角，林中群兽惊慌逃窜，四处狂奔。突然林间发出一声尖利呼啸，一只斑斓大虎从浓密树丛中跳

跃冲出，直奔众射手而来。

“快射!”吉林将军看得真切，大声喝令。

只见一支支箭飞过去，却没有射中。

“再射!”吉林将军眼看猛虎要脱逃，急了。

说时迟，那时快，盛京将军舍图肯背后忽地闪出一射手，一箭射过去，正中那猛虎。

“好!”舍图肯乐得大喊。

不料，那支中箭的猛虎带着惯性跌出老远，爬起来依旧狂奔。

“再射!”舍图肯急了。

紧急关头，舍图肯背后啸啸作声，一队铁骑掠过。荒草倒卧，泥土飞落，马上人一个个弓腰探身，尖声吼叫，放马追那猛虎。

“快追!”舍图肯急不可耐，鞭子一挥，也随后追去，左右两侧人等紧随其后。

那猛虎带着箭，狂奔如初。

只见前面人马中冲出一人，策马追过那猛兽的一刹那，探身抡起手中的短棒一棒打下去，把那猛虎一下击倒。其动作凶猛凌厉，干净利落，令人目不暇接。

“好!好身手!”舍图肯见了，发出狂喜欢叫，飞马赶到。

那猛虎龇牙咧嘴躺在地上，睁着恶煞般的两眼，额头上汩汩冒着鲜血，四肢还在抽动。

“好身手，真是好身手!”舍图肯看了一阵那猛虎，转过身逐一打量眼前那一队人，夸赞不止。

“刚才那位勇士是哪一个?”舍图肯问。

“盛京正白旗骁骑校巴扬阿叩见将军！”一名壮汉急忙出列施礼。

“噢，原来是巴扬阿，怪不得身手敏捷，真是了不起！”

“多谢将军！”巴扬阿连声道谢。

舍图肯满意地扭过头去，问：“刚才射虎的勇士是哪一位？”

“将军，刚才射虎的勇士就是萨晋图防御的孙子萨音布。”

“哦，是真的？”舍图肯十分惊喜。

“萨音布，快来见过将军大人！”有人大声唤萨音布。

萨音布听见将军叫他，急忙起身站到前边。

舍图肯看着眼前这队锡伯官兵，不由豪气万丈，忽又想到他们即将离开盛京，又不禁感慨不已。

萨音布绘声绘色地向萨晋图讲述着，突然发现额爷好久都没有说话。

“额爷，您哭了？”

“喔，额爷是高兴。你这样年纪就能猎到猛虎，将来定可光耀门楣。好啦，咱也回吧！”

爷孙俩先后取镫上马，一前一后往回走。路上无话，萨晋图想到萨音布刚才说到了巴扬阿，不由得深深叹了口气。

“额爷，怎么了？”萨音布在后面听见，急忙驱马上前问道。

“喔，没什么。萨音布，往后不要去找艾新芝了……”

“额爷，为什么？”

“她快要成亲了，你还找她做什么？”

萨音布听了额爷的话，半晌说不出话来。

“柯保一向嫉贤妒能，心狠手辣，咱惹不起。巴扬阿呢，更

是一名狂妄之徒，滴酒下肚，天王老子都不认。为了一个女人，万一惹出人命怎么办？伊尔哈长得模样俊俏，人又聪明伶俐，有什么不好？”

“可是，额爷，艾新芝已是我家的人了，我不能没有担当……”

萨音布还想说什么，见额爷不容分说勒住马头，第一次给他威严的脸色看，只好缄口不语了。他跟在额爷后面，心里像是一把火在燃烧，全身血液直往脸上冲，被憋得几乎喘不过气来。

“你还想见她？”萨晋图猛一回头，见孙儿眼里噙满泪水，闪着一种他从未见过的痛苦，心里一软，再也不敢看了。

“好吧，让你阿默去办。”说着，两腿往马肚一磕，径自走了。

次日晨，奥顿喝过早茶便匆匆忙忙出了门，直奔柯保家。他的眉宇间锁着屈辱，步履间充满着被逼迫的难以言表的苦衷。

柯保用过早膳，穿戴完毕，带上两名跟丁正要出门，忽见奥顿脸色惨白闯进家门，他吃了一惊。

奥顿不说话。

柯保从奥顿的目光中已猜出十有八九。他思忖片刻，叫两名跟丁退避大门外，正色说道：“奥顿阿哥，您对我恩重如山，这我永世铭刻心中。孩子们的事，我早已把话说明了，请您别再难为我。”

“可是，你也别为难孩子们。”奥顿近乎哀求。

“奥顿阿哥，艾新芝是我女儿，我许给谁是我的事，您把儿子管好就行了。”柯保身有公务，不想纠缠，说完就想走。

“可你这样做，只会害了孩子们哪！”

“艾新芝快要成亲了，不关你们的事。你这样做，反而害了你的儿子，将来莫要怪我！”柯保说完气冲冲夺门而出，大声喊，“快牵马来！”

跟丁慌忙把马牵过来。

奥顿还是不死心，干脆跑到马头前跪下，挡住柯保的路。柯保理都不理，脚往镫盘一蹬就上了鞍。

奥顿急了，爬起来一下拽住马的缰绳。

“你想干什么？”柯保哼了一声，鄙夷地看了一眼奥顿，两腿往马肚子狠狠一磕，驱马就走。

就在这一刹那，奥顿突然从腰里拔出一把短刀，一刀刺进马的颈口。那马惊得哀嘶一声直立起来，前蹄乱扑，接着全身开始摇晃，挣扎着连人一起摔倒在地，无力地蹬了几下腿便咽了气。

“你，你……”柯保一骨碌从地上爬起来，骇得脸色大变，全身打战，说不出话，两个跟丁急忙去扶他。

奥顿手里拿着血淋淋的短刀，横眉怒目立在门口，牙齿咬得格格作响。“柯保，我告诉你，艾新芝已经是我伊拉里家的人了，往后谁敢碰她一根毫毛，这马就是他的下场！”奥顿说完，狠狠朝死马身上啐了一口，扬长而去。

“你……你……”柯保简直给气疯了，想喊喊不出声，想骂骂不出话，浑身哆嗦，嘴角抽搐，两眼一翻，恍恍惚惚什么都不知道了。

想不到今天受到这样的侮辱和奚落！要是别人，柯保早已将他打入监牢，使他永远不得翻身。对于奥顿他能怎么样呢？他们两家曾经是邻居，和睦相处。奥顿还救过他的命。萨晋图老防御，三朝老兵，德高望重。萨音布虽说是个小小马甲，却受到盛京将军的赏识。他们一家，他能惹吗？更令他惊讶的是，刚才奥顿说他女儿已是萨音布的人了，难道这是真的吗？如果这事张扬出去，他脸面往哪儿搁？

7

俗话说：没有不透风的墙。哈达牛录的丑闻不久便传到扎勒牛录，传到巴扬阿的耳朵里。巴扬阿听了此话，回到家气得怒目圆睁，七窍冒烟，暴跳如雷：“萨音布狗杂种，老子活宰了你！”当即叫来跟丁扎西，狂吼乱叫，吓得扎西胆战心惊。

“你这兔崽子，为什么不把你格合的事早告诉我，啊？”

“老爷，家里的事小的一点都不知道啊！”扎西跪在地上，头都不敢抬。

“你还嘴硬，老子一刀宰了你！”

“小的真的不知道……”扎西吓得哇的一声哭了起来。

“少在老子跟前掉那老鼠尿！去，马上回去，回去告诉你那老阿默老额妮：艾新芝是老子用银钱买下的老婆，谁敢碰她一根毫毛，老子把他大卸八块！”

“喳，小的这就去。”扎西惊惶地抹着泪起来，踮着脚退出门，跨上马即刻直奔哈达牛录去了。

扎西走后，巴扬阿更是坐立不安，像一只正待捕食的野兽，血红着两眼，心里充满了仇恨。他坐在椅子上大骂不止，骂着骂着不耐烦了，又霍地从椅子上跳将起来，攥紧粗大的拳头，向空中狂击乱舞，一种被人凌辱欺负的感觉透过他的四肢，钻进他的每根血管，弥漫全身。他万万没有想到，十几年当差东奔西跑，三十多岁好不容易花了银钱找到的媳妇，眼看要被人抢走！他再也忍受不下去了，猛吼一声，把一坛烈酒灌进肚里。

他醉了，光着红得发紫的上身，睁着布满血丝的眼睛，发痴发狂。一会儿，手持马鞭走出院门，挥动着鞭子乱叫起来："我要宰了萨音布那狗杂种！艾新芝是我巴扬阿花钱买下的老婆，谁敢碰她，老子要平他祖坟！"

门前柱上拴着的巴扬阿坐骑，见主人一副凶相跌跌撞撞向自己走过来，惊得竖起两耳，咆哮嘶鸣，绕着柱子团团转。

"畜生，老子宰的是萨音布，你蹦什么？是不是你也想挨鞭子？"巴扬阿说着突然举起手中的鞭子狠狠地抽打自己的坐骑，似乎要将一腔的恼怒和痛恨全部发泄到马身上。眨眼间，那马身上暴起一道道鞭痕，疼得直立起来摇头甩尾，又一次次落地刨土，极力躲避那疾风暴雨般的鞭子。一个跟丁闻声赶来想拉住巴扬阿，被他使劲甩出老远。

"巴扬阿你疯了，快住手！你，你打牲口干吗？"窝国善正在后院填新房前面的土坑，听见儿子在大街上狂呼乱叫，不知道发生了什么事，急忙走出门，见儿子无缘无故抽打马，一下子火了。

"我要宰了那萨音布，他敢抢我老婆！"巴扬阿瞪着眼珠，一脸凶相。

"没出息，"窝国善嘴里骂着，上前一把扼住儿子的手腕，夺过鞭子，"有本事去找萨音布，把自己的老婆抢回来！哼，把自己关在家里发酒疯算什么，不害臊！"

巴扬阿听了父亲的话，酒似乎醒了一半，狂暴的怒气也平息了。他愣愣地站了许久，突然双手抱住头蹲在地上不吭声了。

窝国善回到家里，坐在炕沿上点上一锅烟，想起儿子刚才说的话，也不由得火从心头起，暗自生起气来："萨晋图，你这个老东西，年轻时你抢我老婆，害得我三十多岁才找到媳妇生了这个儿子。如今你孙子抢我儿子的老婆，真是欺人太甚，天地难容！哼，这次你休想从我儿子身边夺走我儿媳妇，我和你拼了！"

扎西骑着马心急如焚，不停地快马加鞭。那马拼力奔跑，早已汗水淋淋。他骑马跑到哈达牛录时，正好撞见河边挑水的伊尔哈。

"扎西，什么事把你高兴得纵马奔驰呀？"

"伊尔哈格合，不好了！快去告诉萨音布阿哥，巴扬阿要杀他！"扎西张着嘴勒住缰绳兜了一圈回来，黝黑的脸上失去了往日的稚气，额头上挂着一颗颗豆大的汗珠，上气不接下气地大声说。

"啊？为什么？"扎西的话如晴天霹雳，把伊尔哈惊得半晌说不出话来。

"伊尔哈格合，快去！"扎西说完双腿一磕，又催马急奔自家方向去了。

一队剽悍人马出现在哈达牛录头，踏起的尘土飞扬，威武无比。为首的正是扎勒牛录骁骑校巴扬阿，他威风凛凛地骑着一匹黑骏马，昂首挺胸，仿佛目空一切。多年的马背生涯给他一副强壮的躯体，走南闯北的艰难困苦铸就他的硬朗豪爽。他像熊一样力大，像豹子一样敏捷。平时那张脸冷若冰霜，两眼总是布满血丝，令人望而生畏。

他已是三十多岁的人了，还没有成家。随着岁月的流逝，他越来越感到自己该有个家，心也该安顿了。为了不负自己巴扬阿这名声，他不惜父亲多年苦苦积攒的银两，重金买通了这门别人想攀都不敢攀的亲事。为了早日成婚，他如饥似渴地盼望着，海阔天空地遐想着，心里充满阳光。高兴时，也开始注意自己的仪表，眼睛里也会闪烁出少有的平和的目光，不见了那股邪气。每当夜里想起艾新芝，他就身心发痒，胸中燃起熊熊烈火，那一颗刀光剑影中都未曾悸动过的心，挡不住地亢奋起来，嘴里不停地自言自语："我有家了！我有老婆了！"

萨音布的出现对他何止是当头一棒，简直是骑在他的头上拉屎撒尿，是对他巴扬阿致命的污辱和蔑视！他也是堂堂的男子汉，何以能忍受别人抢走自己的老婆呢！不能！他宁死不能咽下这口气，发誓要把老婆夺回来，哪怕上刀山下火海，也无所畏惧。他一个骁骑校连老婆都看不住，输给哈达牛录的一个臭小子，不能！

痛苦的骄傲和狂怒的羞耻，剧烈的憎恨和恶毒的嫉妒交织在他的心头，他决心到哈达牛录和萨音布一决雌雄，痛痛快快地出这口恶气，当着哈达牛录男女老少的面把老婆赢回来，叫萨音布那小子永远没脸见人，死了那份心！

柯保正要出门，听说巴扬阿来和萨音布决斗，心头一怔，急忙吩咐夫人："一定要把艾新芝看住，千万别叫她出门！"他匆匆跨鞍上马，缰绳一抖往盛京去了。

这段日子，艾新芝被关在屋里，由于日夜忧伤、烦恼和不安，那张俊俏的脸上已见不到以往的兴奋和红晕，一种早日解脱痛苦的渴望和向往自由的思念深深地镂刻在她的神情之中。脸上没有血色，黯然的两眼，掩饰不住疲乏和焦虑。她清楚地知道，巴扬阿和萨音布一旦交手，必定你死我活，后果不堪设想。万一萨音布失手，丢了性命，她将怎么办？她提心吊胆不敢面对而又不得不想的就是这件事。一个失去自由被人摆布的弱女子，除了承受痛苦的煎熬和对天流泪祈祷之外，还能做什么呢？

河水绿意浓浓，波光粼粼，几只渔船在河面上懒洋洋地漂荡。隔河望去，对面也是树木朦胧，秋色斑斓。萨音布和华沙布起了个大早，领着图克善和阿林到蒲河边下网捕鱼。他们驾着小船，撒了几次网，捕上几条鱼，堆起篝火准备烤着吃，远远见一女子骑着马一边喊着萨音布的名字，一边快马加鞭沿着土道直冲他们奔过来。

“萨音布阿哥！萨音布阿哥！”来者是伊尔哈。她到了河边滚鞍下马，上气不接下气地说：“萨音布阿哥，巴扬阿带着一帮人找你来了！”

“他们人呢？”华沙布急忙问。

“在牛录。”

“来了多少人？”华沙布又问。

“十几个。”

“带了兵器？”

“嗯。”

“萨音布，”华沙布有些担心地侧过头去瞅了一眼正在穿衣服的萨音布，“我看你还是避一下吧！”

“不！”萨音布语气平淡却很坚决，声音铿锵有力。“这几天我已经想好了，躲是躲不过去的，我一人做事一人当，最多拼个鱼死网破！”

“可是萨音布阿哥，他们都带着刀枪，万一斗不过他们……”伊尔哈两颊绯红，鼻尖上香汗直冒。

“伊尔哈，你不要担心。巴扬阿虽然是个粗鲁之人，但他很讲义气，我想他决不会仗着人多势众来伤害我。那样，他只会丢面子。”

“那你想怎么办?”华沙布见萨音布心中早有主意，不好再勉强他。

“我去见巴扬阿。”

“那好，我陪你一起去。”华沙布为朋友义无反顾。

“我们也去!”图克善和阿林也要去，黑犬也跟着汪汪叫起来。

“好，大家一起去！你们两个快去把马牵过来!”

伊尔哈见萨音布一脸的沉着和坚毅，又有华沙布陪着，悬着的心终于放下一半。说心里话，她既希望萨音布千万不要赢，又希望萨音布不要受到一丝伤害。为此，她剩下的一半心还左右晃荡不止，不知将来落到哪边。她恼恨巴扬阿，但又觉得他这样做没有什么不对，按理说，艾新芝是他下了聘礼的老婆，他要讨回自己的老婆，名正言顺，天经地义，谁能说他巴扬阿为所欲为，大逆不道呢?她喜欢萨音布，可萨音布为什么不喜欢自己却为艾新芝去拼死拼活呢?难道他一点也不知道自己喜欢他，抑或是自己长得不如艾新芝?

他们赶到牛录时，萨音布家里里外外挤满了人。大屋里气氛紧张，鸦雀无声，弥漫着呛人的烟雾。南炕上萨晋图和窝国善铁青着脸隔着一张矮脚桌面对面盘腿坐着，不停地吧嗒吧嗒抽着旱烟袋，谁也不理谁。奥顿和巴扬阿一人站一旁，一个横眉怒目似金刚，一个杀气腾腾像罗汉，两个人目光尖锐，神色冷酷，威风

凛凛，互不相让。

萨音布红着脸进了屋，后面紧跟着华沙布、伊尔哈、图克善和阿林。巴扬阿见了萨音布，顿时怒火燃起，两眼喷火，根根头发直立起来。他咬牙切齿地骂了一声："你这个坏种，今天老子要宰了你！"说着向萨音布猛地冲过去。奥顿见状，噌地站出来挡住巴扬阿，厉声怒喝："巴扬阿，不得无礼！"

两个人剑拔弩张，谁也不让谁，屋里的空气充满了火药味，仿佛一点就着。

"窝国善，刚才我已经向你赔礼道歉，现在人来了，你想怎么样，看着办吧！"萨晋图并不在乎奥顿和巴扬阿两人，看了一眼窝国善，语气平淡地说。

"萨晋图！"窝国善显然是被萨晋图的话激怒了，他猛地用旱烟锅朝桌子上狠狠砸了一下，大声喝道："当年你抢我老婆，如今你孙子又抢我儿子老婆，你还有什么脸跟我说话？祖宗的脸面都给你们家丢尽了，你还想怎么样？"窝国善骂得唾沫横飞，屁股撅得一颠一颠的。

"我与你没有话好说，你说怎么样就怎么样。"萨晋图本是理亏，只得忍让。他不想两家伤和气，希望能大事化小，小事化了。

"好，既然如此，我要萨音布去扎勒牛录，让扎勒牛录男女老少当街羞三天，从今往后不许再去找艾新芝！"窝国善一步逼一步，似乎不达目的决不罢休。

"不，我伊拉里氏不是那么好欺负的！想叫我儿子去游街，谁敢？"想不到奥顿一口回绝，声音落地有声。

"你们不答应？好，那我就到将军府去告他！"窝国善气得嘴都歪了，把旱烟锅往桌子上砸得山响，烟火撒了一桌。

“不，阿默!”巴扬阿忽然说道。

“你……”窝国善正在气头上，哪会料到儿子来倒杠，一下从炕头跳起来，吃惊地看看儿子，又看看奥顿，张口结舌，两眼直翻，差点气晕。

“阿默，这样太便宜了他!”巴扬阿跨前一步急忙扶住阿默，两眼瞪着萨晋图，“萨晋图大伯，我巴扬阿从来明人不做暗事。萨音布要是算条汉子，三天以后我巴扬阿和他在牛录头决一雌雄！我赢了，艾新芝是我的；他赢了，艾新芝是他的，绝不食言!”

“好！这才是男子汉大丈夫说的话。”萨晋图听了巴扬阿的话，见事情可以私了，不禁为之振奋，高兴地满口答应。“窝国善，你看怎么样?”

窝国善半晌才缓过气来，把儿子狠狠一推，用手顶着额头气急败坏地走了。

“萨音布阿哥——”伊尔哈不知是激动还是担心，不由得喊了一声萨音布，一头扑在萨音布的胸前，两眼噙满泪水。

萨音布登时慌了手脚，满脸涨红。华沙布站在一旁吃了一惊，他万万没有想到伊尔哈会这样，不得不神情茫然地低下头。巴扬阿从鼻孔里哼了一声:“哈达牛录的姑娘都鬼迷心窍了!”便怒气冲冲走了，把木板门摔得山响。

8

三天后的哈达牛录头人山人海。太阳还没升到一竿高，这里已是人潮涌动，步行的、骑马的、坐车的源源不断地从四面八方

拥向这里。人们抻长脖子，瞪大眼睛，急不可耐地踮起脚，想亲眼看看两个牛录的勇士千载难逢的一次较量。

太阳并不迟延，已经登上树梢。人群当央的一片空地上，两拨人马，怒目相对。东边为首的是萨晋图，虽然昂首挺胸，豪气十足，却无法掩饰被逼无奈的神情。西边的窝国善则两眼凶光，摆出一副宁为玉碎、不为瓦全的架势。

萨音布和巴扬阿不披盔甲，赤膊袒胸，各自牵着自己的马站在两位老人的身后，眼睛冒火，面露杀气，只等一声令下，一决高低。

“时辰已到！”老佐领锡林泰高声宣布，喧闹的人们骚动一阵后静了下来，一个个目光专注，屏声静气，沉浸在开场前激烈又紧张的气氛里。

“今天，扎勒牛录窝国善家和哈达牛录萨晋图家在列祖列宗以及诸位父老乡亲面前立誓：今日比武，实出自愿；两家恩怨，在此一决；各自承诺，不得食言。按祖宗规矩，马背角力三炷香定输赢，永为世断，不得反悔！”

站在华沙布和伊尔哈中间的图克善转动着眼珠，望着心绪不定的伊尔哈悄声问：“格合，为什么烧三炷香？”

“我也不知道，你问他。”伊尔哈此时此刻满心满脑想的是萨音布的输赢，哪有心思回答图克善的提问，她朝华沙布努了一下嘴。

“华沙布阿哥，为什么要点三炷香？”阿林也凑到跟前。

“不交三次手，将来娶媳妇，媳妇家的狗不让进门！”

“噢！”图克善和阿林似乎恍然大悟。

“现在双方人马出场！”

喊声刚刚落地，萨音布和巴扬阿各自取镫上马，挽住马头，摆开姿势，准备交手。人群哗的一声往后退缩，接着喊声大起：

“萨音布！萨音布！”

“巴扬阿！巴扬阿！”

喊声中，只见老佐领的手用力向下一挥，马背上早已迫不及待的巴扬阿猛然咆哮一声，双腿一夹，怀着切齿的仇恨闪电般地向他的情敌冲去。萨音布并不慌，见巴扬阿来势凶猛，有意避其锋芒，当巴扬阿风驰电掣般冲到自己跟前的一刹那，他突然把马头往外一闪，身子略一侧，巴扬阿双手扑空，呼啸而过。巴扬阿心里骂了一句“臭小子！”猛地勒住缰绳，欲要掉转马头，不料背后呼的一声，一只大手倏地伸过来把他的头一下夹住，狠狠压在鞍头。巴扬阿始料未及，心里一慌，急忙从镫盘抽出左脚往萨音布马肚子狠命一蹬，不想那马稳如泰山，连晃都未晃一下，依然朝前狂奔。

两匹马驮着两个人，冲出人群，疾驰而去。锡林泰看着急了，自己也匆匆跨上一匹马，纵缰催马随后追去，喊着：“快回来！快回来！”

两匹马渐渐没入一片隐约之中，又渐渐出现在众人惊疑的目光里。

萨音布的手臂像一把铁钳，把巴扬阿的头紧紧地夹在腋下，丝毫不放松。巴扬阿急得拼出全身牛劲蹬来蹬去，还是无法脱身。

众人都看呆了，人人捏着一把汗。

两匹马又跑回圈内，两个人还在马背上角斗。不知什么时候，巴扬阿也将萨音布的右腿夹在自己的左腋下，两个人你争我夺，相互拼力较劲。一个似泰山压顶往下压，一个如擎天托地往上提，凶狠激烈的争斗，叫人惊心动魄。

人群中不时爆发出粗野的喝彩声和女人们惊慌的尖叫声。

紧张和迷惘攫住了窝国善的心。他圆睁两眼，嘴张得老大，以致飞进一只小虫被吞了下去都不知道。

“点第二炷香！”老佐领的一声呐喊，使人们更加心神不安，紧张难耐了。

萨音布和巴扬阿依然纠缠在一起，都想把对方拖下马，出一口恶气。两匹马，鼻喷大气，甩头抖尾，躯体交错，随着两个人的凶猛扭扯团团打转，铁蹄落处，腾起阵阵尘土，遮天蔽日。

萨晋图腰背挺直，不急不躁，一脸沉着，似乎两个人的争斗对他无关紧要。奥顿站在父亲身边，握紧两个碗口大的拳头，感到握着的是一片虚空，心里一片茫然。

萨音布的马突然失了前蹄，连人带马猛地往前冲过去，马头几乎戳了地。

“噢！”人群中伊尔哈惊叫一声。

喔，真是苍天有眼！巴扬阿的头被萨音布夹得牢牢的，这一戳，真乃天赐良机。他趁势丢下萨音布的腿，双手顶住萨音布的腰背，拼出全身力气，大吼一声，将自己的头猛地往回一抽，谢天谢地，终于脱身而出！快要胀裂的胸口，终于呼出一口恶气！

萨音布颇为得意之时，万万没有想到马会失蹄，刹那间他失去控制，险些摔下马来。幸亏巴扬阿早放手，他才得以两腿紧紧夹住马肚，重新坐稳马上。

“儿子，拖下他！”窝国善见儿子不趁机把萨音布拖下马，急得失声喊了起来。

“拖下他！”一呼百应，扎勒牛录一边顿时群情振奋，喊声鼎沸，声浪一阵高过一阵。

但是，巴扬阿并没有乘人之危。他抹了一下脸上的汗水，狠狠咳出一口痰，眼看着萨音布的马站立起来，他才抖擞精神准备出手。

“为什么不出手，你这个蠢货！”窝国善气得头顶冒火，屁股冒烟，一蹦三跳，怒骂不止。

“巴扬阿真是一条好汉！”萨晋图看在眼里，心里一阵暗暗赞叹。

喊声中，两位勇士重整旗鼓，抖缰拍马，再次交锋。萨音布见巴扬阿如此仗义，虽然心里不服，脸上却不免掠过一丝感激之情。

这回，巴扬阿变得谨慎小心，不再贸然放马过来。两个人互相盯住对方，旋转马头，寻找机会，谁也不急着出手。两个人都清楚，不论是谁，一旦得手，都会将对方置于死地。

第二炷香已经燃过一半。两个人时而往前，时而退后；时而向左，时而向右，四只大手扯过来揪过去，谁也抓不到谁。汗水湿透了衣裤，尘土沾满了脸面。

正当人人紧张，心神几乎被一触即发的静默震慑住的时候，萨音布突然伸腰过去，轻舒双臂，一下将巴扬阿拦腰抱起，用力之猛，险些叫巴扬阿离鞍腾起。幸好巴扬阿早有防备，右手紧紧勾住鞍头，趁势身子往外一闪，张开弓背似的左臂也朝萨音布扑去，意欲将萨音布的头也夹在自己的腋下，叫他也尝尝头被夹住的滋味。而萨音布却把头深深地埋在巴扬阿背后，双腿一夹，驱动坐骑，借助马的冲力，开始一次次猛烈地拉扯起来。巴扬阿虽

说是一条好汉，有一身的蛮力，可怎能敌得住萨音布得力的攻势呢！况且萨音布巧借马力来对付他，更使他束手无策。他屁股一撅一颠，全身摇摆不定，急得两腿乱磕镫盘，催马紧跟萨音布，试图化解他的威猛，拖延时间，寻机脱身。萨音布早已看出他的心思，巴扬阿越是贴近他就越往外拽，不给丝毫可乘之机。巴扬阿被逼得只有招架之功没有还手之力。萨音布趁势突然松手，巴扬阿防备不及，全身一下失去控制往外倒去，在这紧急关头，萨音布以迅雷不及掩耳之势抓住巴扬阿的左腿往上一提，巴扬阿的双手胡乱向空中扑着，一头栽下马。情急之中他虽然用腿勾住马鞍，双手却着了地。

“噢，萨音布！”哈达牛录一边爆出一阵惊天动地的欢呼声。

伊尔哈不知是高兴还是担忧，犹豫还是嫉妒，忽儿想自己不够漂亮，没有财富，不该和艾新芝争萨音布；忽儿又想自己哪点不如艾新芝，有钱有势算什么，和萨音布成双成对的应该是自己。想着想着，嗓子发干，又感到无聊，于是跟着人们不着边际地笑了一笑。站在旁边的图克善，见伊尔哈心不在焉，悄悄拉了一下华沙布的衣角，向伊尔哈努了努嘴。华沙布早看在眼里，心里也不是滋味。不过，他是一心指望萨音布赢，这样不仅断了伊尔哈的心思，自己将来也好娶她。他朝图克善轻轻摇了摇头，示意不要理她。

巴扬阿双手着地后又借助双腿和腹力弹回鞍座的一瞬间，那张黑脸变得青一块紫一块，大颗大颗的汗珠从额头冒出来直往下淌。但他天生傲骨，只是垂着眼，却没有低下头，用硕大的拳眼对着大嘴干咳了几声便回到自己阵前遛起马来。他虽然失利，却不服气，眼睛一直盯着萨音布，心里暗自发狠：“好！既然我得不到艾新芝，你萨音布也休想占便宜！”窝国善骂也不是，哭也不是，他噘嘴鼓腮，胡须抖动，额上的青筋嘣嘣跳动，气得扭过头去不看儿子一眼。扎西躲在窝国善背后，喜不自禁却不敢出声。他不知道艾新芝格合急成什么样，只眼巴巴地等着他去告诉她结果。他从心眼里不喜欢巴扬阿，给他当跟丁还不满一年，便吃尽了苦头，有时还挨他的拳头。可是，父亲为什么偏偏把格合嫁给他呢？他不知道。

萨音布则神采奕奕，两眼闪着兴奋的光芒，虽然心思坚定，胜券在握，表面却很安详矜持，不像一个刚刚交过手的气势汹汹的勇士。他不遛马，不整装，勒马站在对面只等锡林泰的号令。

“点第三炷香！”老佐领的第三声呐喊，扎勒牛录人的心都提到嗓子眼了。

随着喊声，两匹马立地弹出，两个人真正的角斗似乎这时候才算开始。巴扬阿紧贴马背，先声夺人，勇猛凶狠地放马直冲萨音布过来；萨音布沉着自如，不慌不忙，一个后发制人的姿势也杀向巴扬阿。

对于他们两个人来说，胜负往往取决于一个动作的落空或者一个计策的失误，机会像闪电一样短促，全靠两个人有勇有谋不假思索捕捉利用。巴扬阿清楚地知道，自己已经失去一个机会，再不能失手。他暗暗发誓这一次无论如何也要将萨音布拉下马，不然，他称雄而来，败阵而归，有何面目去见扎勒牛录父老乡亲？他巴扬阿还算什么？与其活着还不如一刀了却性命！

萨音布已胜一筹，眼看艾新芝就要到手，两眼虽然闪烁出希望的火花，但他还是装作泰然自若，应对有方，不露半点喜悦和激动，决心乘胜追击，让巴扬阿心服口服地感觉自己的力量，领

教自己的本领，叫他往后不要在自己面前趾高气扬，称雄道强。

眨眼间，两匹马带着呼啸，箭一般擦身而过。众人定睛看时，只见两匹空鞍马奔出，两个人已抱成一团滚落地上。由于萨音布用力过猛，两个人在落地后翻了一圈，他反而被压在巴扬阿身下。这突然的意外，使他顿时失去控制，不由得两眼发黑，眼前金星乱飞，觉得有座山重重压在胸口，脑子里有什么东西猛然爆裂！巴扬阿先是一愣，继而跳将起来，圆瞪两眼，张开鼻孔，举起双拳向父亲跑去，本想冲着天空雄狮般震天动地猛吼一声，可他突然刹住脚步，嘴一咧，摇了摇头，神色惨淡地朝人群笑一笑，牵起自己的马独自一人走了。

这出乎意料的结局，令全场所有人都惊呆了！没有人呐喊，没有人喝彩，没有人恼怒，没有人欢呼，只有惊异的目光，迷茫的神色，你看我，我看你，一个个张着嘴巴，僵了舌根似的说不出话来。

太阳落了。天黑了，没有人回家阖户。这一天的遗憾，永远留在扎勒牛录和哈达牛录每个人的心中。

为了缓和冲突，平息纠纷，第二天，萨晋图带些银子、几匹绸缎、几张貂皮，由老佐领锡林泰陪同一起去了窝国善家。窝国善虽然一肚子怨恨，吹胡子瞪眼，碍着老佐领的面，还不至于把客人赶出家门。冷若冰霜的老伴愤愤走出来看茶后，他就上炕盘腿坐下吧嗒吧嗒抽起旱烟，两片干枯的嘴唇不停地瑟瑟颤动。

“窝国善，不要再赌气了。”还是老佐领先开了口，“规矩是你们定的，既然话已说出口，就得遵守诺言。往后萨音布和巴扬阿谁也别再争了，艾新芝姑娘愿意嫁给谁谁就是她的丈夫。”

“哼！”窝国善无言以对，只得将一腔的怒火从鼻孔喷出解恨。

“窝国善，我真对不住你！……孩子们的事我也无能为力，这点东西是我的心意，请你收纳。”萨晋图愧疚地向窝国善道歉，并拿出带来的银子、绸缎、貂皮等放在炕桌上。

窝国善本来心里窝着火，萨晋图的话无疑是火上浇油，他像受了莫大的侮辱一下从炕上暴跳起来，“萨晋图，你不要猫哭老鼠假慈悲，我窝国善就是用胸脯爬着走也不稀罕你家的东西，你马上给我拿走！”

“窝国善，萨晋图是三朝老兵，将军大人都十分敬重他。今日他特地来向你赔礼道歉，你也应该有点分寸，难道就不怕别人笑话吗？”

“笑话？哼，佐领大人，盛京十五城千千万万家姑娘他们不找，偏偏来抢我家媳妇，他们都不怕笑话，我窝国善怕什么？只怪我窝国善没出息，养了一个儿子也没有出息……”窝国善说着一阵伤心，豆大的泪珠从眼眶滚落下来，掉在抖动的胡须上。

“窝国善，巴扬阿堂堂一男子汉还愁找不着媳妇？你想想，我们还不都是这样过来的？”锡林泰见窝国善流泪，放缓口气，好言相劝。

萨晋图坐在一旁，感同身受，心里也不好受。他知道，这时候再好的语言都是多余的。他忍着尴尬屈辱，慢慢站起来，双腿一屈，给窝国善下了跪。

“儿孙不孝，累及祖上，我向你赔罪！”

窝国善这下着了慌，他万万没有想到萨晋图竟然给自己下跪。他看着萨晋图那张久经风霜、充满坦诚的脸，说：

“萨晋图阿哥，老弟委屈您了！”窝国善也不得不流着老泪对着萨晋图跪下了。

"窝国善，只要你能原谅，我一点也不亏！"

"好啊，好！"锡林泰见两个人终归和好，高兴得眼圈也红了。

9

日月如梭，不知不觉高高的天空纷纷扬扬地飘下雪花来。寒风呼啸着，把树枝上仅存的几片黄叶也吹落。冬天的田野，显得特别空旷，散落各处的村庄、河谷、树林以及远处的高山，仿佛陷入了洁白的沉思默想中。只有树枝上乌鸦凄凉的叫声，似给大地蒙上一层冬天的愁容。

渐渐地，严寒袭来把大地冻裂了，把星星冻僵了，成千上万闪烁发亮的晶体在天空飘舞嬉戏。哈达牛录大街小巷积雪和泥土混在一起被践踏成坚实的硬块，路两旁堆着如墙高的累累白雪。人们整天待在屋里围着火盆，谁也不想出门。每个人似乎都在等待，等待不愿见到的那一天的到来，一种从未有过的压抑、沉闷、愁烦攫住每个人的心。

此时，在盛京将军府内，舍图肯与绰克托等人正在商议呈交京城的奏折。

绰克托手捧奏折，高声宣读：

"盛京将军府遵皇上旨意，此项锡伯驻防兵视官兵精良及多寡从以下十五城挑选：盛京防御一人，骁骑校二人，兵四百有四名；凤凰城防御一人，兵四十五名；辽阳城防御一人，骁骑校二人，兵六十六名；开源城防御一人，兵九十四名；牛庄城防御一人，兵二十三名；广宁城骁骑校一人，兵六十名；熊岳城防御一人，兵五十一名；复州城防御一人，骁骑校一人，兵五十二名；

岫岩城骁骑校二人，兵二十八名；金州城防御一人，兵四十四名；盖州城防御一人，兵十五名；锦州城防御一人，兵二十四名；义州城骁骑校二人，兵六十一名；兴京兵二十三名；抚顺城兵十名，总计官员二十名，兵一千名，每五百人为一队。第一队派出图古苏等防御五员，布占泰等骁骑校五员，由熊岳城协领噶尔赛管带。第二队派出萨晋图等防御五员，华沙布等骁骑校五员，由盛京镶黄旗协领阿穆呼朗管带。此项锡伯兵出盛京由克鲁伦路上蒙古路，进杭爱山，直赴乌里雅苏台，再由乌里雅苏台至科布多，过阿勒泰山到塔尔巴哈台至伊犁。每户整装银三十两，每口马一匹，每户帐篷一座，锅一口，驼一峰。官员及跟丁，两位协领的披甲户籍要逐一造册另行分配。为着实勘察行军路线，便与沿路站台联络，人马行走得力起见，另欲派理藩院笔帖式巴兰泰、德保，领催善清护送至乌里雅苏台。”读罢，看看舍图肯及其余人等，言道，“将军大人，各位大人意下如何？”“无异！”舍图肯开口言道。

“大人所言极是，窃意可以此请旨。”有人大声附和。

“好，既然诸位无异议，兵部索珞大人和户部勒坤大人明日便回京交旨，奏报皇上。”

众人一个个起身告辞。

飞雪弥漫中不觉已到年关，色本泰一家没有置办什么年货。

大年三十那天，外面西南屋角海尔堪神位上轻烟缭绕，前面供着一匹纸糊的配鞍大马。整洁明亮的堂屋里，从东南角到西北角拉起喜利妈妈神灵，祈求一年的平安。正面墙上挂一轴牧牛图，两边贴着一副对联，一看便知是家主的墨迹。下面卧柜上点

着蜡烛，燃着香，旁边摆着厚厚几摞书，是色本泰最值钱的家产。

炕上，火盆里的炭火泛着淡淡的红光，忽亮忽灭。图克善坐在舅母身边，一双明亮的眼睛出神地望着她精心剪纸钱。伊尔哈在厨房里忙着准备为神明和祖先祭祀的供品。

“合纳克出，这些钱我阿默、额妮能收到吗?”图克善指着已经剪好的一堆纸钱问。

“能。”伊尔哈额妮瞥了一眼图克善忽闪的大眼睛自信地回答说。“你是他们的儿子，只要给土地神多些盘缠就行。”

“为什么?”

“盘缠少了，土地神就不高兴了。他一不高兴，就不给你阿默、额妮把钱带过去。”

“噢，原来土地神也那么喜欢钱呀!”

“喔……你呀，你说谁不喜欢钱!”伊尔哈额妮被图克善的话逗乐了，禁不住呵呵笑了起来。

伊尔哈听见母亲的笑声，从厨房里走出来，倚着门框问：“我阿默怎么还不来，祭祀的时辰是不是快到了?”

“别急，你阿默每年去扫墓，扫完你额爷、玛默的坟还去扫你塔义和太提的坟，怎么会这么快就回来呢?”

“合纳克出，那我先去把门前打扫干净，好吗?”

“喔，好，好!”

“额妮，剪完了没有啊?”

“快好了，你也和图克善一起去吧!”

“嗯，知道了。”

大街上，家家门前打扫得干干净净，已经铺好褥垫，摆好案桌，供着祭品。有的正在烧纸，跪拜天地，祭祀列祖列宗。色本泰扫完墓扛着木锨匆匆走进牛录时，正好碰上要去扫墓的奥顿。

“奥顿阿哥，怎么这么晚了才去?”

“唉，萨音布那小子进城去置办点年货，现在还没有回来。没办法，只好去晚了。”

“奥顿阿哥，过年了，您也得到柯保家串串门，好歹你们过去是邻居，您还救过他的命。我想，心诚则金石为开，他总不至于那么绝情吧!”

“唉，色本泰，我是个粗人，也不会说话。上次去了已闯了祸，我有几颗脑袋再踏他家的门槛?”

“奥顿阿哥，您不会找个善于言辞、口齿伶俐的人跟您一起去啊?”

“哦，这倒也是。好，既然你这么说，我就再跑几趟看看。”

色本泰回到家时，图克善已经点了烟火，一家人在等他。一股浓烟徐徐升起，一圈接一圈，愈盘愈高，飘悬空中。火堆周围淡红色的光圈在颤动着，溅出一团团火花，发出噼啪之声。大地好像在凝神谛听着，太阳还没有落尽，暮色已苍茫。

“纳克出回来了，纳克出回来了！合纳克出快给我纸钱，我给土地神多烧些盘缠。”

等图克善给土地神烧了纸钱后，一家四口跪拜天地，祭祀先人。色本泰斟了一碗酒，举过双眉，黯然神伤，说：

“列祖列宗、父母大人、诸位先人在天之灵英明，不孝之子色本泰今年在此祭奠你们，不知来年能否为你们扫坟添土，磕头烧香。若是孩儿去了西域，遥遥万里之外烧的纸钱不知能否收到……”

色本泰说着，开始哽咽，妻子、女儿、图克善也跟着哭了起来。随着悲切的哭声，那些纸灰被一阵阵清风卷起，旋转着、飘舞着，扶摇直上，向寒冷的高空飞去……

哈达牛录到处是一片肃杀，很难看出喜气洋洋过年的迹象，只有几户富贵之家门首贴着贺岁的对联。人们都忧心忡忡，无心过年，几乎没有大人出门，孩子们却依旧欢天喜地，追逐嬉闹，成群结队挨门逐户磕头拜年，从早到晚，大街小巷欢声笑语不绝于耳。

一晃又是一个春天。南风驾着春的气息，渐渐融化了寒冬的冰雪，吹绿了蒲河两岸。成群结队的野鸭在河面上空盘旋，忽起忽落，噪声喧天，发出春的鸣叫。温暖的春日在家家窗口探望，燕子在屋檐下呢喃，复苏的田野，催促农夫们开始修理犁耙。

这日早晨，柯保骑着马带着领催萨英阿和几名跟丁直奔盛京城。他们快马赶到将军府。议事堂两边侍立着盛京十五城各旗协领、城守尉、佐领、防御等，济济一堂。将军舍图肯见人已到齐，环顾一干人等，大声说道：

“诸位，将军府遵旨议定锡伯驻防兵奏报一折，皇上已朱批，由军机处送到。着钦差大人给诸位宣读。请。”

绰克托从座位站起，打开奏折开始大声宣读，下面诸官员一个个睁大眼睛，提耳静听，谁也不敢粗心大意。当念到第二队派出萨晋图等防御五员、华沙布等骁骑校五员，由盛京城镶黄旗协领阿穆呼朗管带时，下面一阵喧哗。阿穆呼朗应一声“喳！”出列领命，神情木然。

绰克托宣读完毕，舍图肯接着说：“诸位，锡伯兵伊犁驻防一事，乃皇上敕命，筹备事宜，遵旨而行，不得有误！”

“喳！”众官员齐声领命。

“被抽选官兵，十日之内张榜公布。皇上念此项官兵青壮居多，赐恩凡属未婚者、丧偶者，出发前择偶完婚。临行前，本将军在太平寺备下酒宴，让走的人祭祀天地，告别祖宗。诸位还有什么事，请讲！”

“将军大人，在下有一事禀报，请大人做主！”萨晋图思量片刻，开口言道。

“老防御，此次您老皇命在身，任重道远，有事请讲，本将军定能承办！”

“大人，锡伯信仰萨满，后又皈依佛门。生小孩，请喇嘛念经取名；死了人，请喇嘛诵经超度；生病染疾，请喇嘛摸脉治病。此去伊犁携眷带孥，生死未卜，生病染疾更躲不过，挑选人员中只有三名萨满却没有喇嘛，如何是好？”

“这……”舍图肯不由头大，回头看了一眼绰克托，又问，“老防御有何建议？”

“回大人，锡伯家庙现有五十几位喇嘛，大多赴西藏浇茶过，其中一名还被选为活佛，达赖喇嘛亲赠巴尔朱克神杖。他们除坐禅诵经，都会扎针、放血、烙癞、抓药。”

“好，此事定当尽快办理。不过，选派名额不属此项官兵之列，一切费用暂时由太平寺调解，如何？”

“谢大人。”萨晋图急忙谢恩。

“将军大人，还有一事禀报！”老佐领华尚阿言道。

“讲！”

“回大人，我锡伯历来教书育人，礼仪为重。这一千户兵眷

驻防伊犁，三十年可繁衍生息三代人，将来孩子们需要有管教才能知书达礼，恳望大人斟酌！”

“不知你有何人选？”舍图肯问道。

“回大人，卑职听说盛京镶蓝旗哈达牛录色本泰自幼通读圣贤书，为人笃实，教书有方，料他不枉此任。”

“那好，着人去告知色本泰。再选两名教书先生一齐去。”

“谢大人。”

柯保走出将军府大门，全身挺直，眼睛里充满了猛兽轻取猎物后得意忘形残酷满足的神色。他不等跟丁把马牵过来，自己走过去跨上马，鞭子一抽，径直回家。到了家门口，他把缰绳甩给跟丁，抬头挺胸目不斜视走进屋里，一下把全身撂在太师椅上。

“老爷，怎么样？”艾新芝额娘倒了茶迫不及待地问。

“哼，他是走定了！”柯保冷笑一声，把头往后一仰，轻轻闭上了眼睛。

“萨音布走了，艾新芝怎么办？”

“你说怎么办？他不走，艾新芝就和他断不了。女儿是你养的，你应该知道怎么办！”

“可是，两家已经闹得不和，将来万一有个三长两短……”

“我顾不了那么多，谁叫他们不知天高地厚碰我的女儿呢？”

“可他们家也不好惹呀！连将军大人都……”

“你呀，真是妇人之见，那是满洲人惯用的伎俩！多少年来，他们总是不让我们安居乐业，调来迁去为他们打江山，打完了他们来坐江山，什么时候有过我们的份儿？盛京十五城一个佐领官职都不多给，这算什么？这是他们怕我们，提防我们，让我们走得越远越好。驻防伊犁，本来三年换防就三年换防，为什么轮到我们上就换成驻防兵，一去不让回返呢？萨晋图，三朝老兵，南征北战，出生入死，满洲人给过他什么？还不是个防御？如今又要抽他去伊犁，咳！”

“啊？他都到了卸事年岁了还抽他？不会是你……”

“哎，你别乱说，那都是上头的事，与我无关。”

“唉，他们这一去……”

“现在好了，叫你女儿早早死了心！”

“我的女儿命真苦！”夫人坐在一边想着女儿的未来，禁不住伤心地掉起了眼泪。

张榜公布的那天，牛录档房大院里人头攒动。人们情绪激昂，一双双眼睛瞪得圆圆的，一眨不眨地盯着榜上名单，唯恐自己的名字会突然出现。一颗颗心急剧地跳动着，一股股血激烈沸腾着。也有些平庸的怯懦之辈挤在人群中，被自己的名字吓得目瞪口呆，四体酸软，只得悄然溜走。伊尔哈领着图克善夹在人群中，两眼飞快地追逐每一个名字，脑海里种种念头翻腾起伏。

“格合，在这儿！”图克善突然惊喜地指着榜大叫起来。

伊尔哈听到图克善的喊声，心头一喜，急忙移目望去，萨音布的名字清晰地赫然入目。她高兴得简直不敢相信自己的眼睛，本来明亮的眼睛愈发明亮了。她激动地用手紧紧压住咚咚直跳的胸口半天说不出话，仿佛一瞬间她已经看见天堂为她敞开了大门，命运之神在向她频频招手。她拉着图克善的手挤出人群，不顾一切地往家跑。她自从父亲嘴里得知他们一家也在西迁官兵之列那一刻起，悬在嗓子眼的忐忑不安的心今天终于有了着落，只要她能和萨音布在一起，不要说是西迁，就是刀山火海她也心甘情愿。

过了两天，柯保带着一名笔帖式、两名领催在档房大院里开始发放被抽选各户的饷银红包。大门口人出人进，十分热闹。

院东南角，十几名匠役正在各司其职修造车辆：锯木的、刨板的、凿眼的、合榫的忙个不停，已经架好的十几辆木轮车整齐地摆放在墙根下。

“协领大人到!”突然一声断喝，众人惊愕地抬眼往大门口望去，只见阿穆呼朗一行已经在大门外一一下了马。

柯保闻声慌忙疾步出门迎接，“卑职参见大人，有失远迎!”

“免礼!”阿穆呼朗被侍从们簇拥着进了大门，众人闪开一条路，恭请协领大人进屋。阿穆呼朗走到院中并未进屋，驻足望了一眼正在忙碌的匠役们问：“这几天筹措情况如何?”

“回大人，粮米茶叶等已分拨完毕，现饷银正在发放。牲畜已派人去接，赶回来即分。自己有车有牛的，就折银给了他们。只是木料短缺，车辆修造耽误几天。”柯保连忙回话。

“现已架好多少辆?”

“回大人，已架好十几辆，还差四五辆。”

“多派几名匠役日夜赶做，只能赶前不赶后。”

“喳，卑职知道了。”

“帐篷和锅不日就到，快派人去领回。”

“喳!”

阿穆呼朗说完转身走到东南角仔细察看一遍摆放的车辆，吩咐说：“你们锡伯人有句俗语：不叫留下的人拉帮，莫让出门的人掌勺。柯保老兄你可要盯着点，要是车到半路散了架，我可回来唯你是问。”

“请大人放心，卑职一定尽心尽职。”

“好。”

两个人说完，柯保请阿穆呼朗进屋。

“不必了，我还到别的牛录去看看。”阿穆呼朗走出大门，从跟丁手里接过缰绳，突然又想起什么，扭头问，“老兄，萨晋图老防御来过了？”

“来过了，大人。”

“噢，原来你不是说过要把萨音布留在你身边调用的吗？怎么……”

“大人，今年秋场比武他武艺出众，将军大人都看重他。他现在名声出众，卑职岂敢不点他！不然，上面怪罪下来落个送劣留优之名，违抗圣旨之嫌，到时卑职有口难辩啊！”

“他走了，你女儿怎么办？”

“回大人，卑职从未许诺把女儿嫁给他。”

“既然如此，是我多心了。”

“不敢，大人。”

“不过，皇帝的女儿还不是照样嫁人！萨音布十八岁被选马甲，领了俸地，现又擢升先锋，他的武艺连将军大人都赏识，恐怕到时候由不得你做主啊！”

阿穆呼朗一句话说得柯保哑口无言，他低头不语。但他在心里更加恼恨萨音布，咬牙切齿，“哼，只要我柯保在，他休想从我手里把我女儿夺走！”

10

这日深夜，萨音布正要入睡，突然大门外传来一阵凄厉的哭

声，“萨音布——”

是艾新芝的声音。萨音布大吃一惊，一骨碌爬起来，赤着脚冲出大门。黑暗中只见艾新芝一身单薄衣袍披头散发跑过来，她额妮跟在她身后喘着气边喊边追：“艾新芝！艾新芝……”

艾新芝不顾一切地冲到萨音布跟前，悲伤万分，声泪俱下，“萨音布，你走了，我可怎么办？”那声音悲凉幽怨，令人心碎。

奥顿夫妇不知出了什么事，也仓皇出门，见是艾新芝母女，惊愕地看着，不知所措。

“萨音布阿默……”艾新芝额妮抹着泪走近奥顿跟前，颤声说，“你快想个办法呀！艾新芝她，她已经有身孕了！”

“啊！”奥顿夫妇听了艾新芝额妮的话，登时傻了眼。

“她阿默要是知道了，那……，叫我怎么办哪！”

“艾新芝额妮，”奥顿若惊梦中方醒，却又急得无计可施，“我有什么法子呢？要么叫她与萨音布一起去伊犁吧！”

“啊？不，不！我就这么一个女儿，她走了，我怎么办？她阿默会打死她的！”

“艾新芝额妮，要不我去见见将军大人，或许能恩典咱们给一条路……”

“萨音布阿默，再不能往后拖了，你快去找将军大人，我母女俩等你的消息呀！”

“好吧，我明天就进城。”

有了奥顿的口实，艾新芝母女俩总算是心里有了点希望。艾新芝额妮流着泪拉着恋恋不舍的女儿一步一回头地走了。奥顿望着渐渐隐没在街头昏暗中的艾新芝母女身影，听着远去的断断续续的啼哭声，不由得一股无名之火轰然爆起，嘴里骂了一声“孽种”，举起手往萨音布脸上扇过去，打得萨音布脸上冒火，两眼发黑，踉跄几步差点摔倒在地。

几个月来，华沙布也被苦恼和担忧紧紧困扰。父亲年老体残，他怎么忍心丢下孤苦伶仃的父亲一个人走呢？尤其令他不安的是，自那巴扬阿和萨音布比武之后，伊尔哈简直换了一个人！她每次见了萨音布，过去那种期待中的迷离眼神变成了柔情蜜意的目光，她总是含情脉脉地看萨音布，把他冷在一边，不理不睬。

俗话说：知子莫如父。穆特苏老人早就看出了儿子的心事。他腿上落疾之后，老伴不久也去世了。他的唯一女儿远嫁其他牛录，不能经常来看他，只有父子俩相依为命。现在儿子要走了，作为父亲总不能眼巴巴看着儿子独身一人出门，一路无人照应。想来想去，他要做的是尽快给儿子找个媳妇，算是了却他一生的心愿，好让他们安心上路，无论走到哪里，他可以无牵无挂死亦瞑目了。

这一天，他叫华沙布请来萨晋图，向他敞开了心扉。

“萨晋图阿哥，老弟有一桩心事不得不求您，请您千万别推辞，圆了老弟这一心愿。”

“喔，穆特苏，你什么时候变得这么客气？有话只管说，有什么推辞不推辞的呢？”

“阿哥，我是担心给你添麻烦，萨音布的事已叫你够受的了，可是这件事除了你别人帮不了我……”

“嗨，有话你就说嘛！怎么吞吞吐吐？”

“阿哥，我想给华沙布找个媳妇，你觉得伊尔哈这丫头怎么样？”

“啊?”

光阴如流水，盛京城郊外不知不觉中已经开满了雪片似的梨花。

噶尔赛管带的西迁第一队，已于四月十日离别故土，挥泪上路。阿穆呼朗管带的第二队于四月十八日在锡伯家庙由盛京将军赐宴共进离别餐。

这一天清晨，太阳刚刚升起，盛京城周围各牛录男女老少骑马坐车，成群结队向家庙涌来，有的拎着包，有的提着供品，有的捧着烛灯……

家庙正门和侧门都敞开着。进了正门，正殿前面设了祭坛，千烛荧荧，万香飘绕，上面已摆满各种祭品。西边墙根下架起一排大锅，底下大火噼啪作响，上面冒着热气。奥顿领着一帮年轻人担水、劈柴、烧火、打扫，整理什物。东边摆放着大缸大缸的酒，打老远就能闻到浓浓的香味。人，越聚越多。达喇嘛与老佐领锡林泰、老防御萨晋图，一边观看寺内准备情况，一边走向大门。

“将军大人到!”大门外传来一声喊，众人急忙出门迎迓。

舍图肯着一身戎装，威风凛凛，在簇拥中于寺门前下了马。

“有失远迎，请大人见谅!”达喇嘛上前一步施礼道歉。

“达喇嘛，不必客气。”将军大人边说边还礼。锡林泰、萨晋图也上前一一见过。

达喇嘛引将军大人一行进了寺门到配殿歇息敬茶。各位入座后，舍图肯呷口茶，抬头环顾殿内外，问:“达喇嘛，恕我冒昧，这次西迁，不知达喇嘛派哪几位弟子同去?”

"回大人，准备让莫伦带十二名弟子同官兵一起前去。弟子莫伦自幼勤奋好学，精通经典，医术高明，只有他才能担当起这重任。"

"可否唤来见见他?"

"善哉。快去传莫伦来参见将军大人!"达喇嘛身边的弟子急步出门去传莫伦。

后院一间僧房里，莫伦正坐在炕上盘腿运气，两个小喇嘛一人捉住一只手，用腿蹬着炕沿拼尽力气往外生拉硬拽，五六个弟子围着一圈呐喊助威看热闹。

两个小喇嘛怎么拉都拉不动，莫伦稳如泰山。

"莫伦师兄，大师传你快去参见将军大人!"小喇嘛喘着气跑进僧房大声说。

"知道了。"莫伦说着松了手，急忙下炕整理衣服出门。"你们等着，我回来再试!"

莫伦稳步走进配殿施礼拜见舍图肯等人。

"果然是仪表不凡。"将军大人见莫伦年方二十，长得眉清目秀，身材单薄，有出家人风度，不觉大悦。

说话间鼓乐开始齐鸣，螺号声阵阵吹起。

达喇嘛起身道："时辰已到。祭祀天地，告别列祖列宗仪式开始。"

在庄严肃穆的鼓乐声中，人们怀着尊敬和崇拜，一齐下跪。先是喇嘛们摇铃诵经，求菩萨保佑。接着将军大人走上祭坛，宣读祭文，从达喇嘛手里接过镀金的银质圣杯，洒酒祭拜天地。当锡林泰、萨晋图等走上祭坛拜祭天地，哭奠祖宗时，下面的人也跟着仰天望北而恸哭。那从心底深处喷发而出的悲切哭声汇成一

股洪流，如雷滚动，情动山河。追古抚今，世间哪有比背井离乡更痛苦的行程，哪有比骨肉分离更使人心碎！祭祀仪式结束后，没有人站起来，人们拜伏在地，祈祷上苍，一直跪到太阳西沉：苍天哪！为我们的亲人消灾灭祸，保佑他们一路平安！

满桌的鱼肉，谁也没有吃一口；大缸大缸的酒，谁也没有喝一碗。

奥顿回到家里，背着昏暗的灯光坐在炕沿，两眼发呆。妻子坐在炕角给公公和萨音布收拾行装，咬紧红肿的嘴唇，忍着眼泪，硬是不让自己哽咽出声。

第二天，四月十九日，父亲和儿子就要出发了。他们这一去，无异生离死别，天渊相隔，不知何日才是归期？想到这儿，奥顿真是心如刀割，酸涩的眼眶里顿时又涌出泪水。

夫妻俩正唉声叹气，门外传来一阵急促的脚步声。

“奥顿阿哥！奥顿阿哥！”是色本泰的声音，有些战栗。

奥顿急忙出门，“什么事？”

“奥顿阿哥，伊尔哈不见了！”

“啊？”奥顿大吃一惊。

深夜，牛录野外，安静又清爽。晶莹的星星在无边无际灰蒙蒙的天宇间闪烁着动人的光芒，远山、近岭、丛林、苇湖沉浸在一片静谧神秘之中，偶尔传来几声有气无力的犬吠声，给黑夜添上几分的凄凉，蒙上一层淡淡的哀愁。

五匹马打着喷鼻团团转，算是给黑夜带来一线生机。

“奥顿，色本泰，你们俩去家庙打听打听，再仔细查看一遍周围！”萨晋图勒紧马头，俨然像一位将军发号施令。

“是！”两个人马头一拨腿一夹，两匹马顺势而出，驰向家庙。

“华沙布，萨音布，你们俩到河边、苇湖滩四周搜寻，我去找佐领大人!”

“是!”两个人将镫一磕，奔出牛录。

萨晋图随后鞭子一抽，马头指向太平沟。

茫茫黑夜，无尽无头。五个人一直寻找到天亮，只有黑夜的焦急和黎明的失望将他们团团围困，迫使他们无可奈何地回了家。

“怎么会这样，明天就要起程了，怎么办哪?”伊尔哈额妮见几个爷儿们空手回家，失望和恐惧使她身子一软，伏在色本泰胸前大哭起来。

色本泰受了一夜心急如焚的折磨，已经欲哭无泪，欲说无话了。他两眼怔怔地望着东方黎明的光亮，脸上浮现出无奈的神色，只有在心里凄惨地呼唤女儿的名字。

萨晋图望着色本泰夫妻俩，凄苦的言语说不出口，“色本泰，临走前伊尔哈还不来，那就把这事交给奥顿吧……”

色本泰嘴唇痛苦地颤动一下，那凝滞的眼里终于有泪水像泉水般溢出来，沿脸颊大颗大颗地往下落。萨音布和华沙布见了，忍不住眼圈也红了。

“色本泰，你的女儿就是我的女儿。你们放心地走吧，我一定会找到她！如果来得及，我送过去，万一来不及，我一定好生关照她，不叫她受半点委屈……”奥顿走近色本泰夫妇，两眼泪水，想来想去只能用这句话来安慰他们。

太阳已经露出地面，血红色的朝霞和紫色的云朵掩映着东方的曙光。

家庙前的大道上西迁之师绵延几里，整装待发，远远望去，旌旗遮天蔽日，队伍气势浩荡。官兵们个个身着戎装，背着弓箭，手持长矛鸟铳，牵着马，威武地站在队伍前面，准备接受出发前的将军检阅。

全队共分五个札兰，每个札兰由一名防御和一名骁骑校领带。高高的木轮牛车打着篷，后面装着粮袋、陶罐、铁锅、水葫芦、帐篷、箱柜等，前面坐着妇女小孩儿，一辆接一辆望不到头。车夫、牵驼人站在队伍后面，牧羊狗兴奋地在他们中间跑来跑去，仿佛等不及队伍启程。

午时，队伍出发在即，送行的人泪别亲人，千嘱咐万叮咛，骨肉同胞难舍难分。穆特苏老人由女儿扶着，两手颤抖着把喜利妈妈神袋挂在华沙布的脖子上，嘴唇嗫嚅，老泪纵横："伯尔堪，一路保佑你平安！"

"阿默，你保重，孩儿……"华沙布说着跪拜在地，连连磕头，泣不成声。

奥顿夫妇领着阿林，与父亲磕头道别。萨晋图强忍着离别之痛，紧紧抱着孙儿，一边摸着他的头一边流泪。

"额爷，我也去！"阿林泪眼望着额爷哀求。

"阿林，听话！额爷很快就会回来……"萨晋图说着又流下苦涩的泪水。

艾新芝和母亲远远站在人群中，哭肿了眼睛，头发从围巾里散露出来，两眼呆滞没有表情。

巴扬阿像一尊金刚，站在队伍前面，两眼直瞪瞪望着前方。不流泪，不说话，双唇干燥，胡须浓密。他没有让父母来为他送行，他不愿当着众人的面哭哭啼啼。扎西站在他身后，眼睛望着母亲和格合偷偷抹泪。

“儿啊！”艾新芝额妮看着看着终于忍不住哀伤，凄惨地大叫一声便向扎西奔过去。

达喇嘛带着众喇嘛来为十三名西行弟子送行，亲手将一套《金刚经》赠送莫伦，“阿弥陀佛，这一去一路千难万险，我佛保佑你们平安到达！”

“谢师父，请多保重！”十三名喇嘛齐声施礼回答。

这时，盛京将军舍图肯、钦差大臣绰克托领各旗协领、各牛录章京等人开始检阅。一张张肃穆的脸，一声声忍不住的抽泣，伴随着检阅的脚步。当他们缓缓走到队伍中间，舍图肯下了马，迈着沉重的步伐走到阿穆呼朗跟前，意味深长地嘱咐道：

“老兄，此一去万里之遥，望一路尽责管带！”

“卑职尽力就是。”

舍图肯又看向萨晋图，“老防御，我这里送你们五套《三国》，每甲喇一套。这兵书乃我旗军之灵魂，带到伊犁，多读多学，望不失我旗军之英名！”说罢，一摆手，有人将书捧上。“谢大人！”萨晋图双手接书。绰克托又走到近前，说道：“老防御，暂且别过。我即日回京复命，便先赴伊犁，选址建营。”转向众人大声喊道：“来年猪羊肥壮之时，我备下美酒，恭候诸位！”人群中便有人喊道：“一醉方休——”

老佐领华尚阿走上前，久久望着萨晋图的脸，禁不住老泪一颗颗滴落在花白胡须上，“萨晋图，请一路保重！不论走到哪里，不要忘了祖宗，时刻牢记我们是锡伯人的后代。去了伊犁，一定为朝廷建功立业，谁要是捐躯，千万要把骨灰带回故里，莫埋他乡异地。我们盼你们归来。这是故乡的五谷籽种和一把故

土……”老佐领呜咽着再也说不下去了。萨晋图流着泪跪下接了籽种和泥土，揣进怀里。

“上马！”时辰已到，将军大人一声令下，官兵们一个个取镫上马，家眷们难舍难分哭着喊着挥泪上了车。

顿时，上路的和送行的人哭成一片。那哭声，揪心裂肺，震撼天地；那泪水，渗透大地，汇成江河。

“出发！”将军大人再一声令下，队伍浩浩荡荡开拔了。木轮开始滚动，骆驼开始移步，马蹄声声震天，旌旗挥向彰武台。

背井离乡，苍天恸哭；骨肉分离，大地呜咽。上路的人们一步一回首，悲声连天，难舍难分故土情；送别的人群奔跑着、追赶着，哭着喊着心碎断肠送了一程又一程，直到望不见队伍还依依不舍站在高坡上挥手做最后的告别……

11

西迁之师连着苍茫北天，带着悲壮，肩负皇命，渐渐隐没在旷野黄昏的地平线。远处的山峦披上晚霞的彩衣，天边洁白的云朵也变得火一般鲜红，漠北吹来的晚风夹着浓重的凉意向南迂回游荡。队伍中有人吹起了芦苇笛，随着那悠扬婉转如泣如诉的声音，隐约传来一位老者低沉、哀婉的歌声。刚刚饱受离别之苦的人们，听见那歌声禁不住又伤心流泪。

那是一首锡伯人世代相传的古老民歌，歌中唱道：

黑土地，咱根源，夫妻恩爱到永远。

黑土地，没房住，盖起窝棚在江边。

黑土地，安新居，撒网捕鱼日子欢。

黑土地，多山林，满载猎物回家转。

阿穆呼朗骑着马走在前面弯弯曲曲的土道上，听见那歌声，心中也不是个滋味。他不由得长叹一声，对身边并辔而行的理藩院笔帖式巴兰泰说："愿苍天保佑我们一路平安。"

巴兰泰低着头没说话。

夜，渐渐笼罩了远处的崇山峻岭，只有星星在灰蒙蒙天空闪着怜悯的光，徒劳地眨着眼召唤夜行的人们。队伍后面传来妇女们的咳嗽声和小孩儿的啼哭声。队伍中突然有人大喊："快半夜了，还不卸车？"

阿穆呼朗听了心里一惊，才想起了宿营，回头喊了一声跟在后面的理藩院笔帖式德保。

"卑职在！"德保急忙催马向前。

"传话先锋队善清，就近找一块宽敞地带卸车扎营！"

"喳！"德保拨马一溜烟去了。

这一夜，是西迁之师泪别亲人，离开故土，在茫茫旷野中度过的第一夜。四周静寂，空气凝滞，听不见说话声，听不见狗吠声，偶尔才能听到拴马索的哗啦声、马匹的喷鼻声和套车牛低微的哞哞声。抬头望去，冷清的高空，银河像一条宽宽发亮的大路横断过去，直通蒙古路。几只小小的鸟儿，好奇地展开柔软的翅膀悄然无声地飞过来，嗖嗖掠过一辆车上高高吊着的灯笼。长长的宿营地，没有人搭起帐篷，没有人脱衣入眠。男人们靠着马鞍，女人们坐在车旁，人们沉浸在离别的悲苦之中，眼巴巴望着看不见的故土，想着见不着的亲人。

萨音布独自一人牵着马站在营地不远一个高坡上，黑暗中两眼痴痴凝望着远方的牛录，想着父亲、母亲、弟弟阿林和被他抛下的艾新芝，心如刀割。身后正在吃草的黑马哼哼抬起头，一步一步走到他身边，用嘴轻轻拱了拱他。他转过身去用手抚摸黑马的脸，把自己的脸紧紧贴在黑马脖子上。

“萨音布！”不知道什么时候，华沙布也来了。他同样难过，此时此刻，他最想念和担忧的不是别人，而是伊尔哈。自昨晚伊尔哈突然失踪之后，他似乎一下失去了主心骨。心里虽然积满了无数的话，无数的泪，碍于男人的自尊，不能说，不能哭，只有惆怅和渺茫地希望伊尔哈突然回到他身边，永不离开。

“华沙布，你不要担心，伊尔哈只要有一口气，我想她一定会来的。”萨音布掩饰着自己的悲伤，反而安慰华沙布。

“萨音布，我怎么能不担心？我真希望她平安回来，哪怕是和你在一起，只要平安就好。”

“华沙布，你放心，我在艾新芝面前已经发过誓：我萨音布这辈子除艾新芝谁也不娶！”

“既然如此，是我多心。谢谢你，萨音布！”

“谢什么，别忘了我们是朋友！”

无穷无尽的木轮牛车、马车吱吱嘎嘎地响着，在空旷孤寂的荒原路上艰难地移动着。走了几天几夜，走出彰武台边门，进了塞外路。天气越来越热，炽热的阳光烤着蒙古高原的荒漠大地，尘土跟着车轮马蹄一阵阵扬起，黄雾般翻腾，弥漫天空。汗从每个人的脸上腻出来，粘住飞尘，塞住毛孔，使人不得不张开口呼吸。马儿耷拉着耳朵吃力地迈着乏力的蹄子，浑身汗渍斑斑，沟股汗流如注。拉车牛伸着脖子，吐出舌头，把头低低靠着地面，呼呼喘着气，走一阵停一阵，不是撒尿就是拉屎。负重的骆驼，嗷嗷叫着只想躺倒，急得牵驼人不得不狠着心棒打一顿。长毛狗钻进了车底下阴凉处，伸出红红的舌头，没有一声吠叫。车夫们不停地喊着、骂着、吆喝着，口干舌燥，头昏目眩。妇女和孩子们在车里被焦渴折磨，只管把皮囊、葫芦里的水不停地往嘴里灌。

协领大人阿穆呼朗骑着马满脸疲惫地在前面走，时不时回头向走在后面的德保喊一声："传下话去，走快点儿!"

"喳!"德保即刻掉转马头往下嘶声传令："协领大人有令，叫大家快点儿走!

走在最后札兰的锡林春听见德保的喊声，嘴里骂了一句，策马赶到前面对萨晋图说：

"大人，牲口都饿得肚皮贴进肚里还这么赶，不要命啦!"

"是啊，我们过去说说!"两个人说着驱马赶到队伍前面。

"协领大人!"萨晋图先开口。

"什么事?"阿穆呼朗像是懒得说话，看都不看一眼。

"这样赶路，不要说是牲口，连人都要一个个躺下了!"萨晋图显然生了气。

"防御大人，自古行军赶早不赶晚。好天气多走几程，坏天气少走一程，慢慢腾腾何日才能到伊犁?"

"大人，我们从盛京出来已经七天七夜了。起早摸黑，日夜兼程不停地走，这样下去，能撑多久?"锡林春愤愤不平地插话说。

"七天七夜?哼，七天七夜走了多少路?日夜兼程才走出彰

武台，一天最多走了三十里。这算什么?”阿穆呼朗突然拉住马头，恶声恶气地责问。

“大人，我们管带的不仅仅是官兵，还有家眷，赶路靠的全都是牲口的脚力。现在，一半以上牛马开始走不动了，总不至于要它们的命吧?”锡林春丝毫不让。

三个人相持不下，争执不决，德保从后面纵马飞驰过来大声禀报：“大人，不好了！后面的牛车一半都停下了！”

“怎么回事?”阿穆呼朗吃了一惊。

“牛马都累得躺倒在地，横竖不起来!”

“大人，再不能这样赶路了!”萨晋图趁机又进言。

阿穆呼朗阴沉着脸扭过头不得不松了口气，“那你们说怎么办?”

“大人，先停队查看情况再做商议如何?”萨晋图也和缓了语气。

日头偏西，晚霞灿烂。远离彰武台的一块宽阔的坡地上，一辆辆牛车吊起了车辕，起了套具。一架架马鞍排放在车旁，连成一条龙。家家户户埋锅造饭，准备过夜。霞光中袅袅飘逸的炊烟在坡谷间悠然荡漾。从几天劳累、饥饿和皮鞭棍棒中好不容易解脱出来的马牛，难得片刻轻松，三五成群，七九成队，满坡满谷赶吃青草。几峰骆驼安静地躺在路边长吁短叹，羊群开始集结收拢，几只领头羊神气活现地抖着胡子在前面走，后面咩咩声此起彼伏，坡谷中充满生气。牧羊犬不停地绕着羊群来回奔跑，东挡西赶，忠实地履行自己的职责。

入夜，苍穹有闪亮的星星，大地入定人沉静。家家挂起的灯笼，顺着营地蜿蜒而去，几天来饱受劳累困顿和风吹日晒的人们早已天当被地当铺进入梦乡。偶尔，喇嘛们夜半诵经声紧一阵慢一阵地随风传来，他们为万物生灵虔诚地祈祷。

营地为首的一座高坡上，有几盏灯闪着微弱的光，阿穆呼朗召集各札兰领带席地而坐，商议日后行军事宜。

“诸位，本官是奉皇上之命护送你们的。驻防一事，关乎边陲安危，队伍只能早日到达，不可误期。今天已经是第八天了，一日只行二三十里路，何日才能到达？若皇上怪罪下来，你们说本官如何担当得起？”

“大人，不分昼夜赶路，铜牛铁马也受不了。刚刚出门就累垮牲口，将来把我拉去驾车？”巴扬阿早已心头憋气，开口就喷火，两眼露出凶光。

“是啊，难道一千人马一步登西天？”有人立即附和。

“大人，油葫芦早干了，再走车轴就要起火了！”

“巴扬阿，不得无礼！”萨晋图不得不出面制止，又对阿穆呼朗说道，“大人，凡事欲速则不达。行军赶路谁都不想多吃苦头，多受煎熬，巴不得一觉醒来就到伊犁。可伊犁之遥，并非几天几夜之路，况且我们带着家眷哪！牲口现在就累倒了，日后靠什么驮重拉车？卑职望大人三思而行。”

“大人，老防御说得有理。这一段路尽是荒山野岭，且天气干旱闷热，不要说是牲口，坐在车上的妇女小孩儿也受不了终日颠簸和烈日暴晒，已经有人生病了。依卑职之见，可否上午赶路下午歇息，待到索合台，趁水草丰盛多赶路，再将误期补回来？”锡林春见协领大人听了萨晋图的话锁眉沉思，急忙插话献策。

阿穆呼朗听了大家的议论，思忖片刻，道：“诸位，既然如

此，准明日歇息一天，后日天亮启程。违者，以军法论处！”

“遵命！”众官也跟着站起来，齐声领命，一张张疲惫的脸终于露出笑容。

“还有一件事告知诸位，这几天查出跟来闲散之人已逾百名，询问他们，都称是官兵的兄弟亲属，说是骨肉不忍分离跟随而来，叫他们回都说不走，你们说这些人该如何处置？”

“大人，不走就算了，叫他们一起去伊犁吧！”有人求情说。

“他们要吃饭，口粮怎么办？”

“大人，暂时叫他们各随各家好了。我等回去后核查伊等人名口数造具清册报来，待到下一驿站载入正项户口补领口粮如何？”萨晋图回答说。

“那好，就这么办。诸位回去后速将人名造册报来！”

“喳！”众官各自回队。

队伍经过一个月的艰难跋涉，终于走出荒坡野岭干旱路，进了水草丰盛的索合台草原。

索合台，满目的鲜绿，中间夹着一丛丛开不败的浅蓝色马兰。多姿多彩的奇花异草，在柔和的微风中散发着沁人肺腑的香气。雄鹰展翅在高空盘旋，眼睛注视着自己赖以生存的草原。几只小鸟扑打羽翅从草间起飞，掠过低空忽起忽落，躲避天敌的凶喙利爪。

草原，以它辽阔的胸怀给了西迁的人们难以置信的惊喜、快乐和轻松！从离开故土的那天起，人们第一次忘记了悲伤、疲劳、忧愁，仿佛突然看见了天堂，一个个笑逐颜开跳下车，喊着、笑着，在绿茸茸的草地上奔跑。孩子们互相追逐，嬉戏打闹，草原到处弥漫着他们天真活泼的笑声。肥嫩的青草，惹得马牛贪婪地时刻不停地咀嚼，仿佛要把这一路上的亏欠补回来。

一个月的行军赶路，日夜在马背上左右颠簸的阿穆呼朗也已经疲惫不堪，困顿难耐了。进了大草原，他心里一下舒坦多了。见一千多人马难得有今天这样的欢声笑语，不由得心中喜悦。

“德保，传令下去，就地解鞍扎营！”

“大人，天还早着哩！”巴兰泰有些不解地说。

“明早天亮起营！”

“喳！”德保将马肚一磕，往后传令去了。

一个多月来，人们难得一聚，倾诉衷肠。进了大草原，又这么早下令安营，心里不知有多痛快！家家卸车解鞍后都走出来，三五人聚在一起，互相问长问短，吐露对远离故乡的眷恋和思念。华沙布和萨音布骑着马随意走了一阵，看好一块略高的地方下了马，给各自的马上了绊马索，便舒身躺在草地上，各想自己的心事。刚躺不一会儿，见扎西也骑着马向他们走过来。

“华沙布阿哥！萨音布阿哥！”扎西边下马边打招呼。

“扎西，你怎么来了？巴扬阿呢？”萨音布抬头问。

“他一个人喝闷酒不理我，我就来了。”

“来，躺一会儿！”华沙布也坐了起来。

“好的，我给马松一下嚼铁。”

一群小孩嘻嘻哈哈打闹着朝他们跑过来。

“萨音布阿哥！”

“是图克善，快过来！”

孩子们跑过来了，只有一个十五六岁的姑娘和一个十一二岁的男孩儿站得远远的，陌生地望着他们，不肯过来。

“图克善，今天你们不念书？”萨音布问。

"纳克出今天特别高兴，叫我们尽情玩耍，不念了！"

"那两个是谁呀，我怎么没见过？"

"噢，是锡林春大人的女儿云格格合和儿子硕尔泰。硕尔泰很能骑马，我都不如他！"

"喔，真的？快叫他们过来呀！"

"云格格合，硕尔泰过来呀！"图克善高兴地扭头大声喊。

云格和硕尔泰恭敬地走过来，向三个人依次问好。

"过来，别客气！"

"这位就是盛京将军赏弓的萨音布，我的师父！"图克善自豪地向云格姐弟俩介绍着。

"图克善！"萨音布向图克善使了一个眼色。

"这位是华沙布，他一手能把一个石磙举过头顶，是我亲眼见过的。"

"哈，图克善，你真会说话！"华沙布听了图克善的话，不由得大笑起来。云格扑哧一声笑了，朝华沙布看了一眼，华沙布急忙收敛了笑容。

"这位是扎西，是那个爱喝酒的巴扬阿大人的跟丁，他与云格格合同岁。"

"好了，图克善，大家都坐下说话吧。"

大家的屁股还没有挨地，忽见一匹马驮着一个人向他们风驰电掣般狂奔过来。马背上的人挥动着马鞭，身子摇摇晃晃，似乎随时要跌下来。扎西见了大惊，嘴里喊着"巴扬阿大人！"迎头跑过去。

那马直冲过来，从扎西身边擦过的一刹那，巴扬阿突然一鞭劈下来，一下抽在扎西脸上，把他打翻在地。

“巴扬阿，你疯了?”萨音布忍不住气，跳将起来冲着巴扬阿怒骂一声。大家急忙把扎西扶起。

“萨音布阿哥……”扎西两眼噙满委屈的泪水，脸上的鞭痕渗出一道殷红的血印。

“扎西，不要理他，让他疯去吧！走，我们去找莫伦喇嘛，给你上点儿药。”

“不，萨音布阿哥，巴扬阿大人要是摔下马怎么办？我不能丢下他不管!”扎西说完抹了一把泪，骑上自己的马，抖缰追巴扬阿去了。

“萨音布，咱们也回去吧，免得过一会儿他拐回来跟我们耍酒疯。”华沙布望着扎西的背影，气愤地说。

“回吧!”大家十分扫兴，只得闷闷不乐地回去了。

12

草原上的夜，天空像洗刷过一般，透彻晶莹，又高又远。一轮明月从东边地平线上缓缓爬出，把草原照得亮堂堂。月光之下众星黯然失色。巴扬阿张开四肢直挺挺仰面躺在草地上，烧红的两眼望着天空冒着火，嘴里大口大口地喘着气，过一阵吼一声，酒还没有醒。扎西远远地坐在一边，一会儿抬头瞅瞅他，心里不停地祈祷着他从酒醉中快点儿清醒过来。

远处，牛叫马嘶，羊群咩咩叫。近处，驼铃叮当，欢歌笑语。一阵阵微风兴奋地掠过草尖，把一个月来难得听到的悠扬歌声传得很远很远，如醉如痴：

点点滴滴的雨水哟渗透了沙枣树心哪，
离别阿哥的泪水哟湿透了妹妹胸襟哪；
树上鸣叫的黑雀哟不知飞到哪儿去了哪，
夜夜上门的阿哥哟不知走到哪儿去了哪；
黑牛拉轱辘车靠的是哟梢木的力气哪，
妹走路挺起胸脯是哟阿哥的威风哪……

夜，已经很深。万籁俱寂，月光如银。萨晋图枕着马鞍躺了一会儿，怎么也睡不着。他干脆起来去察看马匹牛驼，看看这些牲口是不是吃饱了肚子，明日好赶路。披着月光，他走过去先看自家的马和牛。那马见主人走过来，抬起头亲昵地哼哼一阵，像有什么事要告诉他，有些焦躁不安。“怎么了，伙计？这么鲜嫩的草不吃，吃什么？喔，我都馋得流口水哩！”他说着蹲下身仔细查看，只见那马皮毛杂乱，没有一点亮泽，肚子一阵阵响动，周围草尖上全都是稀屎。

“坏了，坏了，我怎么给忘了！老佐领华尚阿曾经告诉说索合台草原的草是牲口吃不得的，这，这可怎么办？”萨晋图突然记起老佐领的话，以掌击额，连声叫苦，拔腿就往阿穆呼朗营帐奔。

阿穆呼朗、巴兰泰和德保听了萨晋图的话半信半疑，急忙去看各自的马。三匹马带着脚绊不吃不动地站着，似乎力不能支。低头一看，周围全是稀拉拉的马屎。

“德保，快去吹螺号！”

“喳！”

“巴兰泰，传令下去：各家各户立即给牛马戴上嚼子，队伍马上拔营出发！从明日起每人每日节省一碗口粮做牲畜饲料，不得耽误！”

“喳！”

深沉急促的螺号声刹那间划破草原寂静之夜，把熟睡的人们从美梦中惊醒。不到半个时辰，家家点起灯笼，整装完毕，只等出发。

可是，车轮未动，先是套车牛摇摇晃晃一头接一头栽倒在地，发出痛苦的呻吟，喘着粗气伸直了脖子。接着马匹一个个耷拉着脑袋，浑身颤抖，虽然未倒，看上去再也无法负重行走了。

队伍一下乱了。人们看着马牛在无力挣扎，撕心哀叫，全都傻了眼。

图克善家的牛卧在地上浑身抽搐，两眼蒙上一层暗雾，眼珠直往上翻。图克善提着灯笼蹲在旁边，忍不住流泪哭泣。

色本泰领着萨音布走过来。萨音布瞅着那牛默默看了一阵，突然心一横，抽出腰刀一刀刺进了牛的颈窝。那牛悲哀地惨叫一声，一阵猛抖，喷出的鲜血溅了萨音布一身。趴在牛边瞪眼的黑犬抬起头冲着天哀号起来，像是为日夜相伴的朋友唱起挽歌。

“好牛不得好差，不要难为它了，让天神早早收去吧！”萨音布用衣袖抹了一下脸，长长叹了一口气，心痛地说。

图克善收起了泪，紧紧抱住了心爱的黑犬。蓦地，西天划过一道闪光，传来一阵震耳欲聋的雷声，浓重的黑云铺满了天空，天色骤然黑了下来。阿穆呼朗抬头望了一阵黑沉沉的天空和乱了阵脚的队伍，不得不下令卸车重新扎营，声音中充满着无奈和焦躁，“德保，快吹螺号传令各家各户就地搭帐篷，天要变了！”螺号如泣如诉刚响过，狂风呼啸而至，接着下起了暴雨，噼噼啪啪

地敲打篷顶，如擂响鼓。草原顿时被雨水淹没。闪电雷鸣，风雨交加，混沌一团。生病的马牛被浸泡淋透，在一阵阵撕裂天地的雷声中一个接一个地栽倒……阿穆呼朗心急如焚，搭好帐篷即刻召集各札兰领带和莫伦喇嘛、几位兽医官会商救急事宜。帐篷中间，微弱的灯光被风吹得忽闪欲灭。

“诸位，天有不测，事发突然。不过你们听着，就是天塌下来也不能耽误行程。你们说怎么办？”大家还没有坐定，阿穆呼朗就迫不及待地开口问。

此时此刻，萨晋图责无旁贷，只有挺身而出，“大人，自古行军负重靠的是牲口的脚力，现草料已断，牛马倒地，且索合台并非几天几夜就能走过，靠这些病牛乏马如何上路？依卑职之见，还是三思而后行，万不可匆忙动身！”

“不！天亮一定出发！”阿穆呼朗疾言厉色，一口回绝。

“可是，大人……”萨晋图想分辩，突然门帘被掀起，理藩院领催善清从头到脚淌着水冲了进来。

“大人，不好了！牛已倒毙近百头，马匹也有五十多匹奄奄一息了！”善清颤声禀报，一句话仿佛一声霹雷，惊得大家蒙了头，不知所措。

“还坐着等死呀？快去救牲口啊！”巴扬阿大吼一声，起身冲出帐篷，一头扎进暴风雨中。众人从骇然中醒过来，一个个跟着冲出门，朝各自札兰奔去。

色本泰家的牛死了之后，色本泰夫妇唯恐马匹也倒毙，把马牵进帐篷里，饮了一桶热盐水，套上料袋。那马两眼半闭低着头，眼角似乎流出了泪，四条腿有气无力地站着，嘴里不声不响地嚼着料，马瘦得肚子两侧露出一根根的肋骨。若不是马儿发出一阵阵微微痉挛，很难看出这马还活着。

“唉，听天由命吧！”色本泰站也不是坐也不是，围着马转来转去，一会儿摸摸马的脖子，一会儿拍拍马的屁股，上下仔细瞧着，唉声叹气，心里多么希望自己的马不要倒下。“自古以来，马是人的一半，只是它不会说话而已。离开了马，我们真是寸步难行啊！”

看着丈夫和图克善不知疲倦地伺候那匹系着他们一家命运的马，伊尔哈额妮也心疼得坐不住了。她起来给灯添了油，拨亮了灯火，若有所思地说：“索合台这么大草原，怪不得见不着一户人家。唉，早知道这样，哪怕绕过去走点儿冤枉路也比这强啊！伯尔堪，这么好的草，为什么牲口就不能吃呢？”她从铺底下揪一把青草用鼻子闻了闻，生气地撒了出去。

“过去是听说过，想不到今天真的给碰上了。看来，不能再往前赶了，只能往回走，走出这大草原。”

“纳克出，我们要回去？”

“不是回去，是撤出这草原绕道走啊！不然，越往前走牛马死的越多，靠什么拉车驮重赶路啊？”

“可是纳克出，我们的草已经没有了，料也剩那么一点点……”

“图克善，如果继续留在这里只有死路一条，宁可我们少吃几口，也要保住牛马的命。有了牛马，就是误了一些时日，往后也能补回来呀！”

“纳克出，我明白了。”

两人正说着，静静躺在伊尔哈额妮身边的黑犬忽然抬起头盯着门帘低哼。

咚，咚，风雨中有人走到帐篷门前。黑犬猛地跃起来冲着门汪汪吠起来。

“谁？”图克善急忙抓住黑犬大声问。

“是我！是我！”外面的人唯恐自己的叫声被风雨淹没，连续喊了几次。

“纳克出，是华沙布叔！”图克善解开系门的绳子，华沙布踉跄着走了进来，浑身湿淋淋的。

“色本泰叔，马怎么样？”华沙布抹了一下脸上的雨水，急切地问。

“你瞧，还看不出有什么起色。”色本泰指着马说，“你的马呢？”

“我的马还好。”华沙布说着想去摸一下那马的身子，不料那马突然喷鼻一声，勉强地微微弓起腰，无力地叉开后腿，哗的一声撒出血红的尿来。

“啊！纳克出，撒尿了！撒尿了！”图克善高兴地跳起来，黑犬也跟着摇头摆尾汪汪直吠。

“噢，伯尔堪！真是天无绝人之路啊！”色本泰悲喜交集，一下抱住那马脖子，呜咽起来。华沙布眼圈也湿润了。

“马是有救了。咱们去找萨晋图大叔合计一下草料的事吧，不然，牲口照样会倒毙！”

色本泰和华沙布匆忙走出帐篷，没入雨中。图克善望着那睁开双眼闪出略微光亮的马，歪起头又似乎陷入深深的沉思中。

“图克善，天快亮了，睡一会儿吧！”伊尔哈额妮说。

“合纳克出，我想……”

“什么事？”

“我想让黑犬回牛录去报信，让牛录的人给我们送草料来。”

“你说什么？让黑犬去报信？”伊尔哈额妮听了图克善的话，惊奇地问。

“是。”图克善满脸认真。

“这……”伊尔哈额妮简直不敢相信。

“合纳克出，咱家黑犬不但跑得快，而且跑过的地方全都记得清。您忘了前年阿林他阿默带咱黑犬到老森林去打猎，把黑犬弄丢了，不到半夜它自己跑回来的？”

“噢，是的，可现在……”

“合纳克出，您放心，它会回去的。我给奥顿大伯写封书信，您给缝个小牛皮袋，把牛皮袋系在黑犬脖子上，它跑多快也不会丢掉！”

“那你就写吧！”伊尔哈额妮看着坐在灯下全神贯注写信的图克善，嘴角浮上一丝希望和欣慰。图克善写完信，把它装在牛皮袋里，又死死系在黑犬脖圈上，然后轻柔地抚摸黑犬的脊背，把嘴贴在黑犬耳朵边反复祈祷：“老天保佑黑犬快去报信！告知亲人，西迁队伍被困在索合台，下大雨，刮大风，草料断了，牛马病了，家里快送草料来救我们！黑犬，黑犬，一路上你千万别停，一定要跑回牛录！一定！一定！”

黑犬似乎听懂了图克善的话，用烫烫的舌头舔了几下他的手背。图克善站起来打开风吹雨打的帐篷门帘，黑犬把身子一跃，像一支离弦的箭闪电似的冲出门，顷刻间消失在电闪雷鸣的黑夜中。

天亮时，肆虐一夜的狂风暴雨终于过去了，东方渐渐透出晨曦。到处是滴水的帐篷、七零八落的牛车和倒毙的牛马。被雨水

冲洗过的草原，此刻显得格外宁静，翠绿无边。微风中，挂着水珠的草叶一阵阵抖动，洒落无数闪烁的水滴，让草原变得更加清爽美丽。

队伍继续往前走，只有死路一条。萨晋图、锡林春等人据理力争，阿穆呼朗最终不得已收回成命。

“德保，传令下去：倒毙牛马就地掩埋，官兵们抽出一部分马匹套车驮重，人员一律步行，天黑前一定要撤出这该死的草地！”

“喳！”德保领命骑马而去。

人们掩埋好倒毙的牛马，回过头来再看看那些肚皮贴进肋骨的牲畜，谁还忍心套车驾驭它们呢？可是，不套车又有什么法子呢？大家把省下的口粮当饲料喂了牲口。队伍开始撤离。车夫们拖着不肯走的马牛，咒骂着，鞭打着，走一阵停一阵，畜拉人推，借着皮鞭和棍棒的威力，经过一天的艰难蠕行，傍晚时终于撤出索合台，安营在一条长长的坡谷中。

队伍不是往前走而是往后撤，作为领队管带的阿穆呼朗，一路上左顾右盼，心急如焚。队伍刚安顿好，就带着巴兰泰、德保、善清去找萨晋图。“大人，不要再忍让了！这些锡伯人会趁机得寸进尺，闹个没完没了，长此下去如何管束他们？”巴兰泰跟在后面策马说。

“我何曾不这么想。可是，队伍困在这里两头不着边，你说怎么办？”阿穆呼朗没好气地反问了一句。

“大人，卑职只是想别长了他们的威风，灭了自己的志气。”

“少废话！我是管带，怎么做我自有分寸，用不着你多嘴！”阿穆呼朗怒斥一声，巴兰泰再也不敢吭声了。

萨晋图、锡林春、华沙布、萨音布等几个人卸车解鞍安排停当后，要去找协领大人，他却迫不及待地过来了。

“大人!”萨晋图等一一施礼见过。

“萨晋图防御!”

“卑职在!”

“本官虽说是管带，但这一路上，你们说走就走，说停就停，现在队伍又撤到这里，结果怎么样？非但没有把耽误的行程补回来，还把与第一队本来相差只有七八天的路程落得更多，弄得无法相互救援，孤立无助，你们说该怎么办？难道我们在这里活活等死吗?”阿穆呼朗一肚子怨气，言语中充满焦虑。

“是啊，大人，坐着等死还不如走一程算一程。”巴兰泰附和着。

“大人，我们已经撤出索合台，这就是不幸之中的万幸啊!这里的水草经过昨天的雨水似乎长了许多。卑职想，只要我们休整几日……”

“你说什么？还想赖在这里不走?”

“大人，青草刚刚上口，牲口只顾跑青哪能填饱肚皮？况且我们草料已断，拉车驮重的马牛每天只能给一顿口料，不要说是拉车驮重，就连命都难以保住，您叫我们怎么办？难道叫我们丢下车辆徒步去伊犁?”萨晋图不得不顶撞协领大人。

“不！我不管那么多。自出发那天起，你们总是怨天尤人，一拖再拖，说到了索合台要把路程补回来。到了索合台，你们非但不走，还往后撤，这……这哪像个军队？你们听着，明日休整一天，各札兰的马牛自行调换补充，每户口粮减一半当饲料，车上多余的坛坛罐罐全都扔掉，后日天亮就出发，谁也不许误了时

辰！违令者，本官绝不宽恕，军法处置！”阿穆呼朗口气十分强硬，说话毫不留情，不等萨晋图回话，气呼呼扭头走了。

13

夜，也是一个疲惫的夜。阴郁的沉默团团围住昏暗的坡谷，四周的坡冈荒凉地矗立，月亮和星星被乌云遮得不漏一点光亮。萨晋图等人送走阿穆呼朗一行后，围坐一圈又谈论起走留一事。

“萨晋图大叔，看来协领大人不顾我们死活了，我们该怎么办？”锡林春虽然心里有气，却拿不定主意。

“这也难怪他，不走也不是个办法。真难哪！如果再有几天草料，走出这段路，进了蒙古路就好了。”

“我也是这么想。可是，这里前不着村后不着店，到哪里去取草料？要么派人去盛京调草料？”

“喔，来回几百里路，等他们到来，这里的青草也会长成齐胸高了！”

华沙布默默地听着三个人的谈论，这时才慢慢地开口说：“萨晋图大伯，我听图克善说，昨夜他给家里写了一封信让黑犬送回去了。”

“啊？叫黑犬带信？”萨晋图听了十分惊愕。

“那黑犬原来是追逐牡鹿和狼的快速猎狗，不吃不喝一天能跑几百里路。如果它能把信带到也许我们能有救。”

“这，这能行吗？”锡林春不大相信一条狗能把信带到盛京。

“大人，我看行！图克善家那条狗聪明机灵，准能把信带到！”萨音布听了华沙布的话，拍着大腿很有把握地说。

“大叔，您说呢?”锡林春还是半信半疑，心里无底。

“唉，心急乱投佛呀！到了这个地步，我们还能指望什么呢？愿伯尔堪有灵，苍天慈悲，保佑它能把信带到，不过，可别忘了协领之命。明天，华沙布把各札兰病倒的、走不动的马牛集中起来，留下几个人在这里放牧，等稍稍恢复体力再赶过去。队伍出发后，除了年老体弱的，一律不准坐车骑马!”

“知道了，大伯。”

“萨音布去帮助你色本泰叔家收拾行装，顺便给他们家换一头牛，叫他不要误了给孩子们教书。”

“知道了，额爷。”

第二天喝过早茶，全队开始听令调整。巴兰泰和德保从头至尾巡查结束后，驱马上了一座土岗，松鞍下马，坐在一块石头上闲聊起来。

“大人，这几天我看到锡伯人的家眷里有一个小妞长得可馋人了，两只眼睛水汪汪，走起路来呀，小屁股一扭一扭，叫人见了直流口水!”德保说着又搓手又蹬腿，心里痒得发狂。

“德保，你可别乱来，这里可不比咱们在城里寻花问柳，这些锡伯人是不好惹的!”

“大人，怕什么？只要能尝一口，死了也值得呀！嘻嘻。”

“哼，没出息!”

两个人正眉飞色舞地谈着，只见五六个小孩儿嬉笑着从他们眼前慢慢走过。

“喔，大人，您瞧！就是那个走在后面的小妞!”德保从石头上一下站了起来，咧开大嘴，瞪着充满邪欲的老鼠眼，贪婪地盯着云格的腰身，巴不得即刻跑下去一把抱住她。

“喔，天哪！那是锡林春的女儿，你吃了豹子胆了，敢碰她？”巴兰泰一眼认出云格，大吃一惊。

“哦？她是锡林春的女儿？”

“两位大人，躲在这里嘀咕什么？”两个人正在说话，突然背后一声断喝，把他们吓了一跳。

“啊？没什么，随便聊聊，随便聊聊……”两个人见巴扬阿勒马站在背后，吓得张口结舌，脸色灰白，半天说不出话来。巴扬阿并不理他们，挥手扬鞭，像一块落石飞下坡去。

“噢，天哪，差一点儿闯了大祸！”巴兰泰怔怔望着渐渐远去巴扬阿，长长吁出一口气。

中午，阳光突然炎热起来，一阵阵热浪袭过来，被雨水滋润的青草刚刚抬起头又被晒得蔫蔫地趴在地上挺不起腰了。色本泰夫妇见早晨晾晒的帐篷、被褥、衣物已经干了，急急忙忙收拾行装，准备随时出发。

伊尔哈额妮正在和萨音布打包，图克善在不远处一条水沟边放牧。自盛京出发后，这是行军定下的规矩，无事放牧，有事套车，免得忙乱，耽误时间。自那天夜里放走黑犬，图克善比谁都焦急，无论走到哪里，那有着细长大耳朵的黑犬的高大身影总在他眼前晃动，他仿佛看见黑犬气喘吁吁地在荒原上没命地朝盛京奔跑、奔跑，跌倒了，爬起来又跑；跌倒了，爬起来又跑……

“噢，可怜的黑犬，你现在跑到哪儿了呀？是不是过了彰武台？黑犬呀，你可千万不要倒下，一定要把信带到啊！”此刻，他又坐在马牛边眼望着盛京方向心里默默祈祷。

“图克善，你在想什么？”

“噢，师父，我……”

“是不是又在想你的黑犬哪?”

“师父，它会不会……”

“图克善，别担心，老天爷一定会保佑它把信带到的。”萨音布说着也坐在他身边，拍着图克善的肩膀语气十分坚定地说。

“真的?”图克善转愁为喜。

“图克善，师父什么时候骗过你?”

“噢!”图克善高兴得跳了起来。

“哎，我们出来已经一个多月了，不知道家里怎么样了?”萨音布望着图克善兴高采烈的样子，不觉又想起了自己远离的家。图克善跳了一阵见萨音布黯然神伤，唉声叹气，急忙收敛笑容坐下来轻声问：“师父，你又想艾新芝格合了？我也是，不知道我伊尔哈格合找到了没有？她，还能来吗?”

萨音布没有吱声，两眼痴痴地望着前方，轻轻地摇了摇头，仿佛心里充满了对故乡的依恋和对亲人的思念。前面的坡谷，弯弯曲曲伸向远方，显得那么迷惘、空旷、寂寞，不闻鸟叫，不见鹰飞，只有满目的空虚和游荡的幻影。

用过午饭，孩子们背着书包陆续来了。图克善先出帐叫孩子们在帐前一块平地上围成一圈坐下后，再去请舅父色本泰出来。

不一会儿，色本泰手里拿着书本出了帐。

“给师父请安!”孩子们全体起身施礼。

“坐。”色本泰扫了一眼孩子们一张张略显疲惫的稚气面孔，问图克善。“云格和硕尔泰怎么没有来?”

“纳克出，他们会不会给忘了，我去叫!”图克善回答说。

“好，快去！我们先读一段《三国》，上次读到草船借箭，来晚的就听不到了。”

"纳克出，您瞧，他们来了！"图克善刚扭头，只见不远的一座高坡上云格和硕尔泰急慌慌跑过来，姐弟俩满脸通红，气喘吁吁，半晌说不出话来。

"你们俩为何迟到了？"色本泰严肃地问。云格未开口便低下了头，色本泰转脸问硕尔泰，"你说！"

"师父，我们走到半路碰上德保大人，他……他挡住我格合硬是不让走，问这问那……还……"

"还什么？"

"师父，我可以不说吗？"硕尔泰给色本泰深深鞠了一个躬，问。

"好，坐下！往后要是碰到他，远远就躲开，记住了？"色本泰听了硕尔泰的话，不由得想起了德保那一张淫邪的脸，心里顿起疑窦，充满了担心。

"记住了，师父。"

"好，现在我读一遍，你们跟着读一遍，知道了？"姐弟俩坐下后，色本泰就开始教授。

"知道了，师父！"孩子们齐声回答。

"啊、呃、衣、噢、唔、哪、呐、呢、喏、呶，念！"色本泰摇头晃脑先起头，孩子们跟着齐声唱念，那声音动听悦耳，朗朗如歌，振荡坡谷，在遥远的高空阵阵萦回，唤醒了沉寂的荒野，驱散了阴郁的滞气，给迷茫中挣扎的宿营地带来了天真的生气和欢乐。

下午，落了两天路程的羊群终于赶到，协领大人下令每户分了一只羊。那些羊本来刚刚度过寒冬脊背还未伸展，又经一个多月的边牧边走，一个个只剩一把骨头，肚子肠子都透亮。不过，对于饥肠辘辘的人们来说，在这荒郊野外吃上一顿羊肉，喝上一碗清汤，真是比吃天鹅肉还香！

第二天，东方露出鱼肚白，一阵螺号声吹过，家家套起了牛车，人人架起了马鞍，不到半个时辰，硬撑着疲乏之躯摇摇晃晃的牛马车一辆接一辆地上了路。

阿穆呼朗骑着马在前面走，一脸阴沉。巴兰泰和德保紧跟在后。天亮前阿穆呼朗就叫善清带着两名跟丁到前面去探路，这回再也不能走错了。队伍踉踉跄跄行进，望不到头，见不着尾，在蒙蒙的晨霭中只有牛头在晃动，木轮在滚动，马蹄在哀怒，驼铃在抱怨。

太阳刚刚浮出一半，营队突然停滞不前了。

“怎么回事？快去看看！”阿穆呼朗急忙勒住马往后瞅了一眼，问道。

“喳!”德保拨转马头，沿着队伍往后奔去。他从一辆辆牛车旁驰过，边跑边看，眼睛不眨一眨。当他跑到末尾时，队伍中一半左右的牛马已经倒下起不来了。他心里说声不好，慌忙策马又往回奔。这时候，五个札兰的领带都已赶到协领大人跟前。

协领大人锁着眉头绷着脸，不说一句话。残酷的处境也许已经使他深切感觉到事态的严重，再也不能独断专横一意孤行了。

“萨晋图!”他心里主意一定，抬眼喊萨晋图。

“卑职在!”萨晋图站在下面应声回答。

“你们看怎么办?”他不想自己徒费口舌。

“几百人马，事关重大，还望大人定夺!”不料萨晋图一反常态，出言和顺，反而使阿穆呼朗一时语塞，不知如何下令。

“好吧，”他想了许久，缓了一下口气，“巴兰泰、德保你们

二位会同萨晋图大人等从头到尾每个札兰再详细查看一番，然后据马牛倒毙及病疫情况，当即将日后行军事宜妥议报来！”

“喳！”大家齐声遵命。

“其他事宜，仍遵前制，不必另议更张！”

“喳！”

队伍像一条疮痍满目的长龙奄奄一息地躺在蜿蜒几里的坡谷中，发出一阵阵痛苦的呻吟。喊声、咒骂声、吆喝声、狗吠声、马牛的惨叫声汇在一起，不绝于耳。散乱的车辆、倒毙的马牛、愁惨的面孔，目不暇接。没有上头的命令，谁也不敢卸车解鞍，是进是退，都在观望。巴兰泰、萨晋图一行骑着马从头边走边查看，每到一个札兰就停下来，详细询问人畜情况，并造册登记弱马病牛、口粮饲料等。

萨音布牵着马和图克善站在一座高坡上不甘心地向盛京方向眺望，此时此刻多么渴望突然出现家里来的人，哪怕是单人独骑啊！

“萨音布阿哥，黑犬是不是半路上被人捉了去呢？”图克善有些失望地抬头问。

“不会的，图克善。”萨音布为了不伤害图克善的心，似有信心地安慰道。

“那，那它应该早已到了家，为什么到现在还没有音讯呢？”

“或许家里人一时调集不来草料……啊！”萨音布说着，突然看见了什么似的踮起脚尖指着前面坡谷中喊了起来。

“图克善。那是什么，你瞧！”

“是什么？萨音布阿哥，我看不见！”

“是一条狗……啊，是黑犬，是黑犬！”萨音布真是喜出望外，乐得一下抱起图克善举过头。“图克善，你看，是黑犬!”

“啊，是黑犬！萨音布阿哥，我看见了!”图克善高兴得眼泪一下扑簌簌掉了下来。

14

远远的坡谷中，只见黑犬像一支离弦的箭朝他们飞奔而来。那矫捷的身影，欢乐的奔跑，兴奋的吠叫，包含着多少深深的思念！图克善再也忍不住了，跳下地哭着、喊着，飞也似的冲下坡向黑犬奔去……萨音布的眼角也潮湿了，他兴冲冲跳上马背站在鞍上再向远处极目眺望：一个女人窈窕的身影时隐时现，她骑着一匹马，后面牵着驼队从地平线上向他们走来。

“啊，有救了！有救了!”萨音布惊喜若狂两腿一夹落下鞍，拨转马头鞭子一抽冲下坡，大声喊着追队伍去了。

黑犬见了图克善，又蹦又跳，又舔又哼团团转。图克善嘻嘻笑着，用手摸着黑犬的头，心里不知有多高兴。他知道，黑犬虽然不会说话，但它的眼神里流露出的那种久别重逢的真挚情感和喜悦，使他心领神会，激动不已。

“黑犬，你真为咱锡伯人争了气!”等他慢慢蹲下后，黑犬用它那热乎乎的舌头亲昵地舔他的脸，用它那湿润的鼻尖嗅他的手。

“图克善!”伊尔哈早已望见弟弟，她情不自禁地丢下驼队驰过来，马蹄伸成一条线，肚皮几乎挨着地。

“伊尔哈格合!”图克善听见格合的喊声，小孩那种久久渴望亲人的思念刹那间喷涌而出，一跃而起朝伊尔哈喊着奔过去。

姐弟俩终于拥抱在一起，在他们接触身体的一瞬间，交织的悲喜使他们忘记了一个多月以来望眼欲穿的想念和担忧。伊尔哈伸开胳膊紧紧搂住图克善，重逢的热泪直往下淌，冲刷着脸上沾染的灰尘。图克善偎依在格合起伏的胸前，仿佛重又回到母亲温暖的怀抱，呜咽着：“格合，你到哪里去了？”

“格合这不是回来了吗？图克善，刚才和你在一起的是不是你师父？”

“是的，格合。”

“萨音布阿哥，你为什么不见我……”伊尔哈禁不住泪眼望着前方喃喃自语。一个多月来朝思暮想立刻要见到萨音布的冲动受到突然的冷落，萨音布远远离去，她的心中一阵隐痛，心酸又心寒。

“格合，你？”

“没什么。图克善，咱们走！”

这时候，驼队已赶到。几位牵驼人见了图克善打老远就一个个兴奋地大声呼喊：

“图克善，你的黑犬真有种！”

图克善听了牵驼人的赞扬，破涕为笑。看了一眼黑犬，心里美滋滋的，走过去一一施礼见过他们后，骑在伊尔哈的马上神气十足地朝前面赶队伍去了。

萨音布并不是不想见伊尔哈，而是他太兴奋了，一心想的是尽快把这个激动人心的消息告诉前面的队伍。他冲下坡快马加鞭一口气赶上队伍边跑边喊，一直喊到阿穆呼朗马前：

“大人，大人，咱们有救了！家里送草料来了！”

“什么？”阿穆呼朗、巴兰泰、德保听到萨音布的喊声，一起勒住马头，惊异地看萨音布。

“大人，是真的！他们马上就到！”萨音布挽住缰绳又一次告诉说。

阿穆呼朗什么也没有说，突然抽了一鞭坐骑，缰绳一抖，策马直奔路边的一座高坡而去。他立马站在坡上往后面极目远望，只见他们刚刚走过的坡谷中，一列驼队摇头摆尾向他们疾奔而来。

“噢，真是天无绝人之路啊！”阿穆呼朗看着看着不觉长叹一声，眼角湿润了。

整个队伍停顿了，人们丢下车一个个抹着止不住的泪水高喊着向驼队潮水般涌去，那一峰峰骆驼上驮的正是从家里搬来救急的草料！

“大家看哪，那走在前面的是咱们的伊尔哈！”忽地人群中有人激动地大声喊起来。

伊尔哈的头发散开着、飞扬着，在风中飘舞得就像人们心目中竖起的一面希望的旗帜。

“啊，伊尔哈？”色本泰夫妇听见前面的喊声，差一点儿给惊蒙了！两个人张口结舌地互相看了一下拔腿就跑，边跑边喊：“伊尔哈，我的女儿！”.

刹那间，人们欢呼着在一团团腾空而起的尘土中会合，一个个面颊上挂着黑色的泪珠，层层围住驼队雀跃不止。阿穆呼朗几个没有过来，依然站在那高坡上傻傻地看着那惊喜若狂的人们，嘴角浮现出难得一见大难中解脱的笑意。

伊尔哈和阿默、额妮紧紧拥抱在一起，多少煎熬，多少担忧，多少思念，多少等待顿时化作惊喜的泪水，相逢的欢乐，令一家人啜泣不止。

“阿默，额妮……”

“伊尔哈，我的女儿！”

“伊尔哈，你真是救苦救难的观音菩萨！”华沙布听说是伊尔哈来了，真是喜从天降。他早已赶到她身边，久久凝视着她与阿默、额妮拥抱，为她骄傲，为她自豪，眼眶里激动和爱慕的热泪盈盈欲滴。

“华沙布阿哥，你还好吗?”伊尔哈终于和他搭了话。

“好，还好……”

“萨音布阿哥呢?”

“噢，他?他将你来的消息告诉萨晋图大伯去了。”

“萨晋图额爷怎么了?”

“已经病了几天了，刚刚休息了一会儿，莫伦喇嘛说是急火攻心，现在听说你送草料来了，他的病一定会好的！”

“阿默，额妮，我去看看萨晋图额爷！”

“好，你去吧！”

“图克善，驼队草料暂时不要卸，等我回来！”

“好吧，我牵过去。”图克善回答说。

“伊尔哈，我陪你一起去！”华沙布自告奋勇。

“好吧，咱们走！”

萨晋图病得头脑昏沉，心口发慌，肚子叫饿却吃不下东西，一直躺在牛车上。听说伊尔哈送草料来了，激动得像是吃了一服仙丹妙药，突然间两眼射出异样的光芒，不用萨音布扶自己就一下坐了起来，喟然长叹：“伊尔哈，真是咱锡伯人的荣幸啊！萨音布，你要懂得女人，伊尔哈并不是一朵花，她是一棵树，是一棵能遮挡风雨的大树啊!”

“额爷……”

“这真是天意，天意啊！萨音布，你再不要去想那艾新芝了，伊尔哈是你真正需要的女人!”

“额爷。”萨音布站在车旁看着额爷不知道说什么。

“我死也要死在征途上，算是对得起列祖列宗。噢，只是担心，担心你和巴扬阿结下不解之仇，坏了咱锡伯人的大事哟!”

“额爷，我不会。”

萨晋图双目望着远方，深有感触地继续说：“盛京虽好，日子过得安逸无虑，长此下去，消磨斗志，废勤生懒，下地拿不起锄头，上阵挽不起弓弦。萨音布，你要记住，这西迁驻防才是咱锡伯人的头等大事！为了完成这桩大事，你一定要忍辱负重啊!”

“额爷，我记住了。”

“好，记住就好！有你这句话，我死亦瞑目了。”

爷孙俩正说着，华沙布和伊尔哈急匆匆来到。

“额爷!”伊尔哈见了萨晋图，老远就喊了一声，跑过来一头扑进萨晋图怀里，受了莫大委屈似的呜咽起来。

“伊尔哈，我的好孩子，额爷知道你一定会来的！真是苦了你了，额爷从心底里感激你!”萨晋图用手轻轻抚摸着伊尔哈的头，眼里闪动着泪花，感慨万千。

“额爷，我一个女孩家算什么？有了大伙才有我……”伊尔哈说着站起来，侧过脸去抹了一下泪水，偷偷瞟了一眼萨音布。萨音布一下涨红了脸，语无伦次地说：“伊尔哈，我们可想你了！那天晚上你跑哪儿去了，找得我们……”

“是啊，伊尔哈，我们一夜未睡到处找你……”华沙布说了一半，见伊尔哈的脸色骤变，才意识到自己不该抢萨音布的话头，急忙收住嘴，低下了头。

“伊尔哈，额爷真是担心你，好了，现在见到你还提它干什么？你一路辛苦，先回去歇着，有话留着以后慢慢说吧。”

“是，额爷。那我们回去了。”

“好。”

伊尔哈说完转身要走，突然又停下脚步对萨音布说：“萨音布阿哥，天黑了你到我那儿去一趟。”

“什么事？”萨音布一听，先是一怔，下意识地看了一眼华沙布，有些紧张地问。

“奥顿大伯给你捎来一个大木箱，不知里面装的是什么？”

“好，我去，我去……”萨音布这才一块石头落了地。

这一夜，露营地燃起了一堆堆篝火。人们三五家围坐一起，拿出酒葫芦和熟肉干，有说有笑频频举碗。几天来，每时每刻都处在濒临绝境的紧张焦虑和担忧中的每一个人的脸上，这时流露出一种大难不死的从容和绝处逢生的轻松，火光中柳暗花明的喜悦蹦蹦跳跳，空气里弥漫着、飞扬着对明日的虔诚的祈祷和深深的祝福。伊尔哈和萨音布在黑暗中一前一后行走，谁也不吭声。他们谁也没有料到，在他们后面远远跟着一个人影，忽隐忽现，一直在黑暗中监视他们。走了一阵，萨音布有点勉强，不想走了。

“伊尔哈，木箱在哪儿？我还要去巡夜……”

“萨音布阿哥，你怎么了？我从老家那么远的地方带给你都不嫌远，你却走不了几步路？”

“不，不是，伊尔哈……”萨音布有些吞吞吐吐。

“那你怕什么？是不是怕我？”

“不，不，伊尔哈，你别多心……”

“萨音布阿哥，你才多心哪！不过，萨音布阿哥，我有一句话要说给你。”

“什么话？”萨音布本来心里紧张，听伊尔哈有话要说，胡乱猜测，心怦怦直跳。

“你可别见了木箱忘了我！”

“伊尔哈，你这是什么话？”

“那天晚上，我从家庙中出来，心里一直想去找你，可走到半路，突然从路边黑暗中蹿出一帮恶徒把我装进麻袋里驮在马背上带到老林中……”伊尔哈说着说着没有声音了。

“是不是海保他们？”

“他们还逼我马上和他成亲……”

“哼，海保这个畜生！”萨音布气得破口大骂。

“萨音布阿哥，当时我真的一点办法也没有，喊天天不应，呼地地不灵，我只有一死！可我不想死，我舍不得你们哪！”伊尔哈想着自己不幸的遭遇，伤心地抽泣起来。

“伊尔哈，那，那你，没有事吧？”萨音布想问不敢问。

“什么事？萨音布阿哥，你是说我伊尔哈被海保糟蹋，变成一个下贱的女人？”

“不，伊尔哈，你什么时候都是阿哥心目中一朵最纯洁的花！”

“真的，萨音布阿哥？”

“是真的，伊尔哈。”

“有阿哥这么一句话，我就心满意足了。”

"那你后来怎么逃出来的?"

"那海保一直想占我的便宜，做梦！我一刀捅了他!"

"啊!"萨音布大吃一惊。

"萨音布阿哥，我要说的话说完了。现在你一个人往前走，前面有一峰骆驼躺在地上，上面驮着一个大木箱，你去卸下来先打开看看。"

"那你呢?"

"我要回去了。"伊尔哈说完扭头就走了。那个一直跟在他们背后的人影见伊尔哈走了，也悄然跟着走了。

萨音布就地站了一会儿，半信半疑地开始往前走。走了一阵，前面黑暗中果然见一峰骆驼静静躺着，微微叹着气嘴里不停地咀嚼着。

它见一个陌生人走过来，警觉地抬起头呼儿呼儿叫起来。萨音布不理它，快步走过去，朝它的屁股狠狠踢了一脚，那骆驼一下闭口不叫了。萨音布很快从骆驼身上卸下那个大木箱，轻轻一打开，里面竟然蜷着一个女人，把萨音布吓了一跳：

"你是谁?"

"萨音布……"

"啊，艾新芝！是你?"

"萨音布!"艾新芝从木箱里站起来一下扑进萨音布怀里。

"艾新芝，这是真的吗?"萨音布简直不敢相信眼前发生的这一切是真的，他紧紧地搂住艾新芝再也压不住悲喜交集的感情，滚烫的泪水顺着面颊唰地流了下来。

"萨音布……"艾新芝也泣不成声，她伏在他的胸前，觉出他的心在剧烈地跳动，全身止不住地哆嗦。

对于他们俩来说，自家庙前心碎断肠诀别后，都因离别的痛苦、忧郁的伤感、思念的折磨对彼此失去一切指望和信心，就在深深陷入无奈和绝望时，谁也不承想到今生今世还能再相逢！尤其是对刚刚涉世的艾新芝来说，自小娇生惯养，虽然对萨音布一往情深，却无法承受美好憧憬的突然破灭，棒打鸳鸯各自飞的生命威胁，更没有勇气去面对梦幻般的空虚岁月和虽生犹死活受罪的境况！今日她见到萨音布，压在心头的乌云顿时飞散，心胸变得像一望无涯的碧空，令她恍入梦中，如醉如痴，把过去的一切一概忘却，把自己的全身交给萨音布，任他搂抱，任他抚摸，任他狂吻，让濒临焦枯的身心从萨音布久别重逢的浓烈的情爱中得到滋润、补偿和满足！

“萨音布，我是跑出来的……”两个人一阵亲吻后，艾新芝才喘着气告诉萨音布。

“艾新芝，别担心。你能来，我就能把你留下，你别怕！”

“那我怎么办？”

“我看暂且还和伊尔哈住在一起，除了哈达牛录的人没有人能认得你，我和额爷他们商量一下再说，好吗？”

“嗯，萨音布，伊尔哈真是了不起。没有她，我是绝不可能逃出来的，我有她的一半勇气就够了，唉……”

“艾新芝，不要想那么多，不管怎么样，我们又在一起了，再也不分离了，这就是我们的一切！”

两个人越说越激动，越激动搂得越紧，久久不分开。

15

天亮了。螺号声一阵紧似一阵，显得格外高昂洪亮，振奋人心。有了草料，人们的心情踏实多了，精神也舒畅多了，再也不怕走不到塞外蒙古路，再也不愁给牛马添料加草了。

可是，老天偏偏和他们作对，越是往北走，太阳越是变得炽热。

天上不见一朵云彩，耳边不闻一丝风儿，把人们烤灼得满身是汗；拉车的牛马气喘吁吁抬不起头；车轮磨得吱吱冒烟，像是突然要着火。没有人催促，没有人停留，漠北的旷野中队伍绵延不断若一只蜗牛似爬行着……

几天后的一个夜晚，萨音布不得不将艾新芝追来的事告诉额爷。

"啊？艾新芝来了？她怎么来的？"萨晋图听了惊愕半天说不出话来。

"是伊尔哈把她带过来的。"

"伊尔哈？噢，额爷真没有看错，她小小年纪的女儿家有如此过人之胸襟，令人可敬可叹！相比之下，艾新芝……"

"额爷，人都已经来了，您说怎么办嘛！"

"不过，一个姑娘家抛开阿默、额妮非要跟我们去伊犁，不下横心是来不了的，也算她有见识，有胆量。好吧，既然来了，暂且不要给任何人讲，尤其是巴扬阿！"

"嗯，额爷。"

"柯保万一追来，这麻烦就会更大。你可千万要管好你自己，知道吗？”

“知道了，额爷。”

“到达库伦之前，白天叫她坐在篷车里不要露面，万不可粗心大意！”

“记住了，额爷。”

自从伊尔哈来了之后，不知道为什么巴扬阿的两眼总是不由自主地开始盯着萨音布，无论他走到哪里，他总是远远跟在后面，一刻也不放松。他觉得，伊尔哈和萨音布之间过于亲密，既然你萨音布得到了艾新芝，我巴扬阿就绝不会叫你小子去拈花惹草。

这天夜里，星光灿烂，一弯新月恰似一叶小舟荡漾在高空云彩波澜中。伊尔哈和艾新芝坐在篷车里一直没入睡，待到夜阑人静时，伊尔哈起身说：“艾新芝，我去看看萨晋图额爷，你歇着吧！”

“不知道病情怎么样了？”

“听说病体倒是见好，萨音布阿哥却愣是忙得腮帮子都陷下去了。”

“你替我问个好，只是萨晋图额爷来看我时脸拉得那么长，话都不跟我说一句。”

“艾新芝，那是萨晋图额爷喜欢你呀……”

“喜欢我？伊尔哈，你在说什么呀？”艾新芝大惑不解地瞪大了眼睛。

“好了，好了，有了萨音布阿哥你就心满意足了，还管别人在乎不在乎呢？”伊尔哈说完就一阵风似的走了，艾新芝紧了紧身上的袍子，独自坐在车里沉思发呆。突然，月光下一匹马擦着

车辕轻轻走过来，从马背上跳下一个人迅疾一跃便一头钻进艾新芝篷车里。

“萨音布，是你？”艾新芝先是吓了一跳，即刻认出是萨音布，又惊又喜，芳心怦怦直跳。

“嘘，不要吱声！”萨音布一把抱住艾新芝，把嘴紧紧贴在她耳边，“夜凉了，我来给你暖暖身子。”说着他把艾新芝一下压在身下，双手抚摸着她的全身，又是亲又是吻。正当他们俩你欢我爱，如胶似漆时，突然“当”的一声枪响，划破沉静的夜空，震惊了整个营地。原来，萨音布出来时，巴扬阿早已盯上。等萨音布上了车，他策马走过来立在离车不远的一小坡上，解下腰间的酒皮囊往肚里咕嘟咕嘟灌了几大口烈酒，嘴一抹摘下身后斜挎的鸟枪，点上火，骂了一声“臭小子，见你的鬼去吧”，就朝车顶上放了一枪！

深更半夜，人们不知道出了什么事，一个个从睡梦中惊醒，跑出帐篷，相互询问。有的小孩吓得尖叫着哭起来……

“是谁在打枪？”刚刚入睡的阿穆呼朗一骨碌爬起来大声喝问。

“大人，我先去查个明白。”德保紧跟着走出帐急忙往后面奔去。

“善清，快去把萨晋图防御叫来！”德保走后，阿穆呼朗又给善清下令。

“喳，大人。”

当萨音布衣衫不整地跳下牛车，艾新芝掀起车幔探出惊惶的脸时，巴扬阿一下傻了眼：“艾新芝，怎么会是艾新芝？”

萨音布见是巴扬阿，气得直奔过去冲着他大声嘶吼：“你，你疯了？你想杀谁？你嫉妒我，你心里不舒服，你还算是个男人吗？你是个孬种！你有本事朝这里开枪啊！来呀！”

巴扬阿原以为萨音布这小子钻进伊尔哈的被窝里，万没想到艾新芝会突然出现在他面前，而且她和萨音布在一起。他挽住缰绳，张口结舌，说不出一句话，第一次在萨音布面前显得如此空虚软弱，尴尬无能！他不信自己没能把这小子看住，他竟能在他的眼皮底下把艾新芝带过来，以至于这么长时间他都没有发觉。

巴扬阿和萨音布被德保带到阿穆呼朗帐前，阿穆呼朗一脸的怒气。

“刚才是谁开枪？”

“回大人，是我，我甘愿受罚。”

“不，大人，巴扬阿是无意的。”

“萨音布，我巴扬阿一人做事一人当，用不着你来假慈悲！”

“巴扬阿，你也用不着逞能，谁也不领你的情！”

萨晋图站在一旁见两个人斗气，心里猜疑其中必有缘故，长叹一声斥责道：“你们这是究竟为什么？难道你们就没有一点男人的尊严了吗？”

“好了，不用说了，德保！”阿穆呼朗当着萨晋图的面，又见是萨音布和巴扬阿，不想把事情闹大，只想勉强了事算了。

“卑职在！”

“明日按花名册将所有枪支一律收缴！”

“喳！”

“大人，路途还远，鸟枪可是我们的武器呀，岂能收缴？”萨晋图大为震惊，急忙分辩说。

“令出如山，不可更改。德保，如果漏缴一支，唯你是问！”

阿穆呼朗理都不理，说完拂袖而去。萨晋图气得全身颤抖，朝两个人骂了一句："孽障！"也转身走了。

萨音布像是被烧红的烙铁重重一烫，站在原地一动不动，不知道自己现在该怎么办。巴扬阿却是后悔莫及，不仅自尊受到一阵狂抽乱打，而且陷入从未有过的窘境，令他愧疚万分，无地自容！他突然想起什么，倒竖须眉，两眼露出往日的凶光，嘴里骂着扎西，开始四处搜寻起来。他骂着吼着声嘶力竭向四面八方呼唤扎西，像一头发狂的野牛。此刻扎西正躺在营帐里呼呼大睡，忽听巴扬阿霹雷般的咆哮声，惊吓得一骨碌爬起来睡眼惺忪地站着。"大人，什么事？我在这儿呢！"

"你个兔崽子，你格合来了为什么不告诉我？"

"我格合？她什么时候来的，我怎么不知道？"扎西听说自己的格合来了，心里一动，半信半疑地反问。

"你不知道？好！我现在就让你知道！"巴扬阿咬牙切齿地说着，突然拔腿向扎西凶神恶煞般冲过去。

"大人，我真的不知道哇！"扎西见情况不妙，吓得掉头就往坡上跑去。

"你给我站住！"巴扬阿边追边喊。扎西像一只脱套的兔子，一会儿就蹦上了坡头。

"好，你跑！今天我就让你跑个够！"巴扬阿突然转身跑到马匹前，身子一跃上了马背，两腿一夹就往坡头狂奔追去。

扎西见状，再也不敢跑了。他只得双腿一弯跪在坡上，哭着求饶："大人，我真的不知道啊！"

眨眼间，巴扬阿催马奔上坡头，跳下马便暴风骤雨般没头没脑地朝扎西身上抽打起来。扎西疼得喊阿默喊额妮，满坡打滚，顿时全身布满了一条条带血的鞭痕，凄惨的叫声一会儿就听不见了。他已被打得体无完肤不省人事，可巴扬阿还是咬着牙不停手，等打得浑身没劲，累得气喘吁吁时，才收住气狠狠瞪了一眼躺在地上的扎西，鞭子一甩走了。

起营的螺号又呜呜地吹响了，队伍又开始行进，长龙似的牛车在没头没尾的驿道上向前滚动。忽地，队伍中有人大声兴奋地喊道："大家看哪！就在前面，我们已经走进蒙古高原了！"

众人顿时兴奋起来，一个个脸上流露出欣喜的笑容。只有艾新芝受了昨夜的惊吓，把自己关在篷车里，连头都不敢露出来。伊尔哈骑着马走在车旁，见前后车辆拉开了距离，便凑近车篷小声说："艾新芝，昨晚是我故意避开的。可惜，你和萨音布阿哥的好事却被那巴扬阿给搅乱了……唉，巴扬阿那个蠢猪！"

"伊尔哈，你在说什么呀？"艾新芝在车内听了伊尔哈的话，故作惊讶，脸上却泛起红晕。伊尔哈扑哧一声窃笑："哟，艾新芝，风雨一过你就不认东西南北了？"

"伊尔哈，你是不是在嫉妒我？"

"是。我从小最佩服的男人就是萨音布阿哥，可惜我和他没有缘分。你是我格合我才关心你，不让你给萨音布阿哥丢脸！不然，他将来会怪我把你带来。"

"伊尔哈，格合知道你心好，我一定不辜负你的一片心意……"艾新芝说着低下了头，似乎眼泪要流出来了。

"哟，好了，我是说着玩的，干吗那么当真！"伊尔哈娇嗔地瞪了她一眼，鞭子一举打马向前走了。

扎西蜷曲着身子躺在一辆牛车上，车子摇晃一下他就疼得呻吟一声。萨音布骑着马走在旁边，紧锁眉头阴着脸。车上的扎西

睁开了红肿的眼睛，额头上沁出的豆大汗珠，被车颠得一颗接一颗地往下滑落。干裂的嘴唇上结满血痂，说话嗫嗫嚅嚅几乎听不清：“萨音布阿哥，我艾新芝格合真的……真的来了吗?”

萨音布没有回答，却闭起眼睛轻轻点了点头。

“她在哪儿?”

“扎西，你再不要问了，你格合现在还不能来看你。”

“为什么?萨音布阿哥，我的事千万别告诉她……她连我阿默、额妮都不管来找阿哥，阿哥一定要好好照顾她……”

“扎西，你放心，阿哥一定会照顾好你格合的。”

“哎哟，疼死我了……这牛车再这样摇摇晃晃，我可受不了啦……萨音布阿哥，我要骑马，我的马在哪儿?”

“你行吗?马就在车后拴着哩!”

“萨音布阿哥，我行，我能骑，幸好屁股还没被打烂。这牛车真要命!”扎西说着又高一声低一声地呻吟起来。萨音布和图克善不好拒绝，只得下了马叫住牛车把扎西轻轻拉起来扶上马。“扎西，怎么样?”

“比牛车强多了，萨音布阿哥。”

“那好，咱们一起慢慢走。”

“不，萨音布阿哥，你们别管我!我只要骑上马，死也不会掉下来!你们先走，我自己跟着你们走。”

“那也好，不过不要难为自己。不行了就下马休息。”

“好，我知道了。”

“我们到前面去看看。”

萨音布说着和图克善拍马往前走了。黑犬紧跟在后面，扎西望了一阵他们的背影，鼻根一酸，俯在鞍上哭了起来。

16

几百辆牛车，千百号人马扬起滚滚灰雾把整个驿道笼罩起来，车轮吱吱地响着不停地滚动。到了中午，苦重炎热，不见一只振翅飞鸟，太阳毒得像一盆火，在发暗的天空辣辣地照着，晒得人们头昏脑涨，耳鸣目眩，满脸的汗尘塞住了所有毛孔。拉车牛套车马被尘土呛得吐出舌头喷着响鼻，大口大口直喘气。平时那些跟在车旁活蹦乱跳嬉闹无常的长毛狗们，这时也都一个个躲进车下阴凉里懒懒地走着，困倦地用嘴驱赶身边绕来飞去叮咬的虻虫。正当人畜难以抵挡那火焰般滚滚而来的酷热时，忽见善清骑着马晃动的身影驰过一辆辆车，大声传令：

“大家听着，协领大人有令：由于天气炎热，所有官兵车辆就地卸车解鞍休息！往后，下午行军改为夜间行军，各札兰一定要加强巡防，注意人员安全和牲畜管理，不可懈怠放松，听到螺号声即刻出发，不得有误！”

人们听了协领大人的传令，惊讶之余无不为之欢欣。因为，队伍从盛京出发到今天他没说过一句心疼人的话，没露过一丝笑容。今日不知发哪辈子慈悲，他竟说出这等体贴人的话语来，谁还能说他没有一点人情呢？队伍渐渐停了下来，以各札兰为主自行选定一块地，家家卸车解鞍，支起帐篷遮挡当空烈日的暴晒，人们一个个躲进阴凉处喘着气，举起水葫芦仰起脖子咕嘟咕嘟往肚里灌水解渴。牛马松绑，高兴地摇头伸腰，打滚抖毛，解去一天的疲劳和浑身的汗热，一个个懒洋洋地撒起黄浊的尿水来。

长长的露营地，寂静一片。没有欢声笑语，听不见狗吠声，

只有家家烧火的缕缕炊烟一动不动地直拉升起，像一根根圆柱，丛林般飘悬空中，贯通天际。

过了一夜，第二天早晨太阳刚刚露脸烧红天边几朵浮云，夜间行进的队伍正急速爬上一个高坡时，突然前面噪声陡起，有人激动地大声喊叫起来："看哪，前面有一个湖！"

前面豁然出现一片银白世界，青蓝蓝的一波湖水镶嵌在茫茫无际的荒漠中，平静的湖面约有几十里，渐渐被透出的阳光照耀得浮起一层淡淡的火红，令人心旷神怡又神秘莫测。四周长满密集的翠玉般芦苇，一丛丛，一团团，在晨风中逍遥自在地轻歌曼舞，十分得意。一群群水鸟在湖面上掠空盘旋，又轻轻飘落在水面悠闲地游荡，根本不在乎突然间闯进它们自由天地滚滚而来的千百号人马。眼前出现的美景，并没有使人们感到轻松，反而使这些几个月来没有洗过一次澡，整天被泡在汗水和尘土中身上散发臭味的人们感到一种浓浓的倦意，只想立刻脱去衣裤光着身子冲进那清凉透明的湖水里泡个几天几夜不出来！只有孩子们天性不灭，见了那水，一个个跳下车滚下马欢天喜地喊着、笑着，挥动手里的衣裤，争先恐后追逐着向湖水蜂拥冲去……

正当队伍向湖水涌去时，华沙布从后面急慌慌赶来，悄声对萨音布说："萨音布，刚才巴扬阿来找我，说是扎西不见了！"

"什么？啥时候？"

"昨夜。"

"他没有去找吗？"

"他说前后都找遍了，就是不见人。"

"他是不是跑了？"

"不会吧……那是杀头的罪呀！"

“事不宜迟，我们去找找看！”

“好！”两个人说着速将马头拨转，离开驿道策马向后面的一座山坡奔去。

那湖水，看着近，走着远。队伍紧赶慢赶快到中午时才到达湖边。孩子们早已扔掉衣裤光着腚冲进水里，你喊我叫，泼冷嬉闹，翻腾了湖水，惊飞了水鸟。大人们坐在湖边，有的洗头冲凉，有的把腿伸进水里闭目养神，有的则瞧着孩子们忘情地游戏只顾乐呵呵发笑，忘记了一路的苦和累。阿穆呼朗和巴兰泰两个人远远站在湖边指指点点，一边观赏着湖面景色，一边兴致勃勃地谈论，脸上泛起少有的悦色，空中荡起阵阵笑声。伊尔哈领着艾新芝躲过人们的视线，绕到湖边一丛稠密的芦苇后面坐了下来，把各自的乌黑长发浸泡在水里，喜滋滋地说起悄悄话来。

“噢，多好的水哟！”艾新芝洗着脸望着自己水中的倒影，心里一阵舒畅激动。

“怎么了，艾新芝格合，你又想起萨音布阿哥了吗？”

“你呀，伊尔哈！”艾新芝抹了一下脸，侧过头去嗔怪地瞪了一眼伊尔哈，突然用手捧起水朝她身上泼去。

“哎呀！你……”伊尔哈嘴里呀了一声，马上予以还击。两个人你扬我泼，干脆跳进湖里打起水仗来，浪花四溅，哗哗作声。

“好了，好了，我输了！”艾新芝打不过伊尔哈，只好抱起头求饶。两个人虽然玩得很开心，可总觉得不痛快，怕被人瞧见，急忙又回到岸上警惕地向身后仔细看了一遍才放心坐下。艾新芝用手拢了拢贴在额头的湿发，长长叹了一口气：“伊尔哈，不知道什么时候我才能露面！唉，这种提心吊胆的日子真不好过。”

“艾新芝，不要老是唉声叹气，已经出来了，还怕吃苦吗？我想给萨晋图额爷说说，到了乌里雅苏台干脆给你们成亲，到那时还怕天天见不到萨音布阿哥？噢，成了亲眼里就不会有我伊尔哈了吧？嘻……”

“伊尔哈，我说正经事，你又拿我寻开心！”

“艾新芝格合，我说的是真话！”

“你……”艾新芝瞥了一眼伊尔哈那张稚嫩中含着真挚的脸，心里一酸，眼眶里顿时涌满了泪水。

不知不觉已经到了中午，湖里湖外，欢声笑语不绝于耳。男人们有的开始下湖捕鱼，一网接一网忙得不亦乐乎。女人们在湖边草地上走来走去忙着晾晒衣物，五颜六色的一片片宛如绽开的鲜花铺满岸边。云格毕竟是情窦初开的妙龄女子，她羞于和孩子们在一起游泳洗澡，双臂紧抱着刚刚隆起的胸脯远远地泡在水里独自一人玩水。过了一阵，她抬头望了一眼头顶刺眼的日头，又回头瞅了一会儿身后不远的一团芦苇，离开孩子们的嬉闹，悄然向那团芦苇游过去，想躲在芦苇后面洗好身子拧干衣服上岸。但她站在水里又胆怯地迟迟不敢脱去衣服，总怕有人在偷看自己。不知过了多久，她又一次向周围窥探一阵才放心地鼓起勇气脱去紧紧贴在身上的长衫，一下露出那一对她自己都没见过几次的雪白浑圆的乳房，用双手羞涩地捧起来。刚刚蹲进水里，突然身后哗的一声响，从水里猛然冒出一个人来，一手捂住她的嘴，一手死死抱住了她的腰。云格吓得惊魂出窍，虽然被气憋得两眼冒火，欲喊不能，但猛烈的恐惧使她本能地拼命挣扎，四肢乱蹬乱扑，打得水面哗哗作响。当她筋疲力尽，脑海里倏忽间胀满一种从未有过的难堪的苦楚和绝望的羞辱时，全身突然一下陷入恍惚昏迷，沉没水中，那一双冰冷的大手趁机脱去了她身上唯一一块遮羞布。

过了中午，湖里捕鱼的男人们都一个个说笑着上了岸，把手里拎着的一串串白花花的鱼掼在草地上，准备开膛剖腹洗干净下锅。女人们也收起各自晒干的衣物，回到帐篷里等着生火煮鱼，想美美尝一尝新鲜。艾新芝和伊尔哈洗去一身的烦恼和疲劳，见人们陆续开始往回走，也轻松愉快地准备穿衣服，不料从芦苇丛后面突然传来一阵哗哗的水响声，两个人大吃一惊。

艾新芝慌忙躲在伊尔哈背后，心怦怦直跳。“伊尔哈……”

“不用怕！”伊尔哈用自己的身子挡着她，侧耳静听。

声音越来越近，越来越大。

“伊尔哈，咱们走吧！”艾新芝吓得低声哀求。

“怕什么？看清了再说！”

随着哗哗声，只见一个裸背的男人从芦苇后面鬼鬼祟祟游出来，急慌慌向岸边划过去。

“啊？是个男人！伊尔哈，咱们快走！”艾新芝背过脸去站起来拉着伊尔哈拔腿就跑。伊尔哈无奈，也没看清那男人是谁，两个人一口气跑回营地。

协领大人席地坐在帐篷阴凉的草地上，萨晋图、锡林春、巴扬阿、德保、善清等一个个低着头沉默不语地围坐前面等着华沙布和萨音布。萨音布和华沙布驱马匆匆赶到，巴扬阿见了他们俩，脸色陡然大变，想问不敢问，两眼充满着不安。

“见过协领大人！”萨音布和华沙布下马走到阿穆呼朗前躬身施礼。

“你们俩不见人影，干什么去了？”阿穆呼朗一见面就怒气冲冲，开口就冒火。

“回大人，自营队日行改为夜行，卑职等为防备不肖之徒趁黑逃匿，夜夜断后巡逻，岂敢私自行走?”萨音布虽然心里七上八下，但不露声色，心想先稳住阿穆呼朗再说。

“好吧，先坐下!”阿穆呼朗听了萨音布的回答，接着说道，“诸位，今日召集大家并非他事。队伍昼停夜行已深入漠北，从今天起，各札兰务必每日点名三次，不得有误！若发现有人故意逃脱，即刻缉拿，当众惩处!”

“遵命!”众官齐声回答。只有巴扬阿一人低着头，疑惑地朝萨音布瞥了一眼，刚想开口说什么，忽见锡林春的夫人面色惨白上气不接下气地朝他们奔过来，后面跟着一帮女人。

“出了什么事?”锡林春惊愕地站起来急忙迎过去。

“不好了！云格不见了!”夫人还没有跑到男人跟前就失声哭起来。

“啊？怎么回事?”锡林春双手扶住家人，如遭雷击。

“老爷，云格去洗澡就不见了!”云格额妮哭着说。

“我们从中午就开始找，找遍了湖的四周，喊哑了嗓子……”后面跟来的几名妇女一个个呜咽着告诉说。

“老防御，快去领官兵们仔细找找，一定要找到!”阿穆呼朗见出了大事，不得不暂停商议之项，命萨晋图立即去找云格。

那幽静的湖水，清澈见底，除了周围郁郁葱葱的芦苇，宽阔的湖面一览无余。几百个官兵一齐下湖，一个挨着一个，拉网寻找。女人们在岸边一个跟着一个，边走边喊云格的名字，那凄厉悲惨的声音，令鬼哭神泣。伊尔哈扶着泪流满面的云格额妮，走到她和艾新芝洗过澡的那一团芦苇丛时，突然想起那一光背男人，她放开云格额妮一个人径直冲进水里，惊恐地睁大眼睛向水里正在寻找的官兵们大声喊起来：“快来人哪！快到这边来呀！”

正在搜寻的官兵们听见伊尔哈的喊声，先是一愣，接着一个个争先恐后地冲过来。

“伊尔哈，什么事？”萨音布和华沙布赶到，抹着脸上的水珠紧张地问。

“萨音布阿哥，中午我们在这里洗澡时，看见一个光背男人从那边芦苇丛旁慌张游出湖，形迹十分可疑。你们快去那团芦苇丛周围察看一遍！”伊尔哈说着指向了那团芦苇丛。

“走，华沙布！”萨音布说着扭头就向伊尔哈指的那团芦苇丛划过去，华沙布和赶来的官兵们紧跟在后撒开队形。十几个人经过一番仔细寻找，终于在芦苇深处找到了云格发白的尸体。

“云格，告诉阿哥，是哪个禽兽把你害成这样？”萨音布一边痛哭流涕，一边脱下衣服裹起云格的尸体和华沙布一起托起来悲哀地向岸边走来。

云格额妮听见湖中陡起的哭声，泪眼模糊中似乎见女儿的尸体被两个人托着走过来，心肺俱裂地惨叫一声：“我的女儿啊……”双手向空中乱扑一下，便两腮僵硬，嘴唇发紫，不省人事了。萨音布和华沙布走出湖水，挑一块花草柔嫩的地方将云格的尸体平放在地，大哭不止。云格那一张脸虽死犹生，凝脂般的皮肤，仙女般的容貌依然如故，宛如刚刚睡去似的。听见一阵阵震撼人心的哭声，远处的人们都赶过来了。

锡林春见女儿豆蔻之年离他们而去，五内俱裂，捶胸顿足，号啕大哭：“苍天哪！我锡林春一辈子安分守己，没有伤天害理，为什么要害我女儿啊？为什么？”

这时云格额妮缓过气来，扯着伊尔哈的胳膊爬过去扑在女儿身上哭得肝肠撕裂，悲痛欲绝。那哭声，凄惨悲哀，震撼九霄高天。

17

当夜，阿穆呼朗的营帐里，灯光散乱，气氛紧张肃杀。各札兰防御、骁骑校等官员坐满帐内，一双双眼睛怒不可遏。协领大人更是神色不定，威严中显露着惶惑不安。巴兰泰坐在协领大人身边，心里七上八下，脸色发灰，一副慌乱害怕的样子。不用说，他心里早已清楚这丧尽天良之事无疑是德保那王八蛋所为，不然他怎么会逃跑呢？

“大人，您为什么还不发话？”大家终于忍不住了，一个个站起来怒目圆睁质问阿穆呼朗。

“诸位，请息怒……”阿穆呼朗话音刚落，善清匆忙掀帘进帐。

“大人……”

“善清……”阿穆呼朗见善清惊恐的脸色，心口一跳，猛然站了起来，一种不祥之兆突然掠过脑海，张开口却不敢问了。

“回大人，”善清窥了一眼众人燃烧的目光，心惊肉跳，不由得后退几步低头说道，“卑职找遍队前队后，不见德保大人的踪影。”

“啊？”阿穆呼朗如挨当头一棒，身子往后一仰一下跌坐在地，气得全身发抖，嘴唇抽搐。众官员听了五脏六腑要气炸了，愤怒使他们失去控制，大家一下围起阿穆呼朗，大吼如雷责骂起来：

“你还等什么？快把那狗娘养的找回来千刀万剐！”

“把这人面兽心的畜生活埋了！”

“我们要挖出他的黑心喂狗！”

“不找到他我们绝不撤灶拔营！”

阿穆呼朗万万没有料到德保会做出这等没有人性之事，这要是不把他捉拿归案，这支锡伯人的队伍就没法管带了。他紧张地望着众人一张张铁青的脸，脑海里翻腾着种种念头，盘算怎样才能平息众怒。巴兰泰吓得魂不附体，全身筛糠，连牙关都僵硬了。

锡林春看着大家，泪水在心里翻滚。眼前渐渐出现了一片一望无垠的广阔草原，远远见云格骑着马抖擞缰绳挥鞭疾驰向他奔来。风在她的背后阵阵飞舞旋转，吹散了她那长长的黑发……突然，她被从天而降的一团迷雾遮掩，接着就是一阵雷电交作，霹雳轰鸣……

“大人，您再不发话，卑职可要发话了！”萨晋图两眼发红，脸色发紫，见那阿穆呼朗半天不开口，挺身厉声喝问。

“诸位，诸位……”阿穆呼朗从萨晋图的质问中惊醒过来，“诸位……请息怒，这都是本官的错，平时管教不严，让这个目无王法的畜生钻了空，伤了云格姑娘娇贵性命。本官一定把他找回来交与你们任凭处置！——善清！”

“卑职在！”善清慌忙应声答应。

“你带两个人速去就近驿站通报，萨音布、华沙布你二人负责四处搜寻，无论德保逃往何处，将他缉拿押回西迁队伍，奏请皇上严惩不贷！”

"喳!"

阿穆呼朗施令完毕，再举目向众人看了一眼，不觉松了一口气。"诸位，本官一定一命偿一命，以德保之首祭奠云格姑娘在天之灵!"

"谢大人……"锡林春忍不住悲伤泪水，哭了出来。

对于西迁官兵来说，这一夜是一个悲痛残忍之夜，是一个苍天恸哭之夜，四方鬼哭神泣，八方大地哀鸣，令人目睹欲断肠，使人耳闻怒火烧。当协领大人和大小众官从营帐里出来时，离他们不远一座山坡上，只见黑暗中一片熊熊火光，照亮周围一切，似乎要冲破黑暗的束缚，向高空飞腾出去，官兵和家眷们围成了一圈，一个个欲哭无泪，火光中满眼闪着悲愤，等待着最后的告别仪式。

云格的遗体高高平放在厚厚的柴堆上，周围摆满了一束束五颜六色的野花，点了无数个闪烁的长明灯，与星星一起为死者默哀。头前立着幡仗红方，在夜风中飒飒飘响。脚后设了香案食桌，上面摆满祭品。莫伦喇嘛领着几个弟子坐在柴堆一旁轻轻摇着神铃，击打神鼓为亡灵诵经超度。云格额妮由伊尔哈扶着披头散发坐在另一旁哽咽哭诉，那模模糊糊的语音，那缠缠绵绵的母爱含着不尽的悲哀，无限的思念，茫然的寄托和说不出的痛苦为女儿送终，她就是哭干了泪水，喊破了喉咙也再见不着女儿如花似玉的笑脸，听不到女儿银铃般的笑声了。

协领大人领着众人一一走进圈内，望着那安详平静地躺在花团灯辉中的云格，都禁不住哭出声来。顿时，整个山坡上哭声大作，哀号震天，哭声中，营中的萨满替诸位大人一一烧纸祭酒后，四名士兵同时给浇洒羊血的柴堆点了火。

眼看着那火焰向中间蔓延升腾，整个柴堆跳跃着无数个飘动的火舌，刹那间噼啪作响的大火连成一片，云格的尸体被云雾一般的浓烟笼罩得再也看不见了。

锡林春夫妇呼天唤地哭得死去活来，哀痛到极点，躺倒山坡上把头往地上捣。

云格走了，她没有晒够春天的阳光，她没有看够冬天的雪花，留下无涯的孤寂和哀痛，带着对亲人难舍难分的遗憾，带着对害自己性命恶徒的深仇大恨，走上阴阳河畔不尽路，一步一回头，一声一串泪。

入夜，四周万籁无声，只有燥热和黑暗，头顶上望不见一颗星，显得四周那么阴森可怖，荒凉凄惨。渐渐地，从远处沟底传来一阵阵沉闷的马蹄声，紧一阵慢一阵，忽起忽停。

“前面是什么人?”黑暗中突然传来一声断喝，四周的空气震得嗡嗡作响。

“为什么不答话?”又是一声断喝，是另外一个人的声音。

“啊，萨音布，华沙布……我，我不是故意的……你们俩给我一条生路，饶我一条命吧!”

“你，你是德保?”出来巡查的萨音布和华沙布，想不到没找到扎西却碰上了德保，怒喝一声，跳下马背。面前的德保满脸的恐惧和狐疑，想走又不敢动，想留又不敢坐，拉着缰绳半蹲半跪在地上，全身毛骨悚然，冷汗直冒。

那天中午，他坐在山坡上见云格姑娘和孩子们一起跳入湖中洗澡，那蓄谋已久的邪念陡起。他向周围仔细观察一番后，像一只饿狼一样开始对猎物下手。可他万万没有想到平时看似娇小的身子里竟然包含着一颗强悍的心灵！云格不仅拼命地挣扎，而且

还咬破他的手指，欲张口大喊，情急之中德保把她沉入水中，想灌她几口水，趁她昏迷后再作乐，不料，云格是个烈性女子，宁死不从，在水里憋得气绝身亡。这下，德保给吓蒙了！他只是想借云格的身子发泄一下兽欲，哪会想到去伤害她性命！

要是让那些锡伯人逮住，他还有命吗？不把他撕成碎片才怪！他来不及缓口气，跌跌撞撞往湖边逃去，找到自己的马骑上就跑了。

他没命地跑了一阵后，总觉得后面有千军万马追过来，就不停地加鞭，直到那马呼呼喘气，四蹄打弯，摇摇晃晃一个趔趄躺倒在地……又不知走了多长时间，翻过一座坡脊后，在黑暗处的坡沟里传来一丝潺潺流水的声音。原来他吓昏了头，转来转去，还没有从营地驻地逃出几里远。

"萨音布，我求求你……"

"你这个畜生，你还有什么脸面讨饶，今天碰上我们俩还算走运，不然你被捉回去千刀万剐也不解众恨，起来！"萨音布发狠地骂着，一手将德保揪起，朝他的腿弯子狠狠踢了一脚。

"萨音布，你，你想干什么？"

"闭嘴！"

"华沙布……"德保见萨音布不松口，急忙向华沙布求饶，不料话没出口，嘴巴上啪地挨了华沙布一巴掌。

"你这个衣冠禽兽，天地不容，你还想说什么？"华沙布怒不可遏，恨入骨髓。

德保终于绝望了，眼前突然变得漆黑一团，全身颤抖着，他想到他的尸体将被抛弃在这荒山野岭，一块块被野兽撕扯肢解啃咬吞噬，骨肉分离，血流满地，出壳的灵魂被打进阴森的幽冥里，四无着落，吓得像挨刀的猪一般哀号起来。

萨音布根本不管他嘶声吼叫，把他按倒在地，取下缰绳将其两条腿合在一起绑了个死结，另一头绑在马镫上。

“萨音布……”华沙布想阻止，可萨音布理都不理，跳上自己的马举鞭朝德保马屁股狠抽猛打起来。牲口刚刚恢复一点体力，两肋的鞭伤又挨一阵重鞭岂能受得了，拖着德保咴儿咴儿叫着撒腿狂奔起来。

“萨音布，萨音布！我们还是把他押回去交给协领大人吧！”华沙布边追边喊。

“他早该死有余辜，你还想把他留在世上折磨人？”萨音布越发怒火中烧，疯狂地继续狂抽乱打，那马拖着惨叫的德保不分高低，沟沟坡坡，乱撞乱冲，不到半个时辰德保便没有声音了。

德保死了，华沙布只好顺着萨音布，只要两人不说出去，谁能知道发生在这荒山野岭黑更半夜之事呢！好歹为云格姑娘报了仇，雪了恨，也为西迁官兵解了心头之恨。要是将他押回京城，谁知他能不能受到惩罚？

第二天早晨，浓浓的黑云积聚在天空不漏一丝阳光。各札兰领带都聚在协领大人营帐里商议拔营之事。巴扬阿一人领着几名铁匠和一班人挨家挨户换马掌，修车辆。他们有的手持刮蹄刀，有的拽住马首，有的挟住马蹄，有的拿着铁钳和铁锤，车轮上叮叮当当敲个不停，一个个累得直喘粗气。

马叫人唤，换下的旧铁掌已丢成一堆，修好的车一辆接一辆。

巴扬阿蹲在一边，偶尔一抬头，只见对面不远处萨音布和华沙布双双拍马走过来。他的心里咯噔一下，脸上一下阴云密布。

萨音布和华沙布走到巴扬阿跟前拉住马头，直直盯着他，眼里布满血丝。

天空中突然掠过一道闪电，转瞬间暴雨倾盆而下，接着雷声大作，震得大地发颤。众人大惊，纷纷逃散避雨，只有巴扬阿依然蹲在那里，任凭鞭子般的雨线抽打自己的脸，而后又滴了下来。

天边，又响起一声炸雷，似雷神在咆哮。雨如天泄洪水淹没了周围一切。

“巴扬阿，扎西的事没有禀报大人，这样做并不是为了你，而是担心扎西的性命，这可是杀头的罪！”

巴扬阿无言。萨音布和华沙布气愤地磕马掉头没入扯天扯地垂落的雨幕中。

耀眼的电光阵阵亮着吓人的天空，威胁着大地。

锡林春家的帐篷里，暴雨噼噼啪啪激烈地敲打着篷顶，四面跌落的雨水顺着帐篷周围的沟眼儿汇在一起哗哗流入湖中。

云格额妮怔怔坐在帐中间，眼皮红肿，面色憔悴僵硬，已经干燥了的泪痕一直达到苍白的嘴唇边。她两眼望着门口，用手轻轻抚摸着抱在怀里的儿子硕尔泰胸前捧着的云格骨灰罐，嘴唇一阵阵颤抖，似乎自己给自己倾诉往事。这时对她来说，即便是满天的雨水都浇在身上，她也无动于衷。伊尔哈坐在她身边肺腑之言已说尽，只是默然静坐时不时偷偷抹泪。

18

营帐里，协领大人坐在上首绷着脸盯着众人的脸不发一句话，不知他心里想什么。锡林春陷在失女之痛低头坐在一边，满脸含着屈辱和怨愤，心里充满斗争纷扰。萨晋图坐在他对面，脸上有种遇事沉稳临危不乱的旷达神情。

“诸位，”阿穆呼朗沉默半天终于发话，面色苍白威严。“据查，锡林春所领带五札兰领催伊西之弟萨木布，骁骑校巴扬阿跟丁扎西前夜各乘一匹马逃亡……”

“啊？”众官大惊，一个个脸色刷白。

“扎西十六岁，萨木布十八岁，一个为跟丁，一个为车夫，白天赶车夜晚牧马，前夜借口去牧马，两人就没有回来。”

“大人，他俩岁数还小，是否是夜间迷了路走失了？”有人刚刚说了一句，阿穆呼朗便大声训斥：“几百号人马驻地就是瞎子也会摸到，别想替他们开脱罪责！”

众官都低下头谁也不敢开口了。

“扎西和萨木布虽不属选派之正项兵，但出发前皇上念及伊等亲戚不要分离，为以后生计方便起见，准许他们随队西迁，并每人赏一匹马和两个月的盘费。但这两个畜生竟敢深负皇恩，私自出逃损害我西迁之师名声，诸位，这事该如何处置？”

“大人，皇上早有圣旨，凡属犯律抗旨，半途逃匿，该当处斩，无可再议。”萨晋图见自己首当其冲，不得不先开口应付。

“两个畜生死罪难逃，一应捉拿归案就地正法。锡林春大人，你说呢？”阿穆呼朗话锋一转直逼锡林春。

“卑职失职，愿受惩处。”锡林春自知失职，起身告罪。

“大人，锡林春家的女儿……”萨晋图欲为锡林春辩解，阿穆呼朗丝毫不听。

“锡林春身为领带防御，管束不严，即日起，停职使用，奏报皇上再论升迁，空额由骁骑校布占泰替代！”

“大人！”萨晋图吃了一惊。

“领催伊西，披甲托克托罗看管自己的亲属不严，伊西革职为披甲，托克托罗降为闲散。巴扬阿身为骁骑校，几次寻衅惹是生非动摇军心不说，今又属下盗马逃匿，现革职为披甲！”

“大人！”巴兰泰担心逼急犯乱，欲想阻止阿穆呼朗火上浇油。

“诸位即刻回去召集各札兰披甲闲散当众公布。往后行军宿营，以此为戒，若有违抗，从严治罪！”阿穆呼朗毫不留情地说道。

这时，色本泰家帐篷里，色本泰正在给妻子、艾新芝和图克善读《三国》。艾新芝裹着被子坐在一角，似听非听。

“哎呀，你大声一点！风这么大，呼啦啦的，好多地方我都没听清！”坐在丈夫身边做针线活的妻子大声埋怨说。

“好，好，念到诸葛孔明草船借箭那一段……”色本泰不厌其烦，呷了一口茶继续念说。

“知道了，快念！”

“纳克出，好像有马蹄声！”色本泰正念说着，图克善大声说。

“这么大的风雨，谁还来？”

色本泰话音刚落，只见门帘掀起走进一个人，全身雨水淋漓，却是巴扬阿，全家人吃了一惊。

“你，你来干什么？”色本泰放下手中书，睁大了眼睛。

“我，我有话跟艾新芝说。”巴扬阿与过去判若两人，抹了一下脸上的水珠，说话温和有礼。

艾新芝见是巴扬阿，用被子蒙起头缩了身子一声不吭躲了起来。

“什么事，冒着大风大雨？”色本泰看了一眼，继续问。

“扎西跑了……”巴扬阿说着低下了头。

“啊？你说什么？”艾新芝惊得猛地掀开被子颤声问。

“都怪我没管好他。”

“扎西……”艾新芝一下全身麻木，说不出话了。

“什么时候？”

“前天夜里。”

“那为什么不去找？”色本泰不禁火了。

“色本泰阿哥，萨音布和华沙布找了两天两夜没找见……艾新芝，我对不起你！”巴扬阿说着扑通一声重重跪倒在地，艾新芝不知所措，急得哭了起来。

“人都不见了，你跪下有什么用？扎西好好的，怎么会逃跑？”色本泰坐不住了，站起来想寻根刨底问清楚。

“色本泰阿哥，都怪我，那天我跟萨音布闹得一肚子气，喝了酒打了他……”

“啊？原来是你打跑的！你，你肆意妄为闯了一祸又一祸，如今又要闹出人命来，你究竟想干什么？”色本泰简直气昏了，平时文质彬彬以礼待人的他面对不可理喻之徒只得发怒吼叫。

巴扬阿像一个闯祸的小孩儿一样无可争辩低下了头。他知道，扎西无论逃到哪里都是死罪。

“色本泰阿哥，艾新芝，你们放心，只要扎西能找到，我巴扬阿用自己的命去换他的命，绝不食言！”

“哼！”色本泰打也不是，骂也不是，怒气未消地横眼拂袖背过身去。

艾新芝只顾伤心落泪，根本不理他。色本泰妻子和图克善虽然没说话，那愤怒的眼神告诉他，他们切齿地恨他，没有一丝的饶恕和宽容。面对眼前的一切，无论从感情上还是从行为上，都让他感到困扰苦恼，陷入无法自拔之中。他跪了一阵，见谁也不理，只好起身神情懊丧地出门走了。

萨晋图和锡林春回到锡林春家帐篷里，心乱如麻，坐立不安。

“萨晋图大人，我的事您就不必操心了。我担心的倒是巴扬阿，要阻止他别做傻事，坏了大事……”锡林春失去心爱的女儿，正在痛苦之中，并不在乎革职罢官。

“我知道。”萨晋图自感责任重大，不得不冷静下来细细琢磨对策。

“派一个人看住他，千万别叫他再酗酒。”

“说得是。”锡林春的提醒正合萨晋图的心意。“万一他闹起来非乱不可，我先去稳住他！”

“大人，我与您一起去吧！”

“不必了，你先休息，不要想得太多，事情总会有转机的。”萨晋图说完出帐走了。

到了下午，风已经停了。空际渐渐明朗，微薄的浮云静静地掠过天际，被狂风暴雨袭击过的旷野显得异常恬静，满地混浊的雨水发出淙淙的声音往湖里奔腾。湖中芦苇和周围生气蓬勃的野草开始显露翠绿和透明，散发出一股浓郁的草木清香。偶尔，西边的雷声还低沉地轰响着，告诉人们天还没有完全放晴。

萨晋图踩着泥泞的草地往前走着，裤腿滴着水，鞋面沾满黑泥。他的脸色显得有些忧虑和疲惫，眼睛似乎陷进眼眶，更加深邃有神。他的脑海里翻腾着、思索着、不停地判断着这几天一连串发生的事，该怎样去应付这不该发生却又突发的局面，既能稳住众官兵之情绪，不再发生意外，又能不负皇命告慰朝廷，化解阿穆呼朗的猜疑、积怨、嫉恨，提起精神唤醒力量，摆脱一切是是非非，将官兵及家眷带到伊犁，避免途中再陷入自相惊扰，延误时间，备受无缘之苦。

找遍营地，不见巴扬阿人影，萨晋图只好匆匆来到色本泰家帐篷。这时候，伊尔哈已经回来，正在安慰艾新芝。

“色本泰，怎么回事？出了什么事？”萨晋图一进帐见全家人一个个绷着脸坐着，以为又出了什么事，急切地问。

“刚才巴扬阿来过。”色本泰见是萨晋图，起身回答。

“他来干什么？”

“赔罪。”

“他知道自己有罪？”

“他跪了半天，我们没理他，他就走了。”

“去了哪儿？”

“不知道。这个不懂规矩辱没祖宗的畜生，三番五次宽容他，他不思悔改反而惹出这等害人性命之事来，一波未平又起一波，他来赔罪何用！”色本泰还怒气未平地说。

“好，好，他知道自己有罪就好，只怕他不明事理又乱来，惹出更大事端。”萨晋图听了色本泰的话，心中一块石头终于落了地。

太阳终于露了脸，空际明朗，一道亮丽的弯弯彩虹横跨天空。这时，躲在帐篷里的女人们一个个走出来在湖边草地上到处

晾晒被雨水浸湿的被褥、衣物、箱柜、鞍具以及兽皮、绣品细软，忙碌不停。失去格合的硕尔泰闷闷不乐地走出帐篷，远远见图克善一个人站在湖边，抬头望了一眼明朗的天空便朝他走过去。走着走着，忽地耳边传来一阵小鸟欢快的啾鸣声，他边走边朝四面寻找，不见一只鸟，却见一只老鹰从半空中盘旋而下，眼睛盯着下面似乎在寻找小鸟躲藏的草丛。老鹰越是飞近地面，小鸟鸣叫声越加欢快，但只闻其声不见其影，急得老鹰团团转，不辨东西。

“哈……”突然图克善大笑起来。

“图克善，小鸟在哪儿鸣叫？”硕尔泰听见图克善的笑声，不知出了什么事，好奇地奔过去。

“哈，傻老鹰，它上当了！”图克善还笑个不停。

“喔，原来是你骗老鹰？我还以为真的小鸟在叫呢！”

“去，去，去！别当真，这儿可没有小鸟小鸡！”望着盘绕头顶的老鹰，图克善扬手大喊。

老鹰转了半天一无所获，只好失望地飞走了。

硕尔泰站在图克善身后，望着远远飞走的老鹰喃喃自语：“图克善，咱们也长一双翅膀多好啊，想到哪儿就到哪儿！”

“嗯？”图克善回头望了一眼硕尔泰苦笑一声，“你想到哪儿？”

“回家。”图克善没有想到他的朋友对家乡的眷念那么凝重，说着眼圈都红了。

“你想回去吗？”

“嗯。夏天下河摸鱼，冬天跟大人们到老林下套子，逮野兔，多热闹！有一次，我阿默他们还捉住一只大老虎，牛一般大，皮子剥下来挂在墙上好威风！”说起家乡事，硕尔泰泪眼泛起喜悦之光，越说越兴奋。

图克善受了硕尔泰情绪的感染，也深深陷入了对家乡的思念。

故乡，在他们幼小的心灵中已留下深深的烙印，六十年后返回故乡的信念也许从此便扎下根。

19

次日拂晓，队伍起营出发。不料，还没走出一里路，老天又淅淅沥沥地下开了雨，本来泥泞不堪的路，前面的马牛践踏和车轮交织辗压，到处是烂泥深坑，后面来的车一旦陷进去，不费九牛二虎之力拉不出来。

萨音布和华沙布骑着马顺着队伍来回巡查，马蹄泥水飞溅，马肚全是烂泥，他俩巡查到中间时，突然一辆车车身一歪，车轮陷了下去，摇摇欲坠。

“快来啊！车上的金佛、经书等千万不能让泥水糟践了呀！”原来这是喇嘛们的专用车，莫伦喇嘛用肩膀顶住车架，大声呼喊弟子们。

“顶住！”萨音布和华沙布喊了一声，跳下马奔过去，萨音布从前面捉住车辕梢木，华沙布从后面捉住车身，两个人同时使劲喝声起，车轮一下冲出泥坑，车身差点把套车牛撞倒！

“阿弥陀佛，二位真是神力！”几个弟子还没动手，车已被萨音布和华沙布拉出来，弟子们如释重负，施礼称赞。

萨音布将脚上的烂泥往路边的青草上蹭了几遍刚要上马，莫伦喇嘛轻声唤他："萨音布，你过来一下！"

萨音布牵着马走过去："莫伦师父，什么事？"

"艾新芝病得昏迷不醒，你去看看她。"

"啊？前天还好好的，怎么突然……"

"我给她摸过脉了，是伤心内乱所致，不可再受刺激。"

"知道了，师父。"

萨音布说完跨上马向华沙布打了个招呼就找艾新芝去了。

色本泰牵着牛绳吆喝着高一脚低一脚在前面走着，车轮滑来滑去，牛时走时停。图克善骑着马，头上披着个麻袋跟在车后。艾新芝闭着眼头朝前躺在牛车篷里被摇晃着，颠簸着，不停地呻吟着，脸色焦黄，发辫零乱，额上沁出一颗颗汗珠。伊尔哈额妮坐在她身边，皱着眉给她擦着汗，嘴里自言自语："她中邪了……"

"额妮，要不要给她喂点水？"坐在车后的伊尔哈探身过来问。

"不用了，喂不进去……"

艾新芝的呻吟忽然加剧，"啊！"地惨叫一声昏厥过去。

"艾新芝！醒醒！快醒醒！"伊尔哈额妮惊叫着急忙把她扶起来。

艾新芝紧闭嘴唇，四肢阵阵抽搐，不省人事。

"快，伊尔哈，拿针！"

伊尔哈从衣襟里取下一根针。伊尔哈额妮接过针，用左手紧紧捏住艾新芝的人中，嘴里念念有词，往上面一扎，很快就渗出黑色的血来。

"好了……"伊尔哈额妮慈祥地看着躺在怀里的艾新芝渐趋

和缓的面色，终于松口气。

“额妮……”伊尔哈看着母亲笑了。

艾新芝在昏迷中醒过来，缓缓地睁开眼睛，木然地注视前方，混沌中似乎见一张脸在眼前晃动。那张脸渐渐清晰起来，已经能分辨出眼睛、鼻子、嘴……

“萨……萨音布！”她嗫嚅了一下。

“艾新芝，你醒了？”那张脸凑近她面前，声音有些颤抖。

“萨音布，你来了……”

“是我，艾新芝。”萨音布说着紧握住艾新芝的手，十分动情。

“萨音布，扎西他……”艾新芝说着，眼里又滚落一滴泪珠。

“艾新芝，他不会有事的。”萨音布知道这是一种无奈的安慰。

“萨音布，你一定要救他！若他有个三长两短，我怎么对得起我阿默额妮……”艾新芝说着又呜咽起来。

“艾新芝，不要想那么多，身体要紧！”

“扎西生死不明，你叫我怎么安心！”

“艾新芝，你放心，他会回来的……”

“回来也是个死罪呀。萨音布，我求你，要救救他，他还是个孩子。”

“艾新芝，我会的，我一定尽力！”萨音布看着艾新芝那几乎央求的目光，再也坐不住了。他轻轻放下艾新芝的手，心绪纷乱地下了车骑上马走了。

艾新芝躺在车上，听着萨音布疾驰而去的马蹄声，心里默默祈求：“萨音布，你一定要救扎西，一定，一定……”

连绵不绝的雨使天地变得阴沉昏暗。泥泞的克鲁伦路到处是坑坑洼洼烂泥地，灰蒙蒙一长串队伍凌乱不堪，冒雨前行。车轮东倒西歪，忽起忽落，向前转动两圈又后退一圈。有的牛不胜载重，屈膝跪倒。车夫们踩在烂泥中的鞋几乎拔不出来，急得拉着牛鼻又打又骂。骑兵全都下了马，有的帮抬陷在泥坑里的车辆，有的在车前拖着牛鼻绳大声吆喝。车篷四周淌着雨水，车里的妇女小孩儿全都浸在雨水里，喋喋不休地抱怨，没有一件干衣裳挡雨遮身，苦不堪言。

阿穆呼朗勒马站在队伍旁，看着眼前经过的一辆辆东倒西歪的牛车和一个个面目全非的士兵，不得已下了一道令：

“巴兰泰，带上几名跟丁传令下去，把车里的箱柜破烂、坛坛罐罐全都扔掉，轻装前进！”

“喳！”立马站在身后的巴兰泰领命，带上几名跟丁向队伍前面策马奔去。

马蹄，不知踏破多少拂晓；车轮，不知碾碎多少黄昏。炎热酷暑，未能阻挡马蹄向前；狂风暴雨，未能挡住车轮滚滚。饱尝困苦的队伍，闯过淫雨连绵的克鲁伦路，八月中旬，终于看见西天的一片猩红。视线穿过暮色中的余晖，看到横卧在前的一条雄伟山脉模糊的剪影，遥望中一堆石头垒起的鄂博上飘摇的幡柱，幡柱上飘着已经褪了色的红黄布条……

杭爱山，连绵起伏的群峰挽臂联手横跨南北，两头迤逦外延伸展，形成一道挡住西方强悍之风的屏障。缕缕飘来的白云，正在峰峦间悠然徜徉。源自山脚下的一条条浅宽的小河奔腾流出，横过大漠通向遥远的北方天际。

数日冒雨行军，人马困顿落魄，车辆凌乱不堪，营队不得不在杭爱山下停下来休整一番。

清晨，朝霞如锦，群山斑驳。阿穆呼朗刚刚披衣起身，一道晨曦已跟着帐帘的掀开透进帐中。一名亲兵进来呈上一封书信。

“禀报大人，乌里雅苏台将军成衮扎布大人特派信使致函大人，说已做好迎接西迁营队的准备。”

“好！”阿穆呼朗急忙接过书信拆阅，看过之后，长长地呼出一口气。

艾新芝受了严重刺激，一直精神不振，气色不佳，虽然喝了几服莫伦喇嘛开的汤药，但喝进去马上又呕吐出来。近来又常常吃东西反胃、恶心。伊尔哈见她一天天地消瘦，整日整夜手忙脚乱地服侍她，照顾她，不是喂她吃药就是给她倒水，还拿着湿巾给她擦脸，让艾新芝更加于心不安。

吃过早饭，伊尔哈又熬了汤药。艾新芝捧着那浓黑的药汤碗，刚喝一口又一阵恶心，全吐了出来。

“艾新芝，你别急，慢慢喝。”伊尔哈急忙用湿巾抹去衣襟上的秽物，安慰说。

“伊尔哈……”艾新芝长吁一声直摇头，“恐怕这不是喝药的缘故，我想……我这是害喜了……”

“你说什么？”伊尔哈一怔，眼里闪过一丝妒意。

“我求莫伦师父不要声张，我只告诉你，这个孩子来得真不是时候……”艾新芝一脸的忧虑。

“萨音布阿哥知道吗？”伊尔哈关切地问。

“他哪里顾得上这些，哎，我担心的不是这个，而是扎西。他只要能把扎西救出来，什么样的苦我都能吃，什么样的委屈我都能忍受。你知道，我私自出逃，我阿默额妮已经够受的了，扎西万一有个三长两短……"

"艾新芝，你还不知道吗？萨音布阿哥只要是答应的事一定会办到的。只是扎西的事，我想万万不可鲁莽行事，不然，人救不了还会坏了大事！"

艾新芝一愣，"什么大事？"

"艾新芝，我不说你也明白，扎西和萨木布是犯了皇命，圣旨下来，谁敢违抗？为了救扎西一旦闹出事来，那……"

"怎么？伊尔哈，你是说没法救扎西？"艾新芝一下坐了起来。

"艾新芝，我们出门在外凡事要考虑周全。不过，我不是说不救扎西，我是担心萨音布阿哥到时候怎样去救扎西，去求阿穆呼朗，还是劫法场？你叫萨音布阿哥如何开脱？"

"伊尔哈，不用再说了，你的意思我明白。扎西不是你的德噢，你当然不心疼。"伊尔哈还想说什么，艾新芝脸色陡变，负气地用被子蒙住头再不理她了。伊尔哈抬头望着蔚蓝的天空，长叹一声下了车。

孩子们在营地不远处追逐玩耍，欢快的喊叫声如潮涌动。"艾曼，占地；苦里，卡力，雅准，发准；车奇克，奇瓦肯，去尔特！"

伊尔哈看着孩子们游戏，无意中回头，见艾新芝车前，巴扬阿骑着马垂着头，不知在说什么。

"巴扬阿？"伊尔哈心头一凛，一种不祥之感倏地掠过心头，她急忙折身往回走。

巴扬阿见伊尔哈朝他走过来，避开她的目光，马头一拨，两腿一磕马走了。

“艾新芝，刚才巴扬阿说什么？”伊尔哈走近车前迫不及待地问。

“他，他没说什么。”艾新芝瞅了一眼伊尔哈逼人的目光，吞吞吐吐地说。

“艾新芝，你可千万别做傻事！”伊尔哈虽然说话平静，但语气凛然，说得艾新芝无法开口。

“巴扬阿是个顾前不顾后的人，他闯的祸还不够吗？”

“伊尔哈，你，你这是什么意思？是不是存心让我眼巴巴看着我弟弟送命？你怎么一点都不体谅我？”艾新芝说着，伤心地哭起来。

“艾新芝，做事都有个规矩。我们虽是女人，可不能去拖别人的后腿呀！”

“你说什么？你是说我拖萨音布的后腿？萨音布是我的男人，我是他的女人，我肚子里还怀着他的孩子哪！”

伊尔哈怔怔望着泪流满面的艾新芝，说不出话来，仿佛有一股愤然之气硬是堵在咽喉，隐隐作痛。

她该说的都说了，结果怎么样呢？她这样做，究竟为了谁呢？她知道，无论她走到哪里，她那颗心总是牵挂在萨音布身上，为他愉悦，为他担忧，怎么也放不下，怎么也脱不开，那么明确，没有困惑。不知道她还在等待什么，渴望什么。华沙布曾几次偷偷找过她，可他未开口脸先红，说话总是吞吞吐吐。他那份情感仿佛一条平静的河流，没有激浪，没有漩涡，没有涨落，没有咆哮。她好胜倔强的性格无法对他产生爱恋之情，更说不上将终身托付于他。

于是，她既羡慕艾新芝，又妒忌艾新芝，不服艾新芝。她不想放弃任何机会，不放弃对萨音布的爱恋。

八月末的蒙古高原已显荒凉，青草开始枯萎。一阵冷峭的北风沿着杭爱山麓吹来，预示着冬天要来了。

穿过杭爱山，西迁官兵借以过冬休养的乌里雅苏台遥遥在望了。乌里雅苏台，坐落在杭爱山脉西侧扎布汗支流的博克多河畔，自古以来是贸易要道。自朝廷累年出兵平定准噶尔部后，为抵御西北诸部入侵，这里一直驻扎重兵，以防不测。朝廷为给西迁官兵中途加力，减少行军之苦，已将笔帖式索珞、靳坤带回的西迁官兵户数、人口数清单咨送兵部，再由兵部转咨乌里雅苏台将军、办事大臣等，命他们将西迁官兵在乌里雅苏台安置过冬，开春后补给马牛，增派向导，更换理番院笔帖式随行。

乌里雅苏台将军府是城中一座较高的圆顶大宅，周围还有十几个圆顶建筑依次别致坐落，构成一组雄伟壮观的建筑群体。阳光下这些建筑闪耀着白金般的光芒，十分壮丽。

这天，乌里雅苏台将军成衮扎布、领队大臣纳苏肯与几位同僚在议事厅里议事，派去前往迎西迁官兵的向导巴图孟科飞马来报：

“将军大人，诸位大人，皇上所派锡伯官兵第二队已到离乌里雅苏台十几里地，大约明日午时可到。”

“人员情况如何？”

“回大人，大都安好，顺利前来！”

“畜力怎么样？”

“畜力尚可。”

“好了，你回去给伊等传话，明日我等出城迎接！”

“喳！”巴图孟科领命退出。

“诸位，”成衮扎布沉稳高傲地扫了一眼大家，“皇上早已传谕我等要好生接应此项锡伯官兵，要尽力周济给养，安全送上西迁之路。接兵部咨文，第一队已基本安置就绪，现第二队已到达，请诸位回府准备，明日上午我等赴城外迎接，不得有误！”

“喳！”

翌日上午，成衮扎布率领参赞大臣、领队大臣及诸位总兵、副总兵，各旗佐领及护卫骑兵及第一队管带噶尔赛，大小官员和部分马甲列队，等候在城东门外。刀枪高举，旌旗猎猎，喇叭呜呜，鼓声阵阵，气势雄壮，威风无比。从四面八方闻讯赶来的牧民乘车骑马挤在路边，都盼望着亲眼看看大清官兵的圣威。成衮扎布着一身戎装，骑着一匹高大骏马，宽宽的脸庞，高高的颧骨，一双炯炯有神的眼睛直盯着前方。浓密的络腮胡光泽整洁，充满魅力。

他在眺望，他在谛听。他渐渐听到清脆的驼铃声，脸上现出欣慰，收回目光对左右下令：“诸位，队伍已经到了，我等到前面去迎接！”他说着抖缰出列放马而行，诸大臣跟在后面。

20

西迁队伍爬上一座山峦。密密麻麻连接天际的营队终于清晰地出现在人们眼前：浩浩荡荡，旌旗飘飘，队形严整，众骑奋蹄，车轮滚滚，以排山倒海之势向乌里雅苏台前进。走在前面的阿穆呼朗远远望见乌里雅苏台城外迎接他们的大军，疲惫的脸上禁不住露出激动和喜悦，他急忙回头大声下令：

“萨音布！”

"在!"

"放枪!"

"喳!"

萨音布领着一队火枪手，走在阿穆呼朗后面，听到命令，众人齐刷刷举枪，枪口一排排冲向天空，喷射出一阵阵耀眼的火光，声响震耳欲聋。

全军一次次齐声呐喊："乌里雅苏台！乌里雅苏台!"气概豪迈，声震天宇。

两军会师，欢声雷动。

"诸位，一路辛苦!"成衮扎布老远就从马背上大声问候。

"托皇上洪福，一路平安!"阿穆呼朗等大小官员滚鞍下马，齐声回礼。

"请诸位上马，不必过谦!"

"承蒙将军大人大驾相迎，卑职等诚惶诚恐。"

"哈哈，上马，上马！这是我等应尽的地主之谊。你们远道而来，劳苦功高，岂有不出迎之理?"

"多谢大人!"众官又一个个施礼，然后取镫上马。

"协领大人!"

"卑职在!"

"城中巴掌大地盘，实难驻扎众多官兵及家眷。接到兵部咨文，我已在城西准备大军宿营之地，第一队十日前已到达扎营，你等先去安营，待安顿后再议余事如何?"

"将军大人，我等奉命前往伊犁，官兵携带家眷不便骚扰城中居民，一切事宜，请大人定夺!"

"那好，官兵及家眷直去营地，随军喇嘛可安顿城中寺庙!"

“多谢大人！”

“改日府里略备薄酒为尔等接风洗尘。”

“谢大人！”众官齐呼谢礼。

由将军府派来的台吉、官员领路，噶尔赛和第一队大小官员陪同西迁第二队缓缓移动，绕过城墙开往指定宿营地。经过四个多月，行程几千里路，历经千辛万苦终于到达乌里雅苏台的人们，按捺不住心中的兴奋和喜悦。他们心情激荡，一边望着五彩缤纷的乌里雅苏台城，一边对周围景物赞叹不止，心中有说不出的痛快！车轮欢快地滚动，马蹄急骤地踏响，猫儿、狗儿们活蹦乱跳地跑来跑去。

篷车里的妇女孩子们个个探出头，向路边的牧民们挥手致意，微笑还礼。

“伊尔哈她阿默，这乌里雅苏台是什么地方，有多大?”伊尔哈额妮坐在车辕上，高兴地一边理着鬓发，一边笑呵呵地问赶车的丈夫，两眼格外明亮。

“合纳克出，这乌里雅苏台属蒙古领地，城中住的都是王公贵族和喇嘛……是吗，纳克出?”图克善骑着马走在车边，听见伊尔哈额妮问话，便抢着回答。

“是，是！”色本泰开心地赶着牛车，望了一眼妻子和图克善，呵呵笑着回答。

“艾新芝，这下可好了，可以好好补养身子了。”伊尔哈深情地朝艾新芝一笑也开了口。

“伊尔哈……”艾新芝佯装嗔怪地回了一句，摸了摸自己的肚子，不好意思低下了头。

宿营地，依山傍水，一片开阔。背靠巍峨横卧郁郁葱葱的杭

爱山脉，前面是博克多河，闪着万点碎光。要是夏天，这里一定有遍地开不败的鲜花，蔚蓝的天空飞着兀鹰，雪白的云端飘荡鸟雀的甜蜜歌声。

人们兴高采烈地忙碌着，卸车的，搭帐篷的，架锅的，挤满了整个山谷。喧闹声、欢笑声此起彼伏，萦绕回荡。人们将几个月来艰辛困苦中压抑着的生活热情全部倾注出来，用抑制不住的激动和对上苍的感激庆贺这吉祥日子的到来。傍晚，天上的云雾渐渐褪色，绵延几里的营地进入安宁，几百顶帐篷前袅袅升起的炊烟飘向那深蓝的天空，与白云交融一起分不清哪是云哪是烟。山坡上，牛马羊群在悠闲地吃草，它们仿佛忘记了一路的颠簸饥饿之苦，互相呼唤着。

翌日上午，阿穆呼朗和噶尔赛两位协领在营帐召集两队各札兰防御、骁骑校、领催等大小官员，又当众公布一起逃匿事件。大家刚刚安顿的心又起波澜。

“诸位周知，索合台已有闲散萨木布和扎西潜逃之例，现又发现有闲散骑马潜逃。据报，此次潜逃之徒还偷去胡逊泰蓝布二匹，白布二匹半，红布半匹，鞋五双，棉花四斤，钱二千九百文，银簪两对，简直胆大包天，罪该万死！”阿穆呼朗愤愤地说。

“盛京将军舍图肯大人奏报锡伯兵起程的折子上皇上曾亲笔批示：如有私行逃走者，着严行查拿具奏。若未经奏闻，由他处发觉，唯我等是问。我等自盛京启程至乌里雅苏台，已发生两起逃匿事件。他们虽都不是正项兵，但均为经皇上允准跟随而来入了册的。第一起，已行文奏报皇上。这第二起再奏报上去，皇上震怒怪罪下来，拿谁是问？”噶尔赛心里也不轻松。

“如此深负皇恩，玷污我西迁之师美名之逃匿之徒，不砍他的头何以能扬皇威！在座诸位各札兰领带防御，如何脱得干系?”阿穆呼朗愈说愈怒，措辞严厉，目光如火。

众官没有人敢抬头，没有人敢说话。

“营部已派人追捕缉拿逃犯，待奏明圣上当众处斩！现我等驻扎乌里雅苏台，无论官兵闲散固守军纪严加管束，往后若再发生类似事件，唯尔等是问!”阿穆呼朗拍案而起。

“喳!”众官胆战心惊，全体起身恭立。

“冬天说到就到，说不准哪天就要降雪。皇上恩典我西迁官兵，允准在此过冬，待明年草木返青，再启程赶往伊犁。诸位下去后务必做好过冬前的一切准备，人员口粮、牲口草料等速到将军府派驻看护防御朱郎阿处领取，冬日烧柴由各札兰派人到山上砍伐!”

“喳!”

“大人，马牛有草料，那一万五千多只羊怎么办?”萨晋图出列小声问。

“每队派出几个人边牧边走，下雪前赶到阿勒泰一带自寻水草之地，沿卡伦内侧牧放过冬，明年天气暖和时再往前赶。”

“喳!”

“两位大人，将军府三等侍卫明成求见!”门帘掀开进来一侍卫禀报说。

“传他进来!”两位协领互相看了一眼吩咐说。

明成进帐恭敬施礼，“二位大人，卑职请安!”

“将军大人有何吩咐?”

“将军大人说有要事与二位大人商量。”

“好，这就去。”

三个人出帐骑上马直奔城里将军府，几名跟丁紧跟在后。马蹄骤疾，尘土飞扬。

到了将军府，成衮扎布和领队大臣纳苏肯在府中一间书房接见了二位协领。将军大人赐座后，二位协领诚惶诚恐入了座。

“二位大人——”领队大臣先开口。

“卑职在！”

“今天召你们来，是兵部咨文已到，内称锡伯营潜逃之闲散萨木布和扎西二人欲逃回原牛录地方谋生，六月七日至彰武台边门时被巡查人员拿获。皇上接到奏报，龙颜盛怒，照例将逃回闲散萨木布、扎西刺字枷号，委派佐领马超斌看押，追赶西迁队伍，命你二位在全体锡伯官兵面前就地正法，斩首示众！”

“这……不知圣旨几时到？”二位协领听了纳苏肯的话，面面相觑，忧虑重重。

“咨文已到，圣旨跟着就到。”纳苏肯平静地回答。

“二位大人……”阿穆呼朗心情沉重，脸有难色地从座位上站起来，欲说又止。

“协领大人，有话只管讲！”成衮扎布见两位协领似有难言之隐，就笑着说。

“二位大人，萨木布和扎西二人逃匿之事，是卑职管束不严所致，如今既已被擒，理应遵旨严加处置，以示警诫。不过，这锡伯人自古桀骜不驯，争强好斗，不服管束，若当着他们的面斩首其子弟，万一炸营如何是好？”

“噢，难道他们敢违抗圣旨？”成衮扎布似信非信，但语气强硬。

“大人有所不知。”阿穆呼朗急忙跪下，噶尔赛见了也不得不从座位站起跪下。“乌里雅苏台将军大人重兵驻守，谅他们不敢斗胆滋事，只恐怕离开乌里雅苏台，伊等寻衅滋事制造事端，途中发难。”

“协领大人，你且起来。”阿穆呼朗规规矩矩站起来后，成衮扎布将头往后一仰，问：“那你们二位的意思是什么？”

“大人，望大人奏报皇上由乌里雅苏台将军府代为卑职等行使圣旨，免得卑职等与锡伯官兵结下冤仇，一路难以管带，如突发不测反而负了皇命，坏了朝廷大事！”

“好。”成衮扎布快人快语，丝毫不把小小闲散斩首之事放在眼里。据说他砍人头从不手软，当年噶尔丹部落让他杀得尸横遍野，连女人和孩子都未幸免。“既然二位过虑，圣旨一到，我便奏报皇上派将军府参赞大臣代二位大人遵旨监斩如何？”

“多谢大人！”阿穆呼朗、噶尔赛松了一口气，再次称谢，感激不尽。

随军喇嘛们被将军府安顿在城内距将军府不远的一座寺院里。几天来，晨钟暮鼓，诵经坐禅，相安无事。九月初一日午时时分，莫伦喇嘛正团坐诵经，一个喇嘛慌手慌脚跑进来在莫伦耳边颤声说：

“师兄，不好了！”

“什么事？”

“我适才从街上回来，看见萨木布和扎西了！”

“啊！在哪里？”

“他俩被押往将军府，两人脸上刺了字，脖子上枷了号，衣衫褴褛，蓬头垢面……”

“阿弥陀佛，锡伯人西迁，一路死了牛马，坏了车辆，不知

受了多少无妄之灾，如今又遭杀戮，难道这是难逃劫数？”莫伦眼里滚出两行泪。

萨木布和扎西由彰武台被押送至乌里雅苏台，关在地牢里。

两个人脚上镣铐，手锁链索，闭目躺在黑暗阴湿地牢的草堆上一动不动，也许是极度的绝望反而使他们心静如水，没有欲望，没有恐惧，只等砍头。

牢顶，有一眼天窗，一束淡淡的光透射进来，即使在白昼，也若无若有。

“扎西！……扎西，你睡了吗？”

“什么事？”

“你不想见见你格合？”

“你想见你阿哥了？”

“既然没能见父母，总得见见他……”萨木布说着喉头一紧，没了声音。

“我没脸见她。”

“为什么？她是你这里唯一的亲人，为什么不见？”

“……”扎西无语。

“扎西，不要这样！咱逃是逃了，可死得要像条好汉，别再给锡伯人丢脸，就把刀架在脖子上也不能眨眼睛！”

“我是怕连累他们，萨音布阿哥，华沙布阿哥，还有巴扬阿大人……”

萨木布没想到扎西会这么想，他望着天窗轻叹一声再也不说话了，地牢里终于又沉寂下来。

21

夜，昏沉黑暗向四周无情漫延，排遣着人们不绝如缕的忧思和心底的哀愁。寺院配殿大堂上，点着佛灯，莫伦喇嘛闭目端坐，旁边跪着萨音布和伊尔哈。伊尔哈捂着肚子，一会儿一声轻微呻吟，看那神情似乎病得不轻。萨音布像是特意陪她来看病的。

“事到如今我怕是救不了他们了，不知大师有何指教？”萨音布低着头忧心忡忡轻声问。

“阿弥陀佛，天道自然公正，非凡人可知，你我不可胡乱猜疑。”莫伦说着摇了摇头。

“难道我们眼睁睁看着他们被砍头吗？”萨音布猛然抬头怒问。

“阿弥陀佛，那你想怎么样？”

“我看只有把扎西救走！”

“萨音布阿哥，你疯了？”伊尔哈听了萨音布的话不禁惊骇，慌忙用手捂住萨音布的嘴。

“阿弥陀佛，西迁路上种种劫难躲也躲不过，避也避不开，只有佛祖来帮助我们摆脱困境。萨音布，你要忍辱负重，才会有大作为，千万不可轻举妄动，坏了大事！”

“萨音布阿哥，上师说得对，救扎西是小事，全族人的安危是大事，你就暂且咬着牙忍下吧！”

伊尔哈说着投来一瞥，含着多少不可言传的信赖和关怀。萨音布的目光与她的目光相对的刹那间，心里感受到深深的震撼。

没想到平日在他眼里的小妹妹突然说出这等话！

两个人告别莫伦喇嘛，出门上了马向城门徐行。大街两旁，高大的将军府和寺院矗立着，夜色中显得绰约而奇丽。

“那，那艾新芝怎么办？”萨音布无意欣赏这塞外城中的夜色，心里还是遗恨无穷。

“萨音布阿哥，在你的眼里艾新芝重要还是族人重要？”伊尔哈一句话把萨音布问得哑口无言，他颓然地低下头。伊尔哈缓了一口气，继续说：“艾新芝格合失去亲弟，固然伤心悲痛。咱们还是先回去和额爷他们再议议，不要一时冲动，否则不但救不了扎西，反而丢了自家性命！”

“伊尔哈，话是那么说，可我救不了扎西，如何面对艾新芝，如何向她交代！她把所有的希望都寄托在我身上，我辜负了她，她会原谅我吗？”

“萨音布阿哥，难道天底下只艾新芝？好女人多的是！”

“伊尔哈，你说什么？”萨音布吃惊地勒住马头。

“没说什么。萨音布阿哥，我先走了！”伊尔哈把头一扬，鞭子一抽，两腿一夹，放马直奔城门去了。

“伊尔哈，等等！”萨音布不得不喊着骑马追去。

次日上午，萨音布把鞍具抛上马背，紧过肚带，正欲上马，见伊尔哈冷着脸远远走过来。

“伊尔哈，有事吗？”他打老远就问。

“艾新芝格合要见你，她一会儿哭一会儿吐……”

萨音布连忙牵过马匹，急匆匆朝色本泰家帐篷去了。

艾新芝坐在帐篷一角无声地哭泣，泪水如断珠滚落。自她得知扎西被押回乌里雅苏台城关在地牢的消息后，茶饭不进，日夜不寐，哭得眼皮红肿，面色消瘦，嘴唇发紫，头发蓬乱，忍受着生离死别的痛苦。色本泰夫妇一再劝慰，但她不听。

萨音布掀帘进帐，艾新芝抬起泪眼见了萨音布，心中似乎升起一丝希望，迫不及待地爬起来问："萨音布，怎么样？扎西有没有救啊？"

"艾新芝，你别急，人还活着，你哭什么？"

"可是，萨音布，你是答应过我的，一定能救出扎西……"艾新芝说着又哭了起来。

"艾新芝，额爷和我们几个商量过了，后天大家一起去将军府向将军大人求情。现在扎西他们的生杀大权握在圣上手里，趁圣旨还没到，求将军大人拟一份折子，快马进京请求圣上赦免。"

"如果皇上不准赦免呢？"

"艾新芝，不要胡思乱想了，这折子来回少说也折腾十天半个月，只能走一步看一步，谁也说不准。"

"萨音布，我等不了，你是答应过我的，我要去见扎西！"艾新芝一阵恶心，又要呕吐，萨音布急忙上前扶住。

"艾新芝，我已经给你说过，扎西是圣上定罪的钦犯，没有圣上的恩准谁也不能见他。你要冷静，不要任性！"萨音布还是耐心给她解说，希望她能理解他的苦衷。

"我不管，我要见他！"从小在家娇生惯养的艾新芝终于露出任性蛮横的本性，平时的温文尔雅、彬彬有礼荡然无存。萨音布望着她披头散发遮住的半个苍白脸，眼光发直深陷的眼睛，两片痉挛哆嗦的薄嘴唇，脑海中不禁浮现出二人甜蜜欢愉的情景，他的心被生死不由己的无奈深深刺痛，嘴一咧冲着她惨然一笑，不置可否地摇了摇头，下意识地松了手。

“怎么，你不管了?”艾新芝一下怔住，严厉的目光充满责备。

“愿伯尔堪保佑他与我们一起去伊犁!”萨音布说完扭头出帐走了。

“萨音布！你骗我——”艾新芝冲着萨音布的背影无力地喊一声，猝然昏厥过去。

色本泰夫妇大惊，急忙大呼小叫，让她苏醒过来。

这一天上午，萨晋图率领锡伯营大小官员以及家眷代表色本泰等一彪人马浩浩荡荡地出了营地，准备进城向乌里雅苏台将军求情，阿穆呼朗和噶尔赛想拦都拦不住，只好跟他们一起进城。

到了将军府大门前，经通报将军大人传他们进去。萨晋图领着人一齐进府，见过将军大人后全体跪下。成衮扎布坐在案前，环顾一眼跪着的众人，又瞟了一眼躬身站在旁边的两位协领，问道：“你们是来为萨木布和扎西说情的吗?”

“望大人明鉴，萨木布、扎西半路逃匿罪有应得，为严明军纪，必须制裁。只是二人年岁尚小，一时糊涂，可悲可叹。我等今日前来面见将军大人，请将军大人网开一面，慈悲为怀，给皇上呈一折，陈我锡伯营全体官兵之意愿，对萨木布、扎西二人，从轻发落，免其死罪，万望恩典。”萨晋图神情坦然，言简意赅，滔滔陈言。

“二位大人，你们的意思呢?”成衮扎布扭头问道。

阿穆呼朗慌忙上前道：“将军大人，萨木布、扎西二人逃匿之事，是我等管束不严所致，本该依法惩处，只是……”

“好了，我知道了，你退下。”

“喳!”阿穆呼朗答应一声，规规矩矩站到一边。

"还有你们，也都起来吧。"

萨晋图他们没有人起来。

阿穆呼朗看着急了，耸起肩头，"将军大人已经开恩，你们快起来吧！"

众人还是跪着。

成衮扎布的脸上不露声色，心里却不住盘算，而后慢慢地说："萨晋图防御，听说您是三朝老兵。您老知道，锡伯兵自古为君王当差，忠心不二，骁勇善战，名声在外。如今为两名逃兵，你们竟然意气用事兴师动众来为其求情，难道你们想毁掉锡伯几代人的丰功英名？"

萨晋图撑在地上的双臂微微颤抖，"将军大人，在下萨晋图，甘愿替萨木布、扎西领罪！"

成衮扎布不由得奇怪："萨晋图，你这是什么话，你为何要替他人顶罪？"

"卑职是旗下两个牛录所遣官兵闲散保人，如今萨木布、扎西逃匿闯祸，保人连罪不可推诿！"

成衮扎布转向阿穆呼朗大发脾气，"阿穆呼朗，是你管带的锡伯兵，是不是也难脱干系？"

阿穆呼朗慌忙下跪，近乎哀求："将军大人请息怒，是在下无能……"

"好吧，锡伯兵既然由你管带，你就向皇上据实禀报吧！他们是死是活，全凭皇上恩典。我再多等些时日。不过，一旦圣旨到，不管是生是死，尔等不得再有违抗！"

阿穆呼朗回到大帐里，又气又恼，浑身血液直往上涌，两眼冒着怒火。他万没料到，成衮扎布竟然把一切推到他身上，他又恨那些轻举妄动的锡伯人，成事不足，败事有余。

“大人，巴扬阿求见！”他正心意烦乱，满腹怨恨无处发泄时，门口侍卫进帐禀报说。

“他来干什么？叫他滚！”他不觉咆哮起来。

“巴扬阿参见大人！”侍卫还没传话，巴扬阿已自行闯入帐来。

自到了乌里雅苏台，巴扬阿总是避开众人目光，单人独骑早出晚归，转来转去，无所适从。他为扎西的事愧疚、自责，恨不能把自己的命拿去换。有时，他不是冲着山谷吼叫，发泄内心的积郁，就是用铁锤般的拳头发疯地捶顽石，捶得双手鲜血淋淋。他怜悯艾新芝又痛恨萨音布，他想救扎西又惧怕萨晋图，想来想去，总拿不定主意。到将军府去求情，他无颜与众人一起去；他欲去见艾新芝，又觉得有千万双眼睛在盯着自己，如芒刺在背。他怎么也没想到，过去一向耀武扬威的自己今日竟落得如此尴尬下场，抬不起头，直不起腰，整天失魂落魄如一条断了脊梁的癞皮狗！这一天，他从进城回来的官员嘴里得知扎西他们的死活全凭阿穆呼朗做主，心头不禁掠过一丝希望，即刻疾步匆匆朝阿穆呼朗的营帐走去，心想这是天赐他巴扬阿脱胎换骨的一次难得机会，就是豁出命也要救出扎西，不然他这辈子真是生不如死！

“你来干什么？”阿穆呼朗怔住。

“大人，扎西逃匿，是我一时酒后糊涂打了他……”巴扬阿与过去判若两人，说话毕恭毕敬。

“哼，那又怎么样？”阿穆呼朗说道。

“大人，都是我巴扬阿逼迫的，要砍要剐我巴扬阿顶着，请大人饶了他们一命！”巴扬阿说着跪伏在地。

“你顶着？你以为你是谁？这里是乌里雅苏台，一切都由成衮扎布将军做主，你还是安分些！”

“阿穆呼朗，老子好言求情，你反而要威风？”巴扬阿一下跳将起来，指着阿穆呼朗开口大骂。“成衮扎布，成衮扎布算老几？

“巴扬阿，你反了？”阿穆呼朗骂道。

“反了又怎样？”巴扬阿骂完，狠狠瞪了一眼阿穆呼朗，气势汹汹地出帐走了。

巴扬阿出了阿穆呼朗的营帐，跨上马找艾新芝去了。他全身挺直，嘴角浮现出几天来少有的微笑，觉得这一回心里踏实，理直气壮多了。虽然还没有十分把握一定能救出扎西，但他已尽了力，为了扎西，他尝了从未有过的被人侮辱的滋味，忍受了远离人群的孤独和形形色色的讥笑，经历了一失足成千古恨的痛苦反省。他再也不能沉默颓废下去，他要自强起来，振奋起来，把往日的巴扬阿找回来，把失去的威风拿出来，堂堂正正像个大丈夫向艾新芝起誓：为了救出扎西，他巴扬阿就是上刀山下火海也死而无憾；他要活得坦坦荡荡，死得轰轰烈烈，绝不做负心汉！

22

那天萨音布走了之后，艾新芝苏醒过来，还哭闹不止。色本泰夫妇实在受不了，躲到帐外去了，留下伊尔哈陪着她。

第二天，色本泰给孩子们教书去了，伊尔哈母女为了给她宽宽心，特意套了车去了乌里雅苏台城。清和的秋天，广阔天空，恬静安谧。她们进了城，在大街上转了一圈，领略一番塞外古城风貌，见那一座座佛门静地经香飘溢，祥光霭霭，伊尔哈母女俩

禁不住一边景仰赞叹，一边虔诚祈祷，各自将心灵深处的愿望默默诉说给神灵菩萨。自离开故乡以来，虽然一路上战胜了无数磨难，她们很久没有出现过要祈祷的愿望，也没有像今天这么兴奋过，尤其是伊尔哈，怀着一种模糊的感激心情，很想海阔天空、痛快淋漓和谁畅谈一番，来一个心灵之间的神秘交往。可是，转眼一看艾新芝被怨恨、疲劳笼罩的没有血色的面孔和呆滞忧郁的眼睛，内心一切美好的愿望全都消失了，烦躁和冲动、厌烦交织成不可遏止的愤怒，她不由得倒竖柳叶眉，冲着艾新芝喊起来：

“艾新芝，你究竟想怎么样吗？这么多天来，这么多人围着你转，你还嫌不够吗？难道别人的话你一句都听不进去吗？你气走了萨音布阿哥，你还想怎么样？扎西是你的德噢，难道不是我们的族人？只有你知道心痛，我们都是木头？你不为自己想，也该为肚子里的孩子想想，难道你不想要这孩子了？”

艾新芝低着头不言不语，不理不睬。

“好吧，我们该说的都说了，该做的都做了，既然你不满意，往后你想怎么样就怎么样。有本事你自己去救扎西，再不要求别人！我好心好意把你带出来，除一个接一个的难堪外你给了我什么？我欠你什么？到如今你为谁想过？难道只有你是人，我们连草木都不如？”伊尔哈越说越伤心，声泪俱下。

伊尔哈额妮望着两个人，茫然不知所措，只得背过身去赶自己的车。

艾新芝的心终于受到震撼，她渐渐地抬起头，吃惊地望着伊尔哈，全身一阵阵战栗，因为她第一次见伊尔哈对自己这么凶，第一次见伊尔哈这么伤心落泪。她不由得问自己：“难道我要救自己的胞弟错了吗？为了萨音布，我不顾一切，舍弃从小长大的家，舍弃养育我的父母来找他，他却骗我，这也是我的过错吗？不！我没有错！我没有错！”救不了扎西，她一辈子不能心安理得。何况萨音布也不理她了，就是去了伊犁，她孤苦伶仃、无依无靠，能指望谁？她心绪烦乱，悲愤不已。

“为了救扎西，大家都在想办法，只要有一线希望，谁都不想放过，连命都可以搭上。这几天，萨音布阿哥一直在东奔西跑，上下疏通，想尽一切办法要救出扎西。可你呢？不去帮他，理解他，支持他，反而去气他，逼他，恨他，你说你哪一点能对得起他？”

“伊尔哈，你不要再说了！我知道你会心疼人，我不如你，从今往后，我的事不用你们操心。你把我带出来，又给我这么多的关心和帮助，我这辈子也不会忘记。”提起萨音布，艾新芝又泪水涟涟，不胜悲伤。

“艾新芝，说这些话干吗？你们俩是好姐妹，伊尔哈的脾气你也知道，她也是为了你好，不要放在心上。”伊尔哈额妮听艾新芝又悲悲切切地伤心哭泣，忍不住转过身来劝慰。

“我知道我不该来，我不来就不会有这么多事拖累大家。只是扎西，我们是一母所生，我怎能眼巴巴看着他被砍头？呜……他死了，我还有什么脸活在世上，如何面对我遥远的阿默额妮？”艾新芝哭着爬起来要跳下车。

伊尔哈额妮吃了一惊，急忙停车，“艾新芝，你要干什么？”

“你们不要管我，我要去见将军大人！”艾新芝说着跳下车。

“艾新芝，你疯了？将军府是随便能进的吗？”伊尔哈额妮也跟着下了车。

“将军府有什么了不起，我也是佐领家的人，为什么不能进？”艾新芝根本不听伊尔哈额妮劝告，一味往前走，挡都挡不住。

“额妮，别管她！”伊尔哈火了，大声喊额妮，“咱们回，由她去吧！”

“可她有身孕，万一……”伊尔哈额妮只好回来。

“她这个人从小娇生惯养，养出一身的坏脾气。我看，她是不吃苦头不回头！”伊尔哈气呼呼说完，连看都不看一眼艾新芝，等额妮上了车便缰绳一抖，赶车朝城门去了。

“伊尔哈，你也不要任性了，她在这里举目无亲，而且有身孕，万一出了差错，我们也负担不起呀！你等着，我还是把她找回来！”车出城门，伊尔哈额妮越想越不对劲，还是叫伊尔哈停了车。

“好吧，我等着。”

伊尔哈她们走了之后，艾新芝一气之下独自闯进了将军府大门。

“什么人，敢闯将军府？”大门侍卫厉声喝问。

“我是盛京佐领华尚阿的孙女，要见将军大人！”艾新芝毫不示弱。

“将军大人没有空，有什么事回去向你们管带禀报！”

“我有要事见将军大人！”

“不行！”两个侍卫硬是把她挡开。

艾新芝大失所望，站在将军府大门旁竟抽泣起来。

“艾新芝姑娘！”此时，莫伦喇嘛领着两个师弟正好从这里路过，见艾新芝独自一人站在将军府门前哭泣，吃惊地喊了一声，急忙走过来。“艾新芝姑娘，怎么回事？你怎么一个人在这里？”

“莫伦师父，我来见将军大人救我弟弟，求您帮帮我！”

“艾新芝姑娘，使不得，使不得，凡事不可一意孤行！你本来身体虚弱，再不可伤神劳累，折磨自己，回去吧！”

“师父，扎西如今生死不测，我如何能安心？”艾新芝已经声音嘶哑，粗喘着气几乎说不出话了。

“艾新芝姑娘，君王圣命，我等不可抗旨，扎西生死在天，不可强求。”莫伦摇头说，“但愿菩萨保佑他早日超脱一切罪过，得到圣上恩典留条命就是了。阿弥陀佛，姑娘还是早早回去吧，免得让人们担心。”

艾新芝精疲力竭，万般无奈，只得拖着被痛苦煎熬得衰弱的身子，迈着沉重的步子向城门走去。

回到营地，她病倒了。几天发着高烧，昏迷不醒。色本泰夫妇急得团团转。伊尔哈日夜守在她身边，不停地擦拭她的额头，希望她靠自身的抵抗力醒过来。

巴扬阿来时，艾新芝还没醒过来。

“你来了？”色本泰见巴扬阿掀帘进帐，不高兴地瞟了他一眼，坐到一边。

“色本泰阿哥，你们休息吧，我来照顾她。”巴扬阿并不介意，走过去一屁股坐在艾新芝身边，“伊尔哈，你也去吧，看你眼睛都陷下去了。”

“好吧，阿默，额妮，我们走！”伊尔哈瞅了一眼巴扬阿那张令人害怕的脸，不知道他打的什么主意，嘴里说着心里放不下，“不过，你不要给她出坏主意！”

一家人把艾新芝交给巴扬阿出帐走了。

巴扬阿把脸凑到艾新芝跟前。透过天窗投下的微弱光线，仔细端详一阵艾新芝那张曾经圣洁、光彩、俏丽的脸庞，如今只有发亮的额头还保留那么一点美丽，苍白憔悴的脸色，让他瞧着心慌意乱，心里一阵刺痛。她仰靠在皮褥上，背后垫了一大摞厚厚的枕头和棉被，眼窝深陷，双眼微闭。稍稍噘着的嘴唇干裂出一道道口子，不时轻轻地抽搐着，连沉重的呼吸都是痛苦的。曾经细嫩的双手搭在胸前，洁白皮肤下隐露着缕缕青筋。悲愤和病痛的无情折磨，把她搞得不成样子。

巴扬阿看着，禁不住潸然泪下。

“萨音布，萨音布……”艾新芝醒来，微微呼唤几声。

“艾新芝，你醒了？”巴扬阿急忙拂去泪水，轻声问。

艾新芝没有回答，依然闭着眼睛长长地叹了口气。

“艾新芝，艾新芝！”巴扬阿喊了几声不见艾新芝答应，他犹豫了一下，伸手握住艾新芝的手，轻轻捏了一下。

“萨音布，你好狠心……”艾新芝伤心地侧过头去，从巴扬阿手里生气地抽回自己的手。

“艾新芝，是我，我是巴扬阿！”

“巴扬阿，是你？”艾新芝似乎醒悟过来，轻轻转过脸，微微睁开那双呆滞无神的眼睛。

“艾新芝，你到底醒了！”巴扬阿心里一片惊喜，咧嘴笑了笑。

“萨音布……他没来过吗？”艾新芝轻声问。

“我刚来。”巴扬阿有点介意，摇了摇头。

“巴扬阿，我就扎西这么一个德噢，他死了，我……”艾新芝提起扎西，泪水又夺眶而出。

“艾新芝，我巴扬阿说到做到，只要，只要你不记恨，我，我可以为你两肋插刀！”巴扬阿见艾新芝对自己和气了许多，不由得十分激动。

“巴扬阿你别胡说了……”艾新芝背过脸去，“扎西啊扎西，看来只能听天由命了。”

“不，艾新芝！我发誓，我要救出扎西，不然我就杀了那个狗官阿穆呼朗！”巴扬阿突然跪下起誓。

“巴扬阿……”艾新芝吃惊地转过脸，怔怔地盯着巴扬阿。

“艾新芝，你放心，如果我救不出扎西，我宁愿和他死在一起！”巴扬阿腾身而起，嗖地抽出佩刀，看着刀刃朗声说。

“不，巴扬阿……”艾新芝有些惊慌失措，连连摇头。

“艾新芝，要救扎西，圣旨到来之前除了劫狱别无法子。我已经想好了，我要进城去……”巴扬阿说着义无反顾地走向帐门。

“巴扬阿，你不能去！”艾新芝大喊一声，摇摇晃晃地爬起来，扑向巴扬阿。

巴扬阿稍一愣怔，停步扭头的一刹那，艾新芝一下紧紧抱住了他的腰……

23

这几天，萨音布一直忐忑不安，魂不守舍，苦恼烦闷。一来想救出扎西力不从心，至今没有一个万全之计；二来艾新芝怨天尤人，丝毫不体谅自己的苦衷。虽然从额爷嘴里得知阿穆呼朗已修好折子快马送到驿站，那也只是一线的希望，且荒唐不可靠，更有可能误了时机坏了大事，只落得自己骗自己。自古以来，哪个君王不都是金口玉言，说杀就杀，说放就放。谁会把个逃匿的

小小闲散放在眼里？高兴了，或许可以赏一条小命，不高兴了，还不如一只苍蝇，轻轻一捏就没命了。更令他难受的是，本来聪颖灵悟、通情达理的艾新芝突然间变得不近人情，不讲道理，把众人的一片好意拒之门外，苦口婆心当作耳边风。

月色微茫，静寂空幻，只有营地的一盏盏灯光在夜雾笼罩下若隐若现，显得格外悠远。他迫于无奈想找伊尔哈问问艾新芝的情况，恰好伊尔哈也来找他，两个人离开驻地踏着月光，信步向南边山脚走去。

“伊尔哈，你艾新芝格合怎么样，还怨我吗？”

“萨音布阿哥，你为什么就放不下？你越理她，她越要耍脾气使性子，难道为了一个扎西非要闹出乱子不可吗？”

“伊尔哈，萨音布阿哥不能啊！你说她一个姑娘家抛开父母来找我为的是什么？现在她有难我不理她谁理她？”

“可是，萨音布阿哥你知道，那扎西不是普通犯人，是皇上定的死罪呀！”

“我知道……”

“你说，协领大人呈上一折，皇上就能免他死罪？”

萨音布低头不语，他仿佛感到这话不该从一个姑娘嘴里说出。

“我来找你，一是想告诉你一旦圣旨到，不如叫扎西和萨木布自行了结性命，免得叫几百锡伯官兵亲眼看着刀斧手砍下他们的脑袋，不忍目睹没准会闹出事来！”伊尔哈说完注视着萨音布。

“你说什么？”萨音布大吃一惊，简直不敢相信自己的耳朵。

“如果你不敢去说，我去！”伊尔哈语气果断，似乎没有余地。

“伊尔哈，你疯了？”

“萨音布阿哥，事到如今，没有别的出路。不然，你能保证刑场上不起风波？你能保证巴扬阿他们不轻举妄动，不劫法场？到时候，不是扎西一个人头落地，说不定许许多多人头落地。如果他们自行了结，既可成全自己的名声，又能免去锡伯人一大劫难，这种死虽不属视死如归，却也举目同仰，为什么不去做？”

“可是，伊尔哈，我怎么能说得出口？”萨音布真是进退两难，苦不堪言。

“萨音布阿哥，我知道你有苦衷，这样吧，这事我去做，到时候你就装着不知道就行了！”伊尔哈决心已定，扭头就要走。

“伊尔哈，等等，咱们再……”

“萨音布阿哥，不要再犹豫不决了！”伊尔哈走了，她的身影很快消失在茫茫夜色里。

萨音布望着西沉弯月，呆呆地站了许久。没想到他一向小看的伊尔哈突然间在他面前变得判若两人。她的话语掷地有声，有理有力，搅得他内心翻江倒海，消散了多日聚集在心头的担忧、烦恼、犹豫。他觉得眼前顿时豁然开朗。

塞外的冬天来得早，到了九月底，纷纷扬扬的大雪铺天盖地下了一场。被焦虑不安和望眼欲穿煎熬得惶惶不可终日的锡伯营官兵和家眷们终于盼来了皇帝的圣旨。

阿穆呼朗的营帐中一片威严肃穆，锡伯营两位协领以及十个札兰大小众官跪伏在地听旨。

成衮扎布高高在上，宣读圣旨。领队大臣纳苏肯等恭恭敬敬站在他身后。

“……但此二人不感皇恩，不愿路途吃苦，称赶车牧马不堪

忍受，各乘一匹马潜逃。至彰武台边门时被护理阿金泰、佐领事务骁骑校昭保捉获拿送。现委派马超斌看押，追赶押送。着阿穆呼朗、噶尔赛等，召集全体锡伯官兵当众斩首，以示警诫。以后凡有此事，带队统领自行处置，先斩后奏，以儆效尤。钦此。”

“诸位，都起来吧！本官奏报皇上之时已与你们商议过，现在你们也该体谅本官的难处。萨木布和扎西犯的是天条，谁也救不了他们……”成衮扎布离开营帐后，阿穆呼朗转向萨晋图等人说道。

“好吧，君命不可违，我们就送送他们俩。大人之意，何日行刑？”萨晋图横下心来，反而镇定了自己。

“圣旨已下，当然越快越好。”

萨晋图听罢带头走出帐外，其他官员也纷纷跟出。

“额爷！额爷！”萨音布出了营帐，慌忙去追萨晋图。

“什么事？”萨晋图停了下来。

“额爷，锡林春大人已找萨木布的阿哥伊西谈过，伊西答应决不惹事端，只望允准携带萨木布的骨灰一起去伊犁，别无他求。我是担心艾新芝和巴扬阿会闹出事来，累及大家。”

“好了，我知道了。”萨晋图转过身来深情地看了一眼孙儿的脸，意味深长地说，“萨音布，你能这样想就好，额爷就放心了。出了这件事，圣命已定，谁也怨不得，万事应以西迁为主！”

“额爷……”

“艾新芝我去劝说，服也得服，不服也得服。为了锡伯营的前程，由不得她了。你和华沙布马上回去带几个人看住巴扬阿，一定要寸步不离。万一他要闹事，就把他捆起来！”

“知道了，额爷！”

行刑前的最后一夜，狱卒给萨木布和扎西穿上号衣，地牢里破例地点上一盏小油灯。昏暗凄惨的灯光在黑幽幽牢房里轻轻摇曳，等待着耗竭最后几滴油。牢房地中间摆放的一小方桌上备有“断头饭”，已经菜冷茶凉，两个人谁也没吃一口。

萨木布盘腿坐在桌边，手拿酒杯，两眼望着杯中酒，许久才抬头看了一眼还坐在墙根下一动不动仰望天窗的扎西，打起精神鼓劲说：“扎西，别犯傻了，我们只有杀头的罪，没有饿死的罪。明日去黄泉路上还得走一阵呢，饿着肚子怎么走？来，咱们干一杯，来世还是好兄弟！”

“萨木布阿哥，我是想咱们不逃跑的话，说不定这时候还坐在哪座营帐里听故事，哪座山上牧马呢！”

“扎西，别再想了。来，这桌上的酒菜是为我们准备的，不吃白不吃，干吗委屈自己呢？”

“好，来就来！”扎西回过神，挪到桌边坐下，举起酒杯和萨木布一碰，然后一仰头将杯中酒一饮而尽。一阵咳嗽，呛得他两眼流出泪来。“咳，这东西我还没喝过，真难喝。”

萨木布看着，不由得一阵大笑。

突然灯光一跳，牢门打开，走进一个女人来。她手里托着一个盘，盘中放着一条鱼，一壶酒。

两个人不觉一愣，双双眯起眼睛，疑惑地望着进来的女人，慢慢放下手中的酒杯。

“萨木布阿哥、扎西！”

“伊尔哈！”

“伊尔哈格合！”

伊尔哈见了二人，忍不住流下泪，双腿一屈跪倒在地。

“伊尔哈……”萨木布、扎西自进来之日起头一次见到自己的亲人，不觉心头一热，鼻子一酸也流下泪来。

“萨木布阿哥、扎西，这是锡伯营男女老少一片心意，他们托我来看你们。”伊尔哈抹了一下泪，把手中的盘子放在桌上。

“伊尔哈，我俩给咱锡伯人丢尽了脸，不值得大家来看我们。本来砍头不光彩，明日还在行刑台上丢人现眼，死都不能好死一回……”萨木布说着低下了头。

“萨木布阿哥，倘若你真的那么想，我倒有一个办法来成全你。”

“伊尔哈，你说真的？”萨木布似信非信地抬起了头，一双绝望的眼睛露出一丝死亡前的欣喜。

伊尔哈点了点头，突然伸手从盘中鱼嘴里抽出一把匕首，刀尖上寒光闪闪。

“扎西，怎么样？”萨木布接过匕首，试验着刀锋问。

“不！”想不到扎西一口回绝，“伊尔哈格合，我扎西活得窝囊，但死得要堂堂正正！拿把刀子自个儿抹脖子算什么？即使是砍头不光彩，我也要在大庭广众面前挺起胸膛！”

“好，扎西兄弟，有种！阿哥一定陪你到底！”萨木布望着扎西慢慢放下手中匕首，转脸对伊尔哈说：“伊尔哈，回去告诉大家，我俩玷污了锡伯人的名声，死也对不起大家，对不起列祖列宗，明日行刑时谁也不要为我俩掉眼泪！”

伊尔哈闭着眼睛，忍住泪水，只有点头，再也无话可说了。

“伊尔哈格合，回去给我艾新芝格合说，叫她千万别来看我们。”

“好，扎西，我一定告诉她。”

“伊尔哈，也给我伊西阿哥带个话，叫他千万别伤心，忘了这个不争气的弟弟。”

“好，萨木布阿哥。”

“那就拜托你了，伊尔哈。”

“你们放心，我一定把你们的话带到。时候不早了，你们慢慢吃，我走了。”伊尔哈说着站起来要走。

“伊尔哈格合！临死前我有一个请求，你一定告诉萨音布阿哥！”

“扎西你说！”

“他是族人中的勇士，我想让勇士送我上路。明日行刑我求萨音布阿哥来砍我的头，不然我死不瞑目！”

“伊尔哈，扎西说得对！我也是，你们一定要成全我们，这是我俩临死前的心愿，一定答应我们。”

“萨木布阿哥、扎西，我一定把你们的请求带给萨音布阿哥，他一定会成全你们的。”

“谢谢你，伊尔哈！那我们先走了，祝你们一路平安，到了伊犁别忘了给我们烧张纸。”

“我记住了！”伊尔哈说着，流着泪，依依不舍地出了牢门。

24

萨音布牵着马在城外焦急等待。眼看快到午夜了，还不见伊尔哈出城来，万一城门关闭就麻烦了。不过，他相信伊尔哈说到做到，不会误事，她已不再是他眼里的小姑娘了。自那天伊尔哈一番点拨后，萨音布从迷茫中恍然大悟，走出困扰，再不受那愧

疚的心情折磨了，也不用自己对艾新芝的感情来衡量西迁的轻重了。没有伊尔哈的指点至今他还会画地为牢，怨天尤人，甚至为了艾新芝铤而走险，做出对不起锡伯人列祖列宗的事来。他正想着，黑暗中见伊尔哈披着星光匆匆走来。

“伊尔哈，”他急忙迎过去，“怎么样?”

“萨音布阿哥，事情有变，咱边走边说。”伊尔哈说着，从萨音布手里接过缰绳，脚一蹬上了鞍。

“难道他们不想顺从?”萨音布问。

“他们非要你砍他们的头!”伊尔哈双腿一磕马镫，策马先走。

“啊!”萨音布大吃一惊，放马追过去。

“萨音布阿哥，我已经答应了。”

“伊尔哈，你……我怎么能亲手砍他们的头?”

“他们想走的体面些，由勇士为他们送行。萨音布阿哥，马上就过午夜，没时间了……咱们快回去跟额爷商量，立即把巴扬阿捆起来，明日千万不能放他出去!”

闪着寥寥晨星的天空渐露曙色，锡伯营驻地西侧土堆上搭起高大的行刑台像鬼影似的若隐若现。人们还没起身，四周就响起了一阵阵震天地，惊人心的鼓号声。

午时，萨木布、扎西拖着沉重的镣铐，被众兵簇拥着来到行刑台前。几名刀斧手架着二人走上断头台，周围像墓地一样沉寂。

乌里雅苏台参赞大臣坐在看台中间，身后站着两位协领大人。周围一千多名锡伯营官兵列队森严，刀枪蔽日，千百双眼睛盯着断头台。站在队伍后面的家眷闲散们个个瞪着眼，绷着脸，没有人哭泣，没有人说话。断头台上的萨木布和扎西紧闭双眼，垂着头，只求尽快一死。

乌里雅苏台参赞大臣从座位上站起，打开圣旨，大声宣读。下面鸦雀无声。

圣旨宣读完毕，一队喇嘛在莫伦率领下口中诵经，绕行刑台三圈，为即将升天的亡灵超度。

“开斩!”超度仪式结束后，只听监斩官一声令下，刽子手高高举起手中的鬼头刀。

“大人，请停一停!”人群中走出萨音布。他手持长刀，直奔参赞大臣。后面跟着伊尔哈，她手里托着一个盘子，上面放着一壶酒，两只杯。

“你是谁？你想干什么？”参赞大臣大惊，迅速往后退了几步，手一挥，看台下的守卫一齐向前亮出刀枪。

“大人，请不必惊慌，小的锡伯营先锋萨音布，有一事请大人允准!”萨音布走到看台前弓身施礼说。

“什么事？”

“小的和萨木布、扎西从小是好朋友，今天他们要走了，让小的送送他们。”

“好!”参赞大臣虚惊一场，急忙挥手叫众兵后退。萨木布和扎西见萨音布向他们走来，灰白的脸上立刻掠过一丝欣慰。

“萨木布、扎西，阿哥给你们送行来了。你们俩先喝了乡亲们的送行酒!”萨音布站在他俩身后说。

“多谢萨音布阿哥，还有伊尔哈……”萨木布和扎西抬头挺胸，眼里闪着泪光，但却笑着说。

“你们还有什么要交代的吗？”萨音布再也忍不住夺眶而出的泪水了。

“没有了。”萨木布环顾着乡亲们那一张张熟悉的面孔追悔莫及，流下眼泪，那泪珠顺着他灰白的脸颊一颗颗掉在地上。

“扎西?”

“萨音布阿哥，我走了，你一定要照顾艾新芝格合……”扎西哽咽着说。

“扎西，你放心，我会照顾好你艾新芝格合的。阿哥祝你们来世做条好汉!”萨音布点头答应。

“好了，你动手吧!”萨木布和扎西再也没话说了，一脸怆然，只等砍头。

惊天动地的催命鼓号声骤然大作，喇嘛们献祭的祈祷吟诵声腾起。萨音布眉头一紧，手起刀落，人们来不及眨眼，萨木布已身首分离，一颗头滚落台上。

萨音布再举刀，扎西身子往后一仰，缓缓倒地，鲜血洒了一地。

是夜，为二人进行火葬仪式。萨满们头戴神帽，身穿神裙，腰带神镜，手拿神矛，在单调而沉闷的神鼓声中，围着火堆摇摆跳动，嘴里发出一阵阵“咳！咳!”的呐喊声，他们在驱鬼去邪，祈佑平安。

锡伯营的男女老幼，齐齐跪伏。火，越烧越旺，噼啪作响，浓烟腾舞，光焰冲天。突然，从黑暗处一个女人哭喊着跑过来，一头扑向火堆里。说时迟，那时快，人们眼前忽地掠过一个男人的身影，一下拦腰抱住那女人，把她拉了回来。

“艾新芝，你不能死!”那男人是巴扬阿。火光中，他满脸泪水，“我杀了萨音布那狗娘养的!”

巴扬阿扶起艾新芝拥在胸前，用手臂抹了一下脸上的泪水，刷地亮出腰刀，举过头顶，冲着人群狂吼：

“扎勒牛录的，快操起家伙上马，跟我去杀了萨音布！”

没有人回应，人们依然跪伏在地，只有大火在噼啪燃烧着。

巴扬阿见无人站出来，愤怒至极，破口大骂：“想不到扎勒牛录的全是狗奴才！你们不去，我去！”

“巴扬阿，你还想撒野？”背后一声怒喝把巴扬阿震住了。

“我要为萨木布和扎西主持公道！”巴扬阿转过身，一脸的愤恨不平。

“萨木布和扎西甘愿伏法，有何不公？”萨晋图厉声问道。

“可是萨音布那狗娘养的竟然去砍自己兄弟的头，你，你为什么不管？”巴扬阿气得不顾伦理，直呼萨晋图。

“锡伯人的头由锡伯人来砍，这有什么不对？”萨晋图义正词严反问道。

“你，还袒护你孙儿，他还不如一条狗。我巴扬阿非杀了他不可！”巴扬阿暴跳如雷。

“你这是为了艾新芝，还是为了扎西？”

“我为我自己！”

这时候，萨音布突然出现在巴扬阿面前，一直呜咽着偎依在巴扬阿胸前的艾新芝见了一愣，羞愧地把头一低，撇开巴扬阿站到一旁。

“巴扬阿，你不要太猖狂！”萨音布见艾新芝和巴扬阿在一起，不由得妒火中烧，破口就骂。

“哼，萨音布，今天你是死定了！”巴扬阿虎视眈眈，脸都扭曲了。

“好，今天我就奉陪到底！”萨音布也抽出腰刀，摆开架式。

“看刀！”巴扬阿大喝一声，举刀就劈向萨音布。然而，巴扬阿的刀还没劈下，萨晋图的剑早已指向巴扬阿的心窝。巴扬阿大吃一惊，他没料到萨晋图人虽老了，身手还如此敏捷。他不敢动弹了。

“你还想闹事吗？扎西是怎么落得如此下场的？”萨晋图怒喝一声，昂首挺胸猛然跨前一步。

“萨晋图大伯，你……”巴扬阿被问得哑口无言，只得悻悻地往后退缩。

“为了锡伯人的前途命运，大伙对你宽容大度，一让再让，可你目无王法，屡屡闯祸，你害了扎西，又来讨公道，你算什么？难道你丢尽锡伯人的脸、要了锡伯人的命才称心如意？你能杀得了阿穆呼朗吗？你能杀得了成衮扎布吗？你连你自己都杀不了，还算什么英雄？咱锡伯人经历千难万险，吃了千辛万苦，可没有出过一个逃兵啊！我和你阿默的命是当逃兵保住的吗？你说扎西逃匿难道是全军的荣耀吗？这是我们锡伯人的耻辱，耻辱啊！”

萨晋图说着，神情极度失望，禁不住老泪纵横，泣不成声，慢慢放下手中的剑。

巴扬阿似乎醒悟，在众目睽睽之下低下头，收起腰刀。

“伯尔堪，你就保佑你的锡伯子孙，再不要遭遇灾难了啊！”萨晋图仰天悲呼，痛心祷告，跪倒在地上。

“额爷！”萨音布赶忙去扶他。

第二天早晨，阿穆呼朗早早进城，向成衮扎布将军回复有关事宜。

“大人，昨夜超度亡灵，请萨满跳神，听说巴扬阿和萨晋图差点动了手。”

“这等小事不必多加猜疑。我想他们拖家带口四千余人从盛京来到乌里雅苏台，一路风尘仆仆，吃苦受难，只有几个闲散逃匿，也算是忠心耿耿！往后只要你恩威并施，刚柔相济，整饬军纪，赏罚分明，就不会再生事端，小小争执算什么！”成衮扎布不以为然，在他眼里，这些仅仅是区区小事，用不着大惊小怪，小题大做。

“卑职一定记住大人教训，往后尽心尽职就是了。西迁队伍一路行来牛马倒毙近半，亟须补充……”

“这个好说，本官会奏报皇上从乌里雅苏台官家牧场给你们拨一批马牛驼。严冬将至，速速做好过冬准备，开春后不误启程，早早抵达伊犁，大人岂不也能提前卸了担子吗？”

“谢大人。”

阿穆呼朗离开将军府，回到营帐即刻招来巴兰泰和善清。

“大人有何吩咐？”巴兰泰和善清进帐参见。

“巴兰泰、善清，尔等奉命护送西迁队伍已到乌里雅苏台，现诸事已有着落，就速回盛京复命去吧！”

“喳！”巴兰泰、善清到了乌里雅苏台便日夜思归，早就归心似箭了。听了阿穆呼朗的话，真是喜出望外。

“回到盛京禀告将军大人，行走之人皆安好，安全到达乌里雅苏台。只是牲畜倒毙近半，剩下的羸弱不堪，难以继续驾驭，望将军大人速速奏报皇上下诏乌里雅苏台将军给予补充，免得开春启程时延误时日！”

“喳！”两个人心领神会，辞别阿穆呼朗，欣然回到住处收拾行装便上路了。

25

那夜艾新芝回到住处，独自坐着哭到天亮。为扎西的死悲痛欲绝，为萨音布的行刑怨恨不止。她受到沉重的打击，觉得自己的前途一片黑暗，终身的归宿飘忽无定，于是感到万念俱灰，生不如死！她恨自己，恨自己脆弱的情感便是万恶之源，当初不该一头扑进萨音布的怀里，把终身寄托给这个没良心的人身上！恨自己不懂父母心，只知飞不知落，非但没有择良木而栖，反而跌进深渊，折断翅膀。如今众叛亲离有家难归。她想着想着，突然心生恶念，两只手颤颤巍巍地托着凸起的小腹，“他既然不仁不义，我还要这孩子干什么？”她把牙一咬，举起双手狠命朝自己的肚子捶打起来。

“艾新芝格合，你疯了？”正在帐外干活的伊尔哈听见帐内异常声响，慌忙掀帘进帐，见艾新芝在捶打自己，吃了一惊。

“我是疯了！”艾新芝脸发青，唇发紫，声音嘶哑边捶边喊。

“艾新芝！”伊尔哈上前一把抱住她，“都什么时候了，你还这样闹！你……既然连自己的骨肉都不想要，你哭扎西干什么？”

“这不是我的孩子，是萨音布的种！”艾新芝说着号啕大哭。伊尔哈额妮不知又发生了什么事，慌慌张张跑进来。

“艾新芝，你这是什么话？你快要做额妮了。他是你的骨肉啊！做一个女人，自己的命宁可不要，怎能忍心打掉自己的孩子呢？扎西人都死了，你还想闹到什么时候啊？”慈悲温和的伊尔哈额妮这时候也忍不住生气了。

“人哪，总得往前看。不管怎么说，朝廷还没有亏待咱们，皇上也没有亏待咱们，咱们总不能背个不忠不义的名声！萨木布和扎西年纪小不懂事，吃不起苦头逃走，平时这没有什么大不了的，吃顿板子完事。可现在不同，咱们是军队呀！军队在外，就要听命于皇上，不然军不成军，兵不成兵，怎么打仗啊？艾新芝，你也是在佐领家长大的人，皇命重如山的道理应该比谁都明白。扎西犯的是皇命，说心里话，谁都想留住他，可是谁能留得住他？成衮扎布能吗？阿穆呼朗能吗？不能啊！既然那么多大官都不敢违抗皇命，一个小小先锋萨音布能有多大能耐，他能留住扎西的性命吗？你怨他、恨他、怪他，那么，他去怨谁、恨谁、怪谁呢？难道他去杀阿穆呼朗，他去劫牢，让成衮扎布动用重兵来屠杀我们才算他对得起你吗？我是看着他长大的，他去行刑一定有他的苦衷和他的道理，他绝不是那种随心所欲、轻重倒置做事的人。艾新芝啊，这一路上你也见的听的不少了，紧要关头你连唯一至亲的人都信不过，你还去信谁呀？巴扬阿是个性情粗放、胆大妄为、顾前不顾后的人，你想，他同情你、怜悯你、安慰你，替你打抱不平，甚至为你刀山火海不避，生命不惜，你认为他才是你心目中的英雄吗？幸亏萨晋图大叔他们一再稳住大家，化险为夷，换来今日的安宁，不然他巴扬阿丢自己的命是小事，不知道给大家带来多大的灾难，让艰难跋涉的锡伯队伍雪上加霜……艾新芝，今天我说得够多了，你想想，再不要任性闹了。你也累了，也该休息了……”伊尔哈额妮的一番话说得艾新芝羞愧满面，哑口无言，说得伊尔哈圆瞪两眼，不停点头，她心里直佩服自己的额妮深明大义。

“伊尔哈，走，我也有话跟你说。”伊尔哈额妮直起身子喊着伊尔哈出帐去了。

“艾新芝格合，你再不要纵容巴扬阿了。现在只有你能降住他，你要管住他，他只有一个脑袋呀！”伊尔哈说完走出去。

伊尔哈前脚走，巴扬阿后脚满脸怒气披衣走进来。他从角落里拿起皮囊咕嘟咕嘟灌了一肚水，然后抹了嘴巴，一甩身坐在艾新芝身边。

艾新芝披头散发低着头，不声不吭。

“艾新芝，请你相信我，我迟早会为你报仇雪恨的！昨夜若不是萨晋图那个老东西，我就一刀宰了萨音布那狗崽子！”

“巴扬阿，你再不要去杀他了……”艾新芝慢慢抬起头，含着泪对巴扬阿说。

“怎么？你……”巴扬阿吃惊地望着艾新芝，不知为什么艾新芝突然变卦。

“巴扬阿，我现在是举目无亲了，只有你一人还一直关心我，万一你也有个三长两短，往后我靠谁呀？”艾新芝说着又伤心地啜泣起来。

“那……仇不报了，萨音布不杀了？”

“伊尔哈额妮说得对，扎西人都死了，还平白无故再去死人干什么？扎西就是阴魂不散，我也无能为力了……也许他命该如此，成了无依无靠的荒郊鬼，升不了天堂回不了家……”艾新芝又一阵哭泣。

“那好，这一路上我巴扬阿一定关照你，谁也不准碰你！”

“巴扬阿，我肚里怀的可是萨音布的孩子，你……”

“艾新芝，你放心，你肚里怀的不论是谁的孩子，他生下来也是锡伯的子孙后代，我不在乎！”

"真的?"

"我巴扬阿不会骗人!"

"巴扬阿……"艾新芝再也忍不住一肚子的悲伤、委屈，像一个在黑暗中突然见到光亮的人，身子一软，一头扑进巴扬阿怀里大声恸哭。

"哭吧，艾新芝!"巴扬阿为之动容，也滴下眼泪。

"我为什么当初就没有嫁给你，我真是瞎了眼了……"

"艾新芝，过去的事就别提了，现在也不迟，你还没有和他拜天地成亲。如果萨音布那小子再敢碰你，哼……往后别理他!"巴扬阿的恶话到舌尖，看了艾新芝一眼又吞了回去。

"你要经常来看我……"

"我来，往后我天天来!"巴扬阿嘴里说着，心里喜不自禁。

天已经黑了，冷风中营盘周围嘈杂的声音渐渐低落下去，家家打起灯笼，送走白昼的喧哗，又迎来一个令人不安的长夜。

萨音布点了一堆篝火当班巡夜，伊尔哈又来找他。

两个人围着篝火默默地坐着，谁也不说话。篝火越烧越旺，把近处照得透亮。这几天，萨音布虽然没有刀口舔血也算经历了一场风险，要不是伊尔哈帮他出主意，他还真不知如何收拾这场面，心里感激佩服之余，依然压着解不开的深重忧虑，时时担心巴扬阿不死心，担心艾新芝给他火上添油闯出大祸……

"唉，我真不懂，艾新芝怎么会变得越来越不可捉摸了。"萨音布更担心的是艾新芝有朝一日会突然离开他。

伊尔哈嫣然一笑，火光中脸上泛起红晕，两眼盯着萨音布说:"萨音布阿哥，我不知道怎样揣摸男人的心事，可我知道你的心，而且知道得一清二楚。"

“伊尔哈，你知道我的心?”萨音布嘿嘿一笑，直摇头。

“今天巴扬阿又去找艾新芝格合。”伊尔哈说完，侧着头眯起眼睛，直盯着萨音布的脸有什么变化。

萨音布渐渐低下头，伸手拿起一根正在燃烧的柴棒狠狠朝火堆上砸了几下。

“萨音布阿哥，你就别再折磨自己了。”

“伊尔哈别胡说，艾新芝不是那种人!”

“萨音布阿哥，女孩家的心事只有女孩家知道，你们男人是不明白的!”

“不，不，伊尔哈，她不会……”萨音布惊慌失措地站起来，断然否定。

“萨音布阿哥，你不要再痴心了，我看着艾新芝格合的心迟早会给巴扬阿的!”伊尔哈也站起来，直言不讳。

“伊尔哈，你不要再说了!”萨音布气得大喝一声，转过身，骑上马，头也不回地走了。

伊尔哈望着萨音布夜色中远去的健硕背影，用手摸摸发烫的脸颊，暗自一笑，十分自信地在心里说：“萨音布阿哥，迟早你会想到我的。”

萨音布心烦意乱驱马走了一阵，不知道为什么又来到艾新芝的帐篷前。他远远勒马站在一棵大树下想镇定一下自己的情绪，再下马去找艾新芝，不料，他还没有下马，黑暗中见艾新芝帐篷门帘一动，走出一个人，定睛一看，正是巴扬阿。艾新芝跟着出来，两只胳膊一下搂住巴扬阿的脖子，吊在他的胸前……萨音布两眼昏暗，什么也看不见了，痛苦猛烈啃着他的心，差点跌下马来。男人大丈夫活在世上，还有什么事能比这令他痛苦不堪呢?

他生平第一次受到如此沉重报复，只觉头上鲜血喷涌。刚才伊尔哈说时，他还一点都不信，以为伊尔哈是在动摇他，现在亲眼见了，怎能不信？他再也没有勇气下马了，轻轻地拨转马头，悄然地离去。

“记住，何时何地锡伯西迁事大，个人恩怨事小，小不忍则乱大谋。萨音布，你一定要学会忍辱负重啊！”额爷的话又在耳边响起来。他长长地呼出一口气，心底稍微光明了一点。可是艾新芝的影子就飘浮在眼前，他周身激起男性的冲动，恨不得即刻回头去找巴扬阿那畜生拼个你死我活！

但他终于战胜了自己，没有回头。

伊尔哈匆匆回到自家住地，先入阿默额妮的营帐。灯光下，色本泰手里拿着一本书正在滔滔不绝地教诲图克善。图克善天真无邪的目光带着询问，不停地认真点头。

“比如说你是锡伯人的儿子，长大了你要遵循锡伯人的习惯，骑马射箭会打仗，要身体强壮，要仪表堂堂，做事要公正，举止要端庄……”

“纳克出，你说的是不是《三国》里的关老爷那样的人？”

“对，绝不做骄横无礼、妄自尊大、只顾自己不顾别人的狂妄之徒！”

“纳克出，我知道了，那是张飞。不过，张飞很讲义气，不是只顾自己的人哪！噢，是巴扬阿，巴扬阿就是那种人，所以，大伙都不喜欢他，对不对？”图克善若有所思地回答。

色本泰满意地点点头，脸上露出笑容。

26

漫天飞扬着雪花，寒冬终于来临。一阵阵朔风从漠北卷着彻骨的寒冷吹过来，把满地的白雪堆了一层又一层，锡伯营驻地被深深地埋在白皑皑的一片里。一座座帐篷仿佛披着银白的铠甲，像一辆辆列队战车随时准备出征。家家临时搭起的牛棚马圈里，那些瘦骨嶙峋的牛弓着身子缩起头，冻得瑟瑟发抖，躲在黑暗的角落里不停地转来转去互相拥挤。皮包骨头的马匹，虽然背上盖着厚厚的毛毡，还是冻得全身毛发蓬乱竖起，摇晃着脑袋，哼哼直叫。骆驼们，静静躺在牛马吃剩的草屑上，耷拉着峰顶，两眼凄哀地东张西望，只求一顿饱餐。长毛狗早已钻入帐篷，观察主人的脸色，一有机会便靠在火盆边蜷曲躺下，用尾巴捂住受冻的红鼻尖，懒得叫一声。干冷干冷的天空不见一只飞鸟，只有几只靠着牲口粪便度日的乌鸦在牛棚马圈周围讨厌地呱呱叫着，飞来飞去，眼睛贼溜溜地盯着下面，寻觅食物。

一日，从城里返回的路上出现两位骑者，一男一女。两匹马踏着脆响的厚雪奋力向前，睫毛、鼻须、胸前、肋下都结着薄薄一层汗霜，蹄起蹄落雪花飞溅。太阳射出的金光，映红了远处山峦和洁白的旷野。万里无云的淡蓝天空，成千上万闪烁的晶体在飘舞嬉戏，一望无际的雪原在阳光下闪耀着万点碎光，使人眼花缭乱。天空、大地、山脉、空气……一切都沉浸在无风的恬静和寒冷的明朗中。

伊尔哈骑着马，一对明眸里闪着隐秘的喜悦、自信和希望的光，长长的睫毛结着两行白霜，圆圆的脸上白里透红，朱唇皓齿。伊尔哈更加婉丽俏美。

两个人虽然不说话，萨音布却一会儿朝伊尔哈看一次，仿佛按捺不住心中涌动的感激和佩服。

“萨音布阿哥，你老盯着我干吗?”伊尔哈从眼角里早已觉察到萨音布频频投来的灼热目光。

“伊尔哈，你越来越美了!”萨音布由衷地说。自从答应了华沙布之日起，虽然伊尔哈常来找他，有时大胆地向他表白心迹，但他始终克制自己，信守诺言，不越雷池一步。今天说出这句话是头一次，他脸一红，心怦怦直跳。

“长得好看有什么用?……男人只看女人的美貌，却不知道女人的心。”伊尔哈说着朝萨音布深情瞟了一眼，脸上飞起两朵红云，很快低下了头。

“伊尔哈，你在说什么呀?华沙布他……”

“萨音布阿哥，在我面前你别再提他!”萨音布刚提起华沙布，伊尔哈的脸色一下就变了。

“怎么，华沙布很喜欢你呀!”

“我不喜欢他!”

“那你喜欢谁?”萨音布不该问的话却冲口而出，自己慌了手脚。

“我?”伊尔哈抬头见萨音布那慌张的脸色，不知想起什么，冷笑一声坦然地说：“萨音布阿哥，你心里明明知道为什么还问我?”

“我知道?不……我怎么会知道你喜欢谁。过去，我还一直以为你喜欢华沙布……”萨音布心中惶惑，脸上红一阵白一阵，在伊尔哈面前一直以阿哥自居的他从没有如此慌乱尴尬过。

两匹马喷着气，摇头摆尾，奋蹄疾走，互不相让。

“萨音布阿哥……”伊尔哈瞥了一眼低头不语的萨音布开口还想说什么，突然见远处有一群骑马的人朝他们赶过来，她只好把话咽了回去。

“萨音布阿哥！伊尔哈格合！”是图克善、硕尔泰几个孩子，他们一个个脸冻得发紫，嘴里喷着大口大口的热气，见了他们勒住了马。

“什么事?”萨音布问。

“萨音布阿哥，我们几个到南山沟朝阳坡放牧，突然从山上冲下来十几只饿狼，把一头牛给咬死了！”图克善眼睛瞪得圆圆的，上气不接下气，惊恐地说。

“还在吃它的肉呢!”硕尔泰接着说。

“走!”萨音布朝伊尔哈看了一眼，双腿一磕，那马一跃而出，向前奔去。伊尔哈的马不甘落后尾随跟上。孩子们呐喊着，一窝蜂跟在后面。众骑奋蹄，雪花飞扬。

不到一刻，萨音布驰马奔进南山沟，顺着山脊而上，往沟里一看，果然一群饿狼围着那头牛争抢撕扯，雪地上尽是血迹。萨音布拔刀正欲放马下山，忽见狼群中的一只突然惨叫一声翻身在地，嗷嗷打滚。萨音布定睛一看，是一支箭穿透那狼胸，萨音布惊疑地抬头朝对面山坡一望，只见一骑者手拿硬弓磕马飞奔下山，后面远远跟着两个骑手，边跑边喊，不知道在喊什么。突然，前面那匹马一个前失蹄，连人带马翻滚下坡直冲狼群而去。那些红了眼的饿狼见一匹马翻滚下来，吐着舌头发狂地轰然而起，向那马围过去。萨音布见情况危急，顾不得后面的人，大喝一声举起腰刀冲下山，直向狼群扑过去。那群饿狼听后面突然有人呐喊，稍一愣神，一刹那，萨音布已马到刀落，咔的一声劈去一只狼的脑袋。那些饿狼并不怕他，一个个夹起尾巴挤成一团，龇牙咧嘴欲扑那匹刚刚挣扎而起的马。主人已经昏迷，躺在离狼群几步远的雪地上。萨音布呐喊着，拨转马头挡住那群狼。后面的两个人赶到，呐喊着跳下马把雪地上的人救起。这时，伊尔哈他们也爬上山脊。大家齐声呐喊助威，才镇住那群恶狼。萨音布紧紧挽住缰绳，慢慢后退到那三个人跟前，伸手要过弓箭，一阵连发，瞬间，有一半恶狼被射倒。

狼群害怕了，渐渐后退。

“不要惹它们了，逼急了，它们会聚集更多的狼来报复!”原来那三个人是当地的蒙古人，其中一位见萨音布还不停手，站在坡上大声喊。

“它们再来伤害我们的马牛怎么办?”萨音布回头问。

“它们不是一般的狼群，是饿狼群！要是惹怒它们，它们会天天来，叫我们不得安宁!”

“吃了第一次，就有第二次。今天吃了这头牛，明天就会伤害那匹马，一日不除，天无宁日！你怕它，它就凶。今天我一定要除掉它们!”萨音布说着嗖嗖又连发几箭，那剩下的饿狼终于逃跑了。

“噢，萨音布阿哥真厉害!”孩子们大声欢呼，伊尔哈也喜滋滋的。

萨音布下了马，向三个蒙古人走过去将弓箭交还的一刹那，突然发现那个被救起的人是个女的，刚才头戴狐皮帽没有认出来。

“朋友，谢谢你的救命之恩。”那女子望着萨音布英俊的面孔，微微一笑，没有一丝的羞怯。

“你……大雪天到这里干什么？”萨音布被一个不认识的女人盯得浑身不自在，语无伦次。

“小伙子，你是锡伯营的吧？”其中一位岁数大一点的蒙古人看着萨音布问。

“是。”

“噢，太好了。她是我们多尔古王爷的格格，自幼骑马射箭惯了。今天出来小猎，不想遇到这群恶狼，她不听我们的劝告非要下山，差点……幸亏你来了，救了格格的命。好箭法，好箭法！王爷知道了，一定会重重赏你的！”

“这没什么。咱们一起回吧！”

“不，你们先走。不过，请你留下姓名。”那格格口气直硬，弄得萨音布不好开口。

“刚才射狼的勇气哪里去了，连名字都不敢报！”格格丝毫不客气，非要寻根刨底。

“我叫萨音布。”

“好了，你走吧！”格格仿佛在下命令。

“那我就不等了。”萨音布说着转身跨上马，上到山脊。

“萨音布阿哥，他们是什么人？”伊尔哈把山沟里的一切看在眼里，萨音布一上来就开口问。

“是三个蒙古人。”

“那个摔倒的跟你说什么？”

“她说她是多尔古王爷的格格……”

“是个女的？”

“嗯。”萨音布说着脸红了。

“哼，蒙古丫头，满山遍野乱跑！”伊尔哈朝山沟里望了一眼，不屑一顾地掉转了马头。“咱们回！”

天色渐渐晚了，旷野吹来阵阵寒风。他们快马加鞭要在落日寒冷到来之前赶回驻地。

第二天，锡伯营驻地看护防御朱朗阿领着一个蒙古人来找萨晋图，说将军大人请他带萨音布一起去将军府，有事商议。

萨晋图听了心里一怔，不知道将军大人为何事传他爷儿俩。

他不敢怠慢，匆忙唤来萨音布，和那蒙古人一起上了路。

“什么事，额爷？”走了一程，萨音布忍不住问。

“我也不知道。你，没闯下什么祸吧？”萨晋图担忧地问。

“没有啊，额爷！”萨音布莫名其妙。

“那就好，见了将军大人再说吧。”

三个人策马进了城，那个蒙古人不去将军府，却把他们爷儿俩领到一座大门前下了马。萨晋图抬头一看这建筑，朱门配红柱，黄瓦对绿釉，白雪中显得高大壮丽，格外惹眼。

“这是什么地方？”

“大人，这是多尔古王爷府。”

“不是说将军大人传我们有事商议，到这里来干什么？”

“大人，将军大人和王爷正在府里等你们，请！”

“噢，原来如此。”

爷儿俩在那蒙古人带领下，进了王爷府大门。一条直路走过去，王爷府就坐落在尽头，背靠高山，南抱朝阳，在一片郁郁葱葱松柏中披着白雪，熠熠闪光。好个雄伟壮丽的王爷府！

爷儿俩进了门，恭恭敬敬见过成衮扎布将军大人和多尔古王爷。王爷离座背起左手，用右手捋着胡须绕着爷儿俩转了一圈，细细打量了一番萨音布，见他果然一表人才，气宇非凡，这才满意地笑了。

“萨晋图大人，请坐！”

“谢王爷！”

萨晋图坐下后，萨音布站在他背后。

“萨晋图大人，您知道今日王爷为什么请您来吗？”成衮扎布一反常态，喜颜悦色地笑着问。

“请大人明示！”萨晋图急忙从座位站起来。

“不必客气！我告诉你，今天是个喜庆的日子，王爷要重重赏你！”

“啊……为什么？”萨晋图感到事出突然，大惑不解。

“我告诉你，你的孙儿萨音布昨日在南山沟救了王爷的格格，你说该不该赏啊？”

“啊，原来是这样……”萨晋图回头瞅了一眼背后站着的萨音布，满肚子的疑窦释然，低头哑然失笑。

“萨音布！”成衮扎布看了一眼王爷，会心一笑，召唤萨音布。

“小的在！”萨音布不知是喜还是紧张，慌忙恭身侍立。

“听说你能一弓三箭连发，真了不起。我和王爷商量过了，过几天在王爷府举行一个小小的比射，让蒙古人见识见识你们锡伯人的箭法如何？”

“回大人，小的技艺平平，不值得大人夸赞。”

“好了，就这么定了，我们和你额爷还有要事商量，你回去准备吧！”

“喳！”萨音布向额爷看了一眼，遵命退出王爷府。

萨音布走了之后，成衮扎布从座位上站起来，走到萨晋图面前，笑着问：

“老防御，您孙儿可有妻室？”

“大人，他还没有成家。”萨晋图不知道将军大人问这话是什么意思。

“老防御，恕我直言，多尔古王爷的格格至今未许人，她看上你孙儿了，王爷想与您结亲家，您看如何？”

“大人……”萨晋图恐慌地站了起来，“老夫是个小小防御，怎么能高攀和王爷结亲家，使不得，使不得……”

“只要你答应把萨音布留下，开春后启程前你们锡伯营需要补充的全部牛马驼，王爷愿意一手拨给你们！”

“这……这怎么可以，萨音布是皇上点名西迁的……”萨晋图不知道怎么回答是好。

“这个你不必担心，皇上那里有本官去奏请恩准。”

“大人，王爷，这事太突然了，老夫真的一时做不了主，还望大人、王爷容老夫去和锡伯营官兵及萨音布商量再回禀如何？”

“王爷，您看怎么样？”成衮扎布见萨晋图确实为难，转身问王爷。

“老防御，”王爷也离座慢慢走到萨晋图跟前，意味深长地说，“过去锡伯人属科尔沁蒙古旗下，追根溯源咱们还是一家人。咱们就一家不说两家话，实话实说，将军大人可作证，小女自幼骑马射箭胜似男儿，至今未许。”

“是。”成衮扎布作证。

“你们奉皇上之命千里迢迢来到这里是天意，小女昨日不幸在深山沟遇恶狼群险伤性命时被萨音布救起也许是缘分。我琢磨

着，天意不可违，皇命不可负，只要你答应成全他们，或留或走本王爷不勉强。愿意留下，荣华富贵少不了他，封官荫子亏不了他；要走，金鞍骏马送给他，牛羊成群跟着他。只望老防御给我一句好话！”

“噢，老防御，您瞧，王爷说的全是真心话，您不能叫我们失望哟！”成衮扎布从旁极力撮合。

“多谢大人好意，多谢王爷恩典，老夫一定尽快回话就是。”

“好，爽快，就这么定了。”

“那，老夫告辞了！”

“老防御，不必心急，王爷略表心意，不赏个脸就走吗？”

“这……”

“备酒！”只听王爷一声喊，几个仆人一会儿工夫就摆好桌椅，肥肉好酒上齐。

27

萨晋图自打从盛京出来后，头一次喝醉了酒，将军大人和王爷频频举碗，他能不喝吗？第二天醒来，自己怎么回到驻地也记不清了。他起来时，萨音布早已在火盆里架了火，烧了茶。

“额爷，您醒了？”

“昨夜我怎么回来的？”

“是王爷派人把您送回来的。额爷，您先喝碗茶吧！”萨音布说着给额爷倒了一碗热茶。

“咳，人老了，酒也欺负了！”萨晋图无奈地接过茶碗，轻轻呷了一口。

“额爷，将军大人和王爷跟您商量些什么事？”

“萨音布……”萨晋图看着萨音布长吸一口气说，“不知是福还是祸，王爷想跟咱联姻。”

“什么，跟谁？”萨音布大吃了一惊。

“那个被你救起的格格说是非你不嫁！”

“这，这开玩笑？”萨音布简直不敢相信额爷的话，哭笑不得。

“王爷说愿意留，给你荣华富贵；愿意走，让格格跟着你，你要什么给什么，还说只要你肯答应，咱锡伯营所有补充牲畜他一手操办。”

“额爷，您答应了？”萨音布心里一阵紧张。

“将军大人一再逼我，我有什么办法？不然，我怎么会喝醉呢！”

“额爷，您……”萨音布气恼至极，可不敢发作，憋得脸红脖子粗。

“萨音布，不要怪额爷没有告诉你就自己做了主。其实，额爷也很为难啊！不过，男子汉大丈夫待人处事，万万不可以小失大，就近误远啊！就像巴扬阿三番五次地羞辱你，你不计个人恩怨，为了西迁官兵的前程忍受了委屈，放弃了艾新芝。为了西迁，为了戍边大业，我们有什么舍不得的呢？况且王爷不是强迫我们，还答应给我们所有补充，这么好的事你不想答应吗？”

“额爷，您都答应了，还问我干什么？”

“你想通了就好，额爷不会给你丢脸的！唉，只是苦了伊尔哈，额爷真的于心不忍哪！”

“额爷，再不要提伊尔哈。”

"啊，为什么?"

"我答应过华沙布，他喜欢伊尔哈。"

"原来如此。"

萨音布能说什么呢?额爷已经喝了人家的酒，叫他去反悔吗?况且不论是答应或是拒绝，这对于他来说都是难堪的!本来艾新芝给他的苦恼还在刺痛着他，如今又冒出一个格格，倚仗权势，用尊贵的身世和财富来逼迫他，这无疑是对他的讽刺和污辱!额爷说的话他早早想过，现在伊犁兵员匮乏，边境空虚，皇上既然对锡伯人寄予厚望，就应知恩图报，这是天经地义的事，因而什么事都没有比西迁这宗大事更为重要!可是为了西迁，他萨音布能做的事都做了，偏偏为什么总是做不完，一桩桩、一件件的事总是冲着他来呢?

他走出帐门，伫立帐外，任凭风雪吹刮自己的脸，凝眸远眺远山积雪，一阵酸楚袭上心头，差点掉下泪来。因为，他至今无法逃避艾新芝那双眼睛，总觉得他自己欠了她很多，艾新芝恨他恼他以至于背叛他，他都觉得理所当然，无可非议。他没有理由去怪她怨她，自己酿的苦酒自己喝。虽说情丝难断，可他脑海里，伊尔哈的形象却越来越清晰了。他越发体会到额爷说艾新芝是朵花、伊尔哈是棵树的深刻含义了。这段时间，要不是伊尔哈处处帮他出主意，减轻他的担忧和焦虑，不知道自己会怎么样。可是，想起伊尔哈，他又多了一个担心，怕华沙布误解他，说他不守诺言。所以平日里，他不敢贸然去找伊尔哈，只等她来找。这次，他不得不去找伊尔哈，对蒙古格格求嫁这件事，他做梦都没想过。

"萨音布!"他走着，想着，突然有人大声喊，听声音是华沙布，他心里不觉一怔。

“什么事?”萨音布停了步。

“你去哪里?”华沙布追过来问，语气似乎有几分责备。

“随便走走。”

“是不是去找伊尔哈?”华沙布鼻翼一闪一闪煞有介事地问。

“怎么，你在监视我?”萨音布脸一红，不高兴地反问。

“萨音布，伊尔哈说，巴扬阿已经把艾新芝接到他的帐篷里去了。她是属于你的，你为什么不去接她回来？为什么?”

“华沙布，你是不是在怀疑我?”萨音布一下火了。

“是！你不要艾新芝，想要谁？你是不是想反悔?”华沙布毫不示弱。

“华沙布，我已经答应过你，难道你一点都不信我?”

“信你？哼，你嘴里说的一套，做的又是一套！背着我经常和伊尔哈在一起，什么意思?”

“华沙布，不是我去找她，是她来找我商量一些事，你……”

“那么，今天是她来找你还是你去找她?”华沙布咄咄逼人地问。

“华沙布，你……”萨音布被问得无言以对。

“萨音布，男子汉大丈夫什么事自己不能做主，非要找一个女孩子家商量？你既然已经答应过我，你就应该做得到！即便是她去找你，你也应该回避她拒绝她！可是，你做到了吗？为什么?”

“好吧，华沙布，既然你不信我，我也没办法。不过你放心，从今往后我也不去找伊尔哈了，你满意了吧?”萨音布说完转身就走了。华沙布望着他沉重的背影，不由得心底涌起一丝歉疚，两眼被雪花糊住了。

萨晋图带着萨音布和锡伯营大小官员进城到王爷府比射，轰动了整个乌里雅苏台。那天，雪后天晴，乌里雅苏台城墙像条白脊背的巨蛇缠绕一圈，仿佛把素雅的青灰色建筑捆在一起。在王爷府的后院，旌旗飘飘，号角阵阵，场面十分威武壮观。比射开始。令成衮扎布将军和多尔古王爷惊叹不已的是王爷府特意准备的几张牛筋硬弓，根本敌不过萨音布的臂力，他只轻轻一拉，弓背就咔嚓一声断裂。萨音布不得不拿出自己那张盛京将军赏予的硬弓比射。不论是蹲射、立射还是骑射，只听弓弦声不见箭头飞，把个蒙古官兵看得眼花缭乱，目不暇接。最后，萨音布拿出绝技，一弓搭三箭，只听“嗖嗖嗖”的声响，三箭连环齐中靶心。全场爆发出欢声雷动的掌声和喝彩声。多尔古王爷高兴得喜不自禁，捋着胡须哈哈大笑，当场将自己心爱的蒙古马赏给萨音布。萨音布谢过王爷，便和额爷及锡伯营官员在王爷府进餐，这是王爷特意准备款待锡伯营官员的。

王爷府门里门外张灯结彩，门前车水马龙，十分热闹。

人们见了萨音布，有的挨肩攀谈，有的拦着道贺，从未相识的人也像十分熟识，格外殷勤。

酒过数巡，随着高扬激越的鼓乐琴声起，一群蒙古姑娘鱼贯而入，在席间翩翩起舞。她们身上穿着华丽的蒙古长袍，脚蹬皂色蒙古长筒靴，脸上如晚霞一般殷红动人，两眼瞟着宾客，随着乐声的节奏轻摇曼舞。在座的人都兴奋起来了，不停地喝酒，不停地发出喝彩声。这时候，王爷的格格轻盈步入姑娘们当中。她一边跳一边笑，把目光投在萨音布的脸上，含情脉脉地看着他。萨音布的脸一下涨得紫红了。他虽然有不屑一顾的念头，但那双眼睛闪出的熠熠光彩，荡人心魄。他尽力遏制自己的情感，向她点了点头，给予微微一笑的回报。那格格对萨音布一见钟情，如今见他两眼射出喜悦的光芒，脸上立刻涨起一层红晕，对她来说，萨音布的笑容就是她幸福和欢乐的象征，他就是她生命的曙光。她的爱纯洁而深厚，没有世俗的利欲。金子银子她可以不要，可不能没有萨音布。她对他倾倒、依恋。她的天使般的容颜，她的艳丽妩媚，也不能不使萨音布动心。

萨晋图坐在明晃晃的火盆旁，一边呷着酒一边乐呵呵地笑着。他早把两个年轻人互相表达心意的神情看在眼里。他为孙儿的胸怀开阔、深明大义而高兴，也为西迁大事顺利进展、给养有了保障而欣慰。

宴会结束后，锡伯营官员礼别成衮扎布大人和多尔古王爷，驱马踏雪回到驻地，只有萨音布一人留在王爷府。多尔古王爷高兴得合不拢嘴，小女终身姻缘有了着落，又是将军大人玉成此事，真是锦上添花。萨音布人才出众，文武双全，他很中意。真是人逢喜事精神爽。席间，他三番五次下来和萨晋图耳语，一定要留萨音布在府上待几天。萨晋图感到王爷盛情难却，只得答应。

对萨音布来说，在王爷府暂时忘却烦恼、失意和忧伤，有异地女子的爱慕来安慰自己，也是一件荣幸之事。他感受着蒙古格格的纯朴豪爽，一见倾心的绵绵情意，用微笑表现出他对格格的敬佩和感激之情。他希望她享受突如其来的爱情的喜悦，不想因自己的不幸而去伤害她。

蒙古格格名叫其木格。因为她是王爷的格格，曾得到很多人热烈的追求。她长得没什么特别，圆圆的脸上，鼻子显得浑圆不高，一对黑眼睛，显出活泼和机灵。稍稍挑起的眉尖现出女子少有的英俊，走起路来，那圆软的乳峰在蒙古袍下，一起一伏，惹人眼目。

28

华沙布回到驻地，迫不及待地驱马去找伊尔哈，告诉她萨音布留在王爷府的消息。伊尔哈听了，心里一怔，仿佛坠入云里雾中，两眼一下失去了光彩。

“伊尔哈，你没事吧？”华沙布见伊尔哈神情突变，后悔不该说得这么唐突，担心会受到伊尔哈的责问。

“没什么。”伊尔哈急忙侧过脸去，不想让华沙布窥视自己的内心。

“伊尔哈，我知道你心里一直惦记着他，所以我来告诉你，听说他快要成为多尔古王爷的女婿了。”

“知道了。多谢你来告诉我。”伊尔哈心里清楚这将意味着什么。但她并不是一个随心所欲、任性的女子，越是遇到大事她越能沉着冷静，从不感情用事。听到这出乎她意料的消息，她心里已经惊浪翻滚，额头青筋激烈跳动，脸上一阵苍白，女人本能的嫉妒弥漫全身，全身微微哆嗦，但当着华沙布的面，她很快平静下来，没有流露出半点屈辱和怨愤。但她一定要知道这是为什么，是蒙古格格看上了他，还是他为了逃避艾新芝而主动去这样做，或是他们之间真的发生了某种不该发生的事逼他去做。她思来想去，决定先去找萨晋图额爷问个明白。

“伊尔哈，你去哪里？”华沙布见是伊尔哈要走，急忙问。

“我去找萨晋图额爷!”

“我陪你一起去!”

“不用了，我一个人去!”

华沙布牵着马站在雪地上，跟也不是，留也不是。不过他心里毕竟一块石头落了地，脸上流露出得意的喜悦，暗自庆幸自己离伊尔哈越来越近，感谢老天将萨音布另行安排，祈祷伯尔堪让伊尔哈早日回到自己的怀抱。

三天后，萨音布还没有回来。萨晋图见过阿穆呼朗，不得不带着两个跟丁匆匆骑马进城。到了王爷府，却说萨音布昨天就走了，本来王爷府要派人送，但他执意不肯，单人匹马出的城。

萨音布失踪了！这消息犹如晴空炸雷，轰动了乌里雅苏台城。几天来，王爷府里一片死寂，没有人敢大声说话。

多尔古王爷站在门前，全神贯注地盯着大门口，心急火燎地等待着一大早派出的几支轻骑回来报告消息。他万万没有想到在他的地盘会发生这种难堪之事，无论对女儿还是对锡伯营，他都无法交代。这无疑是他这一生中莫大的耻辱！这时候，女儿其木格轻步走出来。他回头见女儿苍白的脸上黯然的眼睛和哆嗦的嘴唇，心像刀割一般，急忙走过去抱住女儿，尽力抑制自己的焦虑，宽心地安慰女儿。

“其木格，我的女儿，不要担心，阿爸一定会把萨音布找回来!”

“阿爸，他不会逃跑吧?”

“不会的。萨音布是个有骨气的男子汉，他不是那种言而无信的人。”

“那他会不会被人绑架了?”

"被人绑架?"多尔古王爷听了女儿的话，骤然间闪过不寒而栗的念头，他不由得紧紧皱起眉头，脸上掠过不祥的阴云，把女儿抱得更紧，"谁敢绑架我的人!"

约莫过了半个时辰，大门口终于传来迅疾烈马蹄声，父女俩慌促地向大门口走去。

"王爷!"探子们见了王爷，一个个滚鞍下马。

"怎么样?"王爷迫不及待地问。

"我们找遍了杭爱山东西、扎布汗河南北，也不见萨音布的踪影!"探子们一个个躬身禀告。

"阿爸，我去找!"其木格眉梢一挑，转头就走。

"其木格，你别去!"

"阿爸，您放心，我一定会把他找回来!"其木格似乎下定决心，谁也拦不住。

"给我备马!"王爷不得不叫手下人备马。

出了乌里雅苏台城，洁白、松软、闪亮的雪覆盖着一切。不见山峦，不见树木，哪是路哪是沟，分辨不清。空气凛冽寒冷，刺痛每个人冻得发紫的面颊。多尔古王爷和其木格领一队人马破雪前进。没有人说话，没有人叫冷，只有脚下马蹄不停地在雪上发出的飒飒声，给这雪野的阴郁气氛带来一点生气。

其木格驱马走在前头，双腿不停地磕镫催马。她的脸上虽然冻结着泪痕，但那双眼睛异样明亮，透着忐忑和急切，在四周漫漫雪野上不停地寻找，连一个黑影也不放过。

"阿爸，您瞧!"其木格突然挽住缰绳，回头惊呼一声。大家禁不住一阵紧张。

王爷策马顺着女儿的鞭梢放眼望去，远处茫茫雪野中似乎有一拨人马向他们急驰。

“王爷！王爷！”来者打老远就大声招呼。

“啊，是萨晋图大人！”王爷认出这一拨人是锡伯营的，急忙驱马迎过去。

两队人马碰在一起，相互询问。

“王爷，您怎么也出来了？”萨晋图有些吃惊地问。

“萨晋图大人，有无消息？”王爷反问道。

“还没有。”萨晋图说着低下了头。

“我们继续找！”王爷说着举鞭抖缰，催马要走。

“王爷，请等等！”

“等什么？”

“王爷，想问件事？”

“什么事？”

“格格以前许过人没有？”

“怎么会呢？”

“有人求过婚没有？”

“这倒是有。”

“卑职想是不是冤家路窄，有人为了格格绑架了萨音布。”

“哦？”王爷似有所悟，突然想起格尔登王爷曾经向他提过亲的事。当时他并未放在心上，只推说女儿年纪尚小没有答应。难道是他们绑架了萨音布？

“王爷，这只是个猜测，不好凭空妄断。”

“萨晋图大人，我知道了，咱们还是分头去找吧，有了消息及时通报！”王爷说着两腿一夹马，坐骑一跃蹿出，扬起一路雪尘。其木格等一个个策动坐骑随后追去。

萨晋图望着厚雪中渐渐远去的王爷一拨人马，不觉喟然长叹："王爷，您这是何苦啊！"

果然未出萨晋图所料，萨音布真的被格尔登王爷派出的人马绑架了。在乌里雅苏台，格尔登王爷虽然没有多尔古王爷名气大，但他也是个有头有脸的人物。开春，他曾经带着重礼亲自到王爷府为儿子提过亲，多尔古王爷推托其木格年小未吐口，他一时不好勉强只好等待时日，寻找机会。不想，多尔古王爷不念族情，却把女儿许给一个西迁的锡伯马甲。这是对他格尔登的蔑视。从小吃大块肉喝大碗酒长大火气十足的格尔登，岂能容忍这等败坏自己声誉之举，盛怒之下派出十几名彪悍骑手，将回营的萨音布拦住，用套马杆连人带马套住拉下马，带到府里秘密关押起来，还吩咐手下人不得走漏半点风声。

寻遍乌里雅苏台城里城外方圆几十里，萨音布依然杳无音讯。多尔古王爷闷坐府里，不得不考虑起萨晋图的提醒，感觉萨晋图的话十有八九有道理。想这方圆百里除了格尔登，谁能如此胆大妄为，竟敢与他作对，绑架王爷未来女婿呢？只是，事无把握，空口无凭，他这个堂堂王爷又怎好亲自到格尔登府上开口要人呢？思来想去，只得去找将军大人，由他出面调停或摆平这件事。

成衮扎布早已揣度出萨音布失踪的端倪，只因事关两个王爷，一时不好出面，况且这不涉及军政要事，本想睁只眼闭只眼，任其双方自行解决。如今多尔古王爷亲自登门找他，他又是这桩亲事的撮合人之一，怎好继续袖手旁观、缄口不语呢！

"王爷，你我说来道去只不过是个猜测，并无真凭实据可言。况且格尔登王爷一向狂傲，不甘心居你我之下。如今没有一个能拿得住他的把柄，恐怕他不会善罢甘休。”

“大人，我也是这么想，才来找大人商议。我想，只要你我一条心，总不至于对他束手无策吧！”

“当务之急，不要惊动格尔登王爷。表面之事我去应付，王爷趁机速派人打听萨音布下落，暗地里设法把他救出来！”

“看来也只能如此了，但愿他不要害了萨音布性命。”

“王爷放心，他虽然任性妄为，还不至于害了萨音布性命。”

“那就这么定了。”

“好。王爷回去先给锡伯营打个招呼，请他们随遇而安，我们保证把萨音布给找回来，免得操之过急，节外生枝！”

“好，一切仰仗将军大人了。”王爷出了将军府，一路忧心忡忡回到府里。

幽暗的夜空，半轮冷月在几片稀散的云间浮动，几点疏星远远地躲在天角，冻得直眨眼睛。朔风中飘落的寒霜一阵阵向锡伯营驻地吹去，在高高挂起的一盏盏灯笼间闪烁回旋。灯光在寒风中显得孤寂无奈，灯柱的影子却淡淡地躺在雪地上轻轻叹息。人们匆忙走过的深深的脚印连成一条条雪路，疲倦地躺在地上想都不想动。

色本泰夫妇早已入睡，只有伊尔哈一个人裹着被子痴痴地坐在火盆旁，望着荧荧闪光的炭火出神。自萨音布失踪之后，图克善就去陪萨晋图额爷，已经几天没有回来了。她虽然天天表面上装得自信坦然，但内心酸楚的痛苦，满腹愁楚已令她心碎。尤其到深夜，她更加坐卧不安，心烦意乱，胡思乱想，止不住的泪水直往上涌，真想跑出去喊天呼地大哭一场！

“伊尔哈，睡吧，快天亮了！”伊尔哈额妮抬起头轻轻叹了一口气，又倒在枕头上。

她，没有动。微弱的灯光依然把她关在孤寂的世界里，让她的灵魂在苦闷中徘徊寻找，去追溯她全部的经历，体会自己肩上的重任，从而更加坚定信心，早日摆脱无尽的焦虑和情欲的迷恋，点燃信心的火焰，为锡伯营的安宁负起使命，尽快把萨音布找回来。他是锡伯营的主心骨，锡伯营不能没有他。

她决定只身独往格尔登王爷府，哪怕他长着三头六臂，哪怕他府门如龙潭虎穴，她也敢冒险去闯一闯！

29

格尔登王爷长得膀大腰圆，短粗的脖子上顶着圆乎乎的大脑袋，粗犷黝黑的脸泛着紫红色油光，两道又浓又弯的粗眉下一双细眯的眼睛闪着机警而蛮横的光。他斜靠在兽皮软榻上，乜斜着眼睛细细打量着站在面前的亭亭玉立、艳若桃花的锡伯女子，见她别有一番成熟的风情，毫无羞怯和扭捏，不觉咽了一口唾沫。

“姑娘，找我什么事？”

“小女乃锡伯营教书先生色本泰之女，名唤伊尔哈，今日特来向王爷要人！”伊尔哈心想对付这种人用不着拐弯抹角，他硬她比他更要硬，一开口便单刀直入。

“要人？”格尔登王爷暗吃一惊，想不到这小女子口气这么大，雍容宽大的旗袍里充盈着凌厉之气。

“是，王爷。”

“要什么人？”格尔登不由得坐直了身子，心想不可小觑这女子。

“萨音布！”伊尔哈说着，高扬起脖子，直视王爷。

“哈……”格尔登王爷突然嘴一咧，腮上的肉往下一坠，仰起脖子大笑起来，笑声里充满着狡猾和奸诈。

“王爷之所以绑架萨音布，显然醉翁之意不在酒，只不过是想以此来要挟多尔古王爷，逼迫他顺从您的意愿罢了。可是，王爷您错了。这样做事情非但得不到解决，反而会激化怨愤，乃至同族操戈，两败俱伤，还会背上绑架西迁之士违抗圣上之罪名。难道王爷您就为这么一件区区小事断送自己的前程吗？”

“哼，姑娘，你凭什么说我绑架萨音布？”格尔登王爷虽然嘴硬，撑着面子，心里却感到有些困惑。

“王爷，小女本是闺中之秀，今日来找王爷并非为个人恩怨所左右，痴迷之情所昏头。小女是为锡伯营而来，为西迁而来。王爷身为男子大丈夫，为什么敢做不敢当呢？难道非要小女当着众人面指证王爷出丑吗？”

“你想怎么样？”格尔登王爷显然坐不住了，他站起来背过脸去。心想这小女子这么厉害，心里暗暗佩服。

“王爷，您把萨音布给放了！小女保证明年开春锡伯营上路前谁也不知道这事是您干的，这样既可以保全王爷的面子，又可以得到其木格格格，岂不是两全其美之举吗？”

“哈，你当我是三岁小孩？”格尔登王爷摸了一下冰冷的鼻头又是一阵狂笑，坐下来，一声不响把两只眼睛眯成一条缝，眼珠滴溜溜地转动一阵，露出威胁的神气。他装作泰然自若、不为伊尔哈的言语所动的样子。

“这么说，王爷是不想吃敬酒要吃罚酒喽？”伊尔哈嫣然一笑，黑眼瞳朝王爷一瞥，含着几份神秘莫测、藏而不露的神情。

“小小女子竟敢口出狂言，实属胆大妄为。好，本王爷等着你给我喝罚酒来！”格尔登毕竟是有头有脸的王爷，虽然被伊尔哈的义正词严说得心里有所松动，但岂能轻易听信伊尔哈，任她摆布。

“既然如此，小女伊尔哈只好告辞了。”伊尔哈说着向王爷深施一礼便退出王爷府。格尔登王爷，两眼直盯着她婀娜的背影，脸上火辣辣地发烫，“难道她真有真凭实据?”他心里暗自忖思一阵后，突然心一横，牙一咬，全身顿时充满了被突如其来莫名其妙的侮辱激起的暴力。

第二天锡伯营又传出一个震惊的消息：伊尔哈也失踪了！

适值天又下起纷纷扬扬的大雪，在这滴水成冰的北国，风雪肆虐，吞噬了一切，到处一片迷茫，人们苦闷的心上又增添一层忧愁。昨日，伊尔哈出了王爷府，单人独骑走在雪地上，心里感到从未有过的轻松舒坦，感觉不到寒风的凛冽，一颗心跟着疾走的马蹦跳，眼睛射出希望的光芒，红润的脸上轻盈地笑着。尽管格尔登王爷对自己不屑一顾，显示王爷的威严，却无法掩饰他内心的空虚和疑虑，由此她更加断定萨音布一定在他手里。此时此刻，萨音布有了下落就是她的最大收获、最大安慰。她相信自己无论如何也能把萨音布救出来，不仅为锡伯营解难，也以此进一步表达自己对萨音布的爱恋，让萨音布不要去迷恋那蒙古格格。她边走边想在离王爷府不到一里远时，突然从背后追来一队蒙面骑兵将她团团围住，把她拉下马，用毡子一裹驮在马背上，带到一座不知坐落在何处的蒙古包里，里一层外一层地严密看管起来。这一夜她彻夜未眠，一直坐到天亮。对于格尔登王爷的这一手她虽然有预感，没想到来得这么快，她未能来得及通风报信，把话传给锡伯营，这显然是因为格尔登王爷心里有鬼，恐其走漏风声，先发制人地绑架了她！她毫不惧怕，心里更加踏实，她被绑架证实了萨音布也在格尔登王爷手里。

伊尔哈失踪后，锡伯营上下震怒。萨晋图领着一班人马早已进见将军大人，将军大人深感事情的严重性。

“萨晋图大人，锡伯营背负皇命，历经千辛万苦来到本地，理应养精蓄锐平安度过这一冬，明春可择日上路。遗憾的是本将军没有尽职尽责导致连连发生两起事件，不但深负皇命，且伤害你我之间情感，实属不该。不过，你们放心，蒙古人之间的事由蒙古人来解决，决不会累及锡伯营，伤了两个人的性命。我来做担保。”

“谢大人。”萨晋图听了将军大人的一番承诺，虽然心情缓和了一些，还是不放心。“大人，两个人万一有个三长两短，卑职可受不了啊！”

“萨晋图大人，您放心好了，我保证将他们完璧归赵！”

成衮扎布送走萨晋图一班人马，心里盘算如何尽快解决这一事件。他想，他成衮扎布千军万马都能指挥若定，难道断不了这区区一桩小事？笑话！只不过是当初碍于两个权贵显要之间的面子没有插手罢了。不料，你个格尔登竟然骄横狂妄，得寸进尺，胆敢在我的面前惹是生非，不给一点厉害瞧瞧，还会自行收敛吗？

萨音布自那天莫名其妙地遭绑架后，一直被关押在一座矮小简陋的土屋里，虽然有几个蒙古彪形大汉日夜轮流看守，倒也没有为难他。每天大碗奶茶、大块肥肉喂他，有时候还少不了清香的马奶酒。可是一到夜晚，他躺在铺上，两眼直愣愣望着屋顶，

浑身灼热，满心烦躁，千思万虑不知道自己究竟被什么人绑架？现在在何处？这些人为何要绑架他？他们究竟想干什么？思前想后，大脑一片空白。想到锡伯营和自己的亲人，翻来覆去睡不着，如躺在针毡上。他盼着早点知道事情的内幕，早点能见到亲人。一天夜里，他刚刚迷糊片刻，恍惚中感觉一个脱得精光的女人悄然钻进被窝骑在他身上，用细嫩的双臂轻轻搂起他的脖子，将一对圆软的奶子紧贴在他的胸脯上。他骇然猛醒过来，急忙大喝一声“谁？”一把将那女人推开，怒目而视。那女人坐在铺上，想避开，却又不动。微弱的火光下，她的眼睛里突然充满了泪水，嘴角开始抽搐，声音低得几乎听不清楚：

“我，我什么都没干……”

“你是谁？是谁叫你来的？”萨音布一边穿衣一边责问。

那女子欲说，凄苦地瞥了一眼屋门口，张皇地拉起被子盖住身子蒙住头。

萨音布似乎明白了刚才发生的一切。他苦笑一声，摇了摇头，轻轻走到快要熄灭的火盆旁，弯腰捡起拨火棍随意拨了几下，又添了几块木炭，叹口气说：“你走吧！”

“不……”那女子掀开被子露出泪脸。萨音布这才看清那女子长得清秀俏丽。他怎么也不相信在北国荒原有如此水灵灵俊俏的女子！那一头乌黑光洁的长发，盖住两肩；两道纤细弯弯的眉毛下，一双明亮的眼睛，满含着妩媚；端庄略高的鼻子，表露出丰盈的感情；微微颤动的红唇，挂着深深的歉意。

“那你告诉我，这是什么地方，谁派你来的？”

“这……”那女子窥了一眼门口又把话咽回去。

“好，现在你说！”萨音布犹豫了一下，还是走过去坐在她身边。

“这里是格尔登王爷的地盘，我是他府里的使女，叫布娅……”布娅全身战栗，声音打战。

“不要怕，慢慢说。”

“锡伯营来之前，格尔登王爷就向多尔古王爷提过亲，想给儿子娶其木格格格为妻。当时，多尔古王爷没有答应，后来听说多尔古王爷把女儿许给你，格尔登王爷大发雷霆，盛怒之下把你捉来，想以此断了多尔古王爷的念想，逼他答应婚事。”

“那你与这事有什么关系？”

“格尔登王爷一开始两头担心，现在你不见了，多尔古王爷格格的婚事自然作罢。可王爷对你却不放心，怕你痴迷其木格格格，给他增加麻烦，所以派我来陪你，伺候你，想以我的姿色打动你，待到开春后送你悄然上路。”

“噢，好一个格尔登王爷，如意算盘打得这么精！怪不得一天到晚关着我不让出门，原来是想利用我去对付多尔古王爷！”

“我说的都是真的，你不会责怪我吧？”

“你放心，我知道你也是受人之命，出于无奈。但这一切都是徒劳的。因为，我已经有了自己的女人，我和她发过誓生生死死在一起，你回去告诉他们。”

“我知道。可我现在不能回去，王爷叫我日夜伺候你一直到你离开这里。”布娅说着难为情地低下了头。

“好吧，既然王爷这么看得起我，你就留下吧。不过，我绝不会和你睡觉。”

“我也是被逼的，只要你不责怪……”布娅微微哆嗦，十分尴尬地把头垂得更低了。

“好吧，我不责怪你，只要你答应我一个要求。”

“什么要求？”

“不论哪天你出去，一定给锡伯营带个口信，告诉他们我在这里。”

“我答应。只要有机会，我一定带到。”

一天夜里，萨音布和布娅还没有入睡，格尔登王爷带着一帮手下，神不知鬼不觉地突然出现在萨音布牢屋前。他下了马，费力地低着头走进土屋，脱去结满霜尘的狐皮长尾帽，露出一脸肥肉，两眼透过昏暗的灯光，凶悍地扫了一眼屋的四周，一屁股坐在火盆旁铺着一块兽皮的土墩上。

“萨音布，怎么样？本王爷没有亏待你吧？”

“多谢王爷关照！”萨音布早已得知内情，不慌不忙地站起来，从容回答说。布娅吓得跪坐在一边低着头，不敢看一眼，全身直哆嗦。

“我也不想这么做，可是……”

“王爷，请您不必顾忌。我萨音布虽没有妻室儿女，也算是堂堂男子汉，早已有了心上人，况且已对天发过誓这辈子除了她谁也不娶！您这是何必呢？岂不是自寻烦恼吗？”

“可是多尔古王爷已将格格许与你，你额爷也答应了他，难道你能违抗吗？”

“那只不过是多尔古王爷的一厢情愿，何况娶媳妇的是我萨音布，不是我额爷！”

“你……你连额爷的话都不听？”

“说实话，我额爷也是被逼无奈。王爷想想看，我们几百号人马携眷行军，一路历经千辛万苦，牛马倒毙近一半，如果开春前得不到补充，我们将如何启程？这节骨眼上，一时接济无望的他，对多尔古王爷的热忱相助能不动心吗？”

“噢，照你这么说，你是不想娶其木格格格了？”

“王爷您知道，人生靠的是缘分。我怎能对我相爱的女子背信弃义而去娶其木格格格呢？”

“萨音布，话虽那么说，可哪个男人见了漂亮女人不动心！倘若你能留下来，这多尔古王爷的一切荣华富贵将全都归属于你，你真的不要吗？”

“王爷，萨音布不是贪色敛财之徒，我乃背负皇命西迁伊犁戍边的大清先锋！对我来说没有选择，死也要死到伊犁，决不会半途而退去贪图个人享乐，辜负皇恩厚望！”

格尔登王爷见萨音布如此仗义耿介，心里暗自佩服，不觉动了恻隐之心，长长吁出口气，“这么说来，你心上的姑娘名叫伊尔哈？”

“伊尔哈？”萨音布不觉一怔，脱口而出。

“她为了你单人匹马来向我要人，好厉害哟！”

“王爷，她现在在哪儿？”萨音布从格尔登王爷的口气中感到伊尔哈也已经陷入这危险之地。

“萨音布，你别急，你既然不挡本王爷的路，本王爷也不会为难你。伊尔哈姑娘在我手里，只要你答应本王爷一个条件，本王爷就成全你们，而且，开春前多尔古王爷能接济你们的牲畜，本王爷照样能补给你们，你看怎么样？”

“什么条件？”

“你们俩远走高飞，不要回来！”

“不！王爷，萨音布绝不能抛下锡伯营不管，我与锡伯营生死共存亡！”萨音布一口回绝。

“本王爷不是叫你们永远离开锡伯营，只是叫你们俩先走一步，我会派人护送你们到科布多等候，开春后锡伯营上路到了科布多，你们还不是在一起了吗?”

“这……”萨音布一下陷入沉思。因为这绝不是他一人之事，而是牵连锡伯营的大事，不可随便答应。

“好，本王爷给你三天时间做出决定，免得将来后悔！”

“既然王爷给三天时间，萨音布想见见伊尔哈。”

“好，我答应，今晚就给你送过来！”格尔登王爷说话爽快，回头跟身后的亲信嘀咕几句，就自行出门走了。那个亲信叫了两名家丁，当即把布娅带走。临走时，布娅姑娘含着满眼泪珠一再向萨音布点头，不知是出于内疚向他道歉，还是祝福他往后一路平安且能理解自己的苦衷。

30

半夜，伊尔哈被两个家丁带到萨音布土屋里。乍一见，伊尔哈一下惊呆了！她还原以为格尔登王爷要把她带到什么地方再关押起来，想不到竟然把她带到这里！她在闪烁的灯光中见萨音布那依然容光焕发的脸，几天来的委屈、担忧、苦闷、焦虑一齐涌上心头，悲喜交加，不觉一阵心酸，喉头一热，大喊一声，“萨音布阿哥！”便冲过去，一头扑进萨音布怀里呜咽起来。

“伊尔哈，你怎么也来了?”在这异域他乡的患难中，萨音布怎能伤了伊尔哈的心呢？他紧紧地把她抱在自己的胸前，瞧着她的头发，慢慢用手抚摸，心头一阵发酸，深深感觉到她的心为他在激烈地悲伤颤抖。

“没有了你，萨晋图额爷不吃不喝，日夜忧愁，全锡伯营的官兵像丢了魂似的，我能坐得住吗？”伊尔哈边啜泣边说。

“你出来他们知道吗？”

“我对谁也没有讲。”

“我们尽快想办法让他们知道我们被关押在格尔登王爷府里，不然他们会更加焦虑不安的。”

“可我们现在没有办法出去呀！”

“我们是一时出不去，但愿布娅姑娘有机会将这消息尽快送到锡伯营。”

“布娅姑娘？她是谁？”

“是王爷府里的一个蒙古姑娘，你来之前多尔古曾派她来伺候我，企图用她的姿色来动摇我的决心……”

“那，萨音布阿哥你……”伊尔哈听了萨音布的话，一下停住啜泣，惊慌地抬起了一双泪眼。

“伊尔哈，你想到哪里去了？我连其木格格格的求婚都拒绝了，还能为一个素不相识的姑娘动心吗？”

“萨音布阿哥，你……你刚说什么？你说你拒绝了其木格格格的求婚？”

“是的，伊尔哈。”

“那你为什么留在多尔古王爷府，格尔登王爷又为什么会绑架你？”

“伊尔哈，这并不是其木格格格和我之间的私人恩怨，是关系到王爷府和锡伯营之间的大事。当初，我也是一时想不通，后来仔细想了想额爷说的话，如果我当着将军大人、多尔古王爷一

口回绝，驳了多尔古王爷的面子，那锡伯营的处境会怎么样呢？开春后不但得不到应给的补充，而且按时启程也将成为一大难题。到时候协领大人只管催促上路，不管我们的死活，到头来吃苦的还不是我们？所以我只好表面上答应，顺从他们的意愿，可心里一直想回到锡伯营。无论如何要想个两全其美的办法，既不伤害他们，又不失信对多尔古王爷的承诺。可谁会想到，格尔登王爷早已看上其木格格格了呢？现在他为了顾全自己的面子，为了自己的将来能容留我吗？”

“可阿哥你这样做，不是欺骗多尔古王爷，伤害其木格格格的感情了吗？”

“伊尔哈，我也不是故意这么做，为了不负皇命，为了西迁顺利，如今只能扬汤止沸，不可釜底抽薪。”

“阿哥，我虽然明白这个理，可如今事与愿违，我们俩都落到格尔登王爷手里，家里的人却不知道，这可怎么办？本来，我真以为阿哥要留下来当多尔古王爷的乘龙快婿，憋了一肚子气，后来听说阿哥失踪了才意识到事情的严重。我想，乌里雅苏台城里除了格尔登王爷没有人敢这么做，所以才横下一条心单人匹马来找王爷要人，也打算探听虚实。如果王爷他不见我，或放我走，说明阿哥的失踪与他无关。王爷要是把我也扣下，那阿哥肯定在他手里。果然不出我的预料。”

“伊尔哈，你没有想到你被扣留的后果吗？”

“我一心只想尽快得到阿哥的消息，根本没有去想结果会怎么样……”

“伊尔哈，阿哥看着你长大，也很心疼你，你的一片心意阿哥也明白，你这样做，阿哥从心底里感激你，只是总觉得对不起华沙布，怕他引起误会伤了朋友之情。”

“阿哥，你不是说以大局为重吗？我这样做也是为了锡伯营的前途啊，并不是为了我自己！华沙布是个男子汉，他应该明白这个道理，不该心胸狭窄怨恨你呀！”

“伊尔哈，话虽这么说，我可是在他面前发过誓的。”

“难道为了我？”

“是。”

“为什么？”

“他一直很爱你，打心底里喜欢你！”

“阿哥，我只想问问你，难道你一点也不爱我，一点也不喜欢我？”

“伊尔哈，你不要逼我好不好，我也在艾新芝面前发过誓……”

“阿哥，这我知道。不过我想如果有一天艾新芝格合不爱你了，你的誓言还算不算数？”

“这……伊尔哈，这怎么可能呢？你不要再胡思乱想了。”

“阿哥，我从小心中只有阿哥你一个人，除了阿哥谁也不爱，走到哪都会跟着你，等多久都愿意，你要是一辈子不娶我，我就一辈子不嫁人！”

“伊尔哈……阿哥真的对不起你。难道你要逼我去做背离良心伤害朋友的事吗？”

“阿哥，我不是逼你，而是爱你，让你知道我在爱你！俗话说，女子一爱，千金难买，我怎能抛弃我自己，轻易放弃我的真爱？难道两个男人可以去抢一个女人，两个女人就不能去争一个男人吗？”

"伊尔哈，我……唉！我真拿你没有办法。好吧，既然你不听阿哥劝说，那你爱怎么想就怎么想，等我们出去后再说好不好?"

"嗯。"伊尔哈高兴得一下破涕为笑。

"那我问你，他们为什么把你带到我这里来，你知道吗?"

"不知道。"

"刚才格尔登王爷来过，他叫我只要放弃这门婚事，他保证不伤我一根毫毛，而且派人秘密护送我到科布多藏起来，待开春后西迁队伍到达科布多时叫我出来，还答应锡伯营的补充全部由他资助。"

"那阿哥答应了?"

"我说我是皇上的兵，没有皇上之命死也不能离开队伍。我虽没有妻室却早已有心上人，而且发过誓这辈子除了她谁也不娶。他听了之后十分惊讶，起初根本不相信我会毫不留恋地一口拒绝这等荣华富贵之事，不要像其木格格格那样的漂亮女子。后来他突然问我的心上人是不是名叫伊尔哈?……我乍一听吃了一惊，接着他告诉我，你单人匹马来向他要人，立刻意识到你也在他手里，不然他怎么会知道你的名字呢?"

"那……那你怎么说?"

"我怎么能说不是呢，那样岂不害了你性命?他这才相信了我，而且十分高兴，他说他一定要成全我们，将我们俩一起护送到科布多。"

"他会那么爽快?"

"他叫我三天内做出决定，所以我将计就计，叫他们送你过来。"

“如果不答应呢？”

“他肯定会除掉我们，或活埋或喂狼，到时候无凭无据，谁还敢来查他这个王爷呢？除掉心腹之患，他还愁得不到其木格格格？”

“想不到他一个堂堂王爷，为了成全自己竟敢无视皇命、目无王法，对西迁之师下手，难道他敢犯上？”

“山高皇帝远，正因为如此，朝廷才派重兵驻扎在乌里雅苏台城，相顾东西南北，以防不测。而我们到了伊犁驻防，正好与乌里雅苏台遥相呼应，无形中连成一条牢固的防线，既可抵御外患又可防止内乱，不仅保证版图完整，又能让朝廷安宁。所以我们不能辜负皇上厚望，一定要想办法逃出去，把锡伯营安安全全带到伊犁。”

“阿哥，你的心思我懂，只是我们如何逃出去？即使能逃出这格尔登王爷的魔掌，又如何摆脱多尔古王爷的纠缠？”

“眼前我们还没有别的办法，只能等布娅的消息了。如果三天之内还没有音讯，我们只能答应格尔登王爷的条件，先稳住他再做打算。你看怎么样？”

“好吧，我听阿哥的。”

布娅此时刚刚回到王爷府，她心里一直佩服萨音布高尚的人格和坦诚的为人，十分感激他对自己的尊重和信任，恨不能即刻长出一对翅膀飞到锡伯营，将他被关押的消息告诉他的亲人同胞。可是，她知道，这是异想天开，只不过是急于报答的渴望。她一个被人使唤的奴婢，身处管束森严的王爷府中，平时不能离开半步，更何况她刚刚从萨音布那里回来，为了提防走漏消息王爷能不派人盯着她吗？为了这，她整天焦急万分，不得心安。第一天一晃就过去了，她心急火燎，冥思苦想，毫无头绪，这才感觉到身边有个男人是多么重要！

想到男人，她突然想起一个人，两眼闪过一丝希望。“阿勒坦，阿勒坦，你可一定要帮我救出萨音布，他是个好男人哪！他没有糟蹋你的布娅，你一定要救他！”她在屋里团团转，一边喃喃自语，一边心里祈祷。

阿勒坦是格尔登王爷府中一位牧人，秉性刚烈，好打抱不平，因常年在外放牧，快三十的人了，至今尚未成亲。布娅刚来王爷府时，他像阿哥一样关心她，体贴她，照顾她，使她从内心里感激不尽，难以忘怀。日子长了，见面多了，两个人之间无形中产生了深厚的感情。有一天，阿勒坦终于对她坦露了爱慕之情。可是她一个奴婢身不由己，没有王爷的许诺，哪能自作主张接受一个男人的爱呢？从此她觉得对不起他，害怕看见他，即使偶然见到他，也有苦难言。她想丢下又心不甘，想得到又怕惹乱。后来她被招进府中伺候王爷，进出有禁，行走有规，再也没有见到他。如今事关人命，她救人心切，又苦于自己无能为力，不得不去找他，只有他才能把萨音布救出来。

待到夜深人静，布娅穿上皮大衣，把头脸裹严实，一个人偷偷溜出王爷府，去王爷府几里外的马圈找阿勒坦。路上虽然跌倒几次，脚冻得发麻，手冻得发颤，指头变得僵直，彻骨的寒风使她感到钻心的冷，四周笼罩着瘆人的恐怖，但她没有害怕，没有停步……

心里越是着急，日子就越过得漫长。第二天，萨音布和伊尔哈在焦急的等待中熬了一天，没有动静。日落西山，夜幕降临，火盆里的炭火一点亮光也没有了。伊尔哈坐在一旁拿着火筷子不停地拨来拨去，拨了半天还是死灰一盆。萨音布见她颦眉蹙额沉闷的样子，也无以自解，只得极力摆脱烦躁，苦等那渺茫希望的到来。这时，外边又下起大雪，天空变得阴沉沉的，凛冽的寒风一阵阵摇撼着低矮的土屋，发出呼呼的声响。

风雪呼号不停，两个人越发心焦，第三天到来时，心里的那一线希望也终于破灭了。伊尔哈抬头眨动着疲倦的双眼，轻咳一声，勉强地笑了笑，看着萨音布说："萨音布阿哥，看来布娅是靠不住了，我们还是另想办法吧！"

"伊尔哈，先别急，无论如何，不到最后不能放弃。万一布娅姑娘来不了，咱们就答应王爷，出去以后再说。自古道，天无绝人之路，好人自会有好报！"萨音布虽然心里很急，但嘴里说得很有信心。

无谓的希望，只会付出无谓的牺牲，惆怅的等待还不如坦然面对。第三天过去了，由于希望的落空，两个人心里反而踏实了，轻松了。只要王爷不杀他们，就会有机会逃出去，把生存的希望寄托在往后的日子里，决不能坐以待毙。

傍晚，格尔登王爷披着一身的雪花神气十足地走进土屋。萨音布和伊尔哈面对王爷，没露一丝的慌乱和畏惧，依然镇静自如。

"萨音布，你想得怎么样了？"王爷并不想拖延时间，未落座先开口。

"想好了，王爷。"萨音布也十分爽快，说话坦然，一点不虚张声势。

"噢，这么爽快！"王爷装出一副意想不到的样子。

"王爷您权大势大，神通广大，谁能奈何得了您？我俩已是您釜中之鱼，砧上之肉，任您割，任您剐，还能怎么样!”萨音布装作唯命是从的样子。

“好，好，能这样想就非常可贵。自古道，富贵在天，生死由命，何必放着生路不走非要自寻死路呢?”

“多谢王爷恩德，萨音布遵命便是了。”

“痛快，痛快!”

“不过，王爷一定信守自己的诺言。”

“一定，一定，绝不食言!”

“那我们什么时候动身?”

“夜阑人静好赶路，早到早安置岂不更好!”

“好吧，听王爷的。”

“萨音布，你是个明白人，本王爷也是迫不得已，请你给我一点面子，路上可别惹是生非，不然……”

“王爷，请放心。只要您手下不为难我，我萨音布也绝不会为难他们。”

“好，算你有骨气。到了科布多自会有人接应你们，照顾你们，直到明春你们的人马到达科布多，就把你们安然交还。”

31

暴雪肆虐，狂风怒吼，天地灰蒙蒙一片。格尔登王爷之所以决定即刻打发他们动身，一是想借助恶劣天气避人耳目，二是走过的痕迹被风雪一盖，则无影无踪。半夜，他委派的管家带着十几个侍卫骑着快马，把手脚被绑、架在马鞍上的萨音布和伊尔哈夹在马队的中间，出发了。十几匹马在茫茫黑夜，冒雪向西疾行。这些马都是蒙古纯种马，四肢粗壮，动作轻快。一双突出的鹰般的眼睛，就是在浓雾风雪里，也能看得远，看得清。两只粗而短的耳朵灵敏机警，细微的声响也听得一清二楚。马上的人用厚重的皮衣皮帽把身子裹得严严实实，纵然凛冽寒风像针一样刺痛双颊，他们也不怕被冻僵。

约莫走了一个时辰，打头的那匹马突然抬起头，竖起两耳打起响鼻，咴儿咴儿直叫。细心的骑马人从皮领里探出头疑惑地朝前看了又看，可是狂风夹着雪花打在他的脸上，他睁不开眼，什么也看不清。走了一阵，那马突然驻足不前了。这时骑马人才意识到前面似乎有什么情况，他急忙掉过头来小声朝后喊："管家，前面好像有人!"

"什么?"走在中间的管家听说前面有人，匆匆策马过来。伏在鞍头细眯眼睛抻长脖颈儿透过风雪朝前面细细一瞧，果然模模糊糊中，不知是人还是马，黑压压一片挡住他们的去路。他不由得心头一震，急忙直起身子干咳几声给自己壮胆。后面的人听见管家的干咳声旋即将萨音布和伊尔哈紧紧围起来，个个抽出腰刀勒紧马头以防不测。

黑影越来越近，似乎有千军万马渐渐将他们围了个水泄不通。管家虽然挽缰持刀立马不动，却难断进退，犹豫不定。心想，如果是锡伯营人马，他可拼死一冲，或许能冲出重围，凭他们的马快路熟，直奔科布多，不负王爷的重托；如果是多尔古王爷或是成衮扎布将军的人马，他们纵有回天之术也插翅难逃。想到这儿，他抖擞一下精神，回头低声喝令手下做好准备，便顶风冒雪策马一步步往前走过去，他要见机行事，一赌生死。可是，没走几步，冷不丁马失前蹄连人带马跌倒在地。管家一头扎进厚雪里，还没来得及爬起来，后脑勺儿猛遭一击，他哀叫一声，躺在雪上没了声音。后面的人不知前面发生什么事，惊疑中一齐挥刀跃马上前，不料坐骑全都突然失控跌倒在地，一个个翻身落马，束手就擒。他们被装进口袋里，扔在马背上，绑了个结实。

天亮时，狂风暴雪终于过去了。冻透的太阳迟迟不愿露出朗朗的脸，微弱光明没有透出一丝温暖，冰天雪地到处映着苍白。这几天，锡伯营群情激奋，阿穆呼朗不敢冒犯众怒，不得不替锡伯营天天往将军府跑，指望成衮扎布速将萨音布和伊尔哈找回，免得生出事端。可是成衮扎布每每见了他，不失风度，做出坦然自信不为区区小事所动之态，眨着眼睛，似笑非笑地露出凡事应对有方的样子，闭口不提锡伯人丢失之事。阿穆呼朗被夹在中间十分为难和尴尬。如今他是上不得呵护安慰，明言指点，下不能取信于官兵，没法交代。他只有一个念头，就是一开春马上上路，奔赴伊犁，再不迁延路程。

这一天，他如往常一样骑着马，带上手下出了锡伯营直奔乌里雅苏台城。这次是去见多尔古王爷，想请他出面再次请求将军大人深究严查，缉捕真凶，得解这一桩悬案。不料到了王爷府，门子告诉他们多尔古王爷一大早就去了将军府。

他二话没说，掉转马头又奔将军府。进了将军府，不见多尔古王爷。将军大人略问几句便推辞身体不适吩咐手下送客。阿穆呼朗被赶出门，憋着一肚子不满，当着手下的面又不好发泄，纵身上马狠抽一鞭悻悻然回到营地，去找萨晋图。

这几天，萨晋图脸颊消瘦，两眼陷落，神情木然。见阿穆呼朗进帐来，他口未开两眼泪水像闸门泄水般流了下来。

“协领大人，我……”

“老防御，这……这都怪本官无能，当机不断，却仰仗他人，耽误时日，坏了大事。不过，请老防御宽心，本官想这乌里雅苏台弹丸之地，只要萨音布在，定能被找出来。况且萨音布是受皇命西迁的朝廷官兵，谁敢轻举妄动加害于他？”

“都怪老夫，祸从口出，大人不必自责……”

“如你我之猜测这事是格尔登王爷所为，他也是醉翁之意不在酒，只是……”

“大人，萨音布年轻气盛，老夫怕的就是他不被格尔登王爷威逼引诱所动，惹得王爷发怒，伤害于他。到时候，不留蛛丝马迹，无凭无据，我孙儿岂不被冤死……老夫不图多尔古的金山银山，顾不得什么补充给养，只望我孙儿能幸免于难便是天大的侥幸了。大人……”

“您不必忧心伤神。看来凡事指望别人不如靠自己，还是我们自己……”

“大人，您这是什么意思？”

“老防御，不知将军大人何意，近来他不提萨音布失踪之事，一拖再拖，于我视同路人，避而不见。”

“这……是否缓兵之计，意在麻痹格尔登王爷？”

“只怕其中另有缘故，我们还是见机行事为好。”

“大人说得也是。如今我等在他人地盘，岂能得罪于他们？唉，早知今日，何必当初！都怪老夫一意孤行，顾此失彼，大祸殃及孙儿。”萨晋图说着又泪水涟涟。

“当初均出于一片好心，谁料会有这种结果。将军大人既然想撒手不管，那只好靠我们自己去寻找。”

“大人，咱人生地不熟，如何寻找？”

"先派出几名探子使点银子得到消息再说，不然一拖再拖，等到何时？"

"那老夫就仰仗协领大人了！"

两个人正说着，图克善急匆匆掀帘进帐来，大声说：

"额爷，额爷，不好了，营部集中调养的牛马突然一个个倒地，一会儿就死了十几头，锡林春大叔叫您快去看一下！"

"啊？什么时候？"

"就一阵工夫。"

"走！"萨晋图听说牛马死去，吃惊不小，即刻跟着图克善与协领大人一起向营部牲畜圈疾步走去。

营部牲畜圈里，牛马已经倒毙十几头，还有几头躺在地上奄奄一息。闻讯赶来的兽医正奋力抢救，扎火针、放血、灌热汤……

"这是怎么回事？"阿穆呼朗走进牲畜圈劈头就问兽医官。

"回大人，观其症状不像五劳七伤，八成是瘟疫……"

"瘟疫？大冷天怎么会染上瘟疫？"

"不然怎么会转眼间死这么多，而且马牛都一个症状，牛死得比马还多！"

"如果是瘟疫，那就糟了！快把这些死尸全都拉出去！"萨晋图一边下令一边跑过去捉住一头死牛的后腿就往外拉。

不到一袋烟工夫，十几个官兵将死去的牛马拉出去堆在外面。即刻一群乌鸦贼头贼脑呱呱叫着，围绕着圈棚忽起忽落，瞅着一有机会便下来美餐一顿。

到了乌里雅苏台后，为了牲畜安全过冬，营部将各札兰羸弱不堪、生癞染疾之马牛集中到营部牲畜圈一起喂养，指望启程前痊愈并恢复体力。如今，非但未能医治反而死了许多，阿穆呼朗望着堆起的牛马死尸呆呆地站着，不知道这是天灾还是人祸。

“华沙布！”萨晋图见圈内已清理完毕，大声喊。

“在！”华沙布闻声赶来。

“快去各札兰传令，把凡是有症状的马牛立刻分开，下面多撒些草灰！”

“喳！”

华沙布刚走，各札兰纷纷来人报称许多家马牛躺倒起不来了。阿穆呼朗心里一阵酸楚，不觉两眼涌上泪水。

“大人，您在这里看着，卑职到各札兰看看！”

“一齐去吧！”

两个人迈着沉重的步伐，踏着雪往前走，每到一个札兰，闯入他们眼帘的都是伸开四蹄无力地躺在地上的马牛。有的牲口眼里淌着泪珠，还在挣扎；有的目光黯淡，随时都可能死去。轻一点儿的也站立不稳，摇摇晃晃，没有人看护，很难活下去。

阿穆呼朗和萨晋图察看完毕，回到营帐，立即召集各札兰防御、骁骑校等磋商，并委托看护防御朱朗阿奏报乌里雅苏台将军大人，等候将军大人的处理。

第二天，驻地周围马牛死尸遍地，有的被野狗撕破肚皮，五脏六腑流了出来，染红了雪地。那些可恨的乌鸦岂肯放过这难得机会，啄空那些牛马的眼珠，一边吃一边跳来跳去呱呱大叫。几十只秃鹰也在空中盘旋，个个盯着雪地上的血迹，有的俯冲下来在死尸上撕扯……

成衮扎布得到朱朗阿的奏报暗吃一惊，这瘟疫按理应在春季为多发时期，怎么会在这北国隆冬发生呢？这种事过去他从未听

说过。本来接济锡伯营牲畜一事就很棘手，幸得多尔古王爷看上萨音布，愿意接济，不料中间却发生不测，自己此时再去见多尔古王爷也感到十分为难。可锡伯营是皇上派来的朝廷之师，皇上早有圣谕，要求沿途给予全力接济，怎敢视而不见、充耳不闻呢？接济吧，自己能力有限，哪有这么多的牲畜？向各王爷摊派？那只是自绝后路。出于慎重，他请来领队大臣纳苏肯商议。锡伯营之事纳苏肯早有耳闻，只是将军大人没有找他，他也不好插手。进了将军府，听了将军大人提出的一番疑虑，他微微一笑说："大人，何必那么认真呢？锡伯营人马只不过是过路客，我们这里迎来送往是常有之事，到时候打发走不就得了吗？"

"只是这一回与往常不同，往常迎来送往的全是换防兵，而这回他们带着家眷，奉皇上圣旨西迁驻防，以何理由匆匆打发他们走？"

"既然如此，依我之见，要么奏请皇上恩准补发银两，我这里给予筹措办理；要么现在接济他们，叫他们到达伊犁后如数奉还！"

"看来也只好如此了。"成衮扎布紧皱的眉头稍稍舒展，显得轻松许多，心中似乎有了主意。"好吧，我这就派人奏报皇上恩准接济，大人去找多尔古王爷谈谈，他是否改变了初衷，咱就两头并进，双管齐下，看有什么结果再说！"

"好。"纳苏肯爽快地答应。

纳苏肯正要起身告辞，门卫进来禀报：

"二位大人，外面锡伯营阿穆呼朗协领和萨晋图防御求见！"

成衮扎布看了一眼纳苏肯，便挥了挥手，说："传他们进来！"

阿穆呼朗和萨晋图匆匆走进议事厅，未等开口，成衮扎布却先说话了。

“二位来得正好。刚才，我和纳苏肯大人正在商谈牛马倒毙之事，你们是奉皇命来的朝廷之师，我们不能撒手不管，至少也得尽地主之谊，让你们高高兴兴上路才是。请二位回去后再仔细察看牛马倒毙之因，并转告看护防御朱朗阿，叫他速将倒毙马牛驼数造册交与明成送来！”

“喳！”阿穆呼朗想不到今天出师有利，本来有些担心现在也没有了。

“萨晋图大人！”成衮扎布说完看了一眼脸颊消瘦的萨晋图，动了恻隐之心，他从椅子上慢慢站了起来，走到萨晋图跟前，诚恳地说，“萨晋图防御，您老不顾失孙之痛又为锡伯营公务奔波，我很对不起您。不过，您放心，只要萨音布活着，我成衮扎布保证总有一天把他完完整整地交还与您……”

“多谢大人恩典……”萨晋图听了将军大人的话，既激动又悲伤，泪水又不由自主地流了下来。

32

自那天雪夜，萨音布和伊尔哈被突如其来的一队人马半途拦截后，又被糊里糊涂带到深山峡谷里一间建造得十分结实的木屋里关了起来。虽然是冬天，这里却阳光和煦，空气湿润，周围宁静，环境很舒适，让多日蒙受惊恐和烦躁的他们有了一分难得的安逸。举目望去，对面的阴坡上鳞次栉比的岩石一个比一个高，互相交错，绵延攀登，直冲云天，争前恐后地沐浴着喜气洋洋的阳光。小鸟在天上自由自在地飞来飞去，叽叽喳喳叫个不停。

木屋虽然宽敞，因只有一眼小天窗，显得阴暗。两边有两张木床，是用碗口粗的松木搭的，上面铺着厚厚的皮褥和皮被，看上去屋里不生火也不至于冻得睡不着觉。屋中间挖有一个大坑，周围用大大小小的石头围起来，里面架了火。一个被烟火熏得发黑的三角铁架支在中间，吊着一个茶壶，徐徐沸腾着热气。门前虽然没有人看守，却把门从外面钉死了，你纵有天大的本事也休想从里面逃出去。每天到了傍晚才来两个人，不知是男是女，爬上屋顶，从天窗给他们送下吃喝物品，从不说一句话。萨音布和伊尔哈蒙在鼓里，不知自己身在何处，总算逃脱格尔登的魔掌，也不至于被抛到野外喂狼，暗暗庆幸还活着，也算是不幸之中的万幸了。可日子久了，他们不免心里发慌，不知这些人究竟是些什么人，为什么要把他们关在这人不知鬼不觉的山谷里？他们究竟想干什么？他们俩日夜猜想，终不见有人来与他们交谈。

“萨音布阿哥，他们究竟是些什么人？为什么把我们关在这里理都不理？”伊尔哈焦虑不安，忍不住开口问萨音布。

“伊尔哈，阿哥想来想去也终不得其解。你说多尔古王爷？他没有理由这么做，他要是找到我们，巴不得立刻拉我去和他女儿成亲，唯恐再生不测。是将军大人？他何必这样偷偷摸摸叫我们东躲西藏呢？一道令出谁敢说个不字？”

“是不是布娅姑娘？”

“布娅姑娘？”

“我想只有布娅姑娘才会这么做，担心把我们交出去再落虎口，所以带到这深山峡谷里藏起来，等到有利时机再放我们走！”

“可是她哪有胆量跟格尔登王爷作对，竟敢明目张胆半路拦截他们的人马救我们？如果是她，为什么不来见我们，到如今还不露面呢？”

“也许她有什么苦衷，或有什么原因，或有什么打算……”

“有千万个理由，也该给我们说一声啊！阿哥一直在想，是不是咱们的人……”

“是咱们的人？”伊尔哈听了萨音布的话，惊疑地瞪大了黑黑的眼睛盯着萨音布，她冥思苦想多少天，做梦也没想到是锡伯营的人会来救出他们，有这可能吗？

“想必是额爷他们为了避开众人耳目，开春前不想再惹麻烦，有意把我们俩藏在这里，有个相互照应。”

“阿哥的意思是说额爷喜欢我和你在一起？”伊尔哈明知故问。

萨音布没开口，把微微涨红的脸侧过去。

“可是额爷也不该这么闷着我们，总得给我们说一声啊！”伊尔哈心里暗自一喜，却装出不解的样子。

“是不是怕走漏风声暂且没给我们打招呼？”

“如果是阿哥说的那样，开春前我宁愿待在这里，哪儿也不去。”伊尔哈说完又偷偷看了萨音布一眼，想探探他心里究竟是怎么想的。

“伊尔哈，阿哥从来没有骗过你。你不知道，阿哥真的有一肚子的难言之隐。你瞧，我所面对的艾新芝、巴扬阿、华沙布，还有你，都是我的亲人，都是我的朋友，我能伤害哪一个？哪怕是无意的，阿哥也会一生于心不安。”萨音布心绪有些沉郁，像是在对伊尔哈陈诉衷情，想博得她的理解。

“阿哥，这我知道。不过，我没想那么多，也不可能想那么

多。我只是……我已经向阿哥表过我的心，我绝不会逼迫你，也不会叫你即刻做出抉择，我是等你，等到阿哥有一天娶我为止。因为我相信阿哥的无量功德会感动我们所有的人。”伊尔哈见萨音布向她敞开心扉，趁机又是安慰又是表白，话说得进退有度，也算是费了一番心机。

“伊尔哈，阿哥知道你的心。可是，你这样做总有一天会后悔的。”

“不，绝不！”伊尔哈虽然话说得平和，但那口气和眼神令人不容置疑。

“萨音布！萨音布！”

突然从门口传来一个女人细微的呼唤声，两人吃了一惊。

“啊！是布娅姑娘！”萨音布从门缝里看见是布娅，心中的愁闷顿时烟消云散。

“萨音布，对不起！我本想早早来看你们，可一直无法脱身，耽搁这么多时日，才叫你们担了心！”布娅不等开门就连忙自责。

“布娅姑娘，这是怎么回事？真的是你救了我们？”等看门人开了门，萨音布不等布娅进屋劈头就问。

“萨音布，说来话长，是阿勒坦救出了你们！”

“阿勒坦？他是谁？他为什么要救我们？”萨音布摸不着头脑，迫不及待想问个水落石出。

“萨音布，不要急，等我进屋慢慢给你们说。”

“噢，快进，快进！”萨音布急忙让布娅进屋。布娅坐下缓了一口气，环视四周，伊尔哈忙给她倒了一碗茶。

“布娅格合，请喝茶！”

“您就是伊尔哈姑娘?”布娅接过碗，用温柔的目光仔细打量着伊尔哈，腼腆地笑着轻声问。

“是。”伊尔哈初次见布娅，也难免有些忸怩。

“噢，真漂亮！比其木格格格还好看!”布娅惊奇伊尔哈的美貌，把萨音布冷在一边，盯着伊尔哈啧啧赞叹起来。

“布娅姑娘……”萨音布急于想知道一切，不得不打断她的话。

“萨音布，阿勒坦是格尔登王爷府的一个牧工，他是……”布娅提起阿勒坦，脸突然涨得飞红，赧然一笑，像是说不下去了。

“他是牧工?他和我们无缘无故，为什么救我们?”萨音布却一再追问。

“萨音布阿哥，你听布娅慢慢说嘛，着什么急呀?阿勒坦怎么会无缘无故救我们呢?其中必有缘故!”站在一旁的伊尔哈早已觉察到布娅和阿勒坦之间肯定有非同一般的关系，不然他绝不会冒着杀头灭族的风险救他们，她见萨音布还蒙在鼓里，急忙从旁提醒。

“好，布娅姑娘慢慢说，慢慢说……”萨音布这才恍然大悟，连连摇手，面带愧色，不好意思低下头。

“阿勒坦，他……”布娅姑娘刚刚鼓起勇气，却又把话咽下去了。

“布娅格合，我想阿勒坦一定是你的相好，是不是?”

伊尔哈见布娅姑娘当着他们的面难以启齿，便莞尔一笑，装成一副泰然自若的样子给她解围。

“是……”布娅姑娘急忙点头，满脸含着兴奋和喜悦，“伊尔

哈，你不但长得漂亮，又这么聪明，萨音布真有福气。”

伊尔哈没说什么，只是向萨音布很快瞥了一眼。

“那他为什么不来？”萨音布见布娅的话已离题，伊尔哈又用热烈的目光看他，有意岔开话头。

“他也跟我一样，一天到晚被人使唤脱不开身。那天我出去后，想去告诉将军大人和多尔古王爷却又不敢，害怕半路被他们捉住，非但救不出你们还会坏了事。想给锡伯营通风报信又不能，怕他们找格尔登王爷打起来，反而害了你们的性命。我一个女儿身，从小长在王爷府，除了几个姐妹没有什么亲人，想来想去，除了阿勒坦，谁也不能托付这性命攸关的大事。可是，恰恰这时候他又外出未归，真把我给急死了！亏得苍天有眼，也不该好人命绝，谢天谢地，格尔登王爷准备把你们送走的那天他终于回来了！他听了我的话，见情况危急，立刻去找他的朋友……”布娅说着说着，泪水落下来，流在脸上，闪闪发光。

“布娅姑娘，谢谢你们，我真不知该说什么好。”萨音布听了布娅的一番话，不由得从心底里对这位弱女子肃然起敬，感激不尽。

“那为什么把我们关在这里这么久？”

“本来我是想让你们回去的，可是阿勒坦死活不肯。”布娅红润的嘴唇微微颤动着，“他说放你们回去不是救你们，是害你们。现在将军大人、多尔古王爷还有锡伯营都在寻找你们，你们一旦出现，反而会打破僵持局面，激化各方之间的矛盾，小则葬送你们的前途，大则动起干戈，酿成更大的祸患。”

萨音布和伊尔哈听了，深有感触，想不到北国塞外一个小小牧工竟有如此心机远见，真令人钦佩至极。两个人心领神会地默默交换一下目光，继续听布娅述说。

“他说把你们关在这里，虽然吃些苦受些委屈，却能保住性命，到时候回自己的队伍不迟，这最重要。只要你们能安全脱身，阿勒坦说他才安心。”

“噢，给你们添了这么多麻烦，真对不起！布娅姑娘还有一事，就是押送我们的那些人……”

“这不用你们担心。阿勒坦和他的朋友们把他们送到另一个秘密的地方关了起来，他们还以为阿勒坦他们是将军大人的人马呢！”

“那你今天来是……”

“你们还不知道，快到年关了。到时候，我是没法出来见你们的，所以今天来给你们打个招呼，让你们安下心来等待开春。把你们关在这间木屋里，是阿勒坦担心你们耐不住寂寞而前功尽弃。请你们体谅他的苦心，别介意。”

“不，不会的，布娅姑娘。他救了我们的命，我们连感恩都来不及，怎么会介意呢。请你回去告诉他，萨音布和伊尔哈总有一天会报答他救命之恩。还有你，布娅姑娘，我们一辈子不会忘记你们的恩德！”

“萨音布、伊尔哈，你们不要说见外话，只要你们能安全离开这里，顺利到达伊犁，我们也就算是没有辜负朋友之托。”

“谢谢你，布娅，也谢谢阿勒坦，我们祝你们早日成婚，子女绕膝，幸福美满，白头偕老！”伊尔哈忍不住捉住布娅的手，望着她深情地道谢祝福。

“谢谢你，伊尔哈姑娘，我也希望你们相敬相爱，有朝一日我们也许会到伊犁探望你们！”

“但愿如此，我们一定会用美味盛宴款待你们。”

“嘻……伊尔哈，你真会说话!”布娅听了伊尔哈的话，禁不住嫣然一笑，“怪不得萨音布连其木格格格都不要!”

“布娅姑娘，往后能不能叫我们出去走走，整天被关在屋里实在受不了了!”

“萨音布，这个我做不了主，我们还是听阿勒坦的。不过，今天例外，不但可以出去，我们还能一起吃顿饭，给你们松松身子解解闷。”

“去哪里?”

“这峡谷前面拐弯处就是阿勒坦一位朋友的家，他早已煮了羊肉，备了马奶酒，等着你们呢!”

“好吧，听你的。”

三个人说笑着出了屋，一同沐浴灿烂的阳光，呼吸新鲜的空气，遥望飘着的白云，指点层峦叠嶂的山峦，观看谷底流淌的雪水，沿着一条羊肠小道神采飞扬地向前走去。

33

这天，萨音布和伊尔哈身在深山峡谷里重新找到了快乐，度过了被劫持以来第一个开心的日子，与蒙古族兄弟结下情同手足的深厚友谊。晚上回到木屋，萨音布虽然极力克制自己，但喷香的马奶酒已使他有了几分醉意，一向到了夜晚就静静地躺在床上望着屋顶出神的他，想起白天布娅说的话，不由得内心激起一阵兴奋，久经压制的感情，一涌而出，总想说话。可是，刚要开口，又把到了嘴边的话咽下，害怕说多了，会刺激伊尔哈，使她产生误解，给她带来不必要的烦恼和痛苦。在他的心目中，伊尔哈是纯洁的，不可侵犯的，无论她对他怎么样，他只能去爱护她，守卫她，绝不能去亵渎她，伤害她。他是大阿哥，她是小妹妹，永远不能越过这条线，哪怕伊尔哈把什么都情愿给他，他也不可能接受。况且他已经有了自己心爱的女人，又在华沙布面前发过誓，他怎么可以有非分之想呢！

山里的夜是温暖的。今夜似乎比往常更寂静，好像四周的山峰都在谛听他的呼吸。谷底吹来阵阵的微风，传来草叶的沙沙声，有如美丽的仙女走动时裙裾发出的窸窣声，唤起他心底里对远方亲人的思念。他想起艾新芝，想起和她在一起的令人难忘的美好时光，以及他不得已的所作所为，不免又有几分伤感。

伊尔哈的心里却是另外一个天地，而且是仅仅属于她自己的天地。在那块天地里，充满欢乐，充满温馨，充满希望，充满甜蜜。自从情窦初开那时起，她就忠心耿耿地守护着它，耕耘着它，希望有朝一日有一个她心目中的英俊男子走进这块天地，品尝她孤独的苦涩，给她梦中渴望的爱，到时候，她会向他献出自己的心，让幸福永远留驻在这块天地里。她度过无数个悠长的夜，这个男子终于出现了，尽管她那么温柔，那么热忱，那么坦白，他总是笑眯眯地站在外边不进来。她向他招手，他向她微笑；她向他召唤，他向她点头；她想去拉他，他又那么遥不可及。

今天，布娅姑娘把他们当成一对以身相许、坚贞不渝的恋人，说了许多令人激动的祝福他们的话，她听了心里乱跳，脸上似火烧，她的希望突然间插上翅膀任意翱翔，一切变得灿烂起来，明媚起来，她的小小天地里又充满了阳光。可他，没有一点

哪怕是逢场作戏的认真，反而逃避，那种在陌生人面前装模作样的执拗令她十分心寒，不想再去理他了。她有过许多类似的遭遇，她伤心得想用种种借口忘掉他，从他的身边走开，不再去找他，把一切关于他的回忆从头脑里驱逐出去，但结果都毫无用处，越想放弃就越想得到他，哪怕付出她的生命也不能离开他。于是，她认命了，自己要等，哪怕等一辈子。她相信她的至诚总有一天会打动他，她总有一天会等到他。

本来她想趁着今天难得的高兴，跟他说几句心里话，宽慰一下这段日子彼此压抑的心情，可他回到屋里就上了床，直挺挺躺着不说一句话，肯定又去想艾新芝了。她的心一凉，灯一吹就上床侧身躺下了。

屋里一黑，突然一种冲动袭上心头，“为什么不试试”，这个大胆的念头捉住了她，全身霎时紧张起来。她蓦地坐起，两只眼睛望着对面的床，竭力憋住喘气的声音，想趁着黑暗悄悄溜过去，可是怎么也下不了床……她在去与不去的困惑中坐了很久，渐渐感觉到自己举动的冒昧，终于将跳动的心平静下来，轻轻地重新躺下。

“伊尔哈！”突然萨音布唤她。

“嗯？”她的心怦然一动。

“睡了吗？”

她以为萨音布觉察到了自己刚才的举动，不知怎么回答。

“是不是高兴得睡不着？”

“高兴什么？走到哪儿还不都是一样？”

“那，那就睡吧！”萨音布听伊尔哈话里有话，只好缄默不语，不再吱声，又去想自己的心事了。

此时此刻，远在锡伯营的艾新芝静静地躺在巴扬阿的帐篷里，爱抚着鼓起的肚子，想起不久就要出世的孩子，不免又暗暗为不知去向的萨音布担忧，不声不响地为他隐忍痛苦，过去的那种怨恨似乎变成了宽恕，急迫地盼望他早日平安归来，叫她对肚子里的孩子也有个交代。当她拥有他的爱时，并未深刻体会到爱的宝贵及来之不易。现在失去他的爱，才感受到他的爱至高无上，无与伦比。她未曾想过一个女人怀着一个男人的孩子又去和另一个男人睡觉是什么感觉，如今她已成了这样的女人，心里的滋味无法说清楚。她至诚至爱心心相印的是萨音布，狠心抛开父母追随西迁队伍为的是萨音布，含辛茹苦也是为了萨音布，如今怀着他的孩子，可为什么又离开萨音布？为什么又投进了巴扬阿的怀抱？而且她根本就不喜欢巴扬阿，难道仅仅是为了扎西？还是为了自己？无论巴扬阿如何体贴她、疼爱她，总觉得一种无法摆脱的空虚和寂寞时时缠着她，使她想干什么都振作不起来，心念稍稍一动，便流下苦涩的泪水。她每日里心灰意冷，陷入无可抗拒的苦苦等待之中。身子一天天沉重，步子踩在地上酸软无力。过去天使般的容颜，增添了苦闷的憔悴，深陷的眼睛失去往日的光彩，披散的头发遮住苍白的脸……有时候，她熬不住内疚的痛苦，想一了百了，早早解脱良心的折磨。可那肚子里胎儿的蠕动，又给她带来生存的希望。

巴扬阿虽然无微不至地关怀她，但始终不能取悦于她，令她开心。这样的结合使他陷入自卑，越来越感觉到自己的所作所为，似乎是乘人之危，与他巴扬阿的豪爽坦诚格格不入，自己变成一个见色忘义的卑鄙小人！他巴扬阿原本是个天不怕地不怕顶天立地的男子汉，为什么突然间成为众人鄙视，千夫所指的孬

种，靠苟且偷安混日子？萨音布的存在曾经对他是个威胁，可现在没有了他，自己反而更加焦躁不安，无所适从。山光水色无法荡涤他心中的烦闷，他仿佛掉入一个无底深壑，不知哪里是自己的立足之地。常常灰心丧气，满腔的怨愤无处发泄，就去灌一肚子酒，骑着马在雪地里横冲直撞，大喊大叫，直到酒醒为止。每当精疲力尽回到艾新芝身边时，他又装出一脸笑容，给她端茶端饭，想换得她的喜悦。多少天了，可他的煞费苦心始终没得到回报，无论白天黑夜，艾新芝总是愁容满面，闷闷不乐，人也变得越发冷漠。依他火爆的脾性，能容忍这一切，已经难上加难了，再这样压抑下去他也许会发疯的。这样一来，他反而希望萨音布快点归来，把他们从深陷的愁苦中解救出来，哪怕是回到往日那兵刃相见的日子，他的心里也比现在好过些。

萨晋图一改过去的辛劳奔波，沉默了，不跑了，也不再提萨音布和伊尔哈的事。人们发现他因心力交瘁几乎变得昏花呆滞的眼睛，不知不觉中又变得充满欣慰和期望，那张阴郁的脸上也有了温和慈爱的神采，独自一个人时嘴里喃喃低语，不知道是担忧还是祈祷。

他从布娅姑娘那里得到萨音布和伊尔哈的消息。当时他简直惊呆了！他怎么也不敢相信这个从未谋面的蒙古女子说的话，何况她还是格尔登王爷府里的人呢！他怀疑这可能是个骗局，是格尔登王爷包藏的祸心，抛出诱饵，虚张声势，想逼他放弃其木格格格，他趁机渔翁得利。

布娅姑娘将经过再三详细告知后，他才转忧为喜，忍不住扑簌簌垂下泪来，终于解去忧愁露出笑脸。他巴不得把这激动人心的消息告诉锡伯营全体官兵，让他们和自己一起高兴。可是这事不能张扬。好在他从今往后再也不用去胡思乱想，担惊受怕。欣喜之余，天天期盼春天快些来，好早早离开这是非之地，骨肉得以团圆。他现在才明白，断绝一切恩赐和非分之念，一家人平平安安到达伊犁才是大幸运。想当初，为了想得到多尔古王爷的牛马补充却惹下这么多麻烦，还差点送了孙儿之命。如今事情总算有了转机，只要他应对有方，挨到立春便可脱身。何必为牛马粮草之事操心呢？难道成衮扎布作为乌里雅苏台将军，敢违抗圣旨不给他们补充？既然他有责任，何必去惊动那些王爷。引来这么多不关宏旨之是是非非，反叫他们互相狐疑，明争暗斗，结下恩怨。不过，多尔古王爷也算是古道热肠，无可非议。其木格格格更是一腔痴情，也是难得的好姑娘。只可恨那格尔登王爷恣意妄为，不仅坏了这桩美好姻缘，还挑起事端，害得多尔古王爷有苦难言，成衮扎布将军进退为难，锡伯营人心惶惶，提心吊胆。

一天早晨，萨晋图前往阿穆呼朗营帐，准备再次与他一起去将军府探探成衮扎布的口气，询问一下朝廷可有消息，做好启程前的准备。

“大人，天天待在营里真烦，卑职虽老，可恨不能即刻拔营启程，这日子真难过呀！”

“我也正有此意，无奈事不随心。萨音布至今下落不明，令人坐立不安，饮食难咽。我想，将军大人处也未必有甚进展，你我急有何用？”阿穆呼朗备感无奈。

“既然大人这么说，那我们去看望一下多尔古王爷如何？唉，真是好心不得好报啊！”

这几天，多尔古王爷脑子里一片空白，不忍心看女儿那双哀伤的眼睛，硬是做出一副不达目的不罢休的姿态挨日子。

王爷听门子来报阿穆呼朗和萨晋图求见，心里不知如何是好，不见又失礼，只得勉强打起精神出门迎接。

三个人进了府，一番谦让后，分宾主就座，照例奉茶端水。多尔古尽主人之谊先开口："二位大人，多尔古真是无能，萨音布失踪已过月余，至今得不到一个可靠的消息，我真是无脸见你们哪！"

"王爷请不要这么说，您的好心苍天可鉴。看来凡事天意，不可强求。本来老夫也度日如年，可有什么法子呢？就顺其自然吧！萨音布有命，伯尔堪就叫他归来，如果没有，就当他死了算了！"萨晋图说着，一脸木然。

"老防御，您何必口出此言呢？萨音布只是失踪了，生死不明罢了，怎么把他当死人了呢？"阿穆呼朗听了萨晋图的话不觉愕然，想不到萨晋图约他一起来不是向王爷要人，反而说出这等令他出乎意料的话。

"萨晋图大人，本王爷当初只图二姓之好，没料天缘不合而引发如此之祸。不过，我已答应过无论如何一定要把萨音布找到还您，您不是在赌气怨我吧？"多尔古王爷以为萨晋图在生他的气，不由得一腔羞愧冲上脸。

"不，不，王爷！老夫说的是心里话！自萨音布失踪之后，王爷已尽了力，萨晋图感激都来不及，怎么会生王爷的气呢？只是还望王爷在将军大人面前再催促几句，或许事情该有眉目。"

"将军大人跟前我已去过不少次了，说实话，开头将军大人也很担忧、心急，后来不知为什么渐渐不大理了。最后一次去见他时，他告诉我他派出的人马已经查到萨音布的踪迹，叫我放心，却不肯详细跟我说。"

“哦?”萨晋图听了王爷的话，不觉愕然，猜想着将军大人的话是否真实。

三个人正谈论着，王府管家慌忙进来禀报说：“王爷，不好了！格格她一个人骑着马出门走了!”

“啊!”三个人顿时吃了一惊。

34

天色虽已经大亮，但天空弥漫着寒冷。格尔登王爷还躺在暖融融的被窝里做甜蜜美梦，门子慌忙进来大声禀报：

“王爷，其木格格格来了!”

“啊!”王爷从睡梦中一下惊醒，疑惑地坐了起来，“几个人?”

“她一个人!”

“一个人？她来干什么?”格尔登边穿衣服边寻思着。

须臾，其木格带着一身的寒气走进了屋。她冻得满脸通红，两眼闪着姑娘家少见的无法遏止的怒火，格尔登王爷感到一阵痉挛，嘴唇颤了一下。不过，他很快眯起眼睛，脸上露出喜色，缓慢地抚弄着胡须走近她，想探探这位赫赫有名的格格究竟想干什么。

“格格，有何要事劳您冒着风雪到鄙府中来?”

“王爷，萨音布是不是在你手里?”其木格毫不客气、单刀直入开口问。

“萨音布？哈……”格尔登王爷听了其木格的问话，大嘴一咧禁不住仰头大笑。

笑声未绝，大门前骤起震天动地的马蹄声和声如巨雷的呐喊。

“把萨音布交出来！”

“把萨音布交出来！”

格尔登王爷搞不清发生了什么事，慌忙收敛笑容披上皮衣三步并作两步跨出屋门，只见大门外晨曦中，多尔古王爷好似一尊金刚骑马立在街中，铁着脸，怒目而视，周围几十号刀枪手发出阵阵怒吼，抖缰催马，频频向府门冲击，吓得看门侍卫直往里躲闪。

格尔登王爷本来心虚，见了这阵势，不由得心慌意乱，说不出一句话。

院里像死一样静，没有王爷发话，所有人没有一个敢动，一个个木然地站着，像是嗅到了野蛮的血腥味。

“王爷！”格尔登背后突然被一个尖尖的东西戳了一下，他心头一震，不觉挺直身子。

“干什么？”他猛一回头，原来是其木格用剑锋指着他的脊背。

“其木格格格，我可是王爷，你不得无礼！”

“好好的王爷你不做，尽干伤天害理之事，你还有什么脸做王爷！”其木格话语如山，怨恨如潮，又用剑锋猛地戳了一下多尔古的脊背，格尔登顿时全身掠过一阵剧痛。

“你，你想干什么？”格尔登王爷不敢喊疼，涨红了脸，嘶声喝问。

“我不想干什么，我只要你交出萨音布！”

“萨音布与我非亲非故，你向我要，我向谁要？”

“好，算你嘴硬！我告诉你，如果你今天不把萨音布交出来，我就在这里将你活活冻死！”其木格说完，咬牙切齿朝格尔登王爷脊背又戳了一下。格尔登王爷觉得脊背上一股热乎乎的东西顺着脊梁往下流，他急忙用手一摸，啊，竟是殷红的血！格尔登王爷气坏了，他暴跳如雷，像一只受伤的狮子大声吼：“多尔古，你还不如一堆牛粪，有本事你来！你把女儿搬出来算什么？”

多尔古面对格尔登胆怯中极力表露的威胁，没有还口，脸上露出讥讽的神情。今天他来并不是想得到什么结果，他得知女儿只身闯进格尔登府后，就想给女儿撑腰助威，由着她给格尔登点颜色看看，杀杀他的傲气，让他也见识一下他的女儿不是好欺负的，更不是谁想得到就能得到的。格尔登虽是个王爷，至少今天不至于当着他的面敢对他的女儿动手。

“多尔古，你不敢是吧？”格尔登见多尔古对自己不理不睬，无交手之意，遂生出一种自欺欺人转败为胜的心态，终于意识到自己也是个王爷，何必怕多尔古？他心中一宽，当即又神气起来。

“你笑！你笑！”其木格趁他得意之际又用剑戳了一下。

“多尔古，你不要欺人太甚！只要我格尔登不死，迟早会向你讨还这笔债！”格尔登不理其木格，他是王爷，无须与一位姑娘计较。他把脸一吊，向多尔古高喊示威。

双方相持到午后，没有结果。

太阳升高，雪原明亮，清冷的空气中闪耀着点点碎光。格尔登恼也恼够了，喊也喊够了，多尔古父女仍然没有意思放过他。格尔登表面上装腔作势，天不怕地不怕，内心已开始动摇，各种各样的疑虑交织在一起。难道是多尔古父女看出什么破绽，抑或

自己留下什么蛛丝马迹，不然他们父女俩怎么会直接找上门来，指名道姓要人呢？难道管家走漏了风声，或是萨音布从他们手里脱逃了？他不得而知也无法断定，只得走一步看一步，心里说，无论如何千万不要松了这口气。

“多尔古王爷，你我近日无冤，往日无仇，你究竟要我怎么样？你说话呀！”

“我已经说过了，把萨音布交出来！”不等格尔登把话说完，其木格又戳了一剑。

“我已经说过了，我不知道！”格尔登又被激怒。皱紧眉头，硬挺着身子动都未动，头也未回，语气十分强硬。

“那好，既然王爷敬酒不吃吃罚酒，小女只得委屈你了！”其木格也不甘示弱。

“你想干什么？”格尔登奸诈地回头瞟了一眼。

“王爷既然能绑架萨音布，小女为什么就不能绑架王爷您呢！”

“哼，你敢！”

“你不走？哼，这是咎由自取，不要怨我，我会一剑刺穿了你！”

“好，你来！”格尔登双手叉腰，把头一仰说。

“那就别怪小女不客气！”

这时候，忽听一阵马蹄声响起，似雷滚动。只见一队队骑士蜂拥而至，千头攒动，万马争先，雪尘飞扬，惊天动地。一队骑兵眨眼间把格尔登王爷府连同多尔古王爷一起围了起来。多尔古连看都未看一眼，手中的鞭子轻轻一挥，他手下跟丁即刻掉转马头与这队骑兵对峙而立。

这是格尔登的手下闻讯赶来救主。

格尔登见自己的人马如排山倒海地到来，顿时两眼发亮，每一根血脉、每一条神经都兴奋起来，他捏紧大拳往空中一划，怀着被羞辱后强烈的报复心，趁其木格发愣之际突然迈开大步向多尔古王爷马前走过去。

“站住！”其木格见状急了，大声喝道。

骄横恃强的格尔登如今有了自己的人马，哪会把其木格放在眼里。他连听都不听继续往前走，只是他没有想到，腿弯子突然猛受一击，冷不丁跪倒在地，差点趴下。他气得猛一回头，其木格冰冷的剑尖已经顶住他的心口。她全身发抖，两眼冒火，大声喝道：

“谁敢动一动，我要他的命！”

格尔登一下骇然了！他从来没有见过一个女子发怒到如此疯狂的地步。看她半张着嘴，仿佛要咬人；刚才还红扑扑的脸，眨眼间布满阴沉。他眼里曾经温顺羔羊般的美女变成吃人的魔鬼！他觉得内心的恐怖让他晕眩了，急忙闭上眼睛，尽力把剧烈起伏的心情平复下去，免得这女子被逼急了下狠手。

多尔古王爷望着半跪的格尔登，把身子略往后一仰，斜跨鞍座，用鞭梢轻轻敲打鞍头，冷笑一声，自信地开口道：

“格尔登王爷，怎么了？你这么多的手下真的没有一个人敢出来救你？”多尔古摇了摇头，举鞭朝后一指，“养他们何用？”

“多尔古，你不要婆婆妈妈，男子汉大丈夫来就来痛快的，你说，你想怎么样？”格尔登顶着剑锋站了起来，大有鱼死网破之意。

“格尔登王爷，你不要装糊涂，该问的不是我！”

"你!"

正当双方剑拔弩张难解难分之际，成衮扎布、纳苏肯率领一班人马火速赶到。阿穆呼朗与萨晋图看到多尔古召集人马去找女儿，恐怕出事，只好向成衮扎布禀报。

看到将军大人一脸凝霜，威风凛然。双方人马不得不往后退让出一条路，多尔古王爷急忙策动坐骑迎过去。

"将军大人，纳苏肯大人!"多尔古马上施礼道。

"王爷!"将军大人举手回礼，勉强应酬一声便催马进了府门。其木格见是将军大人，虽怒气未消还是收起了剑。格尔登这才如释重负，重见天日般抬起头挺起胸，渐渐显出往日倨傲之态，对将军大人解围没有表达一丝感激之情。

"格尔登王爷，想不到今天你出尽风头，要尽威风，要不要成衮扎布给你呐喊助威啊?"成衮扎布放马走到格尔登面前挽住马头，挖苦说。

"不敢，将军大人!"格尔登并不领情，但又不敢不回答。

"那你调来这么多人马干什么，想打仗啊?"

"这不关我的事……"格尔登说着突然侧过头去，冲着自己的人马大吼一声，"你们还站着干什么? 难道没听将军大人的话吗?"手下人吓得一个个拨转马头，悻悻离去。

"大家都进来，我有话要问!"将军大人说完下了马，自己先进屋去了。领队大臣纳苏肯与两位王爷一齐进来。

等几位坐下后，将军大人谁也不看开口直问："格尔登王爷，你家的管家去了哪里?"

"去了科布多……"

多尔古听了将军大人出乎意料的问话大吃一惊，差点蒙住了。多尔古王爷和站在身后的其木格不知道将军大人是何用意，感到莫名其妙。

“干什么去了？”这次成衮扎布正眼直直盯住了格尔登的脸。

“家事……”格尔登不敢面对将军大人威严犀利的目光，急忙低下头，全身不觉打了一个冷战。

“胡说！”将军大人啪地一拍扶手，霍地站了起来，“你以为我成衮扎布是个窝囊废，是不是？告诉你，从萨音布失踪那天起我就派人盯着你，你还想瞒天过海，哼！”成衮扎布真的动了肝火，他恼怒地质问后气呼呼坐回椅子，闭上了眼睛。过了一会儿才睁开眼睛，看了一眼纳苏肯，纳苏肯会意地急忙离座出门而去。

“格尔登，你休要狂妄！俗话说‘若叫人不知，除非已莫为’。你不但不把我放在眼里，你连将军大人都敢骗，你……太无法无天了！”多尔古听出将军大人话里有话，知道这里面肯定有名堂，也来了个顺水推舟，明里斥责格尔登，暗里给将军大人火上添油。

“你身为王爷，竟敢绑架皇上派遣戍边兵士，该当何罪？”将军大人见格尔登不否认也不狡辩，心里已猜出十有八九，趁机厉声质问。

“我……”格尔登想说又支吾，还存有几份侥幸心理。

正当此时，领队大臣纳苏肯进府向将军大人禀报说：“大人，人已经带来了。”

“把他带进来！”

两名侍卫押着格尔登的管家进了屋。

格尔登一见管家，面色霎时变得灰白，两颊的肥肉差点掉落下来。他做梦也没想过管家扎拉丹会落入将军大人的手里，自己的精心设计毁于一旦，暴露在众目睽睽之下。他再也无法抵赖，满腹搅动着从未有过的懊丧。

“限你五日之内将萨音布送交将军府，少了一根毫毛本将军定要奏报皇上唯你是问！”成衮扎布倒竖眉毛，怒目而视，令所有人生畏。他说完起身轻轻一挥手，“诸位，我们走！”

出了格尔登府，多尔古王爷心里已明白将军大人一直对这事避而不谈的缘故，父女俩悬着的心总算是放了下来。可将军大人既然手里有牌，势在必得，为什么不早早亮出来而非要等他翻了脸才出面呢？他暗自思忖，又不好开口，看了一眼女儿满脸无法掩饰的喜悦和兴奋，也就作罢。只要能找回萨音布，他什么也不再过问了。不过，格尔登真的能五日之内交出萨音布吗？他有疑虑。几十匹马摇头摆尾，一阵疾走，一会儿就到了岔路口。两拨人马互相道别后，各自打道回府。

“管家，你把萨音布送到哪里去了，啊？本王爷一向待你不薄，把你视为知己才把这等大事托付于你，如今你坏了本王爷的大事，还害得本王爷受如此奚落和威逼，你还有什么脸进这个府？限你三天内把萨音布找回来，不然我就要你的狗命！”将军大人等一行人刚走，格尔登就恼羞成怒，大发雷霆，把一肚子怨气都撒在管家身上。

原来阿勒坦和他的朋友把管家一帮人带到一处深山沟里，管家被关在傍山的一间年久失修的屋里，其余的人被关在距他上面不远的山坡上分别看管起来。有一天夜里，暴风雪骤然降临，天地昏暗，松柏怒号，天亮时大雪已把木屋埋没了。暴风雪刚过，太阳露出脸，四周的山峦沉浸在耀眼的光亮和淡蓝的阴影里。突然头顶上轰隆隆天崩地裂般一阵巨响，雪崩如洪水翻滚着冲下山来，眨眼间把两间木屋给埋没了。幸亏管家所在的木屋离峡谷不是很近，木屋虽被冲坏，雪盖得不厚。他奋力挖开积雪侥幸脱逃，拣了一条命，但三条肋骨折了。他忍着疼痛，不知走了多远路，也不知走到哪里，黄昏时倒在雪里快要冻僵时被一个猎人救起。第二天，猎人正要把管家送往格尔登王爷府，半路上被将军府的巡逻队截获，交给将军大人。在将军大人面前，管家将事情的经过全都抖了出来，丝毫不敢隐瞒。成衮扎布又逼着他说出那帮劫持者究竟是谁？从那天夜里他们被半路拦截，管家就怀疑是将军大人的人马截获了他们，没想到竟不是将军府的人马。那么，又是谁的人马呢？他真的不知道，也无法知道！

“王爷，奴才也是死里逃生啊！当初以为是被将军府人马捉获，谁知道这其中另有原委……”事到如今，管家要想活命只有喊冤或逃匿，不然他连格尔登王爷这一关都过不了。可是，他的喊冤王爷会听吗？他就是个垫背的，替死鬼。逃跑？寒冬未尽，茫茫雪野，能逃到哪里去？能逃出他的手心吗？如今，他只有冒险一搏，想办法找到救自己一命的那位猎人，向他打听住在深山沟里关押自己的那些人究竟是什么人，他们现在住在何处。只有找到他们，才有希望找到萨音布，只有找回萨音布，他才会幸免一死。想到这里，他只有低下头给王爷跪下。

“王爷，你给我一队人马，奴才去把萨音布找回来。”

“啊？你去把萨音布找回来？你，你知道萨音布的下落？”格尔登王爷听了管家的话，脸上露出惊喜，急忙把他扶起来。

“奴才想去山里把那位救我的猎人找到，他一定知道那些截获我们的人的下落。只要能找到那些人，就一定会知道萨音布的下落。”

“好，事不宜迟，你现在就去！你要多少人马我都给你！”管家说能找到萨音布，格尔登王爷转怒为喜，乐得咧开厚嘴，眨巴着眼睛，仿佛在奇异幻影里突然出现了萨音布的身影。

世事难料，管家领着一队人马迎风破雪进山四处找寻时，不要说是那帮人，连那位猎人的踪影也未找见。整个山谷，大雪覆盖，人马难行，仿佛像一个古老传说中虚无缥缈的仙境。临近黄昏，他突然挽缰勒马不走了，手下人见管家停下，都围过来看他有何吩咐。

“你们都回去吧，不要再找了！”

“管家，您去哪里?”听了管家的话，大家十分惊愕。

管家没有回答，他把马头一拨，一个人走了，背影渐渐没入在山谷的暮色里。

第二天天不亮，格尔登王爷立即召集百十号人马，兵分两路浩浩荡荡进山搜捕管家。

到了第五天天黑，搜寻的人马回来告诉他：找到管家的马，没找到管家。

35

大年，虽然家家挂起灯，燃起香，供起喜利妈妈神，但没有欢闹，没有鞭炮响，每个人的灵魂都被苦闷和担忧所压迫，年一晃过去了。

经过一段时间，艾新芝终于渐渐开始重新认识自己，一种从未有过的新的无法形容的意识像潮水般卷过她的心际，给了她一种快活的青春的充溢，使她萎靡不振的身体蓦然间得到可贵的知觉，让失去的希望再次点燃闪亮。因为她是不幸中的幸运者，她第一次分娩，在一片筋疲力尽的呐喊声中终于听到婴儿出世的哭声，她的血和泪顿时化成一个赤裸裸的崭新世界。伯尔堪给了她光明，给了她希望，赐予她世界上最宝贵的财富。她心安了，她满足了，她虽然失去萨音布却拥有了儿子！

对于一个刚刚做母亲的女人来说，世界上还有什么比自己亲生的儿子重要呢！她望着儿子熟睡的红嫩脸庞，深深地沉浸在初为人母的喜悦里，忘却了一切痛苦、忧伤、怨恨，用未来美好的憧憬尽力驱赶过去的阴暗，让自己在别人面前明朗起来。她开始把自己收拾得干干净净，天天梳理头发，不论谁来看望她，她都用当姑娘时的热烈眼光迎接他们的视线，给人一个突然间判若两人的惊奇感觉。

自伊尔哈失踪之后，色本泰夫妇免不了整天提心吊胆，夜夜噩梦难眠。就是睡着了，耳边总有一个细微的声音在哭喊：“阿默、额妮，快来救我！”他们顿时惊醒过来，却听到远处一声声的狗叫，这让他们欲哭无泪。有时候，伊尔哈额妮半夜三更突然神情恍惚地爬起来，全身颤抖，嘴里不停地似有似无地呼唤着女儿的名字，面朝西天磕头祈祷，求伯尔堪让她的女儿平安无事，快快回到自己的身边。有时候，色本泰梦见伊尔哈全身血淋淋地出现在他眼前，一步一步地向他走来，后面跟着一群面目狰狞的魔鬼，那种阴惨恐怖使他惊惶醒来，全身冷汗淋漓。

听说艾新芝生产了，夫妇俩强忍着悲伤带着一袋小米去看望，那天，正好巴扬阿没出门，在她身边服侍她。

“艾新芝，恭喜你！”夫妇俩一进帐，脸上堆着笑容祝贺。

艾新芝急忙坐起来，脸上带着笑容，心里涌起一股暖流，仿佛见到了亲人一样。

“巴扬阿，恭喜你！”夫妇俩也朝站在一边的巴扬阿打招呼。

巴扬阿想说什么又没说，勉强笑了一下便忙去倒茶。

火塘里火很旺，一口小锅沸着水，里面煮着小米粥。

“噢，长得多水灵，简直跟……”伊尔哈额妮坐下俯身看了一眼熟睡的婴儿，突然想起萨音布，一句不该说的话差点脱口而出。

“喔，就是，就是，简直跟艾新芝长得一模一样！”色本泰急忙岔开妻子的话，为她打圆场。

“色本泰阿哥，请喝茶！”巴扬阿给色本泰夫妇倒了茶自己也坐了下来，瞟了一眼艾新芝，继续说，“这几天艾新芝催我去找您，叫您给孩子起个名儿。今天，您来了，就给孩子起个名儿吧！”

“真的吗？”色本泰听了巴扬阿的话，不由得向艾新芝看了一眼，艾新芝腼腆地一笑，点了点头。

“好吧……起个什么名儿呢？”色本泰抬头望了一阵篷顶，好像早已胸有成竹似的说，“我们奉圣上之命西迁，想不到走到乌里雅苏台他正好出生，这是天意，依我之见就叫他乌里雅苏台吧，怎么样？”

“好！好！这个名儿起得太好了！”伊尔哈额妮听了丈夫的话，由衷感到高兴。

“艾新芝，怎么样？”巴扬阿看上去十分喜欢这名字，急忙问艾新芝。

“就叫他乌里雅苏台吧！我的乌里雅苏台……”艾新芝兴奋

得眼里闪起无法控制的喜悦泪花，俯下身在儿子脸蛋上轻柔地亲了又亲。

“明天我给喜利妈妈神烧香磕头，神线上挂一副小弓箭，他将来一定是个神箭手！”

“不，不挂弓箭，我要挂一套书，将来叫他知书达理……”艾新芝听了巴扬阿的话，不同意挂弓箭。

“好，好！依你，挂书……”巴扬阿见艾新芝这么高兴，他也跟着乐。

“巴扬阿，我有话跟你说，当然，这个话就当着艾新芝的面说。”色本泰见巴扬阿脸上流露出对艾新芝的虔诚和敬畏，瞥了一眼艾新芝长长吁了一口气说。

“有什么话您就直说吧！”巴扬阿心里已猜出八九，咳了一声，敛起笑容垂下眉，等着色本泰开口。

“我不说，你心里或许已明白。你把艾新芝接过来了，如今又有了儿子，那你就要尽自己男人的责任，把他们母子俩管好养好，而且断不可再肆意闹事，惹祸误事。过去你是只身一人，现在有了家，身上系着三个人，我希望你能成为一个出色的父亲，给乌里雅苏台做出榜样，千万不要负了我们对你的期望。眼前锡伯营出了许多事，这时候不便提婚姻之事。不过，我已向萨晋图大伯说过，等到了伊犁，一定给你们完婚。”

“多谢教诲，巴扬阿一定牢牢记住……”巴扬阿抬起头，感到有些尴尬，脸上一阵火辣辣的。

蒙古高原的三月天，含笑的春天姗姗来迟，虽然冰雪消融，天气晴朗，已经闻得出大地回暖的气息，一群群鸿雁飞过高高的天空，发出春天的鸣叫，但到了夜间依然寒风凛冽，叫赤裸的树木一阵阵颤抖，绿叶久久不能长出来。

西迁队伍将要遵旨启程。在乌里雅苏台这块苦闷的土地上，虽然他们度过一个短暂的冬天，但那是终生难忘的经历，每个人的心里都烙下了欢乐、悲伤的记忆，一草一木都浸透了他们喜悦、痛苦的泪水，一山一坡都埋葬了他们的过去和不幸。

三月十日晨，天色微明，随着一阵阵的螺号声，乌里雅苏台城西锡伯营驻地繁忙起来了。官兵们备鞍的备鞍，套车的套车，把一捆捆打好的行装绑在骆驼上；妇女们打包的打包，抬箱的抬箱，把收拾好的细软一件件装进车厢里。孩子们更是东奔西跑忙个不停，牵马的牵马，赶驼的赶驼，整个驻地晃动着一个个忙碌的身影，闪耀着一张张通红的汗脸，牛马声、骆驼声、狗吠声、车轮声，动地喧天，此起彼伏，人们深深地沉浸在上路前的紧张和激动里。

太阳刚刚出来，就被几片薄云遮住，刹那间周围的一切黯淡下来。过了一会儿，从云缝中透射出来一条条光线像一把把利剑直刺大地，溅起五颜六色的霞光，给天空又洒满了造物的光辉。噶尔赛和阿穆呼朗骑着马，脸上洋溢着少有的喜悦，从头到尾一边走，一边察看各自的队伍。

他们刚刚走到队伍的前头，乌里雅苏台将军成衮扎布、领队大臣纳苏肯以及多尔古王爷等一行被众人簇拥而来。他们远远望见舞动的旌旗和闪光的刀枪中整装待发的锡伯营，队列有序，阵容威武，仿佛一条即将腾飞的巨龙，不由得心头涌起一阵赞叹，为他们气吞山河的骄人气势深深感动。

“噢，锡伯营真不愧是一支劲旅！”成衮扎布钦佩之余从心底里慷慨陈言。

“有了他们这支流动的坚固屏障，不愁保不住大清西北疆域。”听了成衮扎布的话，纳苏肯也感叹一句。

经过一个冬天的休整，起程时每个人带足四个月口粮和一个月茶叶，马驼又得到补给，养精蓄锐的队伍先后开拔后走的是大道，天气晴好，一日行数十里，行进十分顺利。旌旗舞动塞外春风，刀枪沐浴西域阳光，马蹄震动众山群岭，车轮碾碎亘古荒原，清脆的驼铃声、婴儿的啼哭声叩响了科布多的大门。

乌里雅苏台的向导扎勒巴勒和噶尔赛走在队伍的前头，理藩院领催五十四、台吉敦多克跟着阿穆呼朗。第五天，眼看红日西坠，晚霞满天，前面才传下话来，说已到扎布汗河，因河水泛滥，今晚就在河边宿营。

第二天上午，在向导扎勒巴勒的带领下，队伍从下游择一浅滩处蹚水过河。有几辆车陷进泥沙里差点被冲翻，大家七手八脚又拉又推，吼着喝着赶着马牛安全上了岸。

第一队过完后开始过第二队，萨晋图站在对岸，大声指挥着，锡林春、巴扬阿都下了水，站在下面左右观察以防不测。阿穆呼朗立马站在河边，望着滚滚而过的混沌一片的泛滥泥水，扭头问身边的领催五十四。

“五十四！”

“小的在，大人！”

“离科布多大约还有几天行程？”

“回大人，约有七八天的路，不过前面的路大多都是平坦大道，只要河水不泛滥，一天可以走三十多里路。”

“现在天气渐渐转暖，那山洪说来就来，我们一定要赶在山洪下来之前才好！”

“大人，每年时值三四月，阿尔泰山积雪就开始融化，接着洪水暴发，只是迟早罢了。”

“华沙布！”阿穆呼朗回头喊了一声。

“卑职在！”华沙布急忙拍马向前。

“你过河去传话，队伍上了岸灌满饮水，换了马匹继续上路，走快一点儿！车上装多的，驮到骆驼上，谁也不许掉队！”

“喳！”华沙布领命策马蹚过河，一边走一边大声传令：“大人有令，队伍不准停留，加速前进，不许掉队！”

队伍起早摸黑加速行进，绵延几里的车队震天动地，人喊马嘶，驼铃叮当，扬起一路的滚滚尘烟，笼罩了一切。赶了不到五天的路程，科布多旁蓝蓝的大湖泊已经出现在他们的眼前。

36

科布多，这座西域重镇，早年在科布多河畔建立，叫吉尔格朗图。由于常年闹水灾，到后来不得不迁到布扬图下游大湖盆地中心。这里地处东西方交通要道，气候温暖，水草丰美，一年四季各路商贾云集，贸易十分兴隆。传说科布多，蒙古语为匣子，因当地珠宝首饰出名，常见装珠宝匣子而得名。科布多就如它的名字一样，闪闪发亮，像一颗宝石镶嵌在浩渺的大湖边。

黄昏时分，十几天紧张急速行军的西迁队伍，披着一路的尘土终于到达科布多，在距科布多驿站一里之地择一块阔绰牧野扎下营。

科布多的大街两边，圆顶的、方顶的、尖顶的各类建筑一幢幢拥挤在一起。大街上马车来来往往，行人熙攘，十分热闹。集市上有各色商贩，铺地为摊，摆着各种箱具、烟壶、瓷器、绸缎，陈列着各种珠宝、玉器、金银首饰等，琳琅满目，光彩照人。这些商人相貌大异，服饰奇特，说着不同的语言，但他们面容温和，相处有礼，讨价还价，买卖谦和。

扎营后第二天，伊尔哈额妮、硕尔泰额妮，还有怀里抱着孩子的艾新芝，领着图克善、硕尔泰等几个早早进了城，在集市上随便走动，想有什么合适的买些回去。可是转了一圈，那打开的箱匣里尽是珠宝、玉器、金银首饰，谁也买不起，只好失望地起身又往前走。有个高鼻蓝眼睛商贩见是几个女人，立刻向她们点点头，双手炫耀地捧起一匹中原绸缎示意要她们买。伊尔哈额妮仔细看了看，又问了问硕尔泰额妮，讨价还价后扯了一块。

“合纳克出，买这个干什么？”图克善站在一旁眨着眼问。

“这你就不懂了吧？这个给小乌里雅苏台缝一个花兜肚！”

艾新芝高兴地正想探过身来瞧瞧，突然对面人群中一双眼睛向她倏忽一闪，惊得她心怦怦直跳，差点喊出声。她定睛再看时，不见了。她把小乌里雅苏台往硕尔泰额妮怀里一塞，急忙跟过去，可什么也没有。

“出了什么事？”伊尔哈额妮她们不知道出了什么事，赶忙跟过来问。

“是她，一定是她，一定是她！”

“艾新芝，你别急，慢慢说，是谁？”

“是伊尔哈，是伊尔哈，她没有死！”

“啊？”伊尔哈额妮惊呆了。

大家还闹不清发生了什么事，却见一个年轻蒙古男人向她们慢慢走过来，向伊尔哈额妮深深鞠个躬，说：“老夫人，有人请您借步说话。”

“谁？谁跟我说话？”伊尔哈额妮很快缓过神儿过来，觉得这事蹊跷，警觉地问。

“您去了就知道。”

“在哪里？”

“就在前面，不远。”

“去就去，走！”

那蒙古人领着伊尔哈额妮等径直进了路边不远一座偏僻的黑漆漆的店铺里。屋子矮小狭窄，墙上斑斑驳驳，有些昏暗。有个中年女人热情地请她们坐。

“这是我姑妈，大家请别介意。”年轻人指着那女人朝大家点点头很有礼貌地继续说，“除了老夫人，你们在这里等着，放心不会有事的。”说完，他领着伊尔哈额妮出了店侧门，穿过一个宁静的小院来到里屋门前。

“额妮……”伊尔哈额妮刚进门，一个女人掀开面纱突然奔过来，紧紧地搂住她的脖子失声痛哭起来。

“啊……真的是伊尔哈，你还活着……”塞外异域，女儿失而复得，伊尔哈额妮真是半信半疑悲喜交集，酸楚的泪水一下涌出，一种难以抑制的惊喜，让她说不出话来。

“额妮，女儿不孝，是我害苦了你们……”

“你怎么会到这儿，额妮简直不敢相信……打你失踪之后，你阿默几天几夜不吃不喝，天天盼，夜夜盼，每当提笔时，不写字泪水先淌……他见了你，不知会多高兴！”

伊尔哈望着母亲眼睛里那愉快温柔的目光，很想即刻将自己的遭遇痛快淋漓地向母亲诉说一番，可她没有说，还是按捺住兴奋的喜悦，慢慢离开母亲的怀抱，瞟了一眼那蒙古青年，说：

“额妮，这位是阿勒坦阿哥，是他救了我们。”

“啊？……是吗？”伊尔哈额妮有些意外。

“是的，额妮，还有格尔登王爷府的布娅格合。”

“噢，我明白了。阿勒坦，我们一家谢谢你！你的救命之恩永不忘记！”

“老夫人，不用谢，为朋友出力是应该的，只是叫伊尔哈受了不少苦！”

“不，孩子吃些苦算什么，有了命什么苦都不在话下。不过，我想再问问，萨音布在哪里？他还好吗？”

“额妮，你放心，我萨音布阿哥好好的，他都吃胖了……”

“那就好，那就好！”

“阿勒坦阿哥把我们带到这里，为了避人耳目，让我们一直住在一个安全的地方。听说西迁队伍已到科布多，我们想锡伯营肯定有人进城逛街，所以他领我先出来在这儿等候，希望能见到熟人，不料却碰见了你们！”

“刚才艾新芝突然说看见了你，我哪里会相信！可她一下就认出了你。”

“她生了小孩儿？”

“是，生了个儿子，怪灵的，你阿默给他取名乌里雅苏台。”

“乌里雅苏台？真有意思。她还好吗？巴扬阿对她怎么样？”

“生了儿子她比以前好多了，巴扬阿也很体贴她。”

“她知道不知道萨音布还活着？”

“前些日子她好像死了心。不过，刚才从她认出你以后的脸色看，她一定猜测萨音布没有死。”

"为了安全起见，我就不去和她们见面了，额妮回去后只告诉她们我的事，千万不要说萨音布的事，暂时也不要告诉任何人，等西迁队伍离开科布多后，我们跟过去。"

"那……要不要跟你萨晋图额爷说?"

"萨晋图额爷早就知道了，是布娅格合给他带的口信。"

"噢，原来如此，怪不得他出发前突然间像变了个人，嘴里再也不提萨音布的事了。"

"额妮，您一定让艾新芝格合明白，这事千万不能在巴扬阿面前提起!"

"额妮知道了。好吧，她们等我等急了，我要回去了……"

艾新芝回到驻地，久久不能平静自己，心一阵阵地揪痛，入骨的冷战侵袭全身。她早有预感：萨音布不会死。果然萨音布不但活着，而且还和伊尔哈在一起，难道他和伊尔哈相爱？是不是萨音布早就有了异心，和伊尔哈相好了才故意借口扎西的事不理她？既然这样，当初伊尔哈为什么要带她出来？种种疑窦和猜测不断地在心中翻腾，随之而起的嫉妒和恼恨极度膨胀，已被侮辱的自尊心受到更大的伤害。伊尔哈额妮虽然说话遮遮掩掩，难道能瞒过她艾新芝？既然伊尔哈说自己没有和萨音布在一起，为什么怕巴扬阿知道？她越想越不服气，越想越觉得被伊尔哈蒙骗，恨不能立刻见到萨音布当面向他问清楚，为什么他们合起伙来骗她!

萨晋图一踏上科布多，心情就变得十分沉重。第二天凌晨，他把哨卫安排好，见过阿穆呼朗后就骑上马带着华沙布和巴扬阿匆匆去找驿站驿长。

"萨晋图大人，有何吩咐?"驿长见萨晋图脸色凝重，急忙问。

“那片坟地还在吗?”

“什么坟地?”驿长有点纳闷。

“就是埋下当年和通泊血战阵亡官兵的那块坟地。”

“噢……在，在，大人!不过这么多年了，没有人去修补添土，快成平地了!”

萨晋图听说坟地还在，想起那不堪回首的往事，耳畔仿佛又响起了三十多年前那一仗惊心动魄的厮杀声。他神情肃然地长叹一声，回头骑马说声“走!”进城买了纸和香就去了那块坟地。

那是一块不寻常的坟地，中间有几棵树光秃地立着，坟丘几乎被野草覆盖。雍正九年和通泊一仗中阵亡的大部分官兵埋在这里。萨晋图下了马，久久望着阳光照耀下那凄凉的坟地，语气怆然地说:“转眼三十多年，我又回来啦……唉，真是一失足成千古恨!要不是傅尔丹将军急功近利轻敌深入博尔托岭，何致全军覆没?京师八旗、车骑营、奉天兵、索伦兵、宁古塔兵、宁夏兵、察哈尔兵……足足两万人马死的死，伤的伤，最后只剩下两千人，好惨哪!”

“大叔，给他们烧纸点儿香吧?”华沙布早已听过和通泊惨败之事，今日临近当年硝烟弥漫、鬼哭狼嚎的战场，不由得又抬头望了一眼那雾气中的大湖，心痛地说。

“好吧。”萨晋图说着慢慢跪坐在地，巴扬阿知道阿默窝国善当年在这场大战中死里逃生，也跟着跪下了。华沙布从褡裢里取出酒葫芦、两包黄纸和一炷香，先把香点燃后烧化了纸，祭过了酒，接着也跪在萨晋图身后。

三个人祈祷完毕，重重磕了几个头站立起来，拍了几下身上

的土，忽见后面还跪着两个蒙面人，三个人吓了一跳。

“什么人？”巴扬阿唰的一声抽出腰刀，厉声喝问。

两个蒙面人毫无惧色，跪在前面的人慢慢站起来，轻轻唤了声：“额爷！”便扯去脸上的蒙布。

“萨音布！”三个人不约而同脱口喊出，三个人三种神态：萨晋图惊奇，巴扬阿惊骇，华沙布惊疑。

“额爷！”萨音布喊着疾步走过来一下抱住萨晋图，萨晋图也紧紧抱住了孙子。“萨音布，你可回来了……都怪额爷不好！”

“额爷，这不能怪你，怪就怪我麻痹大意，只往好处想不曾往坏处想……”

“一切都过去了，过去了，往后再也不去图那些额外的补给了。噢，感谢伯尔堪！”

“额爷，这位就是救我出来的阿勒坦！”萨音布慢慢松开手，扭头看了一眼后面的人告诉额爷。后面跪着的那个蒙面人是阿勒坦。此时，他也站起来，揭去脸上的蒙布，露出了真面目。

“噢，阿勒坦就是你，你救了萨音布，我怎么谢你？”萨晋图见了孙子的救命恩人，转悲为喜不知说什么好。

“额爷，朋友有难，理应相助，况且萨音布遭人暗算，我怎能袖手旁观？”阿勒坦听了萨晋图老人发自肺腑的感激之言，急忙走上前答话。

“好，好！真不愧是路见不平拔刀相助的男子汉！”

“萨音布！”站在一旁惊魂未定的华沙布终于醒悟过来，见自己的朋友大难不死活着回来，情不自禁笑着走过去。

“华沙布！”萨音布此时此刻全身心沉浸在与亲人相逢的喜悦里，见华沙布走过来，急忙走过去和他用力地拥抱。

"萨音布，这不是在做梦吧？"华沙布心里还有疑惑，不敢相信这是真的。

"哈，这不是活着回来了吗！"

"伊尔哈，伊尔哈呢？"华沙布突然松开手迫不及待地问，两眼直盯着萨音布的脸。

"华沙布，你放心，早晚会见到她的。"

"她，她真的和你在一起？"

华沙布沉默不问了。萨音布见华沙布不再问了，也不再说什么，本想和巴扬阿也打个招呼，可巴扬阿鼻喷粗气，眼露凶光，背过身去望着坟地，连理都不理他。

"额爷，我们要回去了，您要多保重！"

"萨音布，额爷这就放心了。不过千万不能大意，我们还没走出他们的地盘哪！"

萨音布和额爷道别后，又朝着背冲着他的巴扬阿故意说给他和华沙布听："你们不要怪我，如果当我萨音布是你们的朋友就相信我，如果不相信随时可以去告我！"

"快给我滚！老子不想听你婆婆妈妈说个没完！"巴扬阿本来憋着一口气，听了萨音布最后一句话不由得转过脸来暴跳怒吼。他觉得萨音布在侮辱他蔑视他，我巴扬阿是个堂堂男子汉，怎么会干出那不仁不义的肮脏勾当。

37

出了科布多，天气渐渐变热。前面横贯东西条条披白的阿尔泰山脉，座座高耸入云的山峰在幽暗的天空下显得苍茫巍峨。此

处河流众多，年年桃花水猛涨，道路泥石为障，沟壑纵横，大队人马车辆行走十分艰难。不几日，果然见一条河好似从半空倾泻而下，横冲眼前，挡住去路。噶尔赛带着图古苏防御、骁骑校布占泰和扎勒巴勒急忙驱马赶到河边，只见那河水猛兽般地夹着泥沙、树枝、草根，翻滚汹涌、阵阵咆哮着奔腾而去。扎勒巴勒的大黑狗朝着河对面汪汪直叫。

“这叫什么河?”

“回大人，这是从科齐斯山流出来的一条小河，平时水深不过马镫，牲畜常可涉水而过。”扎勒巴勒急忙回答。

“下游还有无渡口?”噶尔赛观察了一阵两岸的地势继续问。

“没有，大人。”

“前面还有几条河!”

“七八条，大人。”

“河水这么猛，队伍怎么过?”噶尔赛一脸焦虑，他忙派布占泰去请阿穆呼朗来一起商议。

“大人，要不小的去喀尔喀牧场向附近牧民打听一下前面的情况?”

“也好，你速去速回!”噶尔赛皱了一下眉，扎勒巴勒领命拨转马头，鞭子一抽，放马顺河而下朝喀尔喀牧场奔去。大黑狗紧跟在后。

阿穆呼朗到来后，和噶尔赛坐在河边一块岩石上，望着滚滚河水等候扎勒巴勒回来，约过一个时辰，扎勒巴勒飞马回来了。

“前面怎么样?”噶尔赛不等扎勒巴勒下马迫不及待地问。

“二位大人，”扎勒巴勒边下马边喘着气禀报，“听牧民们讲，这几天天气骤热，山中积雪融化，洪水崩泄，前面数条河全都涨溢，有几家牧民的毡房和牲畜都被冲走了！”

“那怎么办？”阿穆呼朗听了扎勒巴勒的话，脸上也渐显阴沉。

“这或许是天意，非叫我们吃苦头！只好等水退了。”

“那要等到何时？”阿穆呼朗听了噶尔赛的话，大为不悦。

“大人，洪水不比河水，冲劲儿猛，水一上鞍就把人马冲走，你说怎么过？”

“那也不能白待在这里耗费粮草，延误时日。”阿穆呼朗还是不服。

“二位大人，我们能不能改道走？”扎勒巴勒见两位大人争执，吸了一下鼻烟壶插话问。

“不过阿尔泰山，怎么走？”噶尔赛瞥了一眼阿穆呼朗，不满地问。

“依小的之见，眼前正值阿尔泰山积雪融化时节，这水就是退了，说不准哪天又要下来。我想，与其每遇一条河都被延误几日，还不如绕道而行。”

“那你说怎么走？”

“小的想穿越科齐斯山绕行，这样路程虽说远一些，但一路没有河水挡道，总比被困住强。”

“既然如此，那只好穿绕而行。只要不停，多走几天有何妨？不然望河兴叹，等到何时？”

阿穆呼朗回到自己的队伍，将刚才与噶尔赛议定之事转告领催五十四和台吉敦多克，“二位，队伍启程时，成衮扎布将军命二位护送西迁官兵至科布多。现科布多已过，况且已定改道绕行，二位就此止步不必烦劳，快回去复命吧！”

“大人，前途未卜，还是让我们再送一程再心安理得回去吧!”

“不必了。千里送行，终有一别。回去告诉将军大人，队伍人畜安好，因前面河流横溢，决定穿绕科齐斯山进入阿尔泰，虽说是山路，总比困住好。”

“那，请大人一路保重，小的们遵命就是了。”五十四和敦多克只好收拾行装上马告别返回乌里雅苏台。

进了科齐斯山，队伍沿着一条崎岖不平狭长的山谷蜗牛似的爬行。两边是灌木丛生、岩石重重的山脊，一座比一座高。下面是山水轰鸣水沫飞泻的溪流，一层比一层低。西迁队伍自盛京出发长年累月跋涉荒原草地，突然间进了白雪皑皑的山中，大人小孩都被这奇形异状从未见过的惊人景色迷住了，不停地转动着头朝两边仰望，不时发出啧啧赞叹。有的甚至忘记赶车驱马，停下发愣出神。孩子们早已跳下车嬉笑着，呼喊着往山上爬。图克善、硕尔泰几个早已像只小山羊似的爬上高高岩石，向大人们挥手傻笑。由于山没有路，有时从陡峭的绝壁旁走过，有时从无底的深渊边绕过，有时从松林间穿过，有时从半山腰擦过，令人提心吊胆，心生恐怖。为了加快行速，两位协领从两个营里抽出一百多名身强力壮的官兵由扎勒巴勒和布占泰带领，不分昼夜在前面轮班修路搭桥，确保队伍行程安全又不停顿。

色本泰牵着马慢慢走在车前面，一边观赏两边景色，一边对坐在车上的伊尔哈额妮说：

“孩子她额妮，你瞧，那一条从上面流下来的石砾像不像直泻的瀑布?”

“像，太像了！那旁边开的都是些什么花呀?”

“那么多的花，你问的是哪一种啊?”

“哎呀，孩子她阿默，快走，那块岩石要掉下来了!”

“哈……不会!”

“噢，真吓死人，反正今天不掉，明天也会掉下来!”

“掉不下来，你放心好了。噢，想不到这地方这么美，怪不得皇上派我们驻防呢!”

队伍头尾相顾，或紧或慢边修路边赶路，忽一日临近傍晚时天气骤变，突然间天空乌云密布，刮起风下起雨来。家家户户不得不在背风山坡支起帐篷，周围压好大块石头，避风遮雨。风，越刮越大，天气越变越冷，到了半夜风雨化作狂风暴雪，在峡谷里咆哮怒号，天空变得漆黑一团什么也看不见。有的帐篷不时被狂风卷起，灌进凛冽风雪，令女人和小孩儿叫苦不迭。萨晋图带着巴扬阿、华沙布和几名跟丁，挨家挨户察看，帮助他们搬来石块牢固帐篷，并提醒他们管好牛马驼，千万不要受凉生病。色本泰听着呼呼风雪声睡不着，早起来穿好皮衣出帐察看马驼。见那套车马低头站在车旁用屁股顶着风雪全身瑟瑟发抖，急忙折身进帐取一块毡子出来给马身裹上，用绳子绑了个结实，上了料袋。看看骆驼，还不是脱毛的时候，那庞大的躯体似乎一点都不在乎寒冷风雪。

暴风雪一下就是三天三夜，峡谷里到处是白茫茫、灰乎乎一片，两边见不着一块石头，望不见一棵松树，一切都被厚雪盖住。人们见风雪已停，一个个从帐篷里爬出来清除门前的积雪，给马牛驼加料添草。女人们架锅生火，煮茶烧饭，才吃上了一顿舒心的热饭，喝上一口暖身的热茶。

萨晋图和锡林春喝过茶去见阿穆呼朗。阿穆呼朗满脸愁容，

不言不语。

“大人，我等原本绕道而行是为避免桃花水围困，如今却被风雪困住，进无路，退无望，如何是好?”

“人有百算不如天有一算。走，到前面去看看再说吧!”

三个人踏雪步行走了半个时辰才到前头。一路上见官兵家眷投来信赖和期待的目光，令他们感到身上的担子愈来愈重。噶尔赛的帐内除图古苏、扎勒巴勒外还有几位官员，正在商议行路之事，见三人进帐，急忙起身招呼让座看茶。

“大人，”噶尔赛见阿穆呼朗忧心忡忡，等他入座就先开口，“看来这雪十天半月化不完，您看怎么好?”

“诸位，我等从乌里雅苏台出发时所带口粮只够到塔尔巴哈台。前面路还长，如果在这待十几天白吃不赶路，吃完口粮吃什么?况且天有不测风云，再下几场暴风雪怎么办?”阿穆呼朗环顾一眼诸位脸色，继续说，“本来山路就不好走，现又下这么厚的雪，前面的路怎么修?”

“那……大人，您的意思是……”向导扎勒巴勒把几千人马带到这不死不活之地，不仅心急如焚，也害怕怪罪于他，吃不入口，坐不安宁，又想不出解脱之法，听了半天阿穆呼朗大人的话听不出解决的办法，急问。

“诸位，依我之见，队伍不能坐守苦等，即刻一面派人另寻出路，一面咨文伊犁将军救援接济，免得往后屡遭不测，后患无穷！诸位意下如何?”

“好，阿穆呼朗大人，眼前只能这样。”

翌日晨，太阳虽露了脸，峡谷里依然干冷难耐，周围的一切沉浸在恬静的明朗里。噶尔赛写完书信，叫过扎勒巴勒和布占泰，吩咐道：“扎勒巴勒，你带两个人即刻动身去探路，天黑前一定要回来！”

“喳！”扎勒巴勒不敢怠慢，领命匆匆出帐去了。

“布占泰，我这里修书一封，你即刻赶往伊犁，一定要面呈明瑞大人和绰克托大人，并将我等一路情况详尽禀报。路一探明，我们立刻动身。”

“请大人放心，布占泰一定送到。”

“带上两个人，路上要小心！”

“记住了，大人。”

布占泰出了帐，备好鞍马，带足粮草，穿上厚厚的皮衣，带上两名手下便上路了。

西迁之师离开科布多后，萨音布和伊尔哈再三谢绝阿勒坦的深情挽留，依依惜别挥鞭启程。为了行走安全，伊尔哈也一身男人打扮，两人并马徐行，追赶队伍。赶到喀尔喀牧场处，牧民们告诉他们西迁队伍被洪水挡路改道进入科齐斯山时，他们也拨转马头扎进了大山之中。进山不久，便遇到了那场暴风雪，两个人没带帐篷，被寒冷威逼，东找西找才找到一个阴冷的洞穴进去燃起一堆火。

暴风雪刚停，两个人就匆匆上了路。两匹马在深山峡谷坚硬的积雪中踏雪前行，有时马匹陷进深沟里挣扎半天才跳跃而出，累得汗打两肋，胸前肚皮结着一层霜。两边群山重叠，一团团灰色的云雾在座座披白的山峰间聚集。山坡上无边无际的积雪，将挂满银霜的松林深深地埋在里面。松林稀疏的地方，白皑皑的厚雪顺着陡峭斜坡飞泻直下，在深深的谷底汇集。每条峡谷里，一块块滑落的岩石，一棵棵断裂的松树依稀可见，像是雪崩后留下的痕迹，令人触目惊心。

“伊尔哈，注意些！”萨音布边走边抬头望两边的山坡，提醒伊尔哈，“雪崩一来喜鹊也难飞脱！”

“唔，这么厉害！”

两个人说着，走到一个岔路口，突然从前面不远处一条峡谷里传来一阵天崩地裂般轰隆声，地动山摇，两个人仓皇拉住马头抬头张望惶恐静听。

“真是雪崩！”

两个人相互瞅了一眼，腿一夹，慌忙驱马向前。走了一阵，突然又传来一阵狗的哀吼声，如泣如诉。

当他们拐了一个弯再向前时，眼前的景象让他们惊呆了！前面雪崩冲下来堆起的积雪像一座小山，挡住了去路，封住了峡谷。雪堆上有只大黑狗一边呻吟着，一边正在用前爪挖洞，已经把半个身子探进洞里，从胯间抛出的雪阵阵飞泻而出。萨音布二话没说跳下马，一口气跑到洞边看了看也用双手挖了起来。那狗见人来，嗷嗷叫着挖得更快了。

“伊尔哈，快来，这里肯定埋了人！”萨音布一边挖一边喊伊尔哈。

伊尔哈把两匹马缰绳拴在一起急忙跑过来，也帮助萨音布一起挖。挖了半个时辰左右，终于挖出一个人来。两个人手忙脚乱地拖出来一看，那人大约四十岁，已经满脸发紫，口吐鲜血，全身快要僵硬了。萨音布摸了一下他的胸口，似乎还有点热气，急忙把他抬到平地直身躺下，背过身解开自己的裤带用手接了点自己的尿水灌进那人嘴里。

“喂，醒醒！醒醒！”

或许是咸温的尿水刺激了那人，他轻轻地缓过一口气，终于微微睁开眼睛。他见两个陌生的面孔望着他，惨淡无力地一笑，翕动了几下嘴唇又闭上了眼睛。

“喂，醒醒！醒醒！你是什么人，还有谁？”那人被萨音布摇得又活过来，萨音布急忙抬起他的头把他扶坐起来。

“我叫扎勒巴勒，是，是西迁锡伯营……向导……”

“扎勒巴勒叔，我是锡伯营的萨音布，她是伊尔哈！”

“噢，萨音布，你快回去告诉锡伯营队伍掉头沿这条峡谷一直往前走，大约七八天路程便可走出山谷，沿着驿站有大道可循……保佑前面的额尔齐斯河水，不要赶上山洪暴发……”扎勒巴勒说着渐渐闭上了眼睛。

“扎勒巴勒叔，你不能死，我们一定把你带到伊犁！”

“不用了……把我的大黑狗送与你，好好养着……”扎勒巴勒说完头垂了下去。萨音布和伊尔哈流着泪把他埋在雪里，又磕了几个头便回头上了马。两个人走了一阵，却不见那大黑狗。回头一瞧，只见那狗守着主人无意离开，萨音布喊了几声，还是不来。萨音布酸楚地摇了摇头说声“走！”留下大黑狗就走了。

38

太阳已经偏西了，层层叠叠的群山渐渐变成紫褐色的一抹，涂在高远的天际。天气终于转暖了，太阳虽然不太烈，可一片晴光增添了大家心中的热气。岩石上的冰雪开始融化，滴下颗颗晶莹水珠。松林抖去一身的洁白，开始掀起阵阵波涛。雪水从四面八方汇集起来成为一股汹涌的奔流冲泻下山，从一个溪谷奔向另一个溪谷。接着山南吹来的风带来片片乌云，雨水一阵阵猛烈倾泻，积雪终于走了。

萨音布和伊尔哈回到锡伯营时，人们来不及询问太多，便按着扎勒巴勒临终前所指的路线出发了。经过十几天时停时进的艰难跋涉，西迁队伍终于穿过科齐斯山深涧巨壑，到达额尔齐斯河畔。许多车辆坏了，裂了，车轴断了，都丢在路上。由于没有向导，找不到渡口，队伍临时在河边一块宽绰地扎营，绵绵达数里，并派出人马沿着河边去找渡口。两位协领、萨晋图、锡林春、图古苏等站在河岸茫然地看着猛兽般滚滚而过的大水一筹莫展，默默无语。河中一浪接着一浪的波涛，带着泡沫卷起一个个巨大漩涡，一阵阵狂暴地冲击陡峭的堤岸，发出怒吼，仿佛向他们示威。

“图古苏防御，派出的人马还没回来?”

“是，大人。”

“布占泰他们不知到了没有，唉!”往日一向胜算在握遇事不急的噶尔赛此时也不由得皱起眉头。

黄昏时分，派出探马陆续回来报称，沿河往上往下二十几里，不是两岸陡峭就是水流湍急，根本没有渡口。听了这消息，两位大人心情更加沉重，眼望滚滚不落、混沌泛滥、漂浮黄沫的河水，只有仰天悲呼，谁都束手无策。第二天上午，两位协领不得不召集大小官员商议对策。

“图古苏防御，口粮还能维持几日?”

“回大人，第一队有的已经没有了，现正在调剂，顶多能维持三天。”

“你们呢?”噶尔赛又问萨晋图。

“跟一队差不多。”萨晋图叹口气回答说。

“诸位，伊犁接济无望，进退两难，怎么办？”噶尔赛忧心如焚，显出一副无可奈何的样子，用讯问的目光扫了大家一眼。

阿穆呼朗本来也想说几句，但见大家都低头不语，只得缄口不语了。

“大人，”突然萨晋图开口喊一声，众人一下惊奇地抬头，将目光投向他。

“萨晋图防御，您有何良策？”噶尔赛一怔，急忙问。

“回大人，图克善、硕尔泰等几个小孩儿到山上放牛马时挖来好多野菜，这种野菜老家也有，可以吃。卑职想，如果家家挖些野菜拌着粮食充饥，或许能多维持几日。”

“噢，是什么菜？”噶尔赛心中一喜，两眼即刻闪出异样的光。

“回大人，这菜叫乌珠莫尔菜，卑职也吃过，很好吃的。”

“好！好！诸位即刻回去挨家挨户传令告知，一定要坚持到过河！”噶尔赛又兴奋又激动，大声吩咐大家。

第三天早晨，红彤彤的太阳刚出山，全营男女老少都上山挖野菜。在山石间潮湿的黏土上生长的野菜突然间给人们带来一种超然的神奇生机，仿佛喷射出耀眼的光芒。人们无暇顾及那满山遍野盛开的烂漫山花，只顾三五成群兴冲冲地挖那野菜。那乌珠莫尔野菜一条条扁长的叶片，绿得那样浓，风吹来淡淡清香，沁人心脾。伊尔哈领着图克善、硕尔泰等一帮小孩儿大声喊着笑着在山坡上、人群中穿梭。

自从萨音布和伊尔哈回到锡伯营，艾新芝的心情就没有平静过。兴奋喜悦中交织着懊悔嫉妒，她尤其听不得伊尔哈的笑声，

那仿佛如刀刺她的心。今天，她却偏偏听到了。那是萨音布带给她的喜悦吗？艾新芝望着伊尔哈，刹那间身上的血液全涌到脸上，热乎乎，火辣辣，许久以来心中积郁的憎恨嫉妒突然化作汹涌波涛冲击她的狭小胸腔，一肚子甜酸苦辣怂恿激怒她。她丢下满筐的野菜，跃起身子，气势汹汹冲着伊尔哈奔过去，那神态、那脸色，令人害怕。华沙布正望着伊尔哈和孩子们出神，突然见艾新芝神态失常地向伊尔哈冲过去，先是一愣，接着紧张地拔腿跑过去追上艾新芝，一把拉住她发抖的胳膊。

“艾新芝，你怎么了？”

“放开我，不要你管！”艾新芝铁青着脸，发紫的嘴唇颤抖着，见华沙布跑过来拽住自己的胳膊，呼呼喘气，大喊一声，用劲一抽，不料打个趔趄，差点把自己摔倒。

“艾新芝，你已经伤害了许多人，你还想怎么样？”华沙布用身子挡住艾新芝也变了脸。

“我伤害了谁？你说，我伤害了谁？是他们，是他们合伙捉弄我，欺骗我！……还有你，还有你这个榆木疙瘩！”艾新芝被逼得冲着华沙布吼了一阵，委屈地坐在地上失声抽泣起来，那酸楚的泪从浓密的睫毛下流出来，沿着苍白的面颊流到紧闭的嘴唇边，在阳光中瑟瑟闪耀。无法说出的屈辱，日夜摆脱不掉的纷扰，饱尝嫉妒的憎恨，狂抽乱打的懊悔一时间全都压在她身上，使她怨气难消。

“萨音布本来是你的，是你自己离开了他，你还怨谁？如今他和伊尔哈好了，你就眼红，仇恨他，嫉妒他，是不是？你以为你是谁呀？”想不到一向沉默寡言、忠厚宽宏的华沙布听了艾新芝的话竟勃然大怒，倒把自己几日来无处发泄的懊恼积怨全都撒在艾新芝身上，痛快淋漓地骂了一通便昂起头转身走了。艾新芝想不到昔日在女人面前一开口就脸红的华沙布也会如此发怒，惊骇地抬起泪眼，望着他的背影再也不敢哭泣了。这时巴扬阿正骑马走过山坡，远远见艾新芝一人坐在半山腰，急忙驱马上坡。

“艾新芝，怎么了？”他见艾新芝哭红眼睛，低头发呆，边下马边关切地问，“乌里雅苏台呢？”

艾新芝没吱声，依然低着头。

“是不是萨音布？”巴扬阿走过去轻轻地扶起艾新芝，见她不言不语，只好搀着她往回走。

已熬过十天，阿穆呼朗和噶尔赛每天好几次亲临河边观察，河水仍不见退落。眼看口粮快吃完了，家家除中午一顿饭外，早晚几乎是野菜煮汤充饥。为了照顾那些孕妇、产妇和孩子，不得不从牛马嘴里省一半饲料给予调剂。再等下去，真要粮尽路绝过河无望了。面临这种艰难绝境，全营大人小孩儿都着急。

黄昏，西天一片猩红，大块大块的火烧云堆积在遥远天际的暮色里，在层层山脉剪影倒映的弯曲流淌的河面上闪亮波动。阿穆呼朗正坐在刚刚点起的灯下愁叹，只见噶尔赛急匆匆走来掀帘进帐，一脸的惶恐。

“怎么了？”阿穆呼朗疑惑地抬头盯着问。

“大人，不好了……”噶尔赛喘了一口气，一屁股坐到石凳上，“刚才我到一队查看，十几匹好端端的马不知何故突然一个个倒地，口吐白沫，肚腹膨胀，相继惨死。我传来兽医官一问，他说这些牲口都是瘟死的，说不准那瘟疫还会传染上人！”

“天哪，这是怎么回事？”阿穆呼朗不觉吃了一惊。

两个人正说着，忽听咚咚脚步响，接着萨晋图又掀帘进帐，呼哧呼哧喘着气大惊失色地说："两位大人，不好了！"

"怎么回事？"

"营里传上了怪病，已经倒下十几个，腹痛难忍，口吐黄水……"

阿穆呼朗听了不寒而栗，半天闭目仰首，一脸的悲戚却不发话。帐外响起阵阵马嘶声。

"来人！"噶尔赛看了一眼阿穆呼朗，再也等不及了，他重新振作起来喊了一声。

"喳！"一名跟丁随声进帐。

"快去传令图古苏防御，将那死牲口堆在一起，立即烧化！"

"喳！"跟丁领命出帐，跃身跨马而去。

"萨晋图大人！"

"卑职在！"

"速去请莫伦喇嘛，他今晚无论如何配好解药祛病邪！"

"喳！"

色本泰家帐篷里，锡林春、伊尔哈额妮、伊尔哈、图克善，还有闻声赶来的巴扬阿和艾新芝围着色本泰，焦急地等待莫伦喇嘛的到来。伊尔哈额妮拿着一块湿巾，不停地擦拭色本泰满头满脸的虚汗，呜咽着，嘴里轻轻地呼唤："他阿默，你怎么样？你醒醒，你说话！"暗淡的灯光下色本泰缓缓地睁开眼睛，木然地注视着帐顶，似乎感觉不到围在他身边的一个个迷离晃动的身影，分辨不清他耳边模糊不清的呼喊，干涩的嘴唇嗫嚅着，却没有声音。

"纳克出，你醒醒，你醒醒！"图克善紧紧握住色本泰一只冰凉的手，一边摇一边哭。

约莫过了一个时辰，萨晋图和莫伦喇嘛终于匆匆赶到。他们在前面几家已给一些病人服了药，还留下人照顾。莫伦喇嘛在色本泰身边盘腿坐下，慈悲地望了一阵色本泰那张与人为善的脸，嘴里轻轻念了几句咒语，然后从袋里取出一包药给他服了。

“大师，他，他会不会有事？”伊尔哈额妮见喇嘛喂完药担心的样子心里一阵颤抖，抹了一下泪眼问。

“阿弥陀佛，他们都已服了药，会平安无事。我是担心这病来势凶猛，人畜难免，区区几包药人都不够用，万一马匹继续染上可怎么办？”莫伦喇嘛不仅是说给伊尔哈额妮听，也是说给萨晋图听的。

“上师，有没有办法配制别的解药？”萨晋图问着，眼睛却盯着色本泰。

“明日我带弟子们进山去找找看，有一种草可治瘟疫。不过它生长在悬崖绝壁背阴之处，真不好找。阿弥陀佛，但愿这山里能采到，我佛开恩，祛病消灾，普度众生！”

“好，上师，老夫也带人与你一起去采药！”

第二天天刚蒙蒙亮，鲜活的太阳还未来得及露脸，莫伦喇嘛、萨晋图、华沙布带着十几个弟子和十几个兵丁，一个个手里拿着大布袋，满怀希望披着淡淡的雾气，踩着晶莹的露水上了山。星星依然在头顶闪耀，天穹高远，深邃无际，诸峰林立各有奇姿，奇草异木各具妙色。一座座壁立的悬崖高耸入云，一片片苍茫松林林梢穿天。登峰俯首不见底，入林仰面不见天。十几名弟子和十几名兵丁根据莫伦喇嘛的吩咐，一个个身手敏捷，在峭壁间采撷药草。莫伦喇嘛和萨晋图崖下背手而立，指指点点，忙乎不迭。

“师父，我采到了！”突然从入云峭壁间传来一声震天动地的喜悦呐喊，金色的太阳一下惊出天，霞光万道，洒满群峰。

“阿弥陀佛，我佛慈悲，有救了，有救了！”莫伦喇嘛困惑的脸上终于露出悦色，紧皱的眉头舒展开来，仰望苍天发出深长的叹息。

中午，一袋袋采来的药草堆积在营部帐篷前，人们架起几口大锅准备点火熬汤。全营大小官员围在四周观看，七嘴八舌地谈论着，眼睛却望着莫伦喇嘛。

“上师，怎么样？”阿穆呼朗坐在一旁，见莫伦喇嘛蹲在药草堆前低着头挑来拣去，仿佛心有顾虑，便开口问道。

“大人，这药草名叫卡其兰草，是瘟疫的克星，人畜包治。不过，有一种无名草酷似这药草，有剧毒，为了安全，我要试药！”

“这……”阿穆呼朗听了不觉愕然。

莫伦喇嘛经过仔细辨认后，将两堆酷似一样的药草分别下了两个药罐里，亲自烧火煎煮。约莫过了一个时辰，药汤煎好了，莫伦喇嘛把两个药罐里的药汤分别倒在两个碗里，然后退后在一块早已准备好的毛毡上正襟而坐，双手合十，闭起眼睛，嘴里念念有词，数点手里的佛珠，准备试尝药汤。

两碗药汤黑里发红，冒着热气，发出辛香。站在莫伦身后的弟子们一个个盯着碗里的药汤，惴惴不安，十分焦虑，不知哪碗是救命的药汤，哪碗是要命的毒药。阿穆呼朗盯着莫伦喇嘛坦然的脸，反而有些担起心来。

“莫伦喇嘛，有无别的办法？万一吃错了……”

“协领大人，这汤是药是毒，维系着众人的安危，没有选择。”莫伦心静如水，话轻如雨。

莫伦喇嘛说完刚要伸手取汤饮服，突然身后一名弟子闪出，扑通一声跪倒在他身旁，拿过药汤碗，一仰头，居然把药汤全喝了。

“额吉，你……”

“师父，这药怎么一点都不苦！师父……”额吉看着师父，咂着嘴刚说了一句，舌头突然打起结来。

“额吉，怎么样？”莫伦勃然变色，双手抓住额吉。

额吉脸上的肌肉可怕地痉挛起来，嘴角渐渐向下歪斜，口角流出一股股红鲜血，两眼黯然地往后一翻，全身僵直地向后倒去。

“额吉！额吉！”莫伦紧紧扶住沉重的躯体，大声呼叫。

众人大惊，一个个目瞪口呆，直愣愣盯着师徒俩不知所措。莫伦喇嘛泪水如断珠滴落，他慢慢地将额吉平放在毛毡上，重新正襟打坐念起经来。众弟子跟着打坐，相随附诵，那吟诵声如雷轰鸣，如潮涌动，掠过天边，点燃晚霞。

是夜，在阿勒泰山下额尔齐斯河畔，锡伯营全体为额吉喇嘛火葬超度。那熊熊大火烧红了夜空，烈焰中隐去了额吉的躯体。他仿佛顷刻间化作天边一颗亮得耀眼的星星，永远被得救的人们铭记怀念。

阿穆呼朗和噶尔赛因悲伤叹息，心烦意乱，彻夜未眠，坐到天亮。

晨光熹微，一个个野灶里起了火，一口口大锅里盛满水，人们把切碎的无毒药草倒进水里，熬好了药汤，先给染疾的人畜饮服。不到中午，染疾的人便获得神奇般恢复，气色都好多了。为了预防传染，莫伦喇嘛吩咐所有人畜全部饮服汤药，不得漏掉一个。

一条命终于换来众人的平安。

39

中午喝过茶，阿穆呼朗披衣出门，一道阳光跟着帐帘的掀开透进帐中。他缓缓走到河边，两眼望着上游重叠而来的混沌河水，只有忧心忡忡地叹息。此处一停就是十几天，几千人马食粮已绝，野菜能顶几日？据图古苏报称，这次牛马染瘟疫倒毙近百头，畜力已明显不足，从哪里补充？过了河余程尚远，况且尽是崎岖山路。什么时候洪水能退？过了河往后怎么办？布占泰已去月余，生死未卜，杳无音讯，伊犁的接济能否送到？他正左思右想，神情苦闷，身后一阵马蹄声忽起，他扭头一看，是萨音布和一个陌生人骑着马冲他而来。

"大人，大人！"萨音布老远就大声喊着，声音里充满着惊喜激动。

"什么事？"阿穆呼朗正在苦恼之际，没好气地问。

"大人……"萨音布在阿穆呼朗身后下了马，喜不自禁地指着陌生人说，"他说他知道渡口！"

"啊！"阿穆呼朗吃了一惊，忙回头疑惑地瞅了一眼陌生人，"他是谁？"

"协领大人，您好！"陌生人是位六十出头的老者，但健壮魁梧，红光满面，银须飘散。他把双手放在胸前，向阿穆呼朗深深鞠了一个躬，行了一个大礼，"我叫苏彦拜，是大清哈萨克牧民。因河流涨水，我们昨日才转场来到这里。听说大军找不到渡口，特来领路！"

"噢，老人家，您知道渡口？"真是"山重水复疑无路，柳暗花明又一村"。

"回大人的话，沿着河岸溯流往东大约走三天路程有一个官渡，那里河面宽阔，水流平缓，这里的牧民春秋转场经常从那里赶着牲畜过河！"

"车辆也可以过？"

"可以，大人。"

"现在水这么大，还能过？"

"回大人，这河水已经涨了十几天，看起来凶猛，可再凶不了几天。估计我们赶到渡口时，这水也该退了。"苏彦拜很有把握地说。

"喔，老人家，太谢谢您了！"阿穆呼朗绝境逢生，喜出望外，由衷地向苏彦拜表示感谢。

"大人，不用谢，你们来了我们才安宁，不然，这里盗贼蜂起，经常抢掠牧民的牲畜，一年四季叫人提心吊胆！"

"老人家，请您放心。回去告诉牧民们，这批官兵就是奉皇上之命来保护疆土和你们的安宁的，有什么为难之事尽管给他们说！"

"一定，一定，大人。"

"好，明天一早咱们就起营出发！萨音布你速去传令各札兰做好准备，不得有误！"

"喳！"

色本泰服了药，已经能够走动了。幸亏他们家牛马没有染瘟。听说找到渡口，明日就要启程，一家人高兴得不知说什么好。晚上，煮了一锅野菜，高高兴兴围着吃。

“合纳克出，我……我吃不下去了。”图克善吃了几口，实在咽不下去了。

“图克善，一定要吃。不然，饿了可没有东西吃！”伊尔哈害怕父母吃不下急忙挡住图克善的话。

“来，不要吃了，给合纳克出。”伊尔哈额妮放下自己的碗，从图克善手里接过他的碗，把野菜倒进自己的碗里，然后从口袋里摸出一把东西放进图克善碗里。

“啊！是炒玉米？合纳克出，这不是马料吗？”

“图克善，别多嘴，给什么吃什么！”色本泰抬头朝他瞪了一眼。

“纳克出，我们吃了马料，马吃什么？明天还得赶路，它能顶得住吗？我不吃。你们吃什么我吃什么！”图克善说着把伊尔哈额妮的碗夺过来大口大口地吃起来。

“图克善，你真懂事。”伊尔哈额妮一下把图克善拉过来紧紧搂在怀里，眼里噙满了泪水。“孩子，到了伊犁，合纳克出天天给你吃又白又香的面饼，好吗？”

“嗯。”

伊尔哈再也吃不下去了，她抬头望着帐篷顶的天窗，强忍着欲滴的泪水，将手中的饭碗轻轻放下。

“好了，不要伤心了，这只不过是眼前的事，过了河就会好的。”色本泰见母女俩都泪眼看他，也只好放下碗好言安慰。

“孩子她阿默，我还留了一小袋小米，要么给艾新芝送去吧，她有小孩儿要喂奶呀！”伊尔哈额妮抹抹眼泪，突然又想起艾新芝。色本泰没有开口，只是点了点头。

“合纳克出，我吃完了，我给艾新芝格合送去吧！”

"好吧。"伊尔哈额妮说着从身后取出一小袋米掂了掂，给了图克善，"够她吃三五天。"

黎明，山野渐渐醒过来了。河水在幽暗朦胧中咆哮，曙色在山巅薄雾中舒展，从惺忪的山谷中涌出的湿漉漉的雾霭，阵阵向山脚河畔滚动。一阵兴奋的螺号声吹过，官兵们起来收拾行装，套车的套车，架鞍的架鞍，你喊我呼，牛叫马嘶。遮天蔽日的旌旗中，无穷无尽的车辆、人马、连成一串的驼队开始沿着山下河谷走上沿岸的山道，蜿蜒数里，似一条蛟龙在摇头摆尾朝太阳前进。因赶路心急，噶尔赛和苏彦拜带着先锋队几个人先走一步，他们马不停蹄昼夜兼程第二天中午到达渡口时，河水似乎已显得稍有退落。几个人兴奋地说笑着立马站在岸边，那渡口河面足有一里多宽，从上头奔腾冲泻而来的狂怒河水到了这里就变得平缓温和了，只是下面急剧转弯，竟是一处可怕的跌水，令人喜而担忧。或许是长年大批牲畜来回游渡的缘故，两岸平坦，车辆进出十分便利。

"噢，太好了！"噶尔赛情不自禁赞不绝口，终于松了一口气。"老人家，这里现在能否渡过？"

"回大人，还得等一阵，水位刚刚退落，不用急。"苏彦拜满有信心地说。

"您老看见了，这几千人马，携眷带小食粮已尽，天天野菜充饥，许多人畜又染病，岂能再等待！"

"噢，那好，大队人马到来之前我们先下河试试，探探水的深浅。如果可以过，大队人马一到便立即渡河。"

"好，我们先试试！"噶尔赛跃跃欲试。

"你们先休息一会儿，老夫到附近看看有没有牧民住户，给

你们弄点吃的来！”苏彦拜说着拨转马头缰绳一抖走了，噶尔赛一行就地下马找个阴凉处解鞍休息。

第二天下午队伍如期到达，人们见了渡口一片欢腾，阿穆呼朗下令两队依次河边扎营，埋锅造饭。附近几户刚来的牧民听说朝廷大军路过这里，纷纷骑马带着羊来驻地探望。黄昏，整个营地篝火片片，人喊马嘶，狗吠阵阵，颇为壮观。炊烟袅袅融入云中，连成一片火烧云随风飘逸。火光此起彼伏，忽明忽暗，照得河水乌黑如墨，闪出阴沉的光。

次日，人们发现统驭万物像一只噬人的疯兽般的河水一夜间全退了。不见了汹涌波涛，失去了轰隆咆哮，变得如小鸟般低鸣，银铃般轻歌，无限的轻柔在河面上荡漾回旋，真令人不敢相信。阿穆呼朗、噶尔赛等大小官员喜不自禁，妇女小孩们涌上河岸欢呼雀跃，有的甚至流下了热泪。图克善和硕尔泰领着一帮小孩儿，沿着河岸边喊边跑：“噢，水退了！水退了！”

“可以过河了！快过河了！”

“看哪，河滩都露出来了！”

前日，因河水刚开始退落，噶尔赛领着几个人几次下河试渡未成，不到河心便水淹鞍头不得不退出来。今日见水全退了，那高兴劲儿谁能用言语表述呢！近一个月来，两位协领僵硬的脸上终于充满了笑容，久久被压抑的心绪终于得到释放。阿穆呼朗着一身单衣眯着熬红的眼睛，用兴奋激动微微颤抖的手捻着蓬松的胡须，眼望着无涯的碧空，一股暖流从发烫的耳根一直流到胸膛。多少劳累，多少焦愁顷刻间化为乌有，心中一片光明。噶尔赛却大声地喊着，开怀地笑着，与手下指手画脚说笑着，倾诉着心中的狂喜。或许他在以前从未经历过如此令人百感交集、死而复生、震撼灵魂的大喜大悲，他一辈子也不会忘记额尔齐斯河畔绝处逢生的经历！

伊尔哈依偎在母亲的肩上，望着那清晰而神秘的彼岸，好像在遐想着过河后的美好情景。她用手轻轻抚弄着落在双肩的黑发，脸上涌起一抹灿烂的微笑，她的容貌显得更加柔美。兴奋中她轻轻抬起头来，两眼闪着莹莹的光亮，偷偷向左右窥探，寻找只有她熟悉的身影。隔她不远处，萨音布正和苏彦拜老人滔滔不绝地说着话，看那神情，真想把额尔齐斯河当作一位心中的情人，把她一把拉过来，拥在一起，抱在一起，从强壮的体内深处发出抚慰的呐喊……

“老人家，这官渡叫什么名字？”萨音布问。

“噢，这里已荒了多年，不知道从哪个朝代成了官渡，没名。”苏彦拜想了一阵回答。

“没见过朝廷人马来往？”

“见是见过，可从没见过四五千人马如此浩浩荡荡渡过，简直成了锡伯官渡！”苏彦拜追溯往事深有感触。

“锡伯官渡？”

“是啊，我在阿尔泰山里转悠了多少年，还是头一回碰到这种事，为什么就不能叫它锡伯官渡呢？”

“啊，太好了！听我大人说你们哈萨克人见什么起什么名，真是一点不假！”

“小伙子，我们哈萨克人四处游牧，到处为家，山山水水没有名字怎么记呀！”

“老人家，谢谢您。我这就去给两位协领大人和我大人讲，将这名字传给我们的子孙后代！”

萨音布说着拔腿就朝两位协领大人走去。苏彦拜老人望着他的背影呵呵大笑，心里充满了自豪。

两位协领经过商议，噶尔赛带着前队过河先走，阿穆呼朗带着二队隔日走。一时间，渡口处人头攒动，车马拥挤。车队后面跟着家眷的驼队，女人们喊，孩子们叫。士兵们将各自盔甲兵器扛在肩上牵着马，护着辎重车一个跟着一个涉水而过。因水流淹不过车轴，落日前全队人马总算安然无恙过了河，夜不宿营继续赶程。是夜，留在河北岸边的二队官兵为了明日过河后赶路方便，将所有行装打点停当，大小箱柜在车上捆扎加固，辎重在驼身上加索捆绑，忙乎到深夜才入睡。萨音布到色本泰家帮助色本泰将十几册记事簿、文书笔墨以及用具小心放入箱内绑在骆驼身上后，又将自己的铠甲、兵器都装在伊尔哈的车上。

“萨音布阿哥，喝口茶！”趁他们捆绑时，伊尔哈烧了茶端进来。

“不喝了，你们快休息吧，明儿还得早起哩！”萨音布说着拍拍手准备出帐。

“阿哥还去哪里？”

“我去莫伦喇嘛那里帮帮他们！”

“那阿哥也快回去休息！”

“我会的。”萨音布说完出了帐，突然又折回来从门口探进头问：“色本泰叔，锡伯官渡名记下了吧？”

“噢，记下了，记下了！”色本泰高兴地回答。

第二天大清早，黑灰色的雾气突然蒙上了河面，有一种阴沉的、隐晦的声音阵阵传来。阿穆呼朗刚刚披衣出帐，朦胧中见一个人影从河边跌跌撞撞向自己跑来。

“大人，不好了，水又涨了！”来人是萨晋图，他见阿穆呼朗站在帐前大声喊着。

“什么，水又涨了？”阿穆呼朗一听此话，如头顶炸了一个响雷。

二人拔腿就往河边奔去。那河水，看似平静，却流速甚快，漂着点点泡沫，令人目眩。河水在两岸激起的一层层大浪已经涨过昨日水位，还在不断地涨溢。想不到一夜竟有如此变化！

“大人，怎么办？”萨晋图喘着气站在阿穆呼朗身后，心慌意乱地问。

“过！”阿穆呼朗咬了咬牙，一挥手斩钉截铁地说。

“可大人，那水里面漩涡不尽哪！”

“再不过，我们难道要葬身此地！快去传令各札兰按昨日安排立即列队依次过河，越快越好，不得拖延！”

“喳！”萨晋图还想说什么，见阿穆呼朗脸色铁青决心已定，便折身往回跑。

40

霞光驱散了河面的雾霭，染红了两岸的景色。各札兰人马排着长队准备就绪，没有笑声，没有话语，大人孩子一个个板着脸为命运祈祷，静待着协领大人发号施令。阿穆呼朗立马站在河岸一高处，血红的两眼死死盯住混浊的河面一言不发。他心里知道，此时此刻一千多人马的命运全都握在他手里，是进是退，稍一闪失，不是全军覆没也会损失惨重。进还是退？他的脑海里紧张地思索着、斗争着，纷纷扰扰，实难决断。进，水涨得很快，

万一人马车辆被冲走怎么办？退，一千多人口粮已尽，不是饿死也得病死！他作为领兵打仗的将军理当冲锋陷阵，只能前进一步死，绝不可后退半步生！坐失良机、优柔寡断更会葬送一切。千百双眼睛盯着他，他该怎么办？他的肩上仿佛压着两座山，使他喘不过气来。

“大人，是否再等一等？”萨晋图心里忐忑不安，又靠近阿穆呼朗小心翼翼地问。

“不！一定要过！”阿穆呼朗终于下了最后决定，发出号令。

“萨晋图大人，你去带队渡河！注意，车辆从这边上端进水，从南岸下端出河，要斜着顺水走，万不可横着走！”

“喳！”萨晋图见再也劝不住，只好领命匆匆而去。

“萨音布！”

“卑职在！”

“你领先锋队在渡口下方两岸之间拉一条长绳，派几个熟悉水性的人下河等候，以防不测时救急！”

“知道了！”萨音布也领命而去。

“华沙布！”

“卑职在！”

“你去管马队，马头上笼头，马嘴不准上嚼铁，你带着人先过！”

“喳！”

“巴扬阿！”

“卑职在！”

“你去管车队，车上不准坐人，你跟着华沙布过！”

“喳！”

“锡春林!”

“小的在!”

“你去管驼队，妇女小孩儿全交与你，一定要叫他们最后平安渡过!”

“喳!”

在一阵阵吆喝声中，马队前呼后拥开始下河了。河水哗哗响着，翻滚着，飞溅着，令人头晕目眩。不到河心水已淹过镫盘，一浪接一浪地冲击着渡河的人马，有的马匹受惊打起响鼻，不听牵马人的指挥，癫狂似的退缩挣扎不肯前进，后面的马又撞到前面的马身上，咴儿咴儿嘶叫。牵马人恼了，嘴里骂着，攥紧手中被水打湿得溜滑的缰绳，拼命往前拉，自己也几次扑倒水中好半天站不起身。

“后面的人赶一赶!”华沙布两手在水中划着往回走，急促地喘着气大声喝令。快到对岸的时候，最后一匹马突然被一股激浪猛推，一头扑进水下暗流里。众人大呼小叫，又拉又推，扑腾一阵才使它上了岸。马带出一身水，颤抖不止。

车辆开始下河了。那些驾车牛走到水中一个个鼓起肚腹，把头高高抬起来，一会儿朝水面呼出一阵粗气，一步一冲，毫不惧怕。水，越涨越高，已上了车厢。

“快点赶，不要停!”巴扬阿护着一辆满载经书的车在队伍中间走，边走边大声催促。前面的几辆车到了河心渐渐被水往下冲，有的被冲得几乎要翻了。

“快到车的右侧，紧紧拉住车架!”萨晋图先已过河，站在岸上急得直跺脚地嘶声喊。

一辆辆车似乎在漂浮着过河，令人提心吊胆。一头头牛鼻子

里喷着水泡划着水游动着走向对岸。巴扬阿护着的车还未到河心，开始摇摇晃晃，后面的人向他喊话，他听不清楚。只见他弓着腰一手死死拉住车辕，一手划着水艰难地向前一步一步地走，眼睛只盯着对岸。到了河心水更汹涌，突然一个急浪冲来，一下将牛车掀了起来，满车的经书没入水中眼看要被激流冲走。巴扬阿身子一闪，急忙划到车的左侧用宽阔的肩膀死死顶住车架不让它倒在水中。

"巴扬阿，顶住！"萨晋图见情况危急，大喊一声，领着几个跟丁跳进水里冲过来。

车辕竖起，拉车牛不得力。巴扬阿力气再大，水流冲得凶猛，脚下虚空打滑使不上劲儿，车身失重突然一斜，整个人被压在水中。

"巴扬阿！巴扬阿！"岸边的艾新芝吓得脸色死灰，两眼瞪出，大叫一声冲进水里，旁边的人急忙把她拉住。车身又翻了一个滚，巴扬阿猛地一头蹿出水面，用手抹着脸大口大口喘着气向四下张望，这时拉车牛挣脱车辕惊恐地游向对岸。装满经书的两个木箱突然离开车厢浮出水面向下游翻滚漂去。巴扬阿急了，不顾自己不谙水性，奋力划水游过去拖住一个，另一个已经漂远了。

"快，把木箱拉出去！"巴扬阿把拖住的木箱交给岸上冲下来的人，自己扭头又去追那漂远的木箱。

"巴扬阿，不要追了！"莫伦喇嘛想起下游的跌水，心头一颤，急忙喊起来。

"巴扬阿，不要追了，我来接！"萨音布站在下游见木箱冲他们漂来，捉住绳索逆着水流边走边喊。

可是巴扬阿丝毫不听，继续追赶，只见他呛了几次水有些晕头转向。萨音布见情况不妙，冲前面的一个人大喊一声，叫他接住木箱，自己冲过去把巴扬阿拉住。

“巴扬阿，快抓住绳子！”他把有些眩晕的巴扬阿扶起来。

“萨音布，快去追那箱子，那是喇嘛们的经书……”巴扬阿捉住绳子，面色苍白地浮出水面，大口大口喘着气，全身摇晃，牙关颤抖，站立不稳。前面的人还没来得及冲过来，木箱已漂过绳索顺流而去。萨音布奋身一跃，跃入水中追过去。

“萨音布，不要追了！”两岸官兵都急了，跟着莫伦争先恐后喊起来。

木箱越漂越远，萨音布越游越近，两岸喊声越喊越急。伊尔哈、图克善不顾别人的阻拦，已冲进半腰深的水中，沿岸边喊边追。

“萨音布阿哥，不要追了！”

“萨音布阿哥，回来！”

萨音布终于追上拖住木箱，无奈下游深峡水流湍急，浪涛汹涌，萨音布几次往岸边拖游都未成功。可是他还是不松手，双手拖住木箱搏击恶浪，奋力顶着一个个接踵而来的波涛，忽儿沉入水中，忽儿浮出水面，翻滚着向下游而去。

两岸的人更急了，呼天喊地沿岸向下游追去。阿穆呼朗带着几名跟丁早已驱马赶到跌水处高崖上，翻身下马命手下人立即备好几条长绳准备接救。萨音布越游越远，跌水越来越近，追过来的人再也迈不动脚步了，再也不敢喊了，一个个都傻了眼，张着嘴惊愕地盯着水面漂浮而去的萨音布，心跳欲从口出。

萨音布依然没有松手，他拖着木箱还是奋力游着。这时候，或许他心里只有一个念头：一定要把经书拖上岸！因此，他什么也看不见，眼里只有漂浮的木箱，什么也听不见，耳边只有哗哗的水声。

阿穆呼朗茫然失措了，几次命手下将绳索抛向水中，可恨绳长莫及，眼看着萨音布已被水流冲得连人带箱随着轰然而下的跌水落下，掉进深不见底的乱石深渊！

“萨音布阿哥！”伊尔哈一声惊天动地的惨叫，昏死过去，人们都惊恐地涌到跌水前，号啕痛哭，霎时间，整个河谷充满了悲哀。一头头拖车牛垂头低吼，一匹匹战马咴儿咴儿嘶鸣，那些骆驼高高扬起了头，眼睛里闪动着泪花。山在哭，水在哭，哭声中喇嘛们走到前面朝着汹汹落水合十默念，为萨音布的灵魂祈祷，为一千人马胜利渡河祝福。

黄昏的落日照在混沌的河面上、两岸的崖壁上，暗淡阴郁没有光亮。锡伯官渡北岸已空荡无人，只留下一片片扎营的痕迹，还有那些拴过马的木桩，废弃的炊灶，几辆散架的牛车、压扁的轱辘以及烂绳断索在静静地躺着。河边上重叠的车辙，杂乱的蹄印、脚印交织在一起，不断地被淹过来的水浪抹去……

南岸上，队伍从头到尾车没有卸，鞍没有解，驼没有躺，人们在悲痛中等待着到下游去找萨音布的巴扬阿、华沙布、伊尔哈他们回来。萨晋图由锡林春、色本泰、伊尔哈额妮等人陪着呆呆地坐在一块石头上，望着河水没有掉泪，没有痛哭，嘴里含着旱烟袋，显得好像什么事也没发生过。艾新芝站在许许多多怀抱着婴孩的年轻母亲当中，注视着怀中的小乌里雅苏台，一串串揪心的泪水流淌下来，落在孩子的脸上。

伊尔哈手牵着图克善，披头散发赤着脚沿着河岸，在乱石草木中跌跌撞撞跑在众人前面，满脸是泪水，满脚是鲜血，一边跑一边朝河面不停地呼喊，声音是那么凄惨、那么悲凉，在河面上回荡，在山谷中震响，令人心碎。萨音布不能死，她宁愿用自己的命去换他的命。

萨音布真的走了，人们寻找了一天一夜没有见到他的尸体。或许他还在追那木箱，他不想让莫伦喇嘛承受不远万里、历经千辛万苦带来的经书被大水冲走的痛苦；或许他不愿意离开自己从小长大的蒲河，洁白的灵魂又回到故里安息；或许他内疚其木格格格的一片痴情，去寻找乌里雅苏台的日日夜夜；或许他跨上奔驰的战马，跃入天际，奔向那梦幻中的伊犁！他的存在，激励过每个人；他的失去，牵动了每颗心！为了他，口粮断绝的队伍等了一天一夜。

天黑了，一群群乌鸦叫着从头顶飞过。人们为了告慰萨音布崇高的灵魂，在河边摆下长桌，点上火烛，燃起香火，供上祭品。先是阿穆呼朗亲手为他浇洒祭酒，烧化纸钱，心中默念着，为他的灵魂祷告。接着十几个喇嘛击响金钹铜铃，念经诵佛为他超度。人们噙满泪水的眼睛里依然闪耀着萨音布那年轻的身影、鲜活的笑容。萨晋图亲手为孙儿祭酒烧纸时，再也无法忍受心中的痛苦，失声号啕大哭起来。悲哀的人们跟着萨晋图大声痛哭，震动天地。那哭声寄托多少缠绵的悼念，包含着多少揪心的惋惜，诉说多少肺腑的哀怜，呼唤多少逝去的岁月。艾新芝、伊尔哈、华沙布、图克善拥在一起，哭成一团。他们知道，此去往后再也见不着萨音布的音容笑貌了，他永远离开了他们，他们永远地诀别了他。

巴扬阿呆呆地站在河岸，望着那黑暗中哗哗流过的河水，似

乎觉不出自己还活着。过去的一切，在他眼前聚拢凝结，渐渐膨胀，很快又化成一个形体，发出光亮，发出声音。那光亮若天上的红日，那声音好似苍穹的惊雷，啊！那是萨音布！他那复活的身体踩着水面滚动的浪花向他走来，那光亮是他的眼睛，那声音是他的笑声。巴扬阿再也不敢看了，他紧闭着两眼，那声音却仿佛向他诉说着什么。巴扬阿猛地睁开眼睛，如梦方醒，这是上天把重任落在他的身上，让他把西迁队伍安全带到伊犁，让族人在这里生息繁衍，兴旺强盛。

一声声螺号急催，一阵阵声浪又起。在崇山峻岭中，队伍又行进在阿尔泰山的南麓。人们把悲痛留在额尔齐斯河边，把思念深深埋在心中，勒紧裤带咬着牙关，骑马牵驼赶着牛车，踏着崎岖颠簸的山路，向盼望已久的额米勒进发。

布占泰带两名手下一路马不解鞍，人不下马，日夜兼程，穿过科齐斯山，涉过额尔齐斯河，沿着驿道直奔南下。不到十天，他们风尘仆仆到达伊犁惠远城，面见参赞大臣爱隆阿，将咨文呈上。

爱隆阿看了咨文，皱起眉头问："你出来多少日了？"

"回大人，已经十天了。"

"现西迁人马大约在何处？"

"回大人，能够顺利走出山的话，大概已过额尔齐斯河。"

"你来时河水没涨？"

"没有，大人。"

"额尔齐斯河年年春季洪水泛滥，万一伊等到来之前河水涨溢，那就糟了。这事不可怠慢，我现修书一封，你们换乘马匹即刻去塔尔巴哈台见领队大臣绰克托大人，他会派人去接济你们！"

布占泰岂敢怠慢，三个人在城里寻个小馆吃了一顿饭便出发了。不到五天，他们赶到塔尔巴哈台见了领队大臣绰克托。

绰克托看罢咨文，二话没说，当即又修书一封交给布占泰，“你速去雅尔城将这封信交给索伦佐领蒙武哩，叫他尽快筹措口粮羊只，亲自带队接济一队，本官将另派人接济二队！”

“喳！”布占泰三人马不停蹄扬鞭催马直奔雅尔城。

被饥饿和疲劳困扰，一日三餐菜糊糊充饥的西迁之师，已是气息奄奄，但他们终于越过霍布克赛尔、察罕鄂博，走出困境，六月十二日、十五日，第一队行至珠尔虎珠、察罕霍吉尔处，与带队前来接济的索伦佐领蒙武哩相遇。六月二十四日、二十六日第二队行至阿勒坦额墨、沙喇乌苏等处，与奉命前来接济的塔尔巴哈台侍卫舒敏相遇。队伍得到接济，短暂休整，则精神焕发，长驱直下。老风口的狂风没能吓住他们，西迁之师从铺天盖地的飞沙走石中穿过；博乐塔拉大草原迎接了他们，赛里木湖的风光迷住了他们，静谧的曙光中他们如入仙境恋恋不舍；塔尔奇沟群峰兀立，乱石嵯峨，西迁之师沿成吉思汗百万大军征途，架桥修路挥汗通过。历经千难万险，吃尽千辛万苦，他们用惊喜的呐喊撞开了西域大门，开怀的笑声渗进塞外大地……西迁队伍于七月二十日、二十二日先后抵达伊犁。

夜，月光格外鲜亮，照得满地生辉。人们心中的伊犁河在苍茫的森林中奔腾远流，波光粼粼，为不辱使命从极限中走出的西迁锡伯人唱起颂歌。惠远城的钟鼓楼，气势恢宏，放射着耀眼的光辉。铿锵轰鸣的暮鼓声，在无极的天际遥遥回荡，告诉西陲大地，从此锡伯人在这里开创业绩，点燃荒芜，长满肥沃，在乌孙的遗土展开畅想，在准噶尔的废墟升起炊烟，世世代代将用他们的血肉之躯铸起日月辉煌，用他们的不息心血守卫圣土，用神灵的意愿筑成一道永不沉落的西天！

惠远城将军府里，参赞大臣爱隆阿正伏案疾书，向乾隆大帝奏报：

窃七月二十日、二十二日，携眷移驻伊犁一千名锡伯兵到达伊犁。奴才等亲临查得，兵齐丁多，老幼甚寡，男女老少衣服被褥齐全。所带兵器尚未齐全，途中虽有损坏者，但为数不多，均可修补，又借此之便，令其兵丁演习马、步箭，其中谙练者众，不谙练者稍加训练，均可成强兵。兹因伊等到来时，已过种田之季，故将伊等仍交护送前来之协领阿穆呼朗、噶尔赛等管束，暂住乌哈里克空城。奴才等将不时亲临该城，训练士兵。据护送锡伯官兵之协领阿穆呼朗、噶尔赛等呈称，去年伊等前来时，除已入印册之家口外，沿途陆续生男生女幼童三百五十余名。此外，我等于途中查出跟来闲散四百余名，当即询问伊等，皆答称系官兵之兄弟子女，由原籍起程时跟随而来，并无他故。至于将伊等编设牛录、补放官员，如何筹办得给滋生牲畜牧放及指给世居之地，来年令其耕种之事，奴才等前与明瑞、阿桂等咨文议定，迨乌什事宜了结彼等返回后，奴才等顾其永久之利会同商办，详议另行具奏。

乌哈里克城位于西天山南麓乌哈里克河畔。乌哈里克河源于天山山脉，流入伊犁河。

萨晋图苍老了许多，在那一道道岁月刻下的皱纹里隐藏着多少忧患、劳苦和辛酸，那双炯炯有神的眼睛深深陷进眼窝，显得更加深邃、温和、慈爱。为了部族西迁，他除了把自己一生精力和满腔心血付出之外，还献出了自己孙儿的性命。但他终于带着几千族人平安踏上这片圣洁之地，他死而无憾。他带着图克善和硕尔泰，在晴朗的阳光下漫步乌哈里克河边，望着那万点碎光闪烁的河面，好似萨音布那青铜色坚毅面孔含着微笑又呈现在眼前。他两眼又模糊起来。

“额爷，额爷，您瞧！”图克善和硕尔泰按捺不住兴奋和喜悦，跑前跑后，指着苍茫中的伊犁河南岸开怀喊叫。黑犬也跟着撒欢。

“喔，看见了，看见了！那就是我们将来成家立业的地方。额爷老了，往后的日子全靠你们了！”

“额爷，咱们什么时候过去？”

“现在河水很大，还不能过。将军大人说等冬天河水冰冻后再过！”

图克善和硕尔泰跳上一块大石头，极目望着河南连绵不断的乌孙山诸峰，以及广袤的千古荒原，忽见云层中宛然流过一条水渠，云水相连，在阳光下泛起耀眼的光，遐想中渐渐化成七彩的虹霓……

次年正月三日，明瑞、阿桂、爱隆阿、乌勒登又将锡伯官兵安置情况具奏皇上。

奏折曰：

奴才明瑞、阿桂自抵以来，察锡伯兵在原籍之生计，仅以务

农为生，令移驻此地，当举农牧并重，致力于此……奴才等详勘适合安置锡伯兵之地，有伊犁河之南，惠远城对面之巴特蒙克巴克，绰豁罗拜兴迤西，至豁吉格尔巴克一带，田腴水足，冬夏两季砍柴游牧之地均不远。若使锡伯兵驻此，非但于其生计有利，于地方形势、声势之连属亦有裨益。遂定将伊等即于巴图蒙克一带依次安置，俾其务农。今乘伊犁河水冰冻相继渡河，派往所驻地方。

乾隆三十一年正月底，西迁锡伯军民遵明瑞将军之令，乘伊犁河水冰冻相继过河，沿巴特蒙克、绰霍尔渠一带按牛录、宗族编设村居，开始勤谋耕耘之利，卫国之机。

2016年6月20日重修

2017年2月3日改完

于新疆伊犁察布查尔锡伯自治县县城

之○諭軍機大臣等。前據明瑞奏請將雅爾地方修城駐兵事宜具奏。經軍機大臣議撥發熱河滿洲兵、達什達瓦部之厄魯特兵、盛京錫伯兵。約計二千五六百名。現在各令挈眷陸續起程。朕意除厄魯特等習慣遊牧不妨暫住帳房。至滿洲錫伯兵共有二千。伊犂雅爾地方。未必有如許房屋。可以存住。理應預先籌造。再雅爾駐兵若派現在伊犂兵丁。則此等應移駐之兵。亦可住伊犂兵丁空閒房屋者。即派此次挈眷兵丁。則雅爾亦須修建房屋。以備兵丁到時居住商議奏准行者。大約自明年即可陸續前來。著傳諭明瑞。酌量定議具奏。○是日。駐劄科爾乙亥，軍機大臣等奏：據盛京將軍舍圖肯等奏稱：應由於盛京錫伯兵內，挑選一千名，攜眷移駐伊犁。應照派兵丁之例，派員管理。請選防禦、驍騎校各十員，帶領由彰武臺由臺站前往。仍請文理院派筆帖式、領催各二員，送至烏里雅蘇台。至官員兵丁應須俸餉，約領銀七萬兩，就近於盛京戶部支領。再每起另添派協領、城守尉各一，章京四，前鋒一百名，看約束，送至邊門。再據臣等酌議，俱前索倫、察哈爾兵移駐伊犁，派有總管、協領大員，直送至該處。今舍圖肯所奏選派官員送至邊門，並未計及長途護送之人。應令派協領、城守尉各一員，送至伊犁。其章京、前鋒

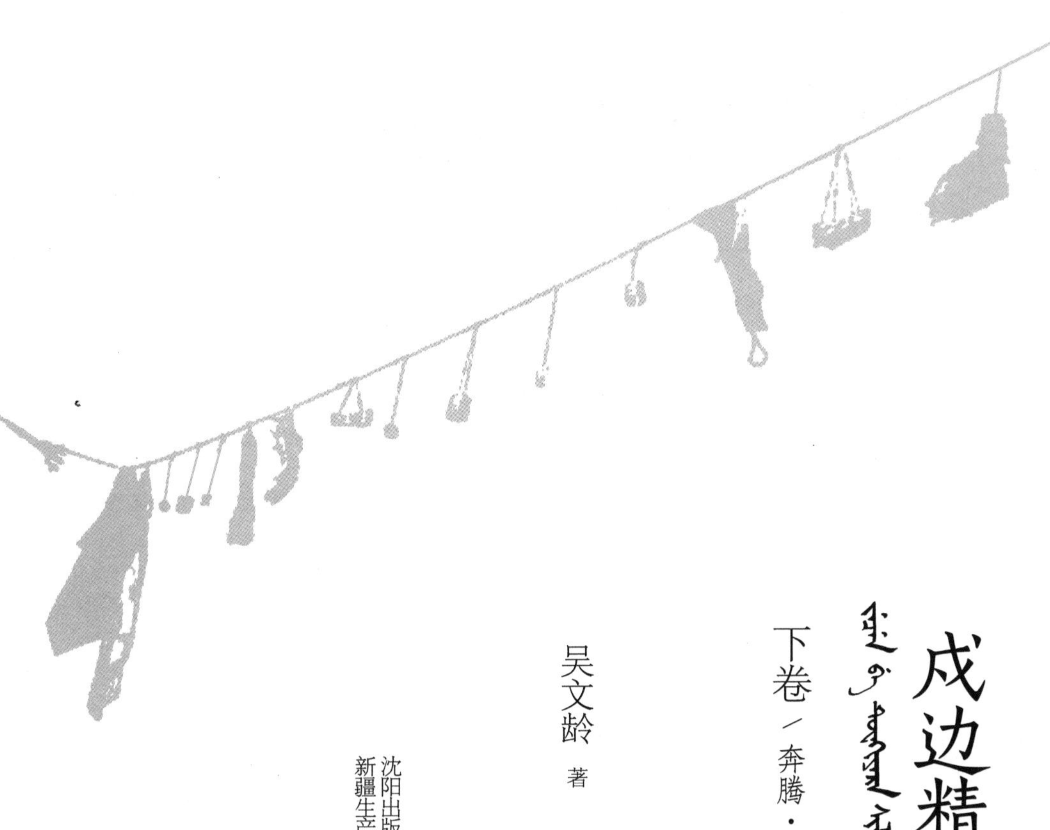

戍边精英

下卷／奔腾·锡伯渠

吴文龄 著

沈阳出版发行集团 沈阳出版社
新疆生产建设兵团出版社

图书在版编目（CIP）数据

戍边精英：全2册 / 吴文龄著. —沈阳：沈阳出版社，2017.3

ISBN 978-7-5441-8258-4

Ⅰ. ①戍… Ⅱ. ①吴… Ⅲ. ①长篇历史小说—中国—当代 Ⅳ. ①I247.5

中国版本图书馆CIP数据核字（2017）第046653号

主要人物

绰克托——锡伯营西迁奉旨钦差，领队大臣
舍图肯——盛京将军
欧阳瑾——奉天府府丞
德　公——萃升书院教习，绰克托的老师
阿穆呼朗——盛京镶黄旗协领，西迁第二队营长
噶尔赛——熊岳城协领，西迁第一队营长
华尚阿——盛京佐领
萨晋图——盛京镶蓝旗防御
萨音布——盛京镶蓝旗马甲，萨晋图之孙
色本泰——教书先生，图伯特的纳克出
图伯特——乳名图克善，长大后为伊犁锡伯营总管
伊尔哈——色本泰之女
华沙布——盛京骁骑校，伊犁锡伯营五牛录佐领
柯　保——盛京镶蓝旗骁骑校
艾新芝——柯保之女
巴扬阿——盛京正白旗骁骑校，伊犁大渠总监官
扎　西——巴扬阿跟丁，柯保之子
锡林春——凤凰城防御
硕尔泰——锡林春之子，长大后为伊犁锡伯营副总管
莫　伦——锡伯家庙喇嘛，后为伊犁锡伯营靖远寺达喇嘛
巴兰泰——理藩院笔帖式
德　保——理藩院笔帖式
善　清——理藩院领催
成衮扎布——乌里雅苏台将军
纳苏肯——乌里雅苏台领队大臣
多尔古——乌里雅苏台蒙古王爷
其木格——多尔古之女
格尔登——乌里雅苏台蒙古王爷
松　筠——伊犁将军
普萨保——伊犁锡伯营领队大臣
巴尔布——伊犁锡伯营一牛录佐领
呼图克——伊犁锡伯营二牛录佐领
纳尔泰——伊犁锡伯营三牛录佐领
柯伯克——伊犁锡伯营四牛录佐领
绰布图——伊犁锡伯营六牛录佐领
达明阿——伊犁锡伯营七牛录佐领
德克津布——伊犁锡伯营八牛录佐领
额尔固伦——伊犁锡伯营防御
乌里雅苏台——伊犁锡伯营先锋，艾新芝之子
包吉力——纳尔泰之女
觉　罗——硕尔泰跟丁，华沙布之子

锡伯族亲族间称谓

塔　　义：曾祖父

太　　提：曾祖母

额　　爷：祖父

玛　　默：祖母

阿　　默：父亲

额　　妮：母亲

纳 克 出：舅父

合纳克出：舅母

阿　　哥：哥哥

德　　噢：弟弟

格　　合：姐姐

额　　夫：姐夫

哈 拉 达：大姓族长

莫 昆 达：哈拉内分支族长

41

滔滔伊犁河，卷起千万雪崩似的浪花，发出阵阵浩荡激烈的啸声，从千山万壑中奔腾而出，一路横冲直撞，所向无敌。突然，前面一座巨大的断崖峭壁拔地而起，兀然挡住它的去路，狂奔无阻、汹涌澎湃的激流遭到阻遏，仿佛被迎头痛击，恼怒得哇哇吼叫，掀起一个接一个的巨大漩涡，狂暴地冲击石崖，仿佛要一口吞没断崖。

远远望去，石崖上立着一队人马。站在前面的人双腿微微叉开，右手仗剑，两眼凝望着滚滚而来的河水，紧蹙的眉宇间充满着难以驾驭的执拗和自信，两眼炯炯有神。

他就是锡伯营移驻伊犁时的图克善，官名图伯特。乾隆三十一年正月，锡伯营南渡伊犁河在南岸定居后，他们一家被编入正蓝旗，是年他十三岁。过了两年，他大胆应试，因弓马娴熟，被破格提升为披甲。后因他在牛录当差勤奋，由领催、防御、佐

领、副总管一步步升为锡伯营总管。他从应征入伍到擢升副总管，食俸饷二十九年，前往塔尔巴哈台换防两次，巡查布鲁特边界一次，出哈什围十一次。乾隆五十五年，他出任镶蓝旗（八牛录）骁骑校，乾隆五十七年十一月二十二日擢升为正黄旗（二牛录）佐领。到了嘉庆三年八月，他因公务勤勉，军政成绩斐然，被伊犁将军保宁奏请皇上补授锡伯营副总管之缺。嘉庆四年二月，锡伯部空出总管缺，伊犁将军保宁奏请圣主，拣选图伯特拟正补授总管之职，是年他已是四十六岁的人了。他领总管授印时，锡伯营陷入绝境，正面临空前危难。

乾隆三十一年，锡伯营进驻伊犁河南岸巴特蒙克一带后，为了自身的生存，军民一起疏浚了被废弃的绰霍尔渠，引水造田，垦种万亩耕地，基本解决了锡伯营的口粮问题。

但是，三十多年过去后，锡伯营生齿从原有三千多人繁衍到七千余口，绰霍尔渠已不能足够承担耕种之需。而锡伯营一向无官粮供给，全靠自种，已处生死存亡关头。

图伯特望着河面仍然站着不动。河水带来的奇异的压迫感，令他十分惆怅，突然间过去的一切又重新在他眼前一幕幕展现，使他的心不断为之震撼：锡伯家庙共进离别餐，骨肉同胞难舍难分，离开故土一去不回返；暴雨中行走，满山遍野抛下散架车辆；神犬送信，救出锡伯营脱离绝境；乌里雅苏台扎西被斩首，皇命不可违；艾新芝途中生产，新生命给予新希望；额尔齐斯河畔被困，留下锡伯官渡美名天下传；萨音布水中丧生，未竟事业后来继上；赛里木湖畔迎朝阳，笑声中泪花流；塔尔奇沟架桥铺路，终于见到曙光……

波涛声此起彼伏，水面卷起一个个深深的漩涡。他终于抬起头仰望长天许久，自言自语道："过去的岁月，真如流逝的水哟！"

站在他身后一直默默无语的二牛录佐领呼图克，听见他的说话声，急忙欠过身去轻轻唤了一声："图伯特大人！"

图伯特没有回头，也没有回答，只是长长吁了一口气。呼图克欲言又止，回过头去看了一眼站在身后的八牛录佐领德克津布和七牛录佐领达明阿，轻轻咳了一声。

几名随从牵着马远远地站在后面等候，几匹马不停地摇头喷鼻。德克津布站了一会儿，早已憋不住要说话，见呼图克咳嗽示意，犹豫了一下，还是往前几步开了口："大人！"图伯特似乎没有听见，两耳里尽是轰隆隆的涛声。

德克津布瞟了一眼呼图克，躬身又说："听大人讲，当年移驻之师面对额尔齐斯河，在前无援兵后无退路的情况下也没被困死，如今我们岂能被这伊犁河水憋死！挖渠引水开田一事已经议过多少次，为什么还迟疑不决？卑职实在不明白！"

图伯特若有所悟地转过身来，望了一阵德克津布那张年轻气盛的脸，有些愕然："哦！"

德克津布一动未动，两眼还是直盯着图伯特。这个跟随图伯特多年的壮年汉子不知多少次与总管大人一起踏勘过位于恰布恰山崖下的河岸地形，从没见过总管大人如此心情沉重，双眉紧锁，默默无语。他对总管大人的信仰和崇拜胜过一切，但今日却全身灼热，一肚子的话不得不激昂吐露，或许这样能减轻总管大人两肩的压力。

"德克津布，问得好！"图伯特凝视着德克津布迫切的目光和一脸的困惑，慢慢走到他跟前，又看了呼图克和达明阿一眼，才意味深长地说："自乾隆二十五年起，舒赫德、阿桂、明瑞等将

军于伊犁等处大兴屯田，确保了疆域之安宁，无奈有些庸懦之辈乱生异议，妄称屯田是劳民，始终未能解决水源问题，坐失良机，未能成果，以致荒废了伊犁这块富庶的土地。自古以来，人们常说的‘天时不如地利，地利不如人和’的道理也在于此。有了人和，什么事都好办。”

“大人，堂堂大丈夫活在世上，刀枪都不避，还怕他人拨弄唇舌！别人不挖，我们挖！谁要是不想挖，叫他将来喝西北风去！”德克津布明白图伯特大人的意思，但他不服小人能乱大业，因此情绪激昂，话语铿锵。

站在一旁的呼图克这时趁机插话：“是啊，大人，这几十年我们靠绰霍尔渠也度过了许多风风雨雨，可这伊犁河床年年往北移，渠口越来越高，不要说是旱年，就是洪水下来时也难以上水啊！我们能指望它多久？就拿我们二牛录来说，虽说是占了源头，能有多少地可供开垦？过去人少田多，一亩之田，其值银不过数钱，现在田寡食众，一亩之值，仅值数两，况且上面又不增饷，即使是丰年，粮米还不是同样昂贵！再这样下去，我这个佐领怎么当，这日子怎么过啊！”

“二位佐领，在下何尝不这样想。只是羔肉虽美，难调众口。”图伯特听了两位佐领推心置腹之言，似乎得到莫大的安慰，更加坚定了信念。“好，我们回去召集诸牛录佐领再议议，如果这次还是决定不下，我就去见将军大人！”

图伯特说罢一挥手向自己的坐骑走去，二位佐领这才满意地互相点了点头，也跟着走过去。

只有七牛录佐领达明阿始终未发一语，两眼滴溜溜地转着，阴沉的脸上掠过一丝不易被人察觉的轻蔑之意。

随从们把马牵过来，大家各自取镫上了马。图伯特两腿轻轻一夹，坐骑一跃冲到前面，大家说笑着也一个个策动坐骑紧跟在后奔跑起来。刹那间，马蹄声轰然而起，震荡河谷枣林，仿佛惊动了天边的层层云彩。跑了一阵，进了一片乱石滩。过去每当山洪暴发时，这里是一片汪洋，水一退便恢复真面目，在阳光的照耀下五颜六色的石子琳琅满目，闪闪发亮，美不胜收。一行人马，铁蹄嘚嘚，铿然有声，火花飞溅，逍遥而过，很快上了山脚下的断层坡。

南面是连绵起伏的乌孙山，向西迤逦而去，高耸的峰峦上皑皑白雪斑驳可见。群峰中白石峰，从脚到顶披了一身白雪做的铠甲，像一位出征的武士，难怪被称为“额颜哈达”。

山脚下美丽的、延长的沙枣林，装饰着绿色的春天，为银带似的蜿蜒伊犁河所贯穿，在明媚的阳光下静静洗沐。山间块块碧绿的草甸上，垂柳戏春风，马兰花丛丛笑绽，散落的牛马摇动着尾巴悠闲地吃着草，成群的黄雀在林间飘起飘落，争鸣不已。

德克津布一边走一边观看周围景色，仿佛将刚才的事全都忘却，那张棱角分明的紫铜色阔脸上洋溢着舒心的兴奋。他生就一副既魁梧又强壮的身材，一身的盔甲更添几分虎虎生气。一双闪亮的眼睛宛如寒星，从没有过一丝的忧郁、烦恼、胆怯，总是咄咄逼人。

他秉性豪爽，刚直不阿，凡事不弄出个结果，决不罢休。因他巡查哈萨克边界时拿获盗马贼，曾获赏马一匹、布六匹，出征喀什噶尔打仗勇敢，杀贼多名，曾补放佐领拟陪一次。

比起德克津布，呼图克已是四十出头的人了，显得多几分老练沉稳，豁达中含着尖刻。他到塔尔巴哈台换防几次，出哈什围

多次，因任内出力还护送贡马到京师走过一趟。他有着一张异乎寻常的脸：窄长，颧骨突出，鼻子上翘，嘴唇总是紧合着，令人生畏。一双看似和善的眼睛，经常露出一种令人难以捉摸的局促不安而又十分自负的目光。

马蹄奋疾，一路尘土飞扬。走了一阵，前面隐约出现了一个“畏兀儿”人的村庄。

伊犁河南岸地势东窄西宽、南高北低，由东向西渐趋开阔，由南向北逐显平坦，呈多阶梯形状，像一面打开的蒲扇。当年准噶尔部为了解决军队口粮之需，强迫调遣一批南疆“畏兀儿”人到伊犁择泉垦荒种粮。准噶尔部被清廷平定之后，乾隆二十五年，办事大臣阿桂奏请朝廷，从阿克苏带回三百多名“畏兀儿”人到伊犁分拨垦种。“畏兀儿”人原善游牧，后定居务农，他们聚居的南疆被清廷称作“回疆”，“畏兀儿”又被称作“缠回”。到了伊犁后，虽挖通绰霍尔渠引水垦荒，造田种粮，但收效甚微。锡伯军民迁居之后，几十年自耕自食倒也风调雨顺、丰衣足食。

快到村落时，图伯特突然想起什么，挽了一下缰绳，回头说：“诸位，我们去见这里的伯克怎么样？”

德克津布驱马向前，不解地问：“为什么，大人？”

图伯特两眼望着村落胸有成竹地说：“将来要是大渠挖成，对他们也有利，到时候他们也要派人去。”

“噢，大人，您的回疆话讲得怎么样？”

走在后面的呼图克听了德克津布的问话，两腿磕了一下坐骑，催马向前高兴地说：“咳，德克津布佐领，图伯特大人在二牛录当佐领时经常到这里来，跟他们可熟了！”

图伯特脸上终于爬上几分悦色，看了一眼一脸兴奋的德克津布，随口问："德克津布大人，你的回疆话讲得如何？"

"不怎么样，大人，只知道吃喝两句……"

"哈哈……"图伯特听了德克津布的话，爽朗地大笑起来。他一乐，大家也跟着乐，笑声中几个人一个个拨转马头，轻松愉快地走进了村庄。

42

一条由南向北的平坦宽阔的大街把小小的村庄分割成东西两片，一眼可望到头。

道两旁几棵孤零零的杏树、苹果树遥遥相望，绿意依依，映在盈盈的溪水中。一座座独门大院被高高的土墙围着，上面布满了星星般五颜六色的石砾，在阳光下闪闪发亮，格外惹人注目。大小房屋都用一块块青白相间的石块朝阳垒起，显得十分牢固耐用。家家房前屋后栽着杏树和苹果树，满枝丫的小小果实刚刚脱胎而出，充满新奇地向高远的蓝天眺望。大街上鸡犬无声，冷清空落，只有几头早归的牛在悠闲地散步。偶有几家大门前长木凳上坐着几位老人，正在指手画脚地闲聊。闻得马蹄声，见远远一行官府人马过来，都恭敬地站起身把手放在胸前弯腰捂胸施礼问好："图伯特大人，你们好！"

图伯特一边驱马走一边向几位老人拱手还礼，"真主保佑，你们好！"

"谢谢大人问候！"几位老人恭敬还礼，目送他们到伯克家大门口挽缰下马。自朝廷平定西北之后，未建八旗，不设州县，而

是在“畏吾儿”人中任命了三品以下大小官员，皆称作“伯克”，来管理大小事务。图伯特今日拜访的便是专司挖矿的伯克，此人对当地地形地貌颇为熟悉。

伯克家在大街右侧，大门朝西边开着。主人正在屋里饮茶，看见一队人说笑着在自己家门口下了马，便急忙放下茶碗走出相迎。见是图伯特大人，便捋着胡须呵呵笑着，行着大礼连声说：“总管大人，欢迎！欢迎！”

伯克大人五十出头，长得身材伟岸，膀大腰圆，一挺胸脚未动肚子先出门。一张圆圆的大脸上嵌着两只炯炯有神的大眼睛。长长的胡须有些花白，他头上缠着层层白布，高高竖起，紫红色的脸膛被阳光照得油光发亮。他身上穿着一件长衣，腰间佩带一把精致的小刀，晃来晃去，十分惹眼。脚蹬牛皮高靿靴，又厚又重。

图伯特急忙把缰绳交给随从，走过去和伯克大人握手问候。

伯克大人又和几位佐领一一握手问好，佐领们也一一恭敬回礼。

寒暄完毕，伯克大人退到大门口一侧很有礼貌地躬着身，把一只手放在胸前，另一只手向前伸出，嘴里连连说：“大人，诸位，请进！”

图伯特一边走一边举手还礼，“谢谢，谢谢！”

图伯特一行走进院里，在屋前葡萄架下的长桌旁一一就座。葡萄架周围长满了又嫩又绿的青草，中间一丛丛五颜六色的花朵展瓣吐蕊，馨香扑鼻，沁人心脾。几只蜜蜂在花柱前嗡嗡地飞来飞去，在花蕊上不停地吮吸采蜜。

伯克夫人听说贵客来到，身着一件花色艳丽的连衣裙，用薄薄的蒙面纱掩住半张脸从屋里款款走出来，微笑着向大家扫了一眼，轻声问候："诸位大人好！"

"夫人好！"大家急忙一起还礼。夫人虽然面纱半遮脸，不难看出她生有一副漂亮的面孔，两条匀称的细长眉毛，显得幽深而温柔。她见侍女一手提着洗手壶，一手端着盆过来侍奉客人洗手，便抱歉地回屋去了。大家洗过后，主人开始上茶。

桌上摆着夫人从屋里端上来的各种风味食品，又香又脆，味美可口。伯克大人一边倒茶一边殷勤招呼："请，诸位请！"

"伯克大人，不用客气！"

大家喝了几口茶，图伯特看了一眼伯克大人先开了口：

"伯克大人，今日前来，还是那挖渠一事。"

"噢，已经决定了？"

"还在商议。不过，有些事还是拿不定主意，故登门请教。"

"总管大人，何出此言！挖渠一事您早已胸有成竹，我到时一定效力。"

图伯特望着伯克大人虔诚的脸，叹了一口气，正色说："伯克大人，俗话说'万事开头难'。挖渠须从伊犁河取口，而取口得当与否又事关将来水量大小及开田多寡。渠口往上，唯恐水难进；渠口往下，又虑开田不多。据这里的复杂地形，本官踏勘多次，想在恰不恰山临河断崖石嘴处凿口引水，不知大人意下如何？"

伯克大人呷了一口茶，思忖片刻，回言道："总管大人，我等虽然在此居住多年，但均是乾隆年间从阿克苏、和阗等处调来挖铁采矿的民户，从未挖过渠、种过地。十多年前，因人口增多，才开始分屯耕田。况且浇田之水，全靠山上雪水和雨水，哪

里修过渠，更谈不上修渠之道。不过，我对这里的地形倒还是略知一二。”

“哈……哪里，哪里，大人过谦了，请讲，本官洗耳恭听！”

伯克大人见图伯特十分欣赏自己，一脸喜色，“噢，不敢妄议，不敢妄议！据我所知，这里的地形地貌是由上而下层层断落阶梯状，渠口越往上，开田就越多，如果从恰不恰山断崖峭壁处凿口引水，渠道沿第三层坡下而走，我想可能开田万亩，不愁收不到粮米。”

图伯特听了伯克大人的话，心中大喜，“大人言之有理，本官也是这么想的。”

“总管大人若不通地理水性，不多次亲临踏勘，岂能下这个决心呢？”伯克大人早对图伯特心生敬仰，如今坐在一起话语投机，尽吐肺腑之言，心里又是激动又是钦佩。

“大人，过誉了！”

“不过，这伊犁河水自高山峡谷中冲泻直下，流势迅猛湍急，波涛翻滚异常，尤其在山崖峭壁下漩涡一个套一个，冲天轰鸣，暗流一个接一个，潜伏危机，令人望而生畏。如果在此取口引水，还是修一座龙口为好，阻拦春夏山洪冲击，控制流量大小，保障渠之安全。大人意为如何？”

图伯特听了伯克大人推心置腹之言，全身挺直，坚毅的脸上露出由衷的微笑。

呼图克和德克津布也为伯克大人的远见和诚心所折服，两人互相看着，小声议论着，感叹不已。只有达明阿一个人用茶碗半遮脸，似笑非笑地眯着两眼不露声色，一会儿盯着这个，一会儿盯着那个，眉宇间露出一种不易觉察的轻蔑，令人难以捉摸。

图伯特正在兴头上，没有在意身边几个人的神色，他盯着伯克大人的脸，拍着大腿说：“大人之见，甚是高明。将来挖渠之时，还望亲临工地，多多指教！”

“渠要是挖成，你我将共饮一渠水，还分什么彼此，我等一定鼎力相助！”

“好！哈哈……共饮一渠水，共饮一渠水，不就是一家人了吗？”

“是一家人，一家人！”

两个人高兴得开怀大笑起来，笑声那么爽朗，又那么坦诚，那么亲切，又那么舒心。

一望无际的荒野沃土，在人们视线所能达到的地方，没有山丘，没有冈陵，只有一片寂静、凄荒、空荡。而头上的太阳，热烈而富有，到处播撒着造物主的光辉。图伯特一行告别伯克大人，扬鞭催马直奔二牛录。马蹄踏处，尘烟腾起，蹄声震醒了沉睡的荒野，带来了从未有过的生机。一袋烟工夫，那遥远的氤氲尽头里的二牛录就依稀可见了。

过去，二牛录在一牛录和三牛录中间，西头只有两眼泉水供一牛录、二牛录、三牛录种田和饮用。过了几年，生齿渐增，种地扩展，两眼泉水供三个牛录使用十分紧张，因而三个牛录之间为用水经常发生纠纷。据说，当时一牛录佐领和三牛录佐领是兄弟俩，他们为了独占泉眼，合谋施计，暗卡二牛录的水，明吃二牛录的地，处处刁难。二牛录佐领是个急性汉子，斗不过他们可躲得起他们，一气之下，携二牛录全体迁到东头八牛录后面筑城定居，虽说那里土地较为贫瘠，但却占了绰霍尔渠上游，再也不受两头之气吃无水之苦了。

春风中，图伯特一行在二牛录头缓缓挽住了马缰绳。出了一身汗跃跃欲奔的坐骑，禁不住刚刚热身的兴奋，咬着嚼铁团团转。

“诸位，到此分手吧！”图伯特扬起手中的马鞭大声说。“后日各带几名德高望重的乡老到总管档房集合，决议挖渠之事。达明阿佐领，你顺路向六牛录绰布图佐领说一声！”

“喳！”达明阿急忙在马上躬身答道。

德克津布却不以为然，不解地问道：“大人，硕尔泰大人他们不是说后日要到卡伦去吗？”

“噢，我差点忘了。好吧，那就等他们回来再说吧。”

“大人，您去哪里？”呼图克插话问。

“我好久没有去看望莫伦达喇嘛，他一直牵挂着挖渠之事。”

“那也得进牛录歇歇脚喝口茶再去啊！”呼图克抹了一下自己干渴的嘴唇，关切地劝图伯特下马。

“不用了。改日，改日……”图伯特说完身子往前一冲，双腿一夹，放马驰去，几名随从匆匆驱马跟上。

呼图克立马望着旷野中远去的一溜儿烟尘，心中不知是感激还是敬佩，只好苦笑着无可奈何地摇头叹息：“唉，图伯特大人啊！”

“他就是这么个脾气，一天当成两天过。”德克津布随声附和，只有达明阿依然眯着眼睛不说一句话。

43

通往卡伦的一条蜿蜒的土道，黄土漫漫，像条龙愈伸愈远，一直通到天边，在灿烂阳光中显得空旷、干燥、寂静和安宁，哪怕吹起一阵风，也不会发出一丝响声。路的两边，极目望去只有茫茫旷野，不见一棵树。初春的晴空里几只百灵鸟忽起忽落，欢快地鸣叫着，声音十分悦耳动听。

中午时分，土道上渐渐出现一彪人马，疾速奔驰。马上的人一个个身背牛筋弓，壶插桃木箭，头戴风帽，腰佩长刀，阳光下满脸洋溢着胜利的喜悦。

锡伯营副总管硕尔泰一马当先，两眼盯着前方远处的牛录，后面紧跟着一牛录佐领巴尔布、三牛录佐领纳尔泰、五牛录佐领华沙布、防御富尔恒额、先锋觉罗和几名跟丁。

他们这次去卡伦是与俄国人交涉一起边界纠纷。以往每到春暖地化之时，野心勃勃、贪婪成性的俄国人就趁黑夜将界碑偷偷挪移，以此蚕食大清领土。后来几次交涉，他们非但不还，反而狡辩耍赖，寸步不退。这次硕尔泰亲自出马，详勘地形，一一确认后在俄国官兵面前当场挖出当年界碑下埋着的记号——牛车轱辘，使他们一个个哑口无言、目瞪口呆，只得乖乖地把移过来的界碑移回去了。

出师得胜，谁能不高兴！多少年的压抑、屈辱一扫而光，他们一路洒下开怀的笑声、喜悦的喊声，每个人的脸上泛出骄人的光彩。马队奔跑了一阵，几位佐领簇拥着硕尔泰驰进了望不到边的芨芨草滩后，这才稍稍放慢行速，一个个松弛了紧蹬镫盘的双腿，擦了擦脸上的汗。

眼前是一片复苏返青的牧野。一丛丛被长长绿叶捧起的一人高的芨芨草秆冲天直立，有如根根金属棒在太阳底下闪着金黄的光亮。熬过寒冷的冬天刚刚开始脱毛的野兔，被这突如其来的阵

阵马蹄声惊起，慌得争先恐后往芨芨草四面深处逃窜。常年流淌的霍吉格尔泉水带着潺潺悦耳之声从芨芨草滩中横穿而过，向西流出再往北延伸，直流向遥遥在望的一牛录和三牛录地界。顺流而下，那两边一片片庄稼地已开始显出青绿色，闪着光泽。

五牛录佐领华沙布斜跨马背，一边翘首举目观赏，一边不停地赞叹："噢……多么迷人的泉水啊！多么富庶的土地！怪不得巴尔布佐领无忧无虑，自乐一方。"

一牛录佐领巴尔布听了华沙布的赞叹声，不觉全身挺直，一股得意之情涌上心头，嘴角浮起微笑，抬头朝华沙布轻轻瞟了一眼，缓缓地拨马过来与他并辔而行，"华沙布佐领，怎么，你眼红了！"

"喔，何止眼红，简直就是妒忌呀！"

"哈……华沙布佐领，你看起来老实，肚里可藏有大文章啊！"

"是啊，巴尔布佐领，下面几个牛录都有这等的泉水，何愁收不到粮食，而且图伯特大人也不一定赞同挖渠之举啊！"

"华沙布佐领，俗话说得好：就是石头地，还是上游好。我们把绰霍尔渠的水全都让给你们了，还不够喝?"

说话间，前面的人马已到泉水渠边收缰下了马，几匹马不等主人松嚼铁，硬是拽着缰绳冲进渠边，把头扎进水里暴饮起来。硕尔泰副总管下马站在渠边的高处，擦了一下脸上的汗水，轻轻拂去两肩尘土，两眼凝神望着汩汩而流的泉水想着什么，眉宇间爬上一丝不易被人察觉的忧虑。自西迁移驻这里定居之后，他与图伯特共事多年，情同手足。嘉庆元年，因当差勤奋，巡边有功，补放正蓝旗佐领。嘉庆四年，补放副总管。他在任内任劳任怨，巡边坐卡、换防打仗尽心效力，多次得到伊犁将军的赞赏。只是近几年来，突然涌上思乡之情，总想自己的后代能回到盛京去。他刚才虽然走在前面，却把华沙布和巴尔布的话听得一清二楚。

渠水清澈见底，像一群嬉闹的小孩儿向他招手嬉笑。渠边的小草轻轻地浮在水面上，跟着水波荡漾，依依不舍地与流水招手流连。

华沙布与巴尔布也下了马，各自用清凉的泉水洗了一下潮红的脸。

“巴尔布佐领，开什么玩笑！说真的，绰霍尔渠已经养了我们三十多年，水再多，下面还不是巴掌大那一块地？而且那些地打墙墙不立，盖房房倒塌，你说那地还能收多少粮食？”

巴尔布佐领没想到华沙布似乎真的动了情，愕然地急忙收敛笑容。“噢，华沙布佐领，你何必那么认真？”

“现在生齿又增加了一倍多，收获的粮食不敷自己食用，能不急？”

喝完水正坐在渠边观赏泉水的三牛录佐领纳尔泰听了华沙布的话，不觉低头微微笑了笑，站起身来轻轻甩了甩手上的水，转过脸来望了一眼华沙布，说：“华沙布佐领，你怎么突然间变得像个老太婆？你发什么愁啊！下面不够种，跳过来种这边的山地好了，你瞧，这一片沃土还能不长庄稼？”

“纳尔泰佐领，谈何容易！水呢？水呢？春发夏干的雪水岂能靠得住？不然，回疆调来种田的人怎么都弃田跑了呢？”

纳尔泰一下被问得无话可说。“那你说怎么办？”

华沙布并不急于回答，他举目望了望在遥远的苍茫气霭中蜿

蜒闪烁的伊犁河，十分认真地说：“我看还是总管大人的主意好，如果能从伊犁河引水开田，真是一水解千愁，造福子孙后代！”

巴尔布佐领和纳尔泰佐领听了华沙布的话，莫名其妙地互相看了一眼，突然放声大笑起来，“哈……华沙布佐领，你真会开玩笑，等你挖好渠，我们都回老家喽！”

“那么二位说说，除挖渠之外，你们有什么屯田积粮之计？没有粮米，连肚子都吃不饱还打什么仗、戍什么边？”华沙布坚持己见。

硕尔泰站在一旁听了三位佐领争执议论，不觉脸上露出怒色，紧紧锁起双眉，侧过脸对着三个人一本正经地说：“华沙布佐领，我们是奉皇上之命来戍边的，不是来挖渠的！米粮不够，朝廷自会发饷银，你发什么愁？你身为掌管一个牛录的佐领，说话不可当儿戏。首尾不顾，岂不被人耻笑！”

硕尔泰大人一句话说得华沙布脸红脖子粗，他还想说什么，可硕尔泰大人理都未理他，气呼呼地一转身，从跟丁手里接过缰绳，蹬镫上了马。巴尔布和纳尔泰也不承想他们的信口开河竟然使硕尔泰大人生了气、动了怒，两个人不知所措地互相望了望，又茫然地看了看华沙布，悻悻地上了马。

硕尔泰仿佛发狠似的举鞭一抽，放马向前奔去了。华沙布站在那里，大为不解，又十分难堪，他的心被硕尔泰的话深深刺痛了，但他一下收不住刚刚奔驰起来的想法，还是认为挖渠一事并不可怕，可怕的倒是把握这事的人！不过他没有想到硕尔泰大人对挖渠一事竟这么反感。

在霍吉尔布拉克河东西两岸，三牛录和一牛录各建一座城堡，墙基巍峨高大，四面四座城门相对而设，坚固厚实。门楼里供着守门神位，有专人看护，点火烧香。四角哨楼里官兵昼夜轮换值班打更，戒备森严。女儿墙齐胸高，上面三步设一垛口，供防御瞭望及打仗使用。沿着城墙内周围梧桐参天，榆树苍翠。牛录西城门外，早已聚集着两个牛录的男女老少，正在焦急地等待着官兵们的归来。骑马的、步行的，越集越多，马嘶声声，人头攒动，一个个不时翘首向茫茫大路的尽头眺望，脸上充满着期待和不安。

“噢，他们来了！”门楼上的哨兵突然大喊一声，翘首以待的人们终于看见盼望已久的团团烟尘向他们飞奔而来。

“噢，来了！来了！”人们不约而同地振奋精神大声欢呼起来。

尘烟中，一彪人马腾云驾雾般忽隐忽现，铁蹄震撼大地的声音越来越近。硕尔泰远远望见牛录城门外黑压压涌动的人群，心头一乐，不觉给坐骑加了一鞭。那马似通人意，吃了一鞭驰得更急，鼻子咴咴打响，向前猛蹿一阵，一下把后面的人马甩下一截。觉罗一看急了，急忙加鞭磕镫紧随跟上。他等不及坐骑跑近人群，打老远就举着鞭子在头顶挥动，兴奋地大声向人群喊了起来：“我们赢了！我们赢了！黄毛输了！黄毛输了！”

人们听见觉罗的喊声，一个个欢呼雀跃起来，无数张笑脸洋溢着内心的敬慕和真心的钦佩，禁不住激动得跟着觉罗一齐喊起来：“我们赢了！黄毛输了！”

排山倒海似的声浪一阵接一阵，响彻云霄，振荡四方。硕尔泰望着那一张张充满信任和自豪的脸，面对浩浩荡荡的人群，稍稍拉住马头，缓缓地走进城门。牛录里有名的老猎人克西尔也骑

着马挤在人群里，见大伙都围着硕尔泰大人一起走，只好拍马跟上觉罗，大声喊："喂，觉罗！"

"噢，克西尔大叔！"觉罗听见老猎人喊他，嘴里答应着拨转了马头。

"嘿，快说说这次与老毛子谈得怎么样？"克西尔边策马边问。

"克西尔大叔，那还用问！"觉罗骄傲地把头往后一仰，强烈的喜悦从两眼里透射出来，红扑扑的脸蛋泛着亮光，"开始那些黄毛还想抵赖，幸亏硕尔泰大人那年叫卡伦士兵在界碑下悄悄埋下牛车轱辘，您猜怎么着？嘿，挖出来的牛车轱辘还真完好无损！"

"噢，硕尔泰大人真是英明啊！"克西尔老人听了觉罗的话，不无感慨。

"大叔，你们一、三牛录吃的是神泉水呀！"觉罗调皮地说。

"哈，那当然，那当然，我们吃泉水的哪个不聪明！"克西尔听了觉罗的夸赞，咧嘴一笑，十分开心。

"不过，那不要脸的黄毛恼羞成怒，为了挽回面子，非要与我们较量'布库'不可！"

"啊？咱们答应了？"

"大叔，他们的险恶用心不是明摆着嘛，还能不答应！"

"什么时候较量？"

"硕尔泰大人说，与图伯特大人商议后再定日期。"

"噢，这可是件大事，弄不好要出人命的！"

"大叔，不怕！为了保住咱们的领土，就是搭上几条命也值！"

"大叔知道。"两匹马走到牛录旗下档房大门前，克西尔老人只好勒住马。

“大叔，我走了！”

“好，走吧，小子！别忘了有空过来，大叔带你去打野猪！”

“记住了，我一定来！”

44

绰霍尔渠从伊犁河分流而出，由东向西穿过片片闷燥的枣林和灌木丛，像一条疲惫的长虫，扭曲着身子躺在望不到头的盐碱滩中。过去，两岸的河漫滩地虽常有野鸭光顾，也听得见青蛙鸣叫，但由于长年废弃，这里早已一片荒芜了。锡伯营当年疏浚河渠，虽有过一时风光，但经不住河口年年改道，只有伊犁河发洪水时方可渠中满水。汛期一过，渠里的绿藻都裸露出来，被阳光晒得干枯腐烂，发出浓浓的腥臭味。眼下正是用水的时节，可渠里只有一点水，有气无力地细细流着。渠北块块田野，一片片龟裂着，有的地方像冒着热气。谷物苗稀个矮，枯萎打卷的叶片上落满了黄黄的尘土。

图伯特因赶路心急，马不停蹄一气赶到五牛录。他没有进牛录，而是带着随从先去看田地。他下了马沿着高高的渠堤一边走一边仔细地察看四周的田野，那浓重的眼神里透着几分凄苦和几多忧虑，宽阔的前额渗出一层细汗。

走了一阵，地里空荡荡不见人影，只有弥漫的灼热。他不觉长长叹了一口气，继续走了一阵，才远远望见一位老者在渠下地里打把口，那锃亮亮的铁锨在阳光下一闪一闪地发着亮光。

图伯特心里一喜，急忙把马交给跟丁，自己大步走过去。

那老人见一官人朝自己急急走过来，慢慢直起腰，抹了一下额头，眯起双眼，右手撑着铁锨拐把直立起来。

“老人家，您好！”图伯特边走边行礼问好。

“啊，是图伯特大人！”老人认出是总管大人，惊喜不已，不知所措。

“老人家，怎么您老来地里干活，家里其他人呢？”图伯特见老人脸上汗水涔涔、脊背湿透，关切地从老人手里接过铁锨，边铲土边问。

老人听总管大人问家里人，无可奈何地双手一摊，回答说：“唉，儿子到南路巡防去了，还没回来。”

“他叫什么名字？”

“艾星阿。”

“这周围地里怎么只您老一个人，其他人呢？”

“听说今天牛录里有庙会，喇嘛们诵经镇邪送面鬼，都看热闹去了！”

“噢……老人家，今年天气这么干旱，渠里又没有水，您老准备如何救活这庄稼？”

“大人，听说伊犁河涨水了，水还是上不来？”

图伯特长叹一声，“是啊，河水是涨了。不过，我到渠口去看过。这几年，年年山洪暴发，使伊犁河整个河床渐渐北移，原来渠口已经高出水面许多，这样下去，我看就是把半个河床筑坝拦住也难以引水上岸了。”

“唉，大人，人有百算不如天有一算，那就听天由命吧！”老人很失望地叹了一声，望望自己地里的庄稼，满是皱纹的脸上更加显出焦虑和无奈。

图伯特久久地望着老人失望的脸，又问：“现在朝廷有难，准备断我们的粮，如果我们手中无粮，如何守住这疆土？”

老人听了图伯特的问话，思忖许久，才开口答道：“大人，老夫想既然伊犁河已改道，那么靠这绰霍尔渠收粮不是长远之计。大人您瞧，这渠北本来就是盐碱地，就是有了水，能种的好地有多少呢？要想扎根种地守疆土，老夫想还是另修条大渠把伊犁河的水引过来辟田开地才是，不然都是空话。”

“好，老人家说得对！”图伯特思忖片刻，疲惫的脸上掠过一丝兴奋，“不过，有人说另修大渠是荒废防务，劳民伤财，大可不必，况且六十年驻防期限马上就到，就是靠伊犁河的鱼、乌孙山的獐狍也能熬过去，这话不无道理呀！”

“那是小人之见！”老人不假思索，信口答道，“我都是快入土的人了，二十年以后生死未卜，怎么回去？就算是我们回去了，来的还不是朝廷官兵锡伯子孙？为了西迁驻防，我们吃过的苦还少吗？我们已经受过千辛万苦，怎么忍心叫来者再受苦难？大人……我是不想回去了，一把骨头埋在哪里都是一样！我的儿子生在这里，也有了自己的家，他也不愿意再回到陌生的地方去。故乡啊，太遥远了……唉，这里住的时间长了，还不是自己的故乡！既然要住下来，怎么能光顾着眼前而不顾子孙后代的生计和防务大业呢？大人都看见了，这土地能长出粮食吗？能养活世世代代的子孙吗？”

老人的一席话说得图伯特两眼发亮，感慨万千。他慢慢地抬起头，仰天深深地呼出一口闷气，突然把手中的铁锨使劲往地下一插，十分感激地对老人说：“老人家，多谢您教诲！”

“大人，老汉只是……”老人听总管大人谢他，受宠若惊，

竟张口结舌说不出话来了。

“老人家，这里有几个泉眼？”

“大人，有几个泉眼都很小，流出的水还没有小孩儿的尿水大呢！”老人自觉失口，尴尬地呵呵笑了起来。

图伯特跟着苦笑几声，转过身从跟丁手里接过缰绳，一跃身上了马。

“图伯特大人，请走好！”

“老人家，叫大伙先把泉眼修一修，免得庄稼熬不住干旱颗粒无收。不过，请您老人家放心，我一定想办法把伊犁河的水引出来，一定！”

图伯特说完在马背上向老人深施一礼，走了。老人顿时心潮澎湃，眼里闪出泪花，向着图伯特一行远去的背影，带着心中的欣慰和满腔希望，也深深地鞠了一躬，“多谢大人，祝您成功！”

五牛录授镶白旗，处在八个牛录中间，上不占渠首之益，下不靠泉水之利。城墙高大夯实，东南西北各设砖砌大门。牛录内有八个牛录合力建造的喇嘛苏木，以志移驻的锡伯人深切怀念故乡之意。寺内建筑规模宏伟，四周古树参天，金碧琉璃，蔚为壮观。除正殿外，还设偏殿、厢房等四十三间，供随军来的十几名喇嘛念经奉佛。

图伯特一行赶到牛录时，远远就听见鼓号齐鸣，惊天动地，送面鬼的一列长队正好在大街上行进着，似一条长龙在舞动，好不热闹。大路两边挤满人，奇形怪状的面孔吵扰着一阵阵往前拥挤，跟着鼓乐声发出一声声尖叫。队伍前面高悬着五颜六色的旌旗幛幡，中间由四个彪形大汉抬着粗大的木架，木架上坐着面鬼，从头顶往下挂着各种各样的纸条。身披黄缎戒衣的达喇嘛，头戴黄缎子帽，手里举着支火把，嘴里念念有词，走一阵把火把挥动几下，后面跟着众喇嘛，一半拍动着十几个铜钹，声震大地；一半敲鼓吹号，贯穿九天，十分隆重而体面。最后是各族族长以及低眉垂首的善男信女们。队伍吹吹打打，轰轰烈烈绕着牛录转了一圈后，在牛录南城门外一个早已挖好的大土坑前停下来。

土坑里堆满干燥的柴火，上面铺垫一层厚厚的黄裱纸钱。众喇嘛围着土坑一阵诵经后，四个大汉高高举起面鬼齐声发出轰雷般的呐喊，将面鬼抛进土坑里，随着大钹突然震天一响，达喇嘛昂首阔步走到坑边将手中火把往坑里一扔，坑里顿时燃起熊熊大火，一股黑烟猛然蹿上天。

刹那间，经声大作，震动天地。烈火噼啪作响，烟雾浓浓，越烧越旺，冲向高空。火焰灼得众人纷纷往后退避。达喇嘛不避烟火，双手合十，闭着双眼，开始祈祷："苍天在上，我等将恶鬼送走，我佛慈悲，保佑我族家宅平安，免灾避邪，人丁兴旺，五谷丰登，阿弥陀佛！"

众人哗的齐声下跪，虔诚地咚咚磕头，求菩萨保佑。

突然，几个大汉高高举着一个鼓鼓的口袋，一边呵斥一边气势汹汹冲进人群，"闪开！快闪开！"

跪着的人们见状，一个个惊骇地急忙向两边闪开让路，任他们往前闯。他们无所顾忌地冲到大坑前，旁若无人，呐喊着，准备把口袋往火坑里投下去。口袋里不知装着什么东西，好像在乱蹬乱动，偶尔还发出一种被挤压得几乎听不见的微弱之声。

"住手！"正当他们合力将口袋投出去的一刹那，猛地一个霹

雷般的严厉喝声把他们给镇住了。

达喇嘛惊愕地微微睁开双眼回头一看，只见众人身后图伯特大人立马端坐，一脸怒气，两眼冒着火盯着那几个大汉。

“里面装的是什么?”

“恶鬼!”一个汉子随口回答，话中有气。

“给我放下!”图伯特用马鞭一指，厉声喝令。

大汉们虽然不服气，但不能违抗总管大人之命，狠狠将那口袋摔在地上。

“打开!”

刚才回话的那个大汉犹豫了一下，看了一眼众汉，气呼呼地打开了口袋。

“啊!”众人大吃一惊，原来口袋里装的竟然是个披头散发、用黑布蒙着双眼、嘴里塞着破布的女人!

五牛录旗下档房坐落在大街西侧。大院围墙环抱，里面十分阔绰宽敞且幽静安宁。正面高台上青砖镶边的一排五间平房位居中央，显赫抢眼。屋后的几棵梧桐树高高探出屋顶，枝叶茂盛，荫及四周。不时有斑鸠在枝头飞来飞去，咕咕叫着，追逐撒欢儿。两边厢房相望而立，中间大堂正门大开。跨步进门，迎面墙壁上悬挂一幅猛虎下山图，两边一副对联：攻如猛虎下山，守若蹲熊把关。

牛录佐领华沙布紧绷着脸端坐案后，一动不动，两眼直视着下面，神气威严，令人心惊。旁边有领催陪着。堂下两边站着棍棒手，一个个虎视眈眈、威风凛凛。

图伯特坐在一旁，一脸肃穆。

刚才从口袋里放出来的那个女人，披头散发跪在下面啼哭不止，看上去四十开外，面色蜡黄，身形瘦削。哭肿的眼睛半开半闭，干瘪的嘴唇不停地抽搐着，像是向众人哭诉她满腹的委屈似的。女人的后面跪着那一帮汉子。

“女萨满，这是怎么回事？讲！”华沙布沉默许久，终于开了口。

“佐领大人，我家没有男人，地也荒了……我也是为了混口饭吃啊!”原来那个女人是个装神弄鬼的野萨满，她听见华沙布问话，语气似觉和缓，立刻擦了下鼻涕抬起头，胆怯地瞟了一眼华沙布，又呜咽起来。

“你不要再啼哭！”

女萨满急忙止住泣声。

华沙布看着那女人那副局促不安的可怜相，转过脸去指着那一帮汉子，问：“你们说，究竟怎么回事？”

那一帮汉子见佐领大人问他们话，互相看了看，其中一个干咳了几声，抬头回答说：“回佐领大人的话，这几年旱情严重，年年收成无望，今年一开春，我们几个合计了一下，决定先去找女萨满占个卜，如果年景好，我们就多种一些地，如果年景差，我们就少种些地，空余时间打鱼或狩猎，免得眼巴巴守着那盐碱地饿肚皮。结果怎么样？她给我们占了卜，花言巧语说今年如何风调雨顺，年景如何如何好，吃了我们的饭菜，拿了我们的钱财。我们几个信以为真，到新城粮店高价买回来种子，种了去年的一倍！”大汉说着伤心地低下了头，“佐领大人，您看看那地，种下的庄稼大片大片地枯死，真是毁了我们啊！我们几个气不过，想趁着送面鬼的机会，把她一起送走，免得再去害人。她就是吃人不吐骨头的恶鬼呀！”

“佐领大人，她就是恶鬼，烧死她！”其他几个汉子也气呼呼地附和着那汉子大声嚷嚷起来。

“肃静！”华沙布听了那汉子的诉说，一时难以断案，慢慢站起身举步走到图伯特大人身边耳语了几句，图伯特若有所思地轻轻点了点头。

华沙布回到案后还没坐定，大门口有两个年轻人吵吵嚷嚷硬要进堂。华沙布见状不觉动怒，猛拍案桌厉声喝问：“谁在下面如此无礼？”

两个年轻人吓得急忙收声，扑通一声一齐跪下。两个人鼻青脸肿，满身是血。

“好哇，又是你们俩！我去卡伦前已让莫昆达给你们调解，你们吵什么，嗯？非但不听还打架，简直是目无王法，来人哪！”

“喳！”两边棍棒手听令，一齐上前。

“这两个畜生好言不听，各杖责二十大板，从明日起罚服役十天，看他们往后还听不听话！”

“可是大人，他让我打了两天水，今天又不让打了！”

“大人，今年干旱，井里的水都快干了，他还厚着脸皮一天到晚地打水……”

棍棒手不由分说，吆喝着蜂拥而上，硬将他们按倒在地脱去裤子，棒打起来。

“哎呀！佐领大人饶命啊！”两个人痛得像挨刀的猪、吃棒的狗般喊叫着求饶。

图伯特侧过脸去长叹一声，脸上布满了少有的忧虑和烦躁。华沙布急忙走下堂请图伯特到厢屋里去歇息。两个人走出堂门，图伯特自责似的对华沙布说："水啊，水！本官身为锡伯营总管不能引水救灾、镇固防务，真是上对不住朝廷下对不住官兵！"

华沙布急忙分辩道："大人，这并非大人之过。卑职想来想去已经想好了，不挖新渠，我等将如何生存？没有粮米，还谈什么防务戍边？"

"是啊，开挖大渠已迫在眉睫。我到恰不恰山与伊犁河交界处已多次勘察，心里已有计划，关键是，只要人心齐，天下无难事啊！"

"大人，别人挖不挖我管不着，我是决心已下，不挖通新渠不收兵！"

图伯特听了华沙布的话，忧愁的脸上晴朗了许多，渐渐有了悦色。他岔开话头，轻轻地问："伊尔哈格合还好吗？"

"还好，她常惦记着你呢。"华沙布也轻松了许多，会心地笑了。

"这几年公务繁忙，东奔西跑，很少来看她，心里真不是个滋味。"图伯特有些内疚。

"她知道你忙，不会怪你的。"

"觉罗怎么样？"

"唉，他常年在卡伦当班很少回家。不过，这次硕尔泰大人去谈判，不知道看上他哪一点，把他给带回来了。"

"干什么？"

"该是放在自己身边调用。"

"噢，那你们就可以放心了，硕尔泰大人定有他的用处。"

"我们也那么想。"

两个人走到厢房门口，图伯特突然改变主意，说："额夫，

过一会儿我还要去看望莫伦达喇嘛，现在我们去看看伊尔哈格合好吗？”

“好吧，干脆到家里和你格合吃顿饭，让她也高兴高兴！”华沙布对图伯特的主意十分赞同。

两个人忘记刚才大堂里的烦愁和恼怒，说笑着出了旗下档房，直奔华沙布家去了。

45

仲春的田野，阳光明媚，微风轻柔，溪水潺潺，鸟儿鸣啭。生命到处在跃动，到处在追逐寻找灵魂的重生，繁衍后代的生存。

一牛录和三牛录城墙南约五里处，有一眼有名的泉，叫金子泉。这个泉，不仅泉眼大泉水清，而且一年四季流淌不断，泉眼里咕嘟咕嘟冒出来的串串水珠闪着光，清澈甘甜，谁见了都想喝一口，喝了一口便一辈子忘不掉。泉边各种不知名的小花绽开着，用它们的五颜六色点缀了周围的一片片绿色。泉水流过的地方，绿色弯弯曲曲伸延，像一条绿带一直涌到城墙头。

一对青年男女骑着马奔出牛录城门，沐浴灿烂阳光，徜徉在一片片绿色中。过了一会儿，他们离开坎坷的大路，穿梭于庄稼地，你追我赶说笑着策马到了金子泉边，绕一圈才挽缰松镫下了马。姑娘见了那金子般的泉水，扑过去蹲在泉边双手掬起清凉的水咕嘟咕嘟喝起来。男青年手牵着两匹马，慢慢走过来站在姑娘的身后，泉水中映出他那一双炽热而爱慕的眼睛。姑娘不觉涨红了脸，娇羞地微笑着抬起头瞥了男青年一眼，水中依然闪现着她那微红的双颊和水汪汪的双眼。

“包吉力，你知道这泉为什么叫金子泉吗?”当两个人的目光不约而同地遇着的时候，男青年腼腆地眨着眼睛问。

“觉罗阿哥，我不知道，我很笨。”包吉力扬起头，湿漉漉的手甩了一下垂在胸前的长辫，掩着嘴吃吃笑起来。

觉罗深情地一笑，把马放开，也紧挨着坐在包吉力身边，久久地望着泉水，像是从里面突然会冒出什么东西来。

“觉罗阿哥，为什么?”

“喔，说来话长，”觉罗突然收敛笑容，叹了一口气，“听我阿默说，这泉过去叫霍吉格尔泉，这里也因泉得名而叫霍吉格尔，是当年噶尔丹策零的行营牙帐和园林所在地。过去这里特别辉煌，曾建有宫殿、金库、寺庙等，可威风了。”

“后来呢?”

“后来那些宫殿、金库、寺庙等突遭雷击，毁于天火，那些蒙古人也就迁走了。我们来这里居住后，给这泉重新起名，改为金子泉。”

“噢，原来是这样！觉罗阿哥，你的阿默真好，我阿默就不给我讲这些。”

“唉，你是女孩子嘛!”

“女孩子怎么啦?我也不比谁笨!”

“噢，你刚才不是说你笨嘛，转眼就不笨了!”

“觉罗阿哥，你……”

两个人又嬉笑起来。过了一阵，觉罗站起来朝四下望了望，指着离泉眼不远处一棵沙枣树说：“包吉力，走，我们到树下坐会儿。”

“嗯。”觉罗拉着包吉力的手站起来，一起走到沙枣树下。这棵树树身粗壮、高大，很古老，像一把撑开的伞，孤零零地立在那里。

两个人依偎着坐在树下厚嫩的绿茵上，觉罗开口问：“包吉力，你知道这泉水是怎么流出来的吗？”

包吉力很奇怪，“从地下冒出来的呗！”

觉罗望了望天空，一本正经地对包吉力说：“听大人们说，过去这泉眼很小，水还不够几户人家浇地。传说一牛录有个非常勤劳的小伙子，叫发里善，年年春秋都一个人来清理这泉眼。天长日久，这事感动了天宫里的一位仙女，她爱慕发里善的勤快朴实、恒心不舍，有一天夜里突然悄悄下凡来和发里善见了面，两个人一见钟情，做了夫妻。”

“真的？阿哥骗人！”包吉力似信非信。

“从此两个人难舍难分，每当夜幕降临，发里善坐在泉边吹起他那心爱的苇笛，仙女听到悠扬的声音就飘然而至。后来这事被巡天神发觉了，他报知了天宫，从此天宫再也不让仙女下凡了。唉，这下可苦了发里善，他坐在这泉边夜夜望着满天的星斗，吹起他那心爱的苇笛，等啊，盼啊，从春天盼到冬天，又从冬天盼到春天，再也没有见到那仙女的身影。从此，他的泪水止不住流啊，流啊……泪水流进了这泉眼，从此，这泉眼渐渐大了，水也多了，一直到今天还浇灌着我们的田地，养育着我们……”

包吉力静静地听着，突然嘴唇痛苦地颤动一下，流下眼泪来，泪水停留在面颊上，闪闪发光。

“发里善呢？”

觉罗的眼睛也潮潮的，“他死了，就死在这泉边。人们为了纪念他，就把他埋在这泉边，咱们身后的这棵枣树就是当年插在他的坟墓上的幡仗，如今长成了一棵大树。”

包吉力被这故事感动了，她抑制不住感情的澎湃，同情、惋惜、不平交织在一起，她痛心地站了起来，轻轻地走过去把脸紧紧地贴在那皱巴巴的树身上，双手轻柔地抚摸着树皮，闭上了双眼。

远处，两匹马贪婪地吃着鲜绿的嫩草，时不时又抬起头竖起耳朵望望主人，发出一阵阵强烈的喷鼻声。

觉罗走过去望了一阵包吉力那张纯真朴实的脸，心疼地抬起手轻轻为她抹去脸上的泪水。包吉力在悲伤中深深感受到爱的温暖，身不由己一头扑在觉罗的怀中。觉罗紧紧地抱住包吉力，又激动又兴奋，一时不知道怎样去安慰她。此时此刻他只有让她沉浸在恬静的幸福里，让她看到湛蓝的天空，让她感受到未来的光明，让她深信他们的爱情绝不会像发里善和仙女的爱情那样掉进深渊，半途夭折。而包吉力却从仙女身上得到启示，更加坚定了自己的信念和决心。在她的心目中，觉罗是她一生的依恋，往后不管遇到什么情况，她决不会放弃他，哪怕被天神惩罚！

“包吉力，所以说这泉水是咱们的命根子，将来咱们就在这里成家立业、生儿育女，你说好吗?”

“嗯。”

“有了咱们，发里善的灵魂或许会得到安息。”

“可是，听我阿默说，当年皇上有令，六十年后叫我们返回盛京，我们怎么办?”包吉力突然记起父亲的话，抬起头来问。

觉罗像是早已认定，并不急着回答。他用手抚摸着包吉力黝

黑而光滑的头发，又低头闻了闻她头上散发的清香，说："包吉力，这里就是咱们的家，你瞧，这里有这么好的水，这么好的地，这么美丽的故事，我们为什么偏要离开呢？一提起移驻，我额妮总是泪水不止，她一定知道移驻的艰难和我们现在生活的来之不易，我不想让她伤心。"

"别人都走了，就我们留下？"

"我已决定不回去了，走到哪里，山山水水还不都是一样！"觉罗虽然说话和蔼，但语气坚决。

"觉罗阿哥，这个我知道，我是说那可是皇命啊，能违抗吗？"

"我额妮说，那是当时为了安定军心说的话，现在皇上不下令，谁还记得那时的话呢？"

"觉罗阿哥，你不知道，我阿默说他一定要回去。"

"纳尔泰大人？他都快六十的人了，二十年后他就是八旬老人，这迢迢万里之路，说不准在半路上……"

包吉力抢过话头，"我阿默可不服老！他说他爬也爬回老家，死也死在故里，决不把骨头抛在异域他乡，他早早就准备好了一个小罐罐，说如果回盛京前万一他死了，叫我们无论如何也要把骨灰带回故里安葬。"

"这么说，你也要回盛京了？"

"不，不，我不是那个意思！我，我……我不知道我该怎么办。"包吉力像是左右为难、犹豫不决，说话有些吞吞吐吐。

"包吉力，刚才你不是同意咱们留在这里永远陪伴发里善吗？"

"觉罗阿哥，话虽那么说，可是……可是我……我阿默说，除了一、三、四牛录有几眼泉水外，下面几个牛录都没有泉水，而且三十几年都靠绰霍尔渠灌田吃水，现在伊犁河已经改道而不上水了。没有水，没有粮食，往后吃什么呀？大家咬咬牙熬过二十几个年头都走了，这荒滩僻野只有我们留下？”

“不会的，包吉力，那是你阿默他们的想法。为了解决下面几个牛录的吃粮和生活问题，总管大人已经决定从伊犁河引水开田，开挖一条东西横贯的大渠，将来我们都移到大渠边筑堡定居，人人有田种，家家有水喝，年年五谷丰登，安居乐业，到时候谁还想回盛京呢？难道天赐的安稳日子不过，非要经历磨难吃苦头吗？”

“觉罗阿哥，你就替你纳克出说话！”包吉力听了觉罗的话，虽然没有什么理由再辩驳，可心里还是没有底，“既然如此，那为什么不早早挖呢？”

觉罗见包吉力回心转意，知道她十分为难，不想逼迫她。但他还是不松一口气，因为他不能断定包吉力是在故意试探他，还是真心和他兜圈子。

“包吉力，开挖大渠不是一件小事，从哪儿挖，怎么挖，什么时候挖，派哪些人去挖，不仅要有周密的计划和筹备，还要懂得天文、地理，这样才能得到伊犁将军的允准，得到咱锡伯营官兵的支持！”

包吉力半信半疑，瞪大了眼睛，“这么好的事，谁还敢反对？”

“反对的人还不少……”觉罗神秘地将嘴附在包吉力耳边小声说，“其中有硕尔泰大人，还有你阿默。”

“啊！我阿默？为什么？”包吉力十分吃惊。

"这里有汩汩流淌的泉水呀!"

"那……你阿默呢?"包吉力不解地问道。

"我阿默说，不挖渠将来吃什么?"

"唉……"包吉力真没想到事情还这么复杂、这么严重，两个总管一个要挖一个反对，她真不知道该听谁的，叹口气接着说，"觉罗阿哥，你说这水渠能挖成吗?"

"准能挖成!"这回觉罗可不能含糊，斩钉截铁地回答说。

包吉力听了觉罗的话，又抬起头久久望了一阵他那闪着光芒的两眼和充满自信的坚毅的紫脸膛，才下了最后决心似的说："好吧，觉罗阿哥，我答应你，如果大渠能挖成，我留下，挖不成，我就走!"

"真的，包吉力?"觉罗最终得到包吉力的口实，十分惊喜，禁不住澎湃的感情汹涌而至，把她抱得紧紧的，差点叫包吉力喘不过气来。

46

正红旗四牛录筑城在正白旗三牛录东北十几里处，位于赛坎和喀拉两处泉水地之间，定居后一直引用泉水种田，自给自足，无忧无虑。十字大街把整个城内分成四块，四条大街，门庭依次雄踞，房屋错落有致，虽不如大都雄伟壮观，倒也四周古木参天，苍树连理，朱门红墙在林荫中掩映，碧瓦雕砖在阳光下生辉，生机盎然，相映成趣。

总管档房设在南北大街北一侧，大门朝东开。进入院中，一条青砖甬路，直通高高台基上矗立的官府。大门上首挂一牌匾，蓝底金字，古色古香，格外耀眼。锡伯营当年南渡伊犁河沿绰霍尔渠定居后，出于屯垦戍边的需要，把总管档房设在八个牛录中间的四牛录，一是与各牛录之间相互联络不远，二是巡查边境可进可退。图伯特在格合伊尔哈家住了一宿，第二天天刚亮就匆匆出门上路奔向四牛录。当初萨音布被额尔齐斯河水冲走之后，伊尔哈整天不吃不喝，被苦涩的泪水淹没，被失恋的空虚吞噬，脸色僵硬，没有一丝的欢乐和安宁；内心悲伤，充满了极度难忘的痛苦，一个活蹦乱跳从未被命运征服过的刚烈女子突然间失魂落魄，失去心爱之人的沉重打击使她几乎丧失了活下去的勇气。幸亏华沙布以他男人博大的胸怀同情她、安慰她，才使她从冷酷的绝望中走出来，艰难地度过一段灰暗的日子后，渐渐恢复往日的神色。后来伊尔哈与华沙布成了亲，如今有了觉罗这么个儿子！图伯特一边回想着往日难以忘记的情景，一边策马赶路，太阳刚出头就到了四牛录。

初升的太阳，喷射出耀眼的光芒，染红了云霞，也染红了刚刚苏醒的沐浴在晨光之中的四牛录。抬头望去，树梢上、天空中几百户人家冉冉升起的炊烟飘浮升腾，和晨曦融在一起显得层层叠叠，清新淡雅。大街上不闻狗吠，不听鸡鸣，宁静安谧，偶见几个早起去挑水的姑娘窈窕的倩影远远闪过。图伯特一边观看着大街两侧一边往总管档房走去，几名侍从紧紧跟在后面。

过了十字路口，走过右侧的一条小街口时，图伯特无意中瞥见一个壮汉从一个牛背上双手稳稳托起两桶水，然后抬起右脚往那牛屁股上轻轻一踢，那牛便一蹿而出，喘息着站到一边。图伯特见了不觉大喜，挽住马头，喝了一声彩：“好臂力！”

那汉子听见喝彩声，急忙放下水桶转身一看，见是图伯特大

人，笑呵呵地跑过来在马前施礼参拜，“啊，大人，原来是您回来了，额尔固伦这里请安！”

“额尔固伦防御，怪不得你一个人打败二十多名盗贼，夺回了一群马，真是好力气！”图伯特喜色未尽，高兴地夸赞说。

“大人，过奖了。”额尔固伦有点不好意思。

“什么时候从卡伦回来的？”

“回大人，昨晚。”

“换防的官兵全到了吗？”

“回大人，全到了。”

“好！今天在档房召集两翼牛录佐领、防御、骁骑校以及各莫昆达商议挖渠一事。”

“喳，大人。”

喝过早茶，各牛录人马相继到了总管档房，议事堂的门开着，一片肃静。两侧墙上挂着众卡伦位置图、各牛录分布图以及详细地名图。各牛录佐领、防御、骁骑校以及几位莫昆达均已到齐，在两侧分两列依次就座。一个个昂首挺胸满脸肃气，气氛十分威严。图伯特和硕尔泰两位大人一人坐一边，相对而视，但众人的眼睛却盯着图伯特。图伯特见人已到齐，神色从容地站起来，环顾下面一张张熟悉的面孔，说道：“诸位，我锡伯营自盛京西迁伊犁驻防至今已达三十六年之久。这三十多年，虽然经历过无数的风风雨雨，但我们守住了大清边关，保住了脚下这片富庶又圣洁的土地，没有失去一寸土地。我们的功劳，苍天可鉴，日月可表。可是，如今事与愿违，眼前我等已面临一场巨大的困难，若不再从速采取良策，后果不堪设想，锡伯营势必陷入绝境，戍边将成为一句空话。”

图伯特声音洪亮，言辞激昂，屋里的气氛骤然间变得十分紧张。德克津布、呼图克、华沙布等人的脸上明显露出振奋和喜悦的神情，而巴尔布、纳尔泰等人面面相觑，渐渐低垂了眼睛，不敢抬头正视。唯独副总管硕尔泰两眼直盯着前方，一眨不眨，旁若无人。

图伯特略一沉思，继续说："诸位皆知，我营现有口齿已增加到原来的两倍，而耕地却年年减少。三十多年来赖以生存的绰霍尔渠，虽然年年出工出力疏浚，无奈伊犁河河道北移，水已无法上岸。就是倾我锡伯营之力修筑拦河坝引水上岸，水源得救，那渠北地隘，耕田无地再辟。渠南阻岸，更谈不上引水开田。往后向何处要粮，如何除燃眉之急？为今之计就是开凿新渠，引伊犁河之水新辟耕地。这事本官并非妄自尊大，自作主张，而是多次踏勘，权衡利弊，为锡伯营的生死存亡而创议。今天请诸位来，就想听听诸位的高见，不知诸位意下如何？"

图伯特话音刚落，五牛录佐领华沙布站起来直抒己见："卑职以为修渠一举，事关我锡伯营今后生存大计乃至戍边要略，不可不挖。我五牛录要人有人，要物有物，将全力以赴！"

"挖！一定要挖！不挖渠，不种粮，这么多人吃什么？难道喝西北风吗？"八牛录佐领德克津布也霍地站起来，大声附和华沙布。

二牛录佐领呼图克见自己落在华沙布、德克津布后面，也急忙站起来不甘示弱，咳了一声说："大家知道，我二牛录虽然居绰霍尔渠之首，但这几年地里盐碱猛如虎，许多房屋倒塌，而官兵们不得不住进地窝里。地里的庄稼不长个儿，年年收成不佳，这样下去，粮米不敷食用，困难日益剧增，戍边的重任如何担

负！依卑职看，还是尽快挖渠辟田诚为上策，宜速不宜迟！”

“我赞成！”

“我也赞成！”

“请总管大人公布修渠方案！”

听了三位佐领的激烈演说，座下许多人情不自禁地大声附和。

听了图伯特一番推理陈词，硕尔泰虽然装得稳如泰山，若无其事，未发一句言论，但听了几位佐领的煽动，他却坐不住了，脸上变得红一阵白一阵，霍地站了起来。可是，议论声反而更加激烈，大有山雨欲来风满楼之势。为了镇住阵脚，他用力咳了一下，大喝一声：“诸位，静一静！”

众人听了硕尔泰的喊声，静了下来，眼睛不约而同地朝他看。他用那犀利的目光朝刚才说话的几位佐领脸上扫了一遍，责问道：“挖渠挖渠，挖什么渠？请问，你们在座的哪一位挖过渠、修过河？不要说是挖大渠开新田，就拿从绰霍尔渠挑开的阿普开布哈来说吧，先是四牛录开挖此渠，数年才成，后因不能引水而废。后来七牛录继续挖，结果怎么样？挖出了什么名堂呢？还是那年突发洪水才冲成这条渠，所以取名阿普开布哈，叫作老天渠。一个小渠尚且数年挖不成，想挖大渠辟田万亩，那岂不是在说梦话吗？”

“何止是梦话，简直是异想天开！谁想挖就去挖，我不挖！”三牛录佐领纳尔泰正憋着一肚子气，听了硕尔泰的话，激动得跳起来大声嚷道。

“纳尔泰佐领……”一向胆小怕事的一牛录佐领巴尔布看了一下堂内气氛，左右为难中急忙伸手去扯纳尔泰的衣角。

硕尔泰耳根发红，目光炯炯，闪烁着难以掩饰的愤怒，继续说：“修渠若成，固然是好，如若不成，怎么办？况且伊犁河南岸地形复杂，由南到北呈阶梯状，那河水怎么上来？自古水火无情，人算不如天算，本官还是提醒诸位，千万不要轻举妄动，以免葬送锡伯营的前程。”

硕尔泰说完，朝巴尔布那张犹豫不决的脸狠狠地瞪了一眼，巴尔布心里一颤，不得不站起来，脸上挂着一丝被逼无奈的勉强，小声说：“诸位……诸位，依巴尔布之见，还是硕尔泰大人言之有理。请诸位想想，如此浩大的工程，怕是十年八年完不了。既然我等三十多年都挺过来了，为什么不把牙关再咬一咬，裤腰带再紧一紧，把余下的年头也挺过去呢？这渠就是挖成了，驻防之期届满，我等屁股拍拍一走，这渠不是白挖了吗？我还是赞成硕尔泰大人之见，我等应以戍边为重，挖渠一事，暂缓为好。”

“巴尔布佐领，真是站着说话不腰疼，你们占尽泉水，旱涝保收，我们呢？不能只顾自己，不顾别人死活！”六牛录佐领绰布图本不想发议论，不过，听了巴尔布的话，心里十分不快，趁巴尔布还没坐下，狠狠地戳了他一句。

“绰布图佐领，你发什么愁啊！伊犁河有吃不完的鱼，乌孙山有打不尽的獐狍，不要说是二十年，你就是吃一百年也吃不完哪！”巴尔布想要说什么，刚要开口，四牛录佐领柯伯克不等巴尔布说话，忽地站了起来，回敬了绰布图一句。四牛录也是靠泉水过日子的，怎能不被绰布图的话刺痛！

绰布图被说得面红耳赤，两眼冒火，一下说不出话来了。坐在他身边的七牛录佐领达明阿朝他咧嘴阴阴一笑，长长地吁出一

口虚气。绰布图鼻孔里哼了一声，只得拿他出气，“你……缩头乌龟!”

纳尔泰又跳了起来，大声嚷：“我锡伯营本来区区几千人，前年又给索伦营拨去了一百五十户，再抽几百号人去挖渠，力薄财疏，岌岌可危，那防务怎么办?”

纳尔泰话音刚落，人群中有一人突然站了起来，猛喝一声：“你们都不要再吵了!”堂内霎时变得静悄悄的。大家举目看时，原来是巴扬阿！虽然他已显得苍老多了，但还是一身的威风。他的两眼似乎有些潮湿，花白的胡须瑟瑟抖动。“今天总管大人召集大家商议的是关我族生存和戍边要务大事，你们都身为朝廷命官、牛录佐领、锡伯营的父母官，要深知自己肩负的重任，吵什么？你们知道，我巴扬阿也是当年披甲出身，略知守边以驻兵为先、驻兵以军粮为要的道理，难道你们都不知道？六十年换防，谁来换我们？那只不过是皇上给我们的定心丸。当年移驻来的是我们，是我们！一路吃过多少辛苦……”巴扬阿说到一路的艰难处想起亲人，不觉伤心悲痛，老泪簌簌地落下来，“现在，过来的一代差不多都不在了，为什么还要再叫我们的子孙长途跋涉、栉风沐雨、受苦受难呢？当然，人人都有留恋故土之情，可咱们迁移到盛京还不足五十年，西迁戍边六十年，我们在盛京长大，当那是故乡，我们的子孙在伊犁长大，只怕回到盛京，他们反而当伊犁是故乡。两位大人，我看着你们长大，看着你们步步擢升，过去你们俩一起去南路巡查，马蹄蹚过浑巴什河；一起到塔尔巴哈台出防，使盗贼外寇闻风丧胆；一起升防御，一起当佐领，又前后擢升为锡伯营总管，事事都相互商量，处处都相互谦让，为什么这次就非要争个高低呢？看着你们这样面红耳赤相互争执，老夫真是没有话说……好吧，如果你们还要继续争执不谦让，不为子孙后代生死存亡着想，老夫坐有何益？明日干脆去见伊犁将军，由他来明断！”

巴扬阿说完气呼呼地离开座位出门走了。不过，他不留情面的一席话，使几位佐领坐下来低头开始深思。硕尔泰也有所触动，他终于垂下眉和缓了面色。图伯特见大家似乎冷静了下来，从座位上慢慢站了起来，语气十分中肯地说：“诸位，六十年换防，尚无定论。我等千辛万苦来到这里，刚刚成家立业缓过一口气，如今又想叫我们子孙去重蹈覆辙，长途跋涉，值得吗？去者不仅再遭苦难，来者也同样深受其害。因此，不如安心留下长期驻防，一心一意屯垦戍边，保卫国家领土，不负锡伯营肩负的使命。阿普开布哈之所以两次未成，并非其事有违人心，乃因地形选择不当，筹划欠周全之故。现在挖渠，我等一定吸取先人之教训，周密规划，合理利用地形地貌，谁能断言挖不成？硕尔泰大人，还是请你三思。”

“大人，不必了，你挖你的渠，我做我的防务！”硕尔泰虽然怒气未消，但已无心再争了。

“硕尔泰大人，此言差矣，挖渠防务岂可分开？”图伯特却有不获全胜决不收兵的意图。

“若渠挖不成，大人该如何？”硕尔泰被逼急了，口气突然变硬。

“我若功不奏，宁愿伏法；倘若功成，大人该如何？”图伯特虽被将了一军，但理直气壮，寸步不让。

“渠若挖成，我宁死不食其谷！”硕尔泰针锋相对，出言已绝。

两位大人唇枪舌剑令全堂人都看愣了。图伯特万没料到硕尔泰竟出此言，百感交集，两眼不觉湿了。硕尔泰见图伯特再也没话说了，愤然拂袖而去。巴尔布见状急忙站起来，边喊着边追过去，“硕尔泰大人！大人！”

大家一个个站了起来，两眼望着图伯特不知说什么好。图伯特望着硕尔泰出门走远的背影，轻轻说了一声：“让他走吧！”

47

由于硕尔泰等人的极力反对，挖渠创议又遭失败。图伯特见这事在锡伯营之内已议多次，均无法达成共识，决定去见伊犁将军述怀。他带着华沙布和几名随从趁夜色凉爽轻装上路直奔五牛录。

一条灰色的路在黑暗中伸向远方，稀落的星星已跳上夜幕，在天边晶莹闪亮。有几片朦胧的薄霭在远处黑魆魆的山顶上轻盈飘浮，寂静的大地被突来的沉闷马蹄声震动，一会儿，一群乌鸦狂噪着从头顶上飞过。

图伯特和华沙布并辔急行，随从们紧跟着，谁也不出声。

“大人，倘若硕尔泰大人执意不从，怎么办？”华沙布心中为挖渠一事忧虑，走了一阵忍不住开口问。

“去找松筠将军。”图伯特很坦然，语气坚决。

“松筠将军会同意吗？”

“会有办法的。”

“噢……”华沙布若有所悟，怪不得图伯特大人连夜赶往五牛录。

是夜，五牛录城堡内的十字路口、大街小巷静静地躺着，临街的几扇窗户里透出淡淡的青幽灯光，幽幽飘忽。一辆晚归的牛车随着城门吱吱嘎嘎地打开驶进牛录，车夫的吆喝声惹起几声有气无力的狗吠声。

坐落在牛录西北角的喇嘛寺，披着朦胧，在深邃的夜幕中静静地矗立着。寺前几棵高大的梧桐树在夜风中飒飒作响。虽已是深夜，大殿里依然灯火明亮、香烟缭绕。

图伯特一行在寺庙大门前下了马，看门的小喇嘛听见马蹄声，急忙打着灯笼从门缝里探出身睁大眼睛向外张望。华沙布把马交给手下人，走过去对小喇嘛说："小喇嘛，请禀报莫伦达喇嘛，总管图伯特大人求见。"

"启禀大人，昨日伊犁将军派人接莫伦师父过去，说是将军大人连日来身体欠佳，鼻子红肿，召了师父去诊治，不知几时才能回来。"小喇嘛听说来找师父，出门躬身施礼答道。

华沙布回头看了图伯特一眼，又转过身去，说："既然如此，不打扰了。待大师回来，请转告一声图伯特大人来看他。"

没见着莫伦达喇嘛，图伯特心里似乎有些失望，叫随从去旗下档房歇息，自己只好跟着华沙布回到伊尔哈格合家。

伊尔哈还没入睡，正在灯下低着头纳鞋底。屋里北炕桌上点着一盏油灯，摇曳的灯光里看得出她虽然两鬓斑白，前额却光洁，两眼犹存娇媚，脸上依然露出当年的风韵。

"伊尔哈，我们又回来了！"华沙布打开门就大声喊。

伊尔哈急忙下炕，趿拉着鞋走出屋，"喔，怎么深更半夜回来了？"

"他呀，只顾公事，什么时候分过白天黑夜？"华沙布一边拴着马一边回答，进了家门他便改口称图伯特为“他”。

“本想找莫伦大师谈点公事，他不在，我们就回来了。”在格合家图伯特也觉得很自在，自己拴马解鞍。

“怎么？昨天早晨我还见了他。”

“伊尔哈，进了屋再说吧，我们还没吃饭呢！”华沙布解下鞍，给两匹马头套上料袋子，大声说。

“好，知道了，我去备饭！”伊尔哈说着先进屋去了。图伯特解下鞍，拍了一阵汗津津的马背，才进了屋。

两个人刚上炕坐下，大门外突然传来一个熟悉的声音：“华沙布佐领，开门哪！”

“啊！是达喇嘛！”图伯特大为惊喜，急忙下炕跨出屋门，“莫伦大师！”

“总管大人！”图伯特打开门，莫伦达喇嘛在黑暗中像一尊塑像，正向自己打招呼。

“快进来，大师！”图伯特满脸的激动和一心的期望化为热切的言语。

“请，大师！”华沙布在屋门口迎二人进屋。

三个人进了屋上了炕盘腿而坐，伊尔哈急忙出来笑呵呵献了茶。

“听说大师去惠远城给将军大人诊病，不知将军大人病情如何？”图伯特呷了一口茶，问。

“阿弥陀佛，回大人的话，将军大人内火外攻，服了几服药，已经好多了。回来听说大人来过，便来佐领大人家问问。”

“多谢大师牵挂，今日为一件事特请大师指点迷津。”

“莫非是挖渠一事？”听了图伯特的话，莫伦达喇嘛似乎一下想到了，深有感慨地说，“我等从盛京到伊犁驻防已三十多载，这期间我锡伯营虽历经风雨，但人丁兴旺，还增补满洲索伦两营，此乃屯垦戍边并举之故，此二者缺一不可。依我之见，挖渠之事绝不可放弃！自古以来大凡成事，担风险，冒生死，在所不辞，不知大人有无此等决心和胆量?”

“大师，这还用问!”图伯特为莫伦达喇嘛的肺腑之言动情振奋。

“硕尔泰大人非等闲之辈，生性倔强，好胜豪爽，一旦认定之事，九牛二虎拉不回头。不过，你二人多年一起共事，兄弟情深他并不是存心为难你、顶撞你。你要宽宏大度，千万不可逼他太甚。万一他恼羞成怒，坚持己见，阻力更大，将来我们的目的非但达不到，反而适得其反。所以，请大人掂量掂量，不知有无耐心?”

“有。”图伯特果断地点了头。

“我要说的就是这些，大人只管放手去做。”

图伯特非常感激，“多谢大师教诲，只是……”

“大人尽管放心，不用忧虑。万一不成，你我二人一起去见松筠将军，想必将军大人也会网开一面，到时你我二人据理详陈，不怕将军大人不答应!”

“多谢大师，图伯特一定不负众望，尽心尽力，早图功成。”

“挖渠一举，并非易事，且前人在此无先例。要想功成名就，一定要详细踏勘地形地貌，周密规划，万无一失，断不可匆匆起事中途而废，留下千古遗憾!”

莫伦达喇嘛说完闭上双眼，双手合十，心里一阵默念祷告。

48

伊犁惠远老城，城墙坚固，城门高大，南靠伊犁河，北仰塔尔奇沟，是伊犁将军府所在地。

城内十字路口当央而起的一座三层三檐歇山顶的钟鼓楼，飞檐斗拱，金碧辉煌，气势如虹，蔚为壮观。登上钟鼓楼凭栏眺望，南见玉带似的伊犁河蜿蜒西去，流向天际。河边牧野一片碧绿，牛羊在草地上游荡。北见横贯东西的天山山脉，群峰重叠似万马奔腾。四面大街小巷杂货店铺错落，茶楼酒肆相连，小贩的叫卖声、饭摊上的刀勺声，以及种种刺耳的喧闹声弥漫街头。路上，赶车的、赶驴驮子的、骑马的、挑担的、步行的来往不断，络绎不绝，兴旺热闹。将军府两扇朱门朝东而开，两把虎头铜门环闪着亮光。大门两侧立着两尊威武雄伟的石狮子，门头飘着五颜六色的旌旗，哨楼上有哨兵在守护。

锡伯营副总管硕尔泰带着一脸的春风从将军府大门疾步走出，两眼闪烁着自信的喜悦。早已等候在大门外的巴尔布佐领和纳尔泰佐领急忙迎过去，“大人……”

硕尔泰理都未理他们，“觉罗，快牵马来！”

觉罗急忙把马牵过去，交与硕尔泰。硕尔泰接过缰绳，左脚挂镫，右脚轻轻一蹬便骑上马背，拉了一下披风，回头瞥了一眼正在跨鞍上马的两位佐领，双腿一夹策动坐骑。两位佐领和随从慌忙策马跟上。硕尔泰两眼不斜视，腰身直立稳坐鞍，沿着热闹的市井，绕过令人神思飞越的钟鼓楼，驰向城门。

出了城关，奔腾的伊犁河便出现在眼前，逶迤而壮观。河水中倒映着跳跃的阳光和快活的水声交织在一起，逍遥自在地追逐嬉戏，使人心旷神怡。河边苍茫而蜿蜒的枣林伴着河水，在旷野碧空的陪衬下，诉说着她的深沉，显示着她的风姿。

硕尔泰一行赶到河边，立马站在河边久久望着河水不收神。

硕尔泰把马交给觉罗，自己先上了船，其他人随后也上了船。大木船掉转头刚刚启动，纳尔泰便悄悄走近硕尔泰身后小声问道："大人，松筠将军怎么说？"

硕尔泰站在船头，望着滚滚而来的河水，现出一脸得意，"松筠将军真英明，他听了本官的肺腑之言，一再点头称是。"

"真的？"纳尔泰不知是惊喜还是不信，一下睁大了眼睛。

"大人，松筠将军还说了些什么？"巴尔布站在纳尔泰后面，听了硕尔泰的话，脸上立刻露出惊喜，两眼带笑，急忙插话问。

船已到河心，后面扬起的浪花，曳出一条泡沫。

硕尔泰回过头来十分自信地看了一眼两位佐领，又扭过头去望着河面接踵而来的波浪，十分坦然地说："将军大人说，伊犁现有可耕之地甚为宽广，且历任伊犁将军莫不尽力筹划兴修水利，开垦屯田，以资生机。但是，修渠终究未能办就，田地未能垦种。所以，凡事要慎重考虑，不能草率决定。锡伯营挖渠一事，他早有耳闻，待过几天他要亲自召见图伯特大人过问，以免他一意孤行，酿成不良后果。"

"好，好！太好了，果然不出我所料！如此浩大工程，劳民伤财，将军大人岂能同意呢？"纳尔泰像是一下呼出胸中的闷气，卸下肩头的万斤重担，异常兴奋地喊起来。

"这下可好了！事成一半，贵在抢先。回到牛录里咱们再也不能缄口不语了，只要我们一条心，不怕图伯特重提挖渠之事，

哈……”巴尔布仰天哈哈大笑，他心里一块石头总算落了地，再也不用夹在中间担惊受怕了。

硕尔泰听了两位佐领的得意之话，突然意识到什么，慢慢扭过头去朝身后的觉罗轻轻扫了一眼。觉罗装作什么都未听见，两眼望着南岸遥远的牛录出神。

船虽过了河心，大浪还是一个接着一个重叠而来，一次次向船头冲击。硕尔泰向前跨出一步，低头瞧了一阵被浪击的船头，又望望湍急的河面，那张严峻的脸上突然隐去刚才那股刚强之气、得意之态，仿佛从无数个起伏的浪峰中看到了什么。是啊，那是蒙古高原的荒漠，是乌里雅苏台的寒风，是科齐斯山中的雪崩！他望着望着，不觉两眼湿润了。“唉，我锡伯营为什么遭受如此煎熬和磨难？苍天为什么叫我们生来就是兵？为什么叫我们迁徙不定？为什么叫我们故土难归？六十年哪，六十年……为什么是六十年？”他朝河水长叹一声，那声音那么沉重，那么悲怆，那么无奈。“过去，我与他情同手足，而今却反目成仇，为什么？既然天生一个图伯特，为什么还生我硕尔泰！”

船已靠了岸他都不觉得，一脸悲凉，站着不动，两位佐领急忙给觉罗使眼色。

“大人，船已靠岸了。”觉罗轻轻走过去唤了他一声。

“哦！”硕尔泰如梦方醒，看了一眼觉罗，故意装出一副坦然的样子举步下了船。

一上岸，一行人又急匆匆上马赶路。走了一阵，硕尔泰拉了一下紧挽的缰绳往后仰了一下身，侧头问：“觉罗，你额妮还好吗？”

觉罗急忙驱马向前欠身答道：“回大人，我额妮身体还好，她叫我替她谢大人把我调来身边使用。”

“真是岁月不饶人哪，西迁当年她是一个多么坚强了不起的女人，萨音布阿哥在的话，她该多么高兴啊！”硕尔泰突然又想起当年的情景，不无感慨地说。

“我额妮就是念念不忘，一提起就掉眼泪。”

“我们西迁来的一代人，所剩不多了。最近公务繁忙，难得有时间去看看。这次回去，咱们抽空去看看。”

“知道了，大人。”觉罗难见硕尔泰大人这么轻松愉快，急忙答应。

一队人马，很快消失在团团尘烟中，马头直奔一牛录。

巴扬阿家，大院当中三间大土房高台垒筑，整齐宽敞，东边是草棚，西边是牲畜圈，马牛在圈内安详地吃着草。西屋北炕上，一盏清油灯放在矮桌上，光晕朦胧，明而不亮，烟雾弥漫在每个角落，让人难受。桌上一侧，坐着巴扬阿，岁月虽然给了他满脸的皱纹，但目光依然那么倔强，那么桀骜不驯。他不说一句话，只顾吧嗒吧嗒地吸着旱烟袋，装了一锅又一锅。

他刚从觉罗那里得知硕尔泰大人为挖渠一事去见伊犁将军，因一时想不出一个好的主意而焦躁不安。

“额爷，烟都快把人呛死了！”坐在桌对面正写字读书的小孙孙被烟雾呛得一边咳嗽一边用手挥着烟雾冲着巴扬阿说。

这时，里屋走出一个女人，她稍显老态，那张不知隐藏了多少忧患、劳苦和辛酸的脸上，一双闪亮的眼睛却充满了无限的欣慰和期望，闪烁出温和慈爱的神采。她就是当年的艾新芝，岁月虽然催她苍老，她依然不去抗争，肩负着生活重担的她把自己的

一生给了巴扬阿。她走到桌前，颤颤巍巍地给孙儿拨了一下灯芯，又挥了挥烟雾，叹口气对巴扬阿说：“你愁什么呀！这么点小事就把你难住了？”

“我不是发愁，是担心。”巴扬阿朝炕头枕木磕了磕烟锅，又掏烟袋满满装了一锅，对着灯火点着后使劲吧嗒几下说。

“担心什么呀？他们能去告，你就不能去讲理？”

“对呀，既然他们先告状，我巴扬阿为什么就不能去讲理？”巴扬阿听了艾新芝的话，突然恍然大悟似的一拍脑门儿说。“不过，我看将军大人不至于那么糊涂，只听一面之词。”

“但愿将军大人明辨是非，不听小人之言。”

“我想图伯特大人心里一定很急，我去找几个爷儿们商量商量。”

“商量什么呀？我看干脆找几个人给伊犁将军联名上书！”

“联名上书？”巴扬阿突然觉得这事要闹大了，心里一下没底了。

“怕了？这事不该怕！”

“艾新芝，我听你的。”巴扬阿说着磕出烟锅烟灰，披衣下了炕。“不管事情闹多大，我想，看在伊尔哈的分儿上，咱们一定帮他！”

一提伊尔哈，艾新芝便不由得低下头坐到炕沿上。“好吧。可现在已经是深更半夜了，明儿去吧！”

“不，我现在就去，这事耽误不得！”

“你这个脾气一辈子都改不了，路上要小心！”

“知道了。”巴扬阿走到孙儿跟前，摸了摸他的小铲铲头，说，“格音，额爷出去一下，你要是一个人睡觉害怕，就跟你玛默一块睡，听见了吗?”

“听见了，额爷!”

“好，额爷明天就回来。”

“额爷，我去牵马!”格音说着跳下炕一溜烟儿跑出屋。巴扬阿把旱烟锅别在腰里，跟着孙儿出门，走到窗前借着灯光给马架了鞍。格音把马牵出大门交给了额爷，巴扬阿接过缰绳，一跃上了马，依然不失当年的威风。

“路黑，要小心!”艾新芝跟着走出门关切地提醒。

“只要马不倒，我就不会倒!”巴扬阿说着两腿一夹，一头扑进夜幕里。艾新芝拉着格音的手，久久望着黑暗的大街，直到听不见巴扬阿的马蹄声才理了一下鬓发，长长叹了一口气。

“硕尔泰呀硕尔泰，你和图伯特一起长大、一起做官，怎么会变得这么无情无义?难道你忘了过去吃过的苦头，亏你做出这种事来!”

“玛默，硕尔泰大人怎么了?”格音听见玛默骂硕尔泰，不知是怎么回事，抬起头小声问。

“你不明白，不要问。”艾新芝摸了一下孙儿的头，拉着他的手进了门。

惠远城的钟鼓楼，遥遥在望，在阳光下流光溢彩。走进将军府的后院，绕过一座假山，一座玲珑别致的六角凉亭掩映在一片翠绿红花中。这里是将军府休闲品茶纳凉的地方，平时除了将军大人和内眷不准外人进出。这一天，伊犁将军松筠和锡伯营领队大臣普萨保一起坐在亭内石桌前一边纳凉品茶，一边商议军中要事。

松筠是蒙古正蓝旗人，乾隆年间由翻译生员升至军机大臣，历任驻藏大臣、陕甘总督等。嘉庆七年春署伊犁将军。

“大人，前段时日卑职到锡伯营各卡伦巡查，有一件事至今未与大人禀报。”普萨保突然记起一件要事，开口说。

“什么事?”

“关于锡伯营与俄国较量布库一事。”

“噢，我已经知道了。”

“图伯特总管来过?”

“是硕尔泰。”

“噢，他还说了些什么?”普萨保有些意外。

松筠微微一笑，“还有锡伯营挖渠一事。”

“他怎么说?”

“听他讲，挖渠一事非锡伯营力所能及，此举工程浩大，动用大量人力物力会贻误防务，得不偿失。”

“哦?可是锡伯营口齿倍增，耕地有限，粮价猛涨，饷银有数，这事不知他怎么说?”

“他说一、二、三牛录有泉水保收，下面几个牛录可扩张旧渠聊以度过所剩几年就行了。”

“哈!硕尔泰，聪明反被聪明误，他就那么自信二十年后就能返回故里?大人，只因为他自始抱着六十年换防之念头，才如此目光短浅，没有长远打算!”普萨保听了松筠的话，不觉失笑。

“普萨保大人，硕尔泰是个说到做到的锡伯汉子，一旦到期限，他会说走就走。”

“那，大人对此事怎么看?”

松筠微微一笑，扬起眉毛说:“兴修水利，屯垦戍边，此乃皇上谕旨，后又多次谕令筹划引水屯种事宜，为此，历任伊犁将军均尽过力。可到后来，都以灌溉乏水为借口，并未遵旨认真办理。不过，依我看，开凿渠道，疏浚水源，相度屯田，开拓耕地乃长远之计，未尝不可！只是……”

“大人，我看图伯特胸怀大志，深谋远虑，凡事行必有果，我们何不给他一次机会尝试一下呢？”普萨保从松筠将军的话语里猜出他的疑虑，急忙插言说。

“普萨保大人，你我二人责任重大，成则万事兴，功成名就；万一失败，皇上怪罪下来怎么担待得起？”松筠将军还是有些顾虑。

“大人，我信得过他。”普萨保站了起来，离开座位背着手走下亭台，两眼望了一阵前面的花草，“他不仅多次倡议，而且长年累月亲自去踏勘地形、了解情况、掌握水性，始得导水要领，不仅写出了详尽周密的规划，而且还绘制了一份挖渠路线图，十分可行。”

普萨保说着从袖内取出一捆卷纸，转过身走上亭台，把卷纸轻轻地放在石几上慢慢打开，铺展在松筠将军面前。

松筠将军俯身仔细看了看，问：“伊犁河由高山而来，流猛水急，尤其山洪暴发季节，河水陡涨几倍，横冲直撞，迫使河床经常改道，这取口处日后如何保证不被冲垮、不改道？”

“回大人，这取口处乃顶流伫立的岩石。据当地人讲，多少年来河水再大，山洪再猛也奈何不了它。”

“那么准备挖渠多长，渠道怎么走，能辟多少田？”

“长二百余里，宽二丈，深一丈，渠道沿着乌孙山下第一断层阶梯下面往西走，经过一棵树、阔洪奇两地，然后抄海努克直

奔二牛录以南，再过杨柳泉，直至霍吉格尔托木处为止，可辟耕田千顷。”

“将来劳力如何调用？大约几年能功成？”

“图伯特说，八个牛录抽四百劳力，计划每年挖三十里，约七年将可告成。”

“抽调四百兵民，防务怎么办？”

“不用披甲，多用闲散，春秋两季轮流挖，当年挖渠当年耕种，这样挖渠、防务两不误。”

“甚好，堪称守边安邦之良策。不过，自古只有天时地利，没有人和，凡事难办，依大人之见，如何说服硕尔泰？”松筠渐渐显出满意之色。

普萨保见将军大人有了决心，蛮有把握地回答：“大人，何不传两个人到将军府，在众官面前各抒己见，陈述利弊再做定论。”

“好，普萨保大人言之有理，此事就由你这领队大臣去办，到时候本将军自有主张。”

“多谢大人，卑职尽快去办理。”

普萨保说罢告辞松筠将军，带着满脸的愉悦走出了将军府大门。自图伯特几次找他面陈述怀，倡议开筑新渠、引水耕田之事后，他一直为说服将军大人一事担心，想不到今天一开口便话语投机达成共识。作为锡伯营领队大臣，管理锡伯营官兵事物，他细细想过图伯特的创议，若能开筑新渠，辟田耕作，小则于养赡家口，喂养马匹；大则节省国家经费，于戍边防务均属有益。绰霍尔渠一道，虽逶迤数十里，年年疏浚，已日显灌溉乏力，不可指望多久。上几个牛录虽觅得泉水，但流量有限，可种善地屈指可数。驻防官兵，生齿日繁，不谋日后，岂能依靠供养度日！现锡伯营官兵伊犁河南驻牧，除照例只给饷银外，所有口粮系自耕自食，平时又操演鸟枪骑射，防务为要，岂可懈怠！况且锡伯营官兵数额有限，营务繁重，除南到喀什噶尔、北到塔尔巴哈台换防外，还专辖大小卡伦十七座，将来若要抽调劳力挖渠屯田，是否会如硕尔泰所说的那样危及防务？这事粗看屯种、防务相矛盾，细辨合二为一不可分，唯有粮米饶裕，方能防务坚固。

松筠将军的态度让普萨保有一种决断大事后的惬意，但同时他又不得不思忖如何说服硕尔泰，让他口服心服跟着图伯特走。硕尔泰向来倔强，不可逼其太甚，只能以诚相待，抚慰相劝，见机行事，求得转变。不然，两个人对峙或相斗，不但屯田、防务不成，反而留下祸患，将贻害无穷。为了慎重起见，普萨保决定先召见三牛录佐领纳尔泰，先套套他的口气再做进一步主张。

49

一轮红日刚刚升起，天空金光四射溢满彩霞，宁静中的三牛录在明媚清新的空气中渐渐苏醒。顺着南北大街往北走，到了城北便是一片开阔的校场，中央高高的阅兵台拔地而起，十分壮观。此时，牛录佐领纳尔泰骑着一匹高头黑马雄立台上，正在观看一队队年轻力壮的官兵在呐喊操演阵式，几名跟丁肃立身边听候使唤。锡伯营在伊犁河南驻扎后，除随时操演枪骑射外，每年还参加一次惠远城伊犁将军比武。伊犁为边陲重地，故训练一事，最属要务。伊犁五营皆是国家之劲旅，操演务臻纯熟，纪律约束严明。操演固有定例，然其阵法不可不讲。纳尔泰看着马甲们一个个在疾奔的马上射出的箭，支支不离靶心，眼角掠过一丝得意的微笑。

在一阵阵震天动地的喊杀声中，一名骑者从校场门口放马而入，马蹄的播地声随风滚动，直奔高台。纳尔泰见来者匆匆驱马上台，疑惑地问：

“什么事？”

来者没有回答，径直走到他身边俯身低语，纳尔泰听后一下瞪圆了两眼，愣了半晌。

过了一阵，他才如梦方醒般朝台下大声喊：“吉善防御！”

“卑职在！”一个三十出头的壮年应声拨马走出阵，两腿一夹马肚催马上台来。

“吉善防御，你负责继续操练，我到硕尔泰大人家去一趟！”

“喳！”吉善防御马上遵命。

纳尔泰说完话急急掉转马头，两腿一夹策马飞奔冲下高台。刚才听到的消息，使他万分惊喜，立生几分幸灾乐祸之意，想不到他们与图伯特抗争之际，老天竟然也被他们的诚心所感动，使他们的对手突然害病卧床不起，这难道是巧合吗？不，这是天意，天意啊！落叶归根，本是天经地义之事，能以人的区区意志改变吗？挖渠，挖渠，挖什么渠，还不是图伯特为了出风头，想捞个名利双收！而他，还算是个人吗？祖宗也忘了，连自己的根也忘了，哼，不知到什么时候连自己也会忘了的。

纳尔泰心里骂着恨着，赶到一牛录硕尔泰家。硕尔泰正在屋前聚精会神地练剑，额头上沁出一层细细的汗珠，他眼观六路，耳听八方，一招一式可谓炉火纯青。

硕尔泰家的大院是一座老式宅院。中间一幢三间高大土屋，门窗上雕刻着古老的花纹，幽暗古朴，墙裙下包了一层青砖，看上去虽不华丽，却很厚实坚固，在温暖的阳光下，显得沉稳踏实。从高高的烟囱里，炊烟轻袅地飘起，聚散荡漾。房前种的喇叭花，一根根缠绕攀缘在高高的梭罗花身上，雄心勃勃地想跃上天际，炫耀自己，傲视一切。屋后的几棵老榆树，一个个直挺挺地耸立，密密丛丛的深绿色的叶子，在太阳下碎光闪烁，光彩夺目，哪怕有一阵小小的风吹过，也像是在有意标榜自己呼啸示威。

纳尔泰在硕尔泰家大门前下了马，脸上流露出几日来难见的喜色。硕尔泰见纳尔泰大清早登门，不知有何事，不慌不忙地收了剑，信步走过去，随手取下挂在树枝上的一块毛巾，轻轻地擦了一下额头上的汗珠。

“大人早！”纳尔泰远远地边走边施礼。

“纳尔泰佐领，什么事？”

纳尔泰佐领并不急于回答，脸上洋溢着掩饰不住的笑意。

“请坐。”硕尔泰疑惑地指着一旁的椅子说。

“谢大人！”

“纳尔泰佐领大清早来找本官，不知有何事？”

纳尔泰身子往后一靠，显得非常自信，“大人，听说图伯特大人突然病倒了，您知不知道？”

“哼，我还以为是什么事，我知道。”

“哦，大人听谁说的？”纳尔泰十分意外。

“觉罗。”硕尔泰显得十分平静安然。

“噢，那么这消息是千真万确的了！图伯特他真的急出病来了？”纳尔泰那幸灾乐祸的窃喜，早已溢于言表。

“纳尔泰佐领，您这是什么意思?”硕尔泰见他神情异样，大为愕然。

“大人，这还不明白!”纳尔泰一下从椅子上站了起来，“图伯特哪里是得病，明明是挖渠无望，无病装病罢了，哈，真是天助我也!”

“纳尔泰佐领，您这是什么话!”硕尔泰听了纳尔泰的话一下板起面孔，“大丈夫做事要光明磊落，怎么可以乘人之危造谣中伤!”

纳尔泰有些莫名其妙，瞪着硕尔泰的脸，结巴着说：“大人，这、这不是明摆着的事吗!”

“胡说!”硕尔泰一下火了，他霍地将手中剑往地上一戳，厉声呵斥。

纳尔泰大吃一惊，不觉倒抽一口冷气，刹那间整个面孔都凝住了。

“牛录里，你是主宰一切的佐领，马背上，你是赫赫有名的将士，你怎么可以说出如此卑鄙之话?”

纳尔泰再也不敢妄语了，刚才脸上那份得意眨眼间消失得无影无踪。他低下头，窘迫地偷窥硕尔泰那张盛怒的脸，嘴里嘟囔着为自己辩解：“可是，大人，他是你的对头哇！两虎相斗，必有一伤。现已反目成仇，还讲什么脸面?”

“哼，你……真是小人之见！这事再不用说了，快去准备后日布库较量的事吧!”硕尔泰说完一转身，气呼呼地进屋去了。

纳尔泰站也不是，走也不是，只怪自己讨了个没趣，悻悻地走出硕尔泰家大门。

傍晚，他迷惘地回到自己家里，心里又悲凉又烦恼，感到自己突然间变得很孤独、很无奈。他对硕尔泰一向信任和崇拜，认为他头脑清醒，有胆识，有魄力，有勇气，从来都是说一不二，从不被图伯特左右，才把希望全部寄托在硕尔泰身上，认定只有他可托心腹，将来他纳尔泰死活都要回到故里，就全指望硕尔泰了。

“又怎么了？”纳尔泰的妻子见丈夫回到家就爬上炕缩到炕脚闷闷不乐，关切地问。

“唉，这个硕尔泰大人……”纳尔泰长长叹口气，直愣愣地瞪着妻子，开了腔又不说了。

炕上西头贴着墙放着一口漆黑的大卧柜，柜面中间刻有凤凰展翅的图案，古色发亮。卧柜上面叠着一层层被褥，十分整齐。炕中间摆着一个矮脚桌，上面放着一盏清油灯。妻子轻轻地点上灯，朝丈夫望了一眼，又折身进厨房去了。纳尔泰懒懒地将屁股往桌前挪了挪，拿起点火棍挑了挑灯芯，灯火猛地跳了几下，发出噗噗声响。

妻子端来一碗茶放在桌上，也上炕坐在丈夫身边，拿起针线活儿。“外面的事不要说了，快把《三国》拿过来，给我念一段！喔，昨天念到哪儿了？”

“今天我心里烦，算了！”纳尔泰爱搭不理地回答。

“哎呀，今天你这是怎么了？你心里烦，我管不着，可念说不能停！”妻子说着放下手中活儿探过身，去从卧柜抽屉里取出一本手抄《三国》递给了丈夫。

纳尔泰无可奈何地接过本子，伸手端起桌上茶碗呷了一口，开始念说。可是他怎么念也提不起精神，心情压抑，心里不快。当又念到当年武侯、周郎取得赤壁大捷那一段时，突然把本子往桌上一摔，气呼呼地说："听见了没有？当年……"

"听见了，听见了，还不是大火烧赤壁把曹孟德烧得屁滚尿流！"妻子听见丈夫问，不知他心里怎么想，不假思索地回答。

"可是这硕尔泰……不知他心里想什么？"

"他也不是诸葛亮，你也不是周瑜，这与火烧赤壁有什么关系？"妻子却满不在乎，只管自说自话。

纳尔泰也不念了，他耿耿于怀，"哼，当初，他第一个站出来反对挖渠，我和他不谋而合。可是，现在总管大人病了，想必是挖渠一事被伊犁将军驳回，无病装病，我想我们应趁总管大人失意之机逼他改变主意，今天大清早我去找硕尔泰刚开口说几句，他却大发肝火，莫名其妙地反说了我一顿。哼，两人不一条心，大火能烧起来吗？"

妻子听了丈夫这一席话，才明白丈夫为什么生气。她抬起头吃惊地盯着丈夫的脸，讥讽地说："噢，你是在责怪硕尔泰大人，你还有脸说！"

"怎么？"纳尔泰不以为然，反问道。

"你以为硕尔泰大人是那种人吗？他和图伯特大人从小一起长大，一起共事，交情那么深，他怎么会一下翻脸不认人，做出那种乘人之危的缺德事呢？"

"哦……"纳尔泰想不到妻子嘴里却说出这种话，感到愕然。

"你也太过分了，大渠挖不挖与你有什么关系！他挖他的，你走你的，不就什么事都没有了吗？你自己不挖，又反对别人挖，天下哪有这个理？亏你是个男人，还开口说我呢！"妻子说完话，连看都不看他一眼，继续做手中的活儿。纳尔泰真的无话可说了，他低头思忖了片刻，心中的忧虑还是无法解开，"大渠一挖，有粮有兵，朝廷还能让我们回归故里吗？到时候我们走不成怎么办？”

妻子停了手中的活儿，抬起头来，久久望着丈夫，摇摇头深深呼出一口气，意味深长地问：“这里过得好好的，你干吗老想着回去呀？”

“你不懂，那是故土啊！”纳尔泰眯起眼睛，似乎陷入了无尽的回忆和深深的怀念中。

妻子见他那痴迷状，反而扑哧一笑，问：“你在那里是不是埋了几辈子花不完的金子银子？”

“哼，你们女人哪，真是心肠狠毒，没有根基，出了门便不认家！”纳尔泰并不生气，只是瞪了妻子一眼，不想和她一般见识。“金子银子算得了什么？那里有我的祖宗！”

妻子也毫不怜悯他，“祖宗怎么了？哪里的黄土不埋人哪！要走你一个人走，我可不走！”

“你……”纳尔泰听了妻子的话，正想发火，门突然吱的一声被打开，悄然溜进来一个人。

“谁呀？”妻子抬头问。

“是我。”是女儿包吉力回来了。纳尔泰正要发火，恰好可以发在女儿身上。

“你这么大一个闺女家，三更半夜跑哪儿去了，啊？你……你就不怕别人耻笑？”

“你也是，有事放着大白天不做，非要天黑了出去，也不和我们说一声。包吉力，你已经不小了，周围的人都开始注意你了，懂吗？”包吉力额妮也瞪着眼附和丈夫责怪说。

“嗯。”包吉力没说什么，低着头站了一会儿便悄悄溜进了自己的房间。

纳尔泰的火没发完，又朝妻子嚷了起来："好，好！你，你刚说你不走，好，那我走！我就当这辈子没娶过你这个女人！"

妻子没想到丈夫把这事看得那么重、那么认真，反而被说得瞪着眼说不出话来了。

包吉力听见阿默喊着要走，不知要去哪里，急忙掀帘进来问："阿默，你要去哪儿啊？"

"去哪儿？回老家！"纳尔泰火气更大、喊得更响了。

"阿默，您为啥那么固执？"

"你、你说什么？"纳尔泰没想到女儿竟敢当着他的面说他。

"图伯特大人有什么不好？挖渠有什么不对？当初我阿哥在图伯特大人手下当先锋官时，大人给我们家说的媳妇，阿默都忘了？现在，阿默不但反对挖渠，还到将军府去告他，阿默你说，大白天我哪有脸出门？怎么去见邻里乡亲？"

纳尔泰一下被问得张口结舌。他的心不但被女儿的话刺痛，还被她的话惊到。

"这话是谁和你说的，是不是觉罗那个兔崽子教你的，嗯？"纳尔泰越说越气，简直要气炸了！他猛地拍了一下桌子急急跳下炕，"反了，反了，这家的女人都反了！罢，罢，我走，我走！"

他说着气汹汹地走过去，哐当一声把门踹开，直冲大门拂袖而去。大门一开，门外站着一个人，把他吓得倒退几步吸了一口冷气。

"谁？"

"大人，是我。"看不清人，是觉罗的声音。

纳尔泰心里正窝着火，开口就喊："三更半夜你来干什么？"

“硕尔泰大人请您过去一趟。”

“硕尔泰大人？我不去！”纳尔泰气呼呼地回答。

“那卑职告辞，回大人的话了。”觉罗说完回身就走。

纳尔泰一听觉罗要回去，火气顿时消了一大半，不得不改变主意，“站住！我，我去。”

黑夜吞没了一切，纳尔泰突然朝天发出一声凄楚的悲呼：“苍天哪！这些人都怎么了？连自己的祖宗都不要了啊！”

50

一望无际的旷野荒凉无比。这里除了阳光以外，只有一丛丛干枯的萨伯克草伏在坚硬的褐色土地上，没有一丝生机，没有一缕春意。在一眼望不穿的边界尽头，一座用高高的土墙围起的卡伦孤零零地立着。昔日只看到战马出入的大门上，今天插满各种颜色的旌旗，迎风招展，猎猎作响，庄重肃穆。走进大门，院内东西两边也是彩旗飘扬，遮天蔽日。西边前排坐的是几个俄国黄发碧眼的官员，他们一个个神情傲慢，言语生硬，不时地交头接耳嘀嘀咕咕，发出一阵阵令人发怵的奸笑。后面是手持兵器的士兵，个个高鼻蓝眼，面部死板，目不斜视。东边，中间坐的是锡伯营领队大臣普萨保和副总管硕尔泰，二人神情坦然，目光炯炯，威风凛凛。两侧是几位牛录佐领和卡伦官兵，不言语，不交谈，一个个直视着对面静候开场。场外不远处，一个一间屋般大的四四方方坚实的木笼里，用粗粗的铁链锁着俄国的布库。他全身长着红毛，两眼发红，张开大嘴，呼呼喘着气，不停地在木笼里东撞西撞，伴着铁链哗哗的碰击声发出一阵阵骇人的低沉吼叫声，声音里充满杀气。

四周围满了从各牛录赶来的闲散苏拉们，骑马的、骑牛的、骑骆驼的、赶车的，一张张凝神屏气的脸上带着期盼，一双双专注的眼里含着愤怒，直盯着那木笼里向人们示威的布库，心里又紧张又不安。

午时，在官兵和苏拉们紧张的期待中，卡伦达沉着英武地走出来，给双方各送一张纸一支笔。俄国军官接过纸和笔，抬眼朝硕尔泰冷冷地微笑着点了点头，笔一挥签了字。硕尔泰并不介意他挑衅的目光，也拿起笔和纸朝普萨保看了一眼签了字。

全场鸦雀无声，一双双眼睛都转向急匆匆走场的旗令官。巴扬阿和老猎人克西尔坐在硕尔泰前面的人群中，眼里闪着不安的兴奋，抑制不住神情紧张，嘴唇发干，手心发汗，心里满是冲动，紧张地专注双方生死较量前骇人的平静。

“根据双方协议立书，这次布库较量以最终胜负定论，摔死不偿命！胜者赏金鞍一套，骏马一匹，黄金二十两，绸缎两匹！”旗令官当众宣布双方协议书后，顿时引起一阵嘘声和骚动。俄国军官冷笑一声，轻蔑地朝锡伯营官兵扫了一眼，表现出一种胜利者的姿态。硕尔泰端坐案后，冷峻无声，两眼直视对方，谁也无法猜测此时此刻他在想什么。

“现在比赛开始，双方布库出场！”

随着旗令官一声呐喊，俄国布库一头从木笼里冲出来，像一头野兽猛吼一声，闯进场内。他两眼露出凶光，全身散发着腥臭味，四肢着地，双手不停地狠狠抓着地扬起团团尘土，绕着场内跑。

老猎人克西尔曾亲眼见过与布库较量，但还是头一次目睹用木笼带来的布库。他看着看着，突然一种不祥的预感紧紧拴住他的每一根神经，心咚咚直跳，手上捏着一把汗。他舔了舔发干的嘴唇，小声向身边的巴扬阿说："巴扬阿，听说这家伙吃生肉，力大无比，我们能……"

巴扬阿生来天不怕地不怕，还能被一个布库吓住？他听了克西尔的话，不屑一顾，"怕什么？谁没吃过生肉？他只不过是比我们多长了几根黄毛罢了。他娘的，要是当年碰上巴扬阿，哼……"

锡伯营走出的布库也非凡夫俗子。他长得虎背熊腰，高大威猛。他光着粗壮的膀子，腰间系一条布带，从纳尔泰佐领手里接过一碗壮心酒一仰脖一饮而尽，奔入场内。

"达凌阿，机灵点，不要被他把头夹住！"纳尔泰接过酒碗冲着布库一再提醒。

两个布库目光相遇了，凶狠、恶毒，简直要生吞活剥对方，恨不得把对手撕成碎片。两个人互相死盯着，缓缓地绕着全场走了一圈后，突然呐喊着交了手。

一股股尘土腾空而起，令人眼花缭乱；一阵阵喊声震耳欲聋，叫人大气不敢出。两个布库你来我往，互不相让，忽而交叉，忽而倒背，忽而扫底，忽而扑首，众人看得目不暇接。过了十几个回合，俄国布库突然一个猛虎扑食，锡伯营布库躲避不及，被他一下拦腰双手托起，一个飞旋摔出几丈远，锡伯营布库当即七窍流血，昏了过去。

俄国官兵一下站起来，又是狂呼乱叫，又是吹哨顿足，呐喊声盖过全场。锡伯营官兵虽怒火中烧，心里不服，但望着无赖们的叫喊，只有摇头叹息。纳尔泰额上冒出大颗大颗的汗珠，带着

几个士兵将达凌阿抬回自己一边。

普萨保微微侧过头去看了一眼硕尔泰，见他纹丝未动，没说什么。过了一会儿，硕尔泰举起右手轻轻一挥，从他身后又奔出一名布库。这名布库是一牛录人，身材高大，两眼如火，虎虎有生气。他噌噌几步跨进场内，二话不说直取俄国布库。一牛录佐领巴尔布偷偷望了一眼硕尔泰，脸上现出惶惑的神情。

俄国布库刚刚取胜，正在兴头上，见又一个人冲着自己奔来，两拳使劲一晃，张开大嘴恶吼一声便扑过去。观看的锡伯营军民个个急出冷汗，内心如焚。锡伯营布库并不惧怕，他一边敏捷地避其锐气，一边迂回试探观察，寻找时机，准备出手。可是，眼看过了十几个回合，锡伯营布库根本无法接近俄国布库，开始大口大口喘着气，脚步也显得有些零乱起来，而俄国布库越斗越勇，步步紧逼，毫无懈怠之状。他把锡伯营布库逼到一边，趁他无后退之地之机，突然一个箭步压过去，用腋下猛地夹住锡伯营布库脖颈，往外一扭，锡伯营布库全身一瘫，一动不动了。

锡伯营军民大惊失色，突然的恐惧一下笼罩在每个人的脸上，谁都不敢出声。巴尔布佐领骇得不知所措，站起来目瞪口呆只看着硕尔泰，两颊的汗珠一颗接一颗往下滴。

俄国军官傲慢地站起身，拍着手一阵冷笑后，嘲弄地朝硕尔泰大声喊："副总管大人，还有什么话说！剩下的一个你们自己打死好了，免得我们再动手，叫你们心里不痛快。往后较量，要吃够了奶再来！"

俄国士兵挤做一团，又是一阵叫嚷一阵吹哨，狂笑不止。

硕尔泰气得拍案而起，两眼烧着两把明晃晃的大火。他还没开口，从人群中突然奔出一汉子，大吼一声“罗刹鬼，休得猖狂”，便冲进场内。

俄国官兵正忘乎所以，被这突如其来的喊声吓了一跳，他们一个个收起笑容，面面相觑，莫名其妙，好像在说锡伯营里还有不怕死的人，真是不可思议。

锡伯营军民见了惊喜万分，顿时振臂呐喊起来：“乌里雅苏台！乌里雅苏台！”

刹那间，锡伯营军民阵阵呐喊声如浪汹涌，地动山摇。老猎人克西尔热泪盈眶，巴扬阿全身战栗，激动得无法控制自己。

乌里雅苏台简直就是当年的萨音布。他沉着脸，虎虎生威地走到普萨保和硕尔泰跟前重重施一礼，抬头愤然地说：“两位大人，卑职情愿一试！”

话音刚落，巴扬阿突然出现在他背后，想阻止又不敢说，既担心又不服，一时间各种复杂的思绪汇集心头，左右为难，不知说什么。“孩子……”

“阿默，放心！我知道我在做什么。”乌里雅苏台回头看了一眼阿默为难的面孔，笑了笑安慰说。

“你额妮可就你这么一个儿子……”巴扬阿说着，再也忍不住泪水涌出，他哽咽着。

“阿默，您要相信自己的儿子！”

“阿默知道。既然决定了，阿默不拦你，可你要记住，千万不要硬拼，要智取！”

“阿默，我知道。”

硕尔泰心情十分沉重地走到乌里雅苏台面前，久久望着那张和记忆中永远抹不掉的萨音布阿哥一模一样的坚毅沉着的脸以及

充满勇气的眼睛，意味深长地说："乌里雅苏台，前两局我营均已失利，这一局只能胜不能输！这次布库较量不能与往年相比，这是关系到锡伯营的声誉、朝廷尊严的大事。"

硕尔泰说完话回头看了看普萨保，普萨保会意地点了点头。

"只要你能胜，往后你有杀身之罪，普萨保大人和我保你无罪，世世代代锡伯营养你九族！"

乌里雅苏台异常感激，眼里闪着泪花，"谢大人施恩，只要我乌里雅苏台有一口气，决不会在大人面前躺下！"

"有骨气，拿酒来！"硕尔泰冷峻的脸上终于掠过一丝欣慰。

手下人急忙将一碗酒敬上。硕尔泰把一碗酒捧在手上，如托起一座山。他在酒碗里蘸了蘸手指弹向西天，心中默然祈祷祖宗保佑，然后递给乌里雅苏台。乌里雅苏台接过酒碗一饮而尽，把碗朝地下一摔，咬着牙折身走进场。

他知道，这不仅是生与死的较量，还是两个民族的较量，两国尊严的较量，比他的命重几十倍、几百倍、几千倍、几万倍……

连败两个对手后红了眼的俄国布库根本不把乌里雅苏台放在眼里，同样也不把自己的民族、国家放在眼里，他眼里只有输赢。他见乌里雅苏台走进场内，便死死盯着开始移动脚步绕圈子。乌里雅苏台不被他的凶恶左右，他站在中央双手扌着腰显得稳若泰山，一动不动。俄国布库绕了一圈，见他没动弹，反而狐疑，不敢贸然近前。他走着跑着，又吼又叫，突然一个出其不意蹿过来直扑乌里雅苏台下身。乌里雅苏台只一个轻轻闪躲，他便扑了一个空。当他转过身来稍一发蒙时，乌里雅苏台飞起一脚向俄国布库脚下猛地一扫。俄国布库躲闪不及，被扫到脚跟，他无法顶住这突如其来的威猛之力，踉跄了几下，差点一头扑倒在地。

锡伯营军民为乌里雅苏台这一脚大为振奋，霎时喊声大起，如雷贯耳："乌里雅苏台！乌里雅苏台！"

俄国军官大吃一惊，唰的一下站起来，目瞪口呆。俄国布库恼羞成怒，天崩地裂般恶吼一声，抖起双肩发疯般又一次向乌里雅苏台扑过来，像要一口吞掉乌里雅苏台。乌里雅苏台一交手便得利，更加告诫自己要沉着，不慌不急。他鼓起全身的力气应对俄国布库，突然一个马步插过去，顺势用右手猛地一下勾住布库的脖颈儿，一个转身用肩一扛，把俄国布库举在空中，大喝一声，拼力摔出。俄国布库被狠狠摔在地上，头昏脑涨，眼前金星乱飞，挣扎了几次想站起来，又趴了下去……

俄国官兵急得狂呼乱叫："快起来，快起来！蠢猪！"

布库突然一骨碌爬起来，抓起一把土朝乌里雅苏台冲过去，往乌里雅苏台眼前一撒，乌里雅苏台两眼顿时被尘土迷住，眼前一片黑暗，什么也看不见了！

"罗刹鬼，不要脸！"

"罗刹鬼，黄毛狗！"

锡伯营军民见状，气得骂声骤起，怒吼震天。

巴扬阿气得一边往前挤一边大骂不止。

"乌里雅苏台，黄狗要扑你，注意身后！注意身后！"

可是，一切都来不及了，就在乌里雅苏台刚刚定神的一瞬间，俄国布库一个猛扑将乌里雅苏台侧身抱起凶狠一摔，乌里雅苏台一下躺倒在地，"哇"的口吐鲜血。

"儿子！"巴扬阿大呼一声，全场顿时变得死静，锡伯营军民

一双双怒火燃烧的眼睛含着希望，焦灼中期待乌里雅苏台能站起来。

乌里雅苏台用手背抹去嘴上的鲜血，慢慢地睁开了眼睛，终于站起来了！

“乌里雅苏台！乌里雅苏台！”全场又爆发出山崩般的呼声，那声音为国家呐喊，为尊严呐喊，振奋人心，激荡山河。

“儿子，要挺住！把罗刹鬼摔死！摔死他……”巴扬阿见儿子像山一般站了起来，顿时悲喜交集，老泪纵横，大声喊着助威。

乌里雅苏台两眼发红，紧紧攥起两个铁锤般的拳头，咬着牙直挺挺地向对手走了过去。俄国布库以为他只是最后挣扎，再也无力抗争，双手抱在胸前冷笑着一动不动，想等他走到跟前再施一招，一了百了。乌里雅苏台已清醒了许多，早已从对手得意狂妄的目光里猜出他的鬼主意，于是将计就计。他故意摇晃着身子，却在快接近对方时，突然一个飞身鱼跃扑过去，双手抱住布库的双腿，用头往他胸前死命一撞。俄国布库冷不防被重重一击，咚的一声如一堵墙倒在地上。

“乌里雅苏台，摔死黄狗！”锡伯营军民群情振奋，热血沸腾，又是一阵呐喊助威。

俄国布库刚刚爬起，乌里雅苏台不给他喘息的机会，急速冲过去，抱住他前胸，右腿一个内勾，用力一摆，二人转了个身，双双倒地，乌里雅苏台重重落在俄国布库身上，全身的重量都压向对手。只听那布库“噗”的从嘴里喷出一股鲜血，再也不动弹了。

全场顿时欢声雷动，锡伯营军民如潮水般涌进场内，将乌里雅苏台团团围住。

巴扬阿高兴得脸上扬笑，泪水却止不住往下流。

“巴扬阿，恭喜你，恭喜你！”老猎人克西尔也泪流满面，紧紧握住巴扬阿的手一再祝贺。

“不，这不是我巴扬阿的功劳，是萨音布的功劳！萨音布，你的儿子为你争了气了！”巴扬阿突然想起了萨音布，好似见他笑盈盈在招手，百感交集，朝着蓝天大声喊起来。

51

图伯特真的病了，而且病得不轻。他躺在七牛录家里的炕上发着高烧，紧闭双眼，竭力抑制自己的痛苦，但那张脸依旧棱角分明、刚强坚毅。屋子举架很高，东西见长。屋内整洁宽敞明亮。图伯特的家西炕放着镂花躺柜，正面绘有公鸡叫鸣图，灰地色暗，柜上面摆着佛爷，一对黄铜烛台和一个黑框大镜，是当年从老家带来的稀罕物。西墙中间挂着发黑的关公出师图，两边配着条幅瓶画，显得淡雅大方、安然宁静。图伯特的妻子坐在他身边两眼紧盯着他，轻轻地给他额头上敷冷毛巾。她是安佳氏之女，叫果尔吉，虽与图伯特结为夫妻多年，但一直没有生育。她有时很内疚，认为自己断了伊拉里氏的香火，对不住图伯特，但图伯特从没有责怪过她，没有一丝怨言，而且特别体贴她、关心她，使她那一颗歉疚的心得以慰藉。可是她总觉得家里缺了什么，特别是图伯特忙于公事不在家的时候，她就更觉孤单，家里空荡荡的，没有一点依靠。图伯特早已看出她的心事，为了照顾她，与她商定将来过继一个孩子。

莫伦达喇嘛端坐在图伯特枕头边，两眼一眨不眨地望着图伯特消瘦微黄的脸，聚精会神地给他把脉。巴扬阿、艾新芝、伊尔哈、华沙布等早已闻讯赶来，坐在炕沿上，一个个看着莫伦达喇嘛沉静的脸，焦急地等待。

莫伦达喇嘛把完两手脉，深深地吁出一口气，终于开了口：

“阿弥陀佛，大家不要急，图伯特大人的病不是大病，是饮食无定、疲劳过度所致。我先给他服几剂药调理，休息几日便会见好。”

听了达喇嘛的话，果尔吉又高兴又悲伤，用手轻轻拭去眼角溢出的泪珠，笑着说：“没事就好，万一有个三长两短，我一个人可怎么办呢?”

“不会有事的，好人一生平安，老天会保佑的。”巴扬阿插话，大家也松了一口气，脸上露出紧张之后的轻松。

艾新芝轻轻挪过身子靠近果尔吉，也安慰说：“果尔吉，大师说没事就没事，不要担忧了。”

“唉，叫他注意身子，他偏不听，风里雨里，不分昼夜，四处奔波，以致闹出病来了。您看他，人一下瘦多了……”

大家正说着，图伯特醒过来，微微睁开了眼睛。

“啊……他醒了!”果尔吉双手捂住鼻子，努力使因惊喜而欲滴的泪水不流下来。

伊尔哈急忙欠过身去，紧紧握住图伯特的手，眼里含着喜悦的泪花，说：“你醒了，你看看，都谁来了，刚才德克津布、呼图克、绰布图都来过了，还有那个额尔固伦防御。”

图伯特微微抬起头，朝每个人的脸上看了一遍，歉意地说：“多谢大家来看我。”

巴扬阿见图伯特醒了，脸上闪着异常兴奋的神情，迫不及待地说：“大人，告诉你一个天大的好消息，乌里雅苏台把俄国布库摔得趴在地上都起不来了……”

“真的？”图伯特听了巴扬阿的话，脸上露出少有的欣慰，“你们的儿子为锡伯营争了气，为朝廷争了光。”

巴扬阿看了一眼艾新芝，反而觉得不好意思，“大人，这是应该的。您好好养病，早日康复。”

“额夫呢？”图伯特环顾一眼大家问。

“我在这里。”华沙布听见图伯特喊他，急忙从后面挤过来。

“普萨保大人那里有无消息？”

“回大人，普萨保大人已传过话来，挖渠一事已在松筠将军面前详陈过，待将军大人首肯后叫我们进城去再议。”

“好，好！只要将军大人同意，一切都好办。进城前我们一定把挖渠路线图全都绘制出来，以便将军大人一目了然。”图伯特话音刚落，门吱的一声响，走进一个人来。大家一看，是硕尔泰。

“硕尔泰大人！”大家不由自主地站了起来，恭敬地喊了一声。

硕尔泰神情冷峻，不言不语。他避开大家的目光，平静地走到炕前。

图伯特急忙叫夫人扶他起来，抱歉地让座，“硕尔泰大人，本官不能起身，失礼了，请坐！”

“总管大人，别客气，您躺着。”待硕尔泰坐到炕上，大家才一一恭敬地坐下。

“总管大人，我听说您贵体欠安，早想过来，只是忙于各牛录的操练未能及时前来探望，请多包涵。”

图伯特惨淡一笑，表示感谢：“硕尔泰大人，公务繁忙，不必多礼。况且惠远比武已迫在眉睫，怎么能怪您呢？我只是些头痛脑热，调养几日就会痊愈。听说这次与俄国布库较量，锡伯营大振威风，图伯特心里真是十分欣喜。”

硕尔泰回头看了巴扬阿和艾新芝一眼，感激地说：“这得多谢他们养了个好儿子。在下准备上报将军府为他请功。”

“应该，应该。刚才我已谢过他们了。”

巴扬阿听了硕尔泰的话，不觉挺直身子，眼睛眯成一条缝，嘴角浮现出一股得意劲。他偷偷地瞟了一眼艾新芝，急忙插话说：“副总管大人，多谢您的抬举，这应该是你们的功劳。”

硕尔泰这才稍稍舒展眉头，轻松了许多。他看了看坐在图伯特身边的莫伦达喇嘛，轻声问：

“大师，有什么事我可以帮忙吗？”

“呃，不敢劳大人的驾，您就忙您的公务吧，这里不必担心了。”

硕尔泰转身又面朝图伯特询问：“大人，如果没什么要事，我就告辞了！”

“硕尔泰大人，您请，恕我不能相送！”

“大人，不必客气。您在家好生养身，有什么事唤我一声便是。”硕尔泰说完，准备起身就走。

“硕尔泰大人，我有几句话想跟您说说！”伊尔哈见硕尔泰要走，急忙从炕上下来喊住他。

“伊尔哈格合，有什么话？”

伊尔哈未开口脸上已有气，“硕尔泰大人，听说挖渠的事很多人反对他，甚至有人还去将军府告他，这事大人知道不知道?”

“我知道。”硕尔泰正言回答，面不改色。

图伯特急了，忙阻止伊尔哈说：“伊尔哈格合，这不关硕尔泰大人的事，不要再说了!”

伊尔哈话锋一转，直问图伯特：“不关大人的事？既然不关他的事，你一个人逞什么能？你去挖那个渠担风险做什么?”

硕尔泰见伊尔哈话中有话，不得不开口：“伊尔哈格合，人各有志，不要逼他。挖渠引水、造福子孙后代是图伯特大人平生心愿，谁也无法替代。”

“好，硕尔泰大人说得好!”伊尔哈缓了缓口气，“我既然今天开口，就当着大人的面把话说透。你们俩小小年纪跟着我们一起西迁，一起共患难，一起长大，一起从军，经历过多少坎坎坷坷，尝过多少甜酸苦辣……”伊尔哈说着想起西迁的岁月，禁不住泪水流下来。

“你们从未红过脸斗过嘴，好比一双筷子，缺一不可。”

“伊尔哈格合，你不要再说了。”图伯特眼角也悄然流下两行热泪，滴落在放在胸前的手背上。

“可是，大人，”伊尔哈并不想停下，“你如今怎么了？不念往情不说，却反过来为难他，难道他的为人大人不知道？这，这究竟为什么?”伊尔哈越说越伤心，快要泣不成声了。

大家听了伊尔哈的话，深深陷入对过去艰难经历的回忆，忍不住伤感。硕尔泰这个一向冷峻的硬汉，不知是动情还是委屈，仰望窗外，眼里有泪水在打转。

“硕尔泰大人，你说呀!”

“格合，我真对不起您对我的恩德……”没料硕尔泰突然转

过身来，扑通一声跪倒在伊尔哈面前，泪水夺眶而出。大家一下惊慌失措。伊尔哈却哭得愈加伤心，连看都不看跪下的硕尔泰。

“硕尔泰大人，不必这样！华沙布佐领，快扶大人起来！”图伯特有些慌了，奋力抬起身大声喊。

华沙布泪流满面地轻轻走到硕尔泰面前，没有扶他起来，而是自己也跪倒在硕尔泰面前。

艾新芝见华沙布下了跪，慢慢下了炕站在一旁，巴扬阿却不服地扭过脸去，一边抹泪一边嘴里嘟囔：

“硕尔泰大人，硕尔泰兄弟，你们弟兄几个十几岁就跟着父辈从盛京来这里，吃过的苦头还少吗？来到伊犁，我们虽然人分各牛录，可心始终系在一起，情同手足，念念不忘。为什么现在就反目了呢？为什么？为什么？”华沙布也跟着伊尔哈责问起来。

硕尔泰直挺挺跪着，任泪水一颗颗往下滴，流进嘴里，但一言不发。

“阿哥离开父亲来到这里，十几年来承蒙你们提携，今日得以一官半职为大家效力。但是，阿哥一直就把你们当成自己的亲兄弟一样看待，虽然没能给你们带来什么好处，但也从没求过你们。今天，阿哥当着患难与共的亲人们的面求您，请您回心转意与图伯特和好共事，携起手来一起开挖大渠，功成名就，造福子孙……”

“华沙布阿哥，硕尔泰不才，对不起你们，也不值得您求我。不过，从古到今，凡事不能勉强，况且人各有志，不能求得一统。挖渠一事并非硕尔泰存心发难或有意作对，好坏自有后人评说。”

“大人，请您三思！”艾新芝也过来哀求说。

“诸位，请不要逼我。我早已发过誓，决不食言！诸位多保重，失礼了！”硕尔泰并不为大家推心置腹的言语有所心动，他说完站了起来，朝图伯特深深施了一礼，说声：“大人，请多保重！”便出门走了。

巴扬阿早已气得憋不住，见他走，立刻指着他的背影大声吼了起来：“他不挖，我们挖！求他干什么？他不干天不会塌下来，地不会陷下去，他娘的……”

图伯特长叹一声，“不要再骂了，你们不知道，硕尔泰不愧是一条硬汉子！”

莫伦达喇嘛听了图伯特的话，也叹口气摇着头十分惋惜地说：“可惜他走错了路，往后会步步错。”

华沙布本想用自己的真心实意打动硕尔泰，料想无论如何他也会念及西迁路上兄弟情给他一个面子，至少答应不反对挖渠。可是，事与愿违，硕尔泰并不领情，也不为华沙布诚挚的泪水所打动，看来他是不会回头的了。

硕尔泰带着两名跟丁从七牛录赶回家，已经夜色浓重、繁星满天了。他骑着马披着星星，踏着月色，凉风习习中走进了三牛录东城门。大街上一片宁静，只有马蹄声嘚嘚作响，在他的心中，一切为了边境的安宁，一切为了戍边防务，在六十年的期限里，尽锡伯营最大的力守好卡保住关，决不辜负朝廷的重托就足够了。六十年后，解甲归故，一走了之，旷无人烟的异土有什么值得留恋，还要挖什么渠劳民伤财危及防务呢？他不是不服图伯特，不是看不起他，心里十分佩服他的宽宏大度，佩服他先人后己、孜孜以求的品德。可这里毕竟不是自己的故土，毕竟不是久

留之地，你就是挖了渠留给谁？这些西迁的官兵哪个愿意留下，哪个不想回家？今天他一个人处在他们中间，他真觉得特别孤独和悲凉。但他没动摇，没屈服，也算是给他们一个豁达的回敬，他们应该明白他硕尔泰是个什么样的人。只可惜自己的手下人只知道发火、抱怨，甚至说些卑鄙的话，做一些见不得人的事，使自己进退两难，被别人视为与他们同流合污。

过了一牛录和三牛录交界大桥，他叫两名跟丁回了家，自己一个人骑马往家走。快到家门口时，无意中望见一个人影正准备敲他家的大门。他缰绳一抖，策马向前低声喝问："半夜三更敲什么门？"

"啊？副总管大人，您才回来？"原来是纳尔泰，听了硕尔泰的喝问声，吓了一跳。

硕尔泰走到门前一边下马一边说："哦，原来是纳尔泰佐领，来得正好，我正要找你。"

"大人，什么事？"黑暗中，纳尔泰从硕尔泰语气中似乎听出某种不祥，担心地问。

"进屋再说。"

硕尔泰叫开门，两个人一前一后进了屋。硕尔泰的妻子刚刚把躺柜上放着的灯端过来放在炕上矮脚桌上，纳尔泰还没坐定，硕尔泰气呼呼地从怀里取出一卷纸，狠狠地摔在桌子上，厉声喝问："纳尔泰佐领，你们到底想要干什么？"

纳尔泰被硕尔泰意外的举动吓得失了神，两眼惶恐地望着硕尔泰，不解地虚声反问："大人，您这是什么意思？"

"问你，你还装什么？"硕尔泰真的动了肝火，指着桌上那一卷纸，又问："你看这呈子，写的是什么？你们干的好事！"

纳尔泰这才有所醒悟，不得不硬着头皮坐下来，伸手拿起那一卷呈子，颤抖着慢慢铺展开。上面写的什么，叫硕尔泰大人动如此大的肝火？他借着跳动的灯光匆匆看了几眼，一下从炕沿上跳起来，冲着硕尔泰大声喊起来："这……这是谁写的?"

"不是你们写的，还能有谁?"硕尔泰还以为纳尔泰还在装糊涂，越说越气。

纳尔泰像受了莫大委屈似的放下手中的呈子，也气呼呼地反问："大人，我纳尔泰就算是卑鄙无耻，也不至于写出这等东西陷害人!"

硕尔泰不信："反对挖渠你们喊得最响，不是你们还是谁?"

纳尔泰被逼得顿时悲呼起来："苍天哪！六十年换防是皇上金口玉言许下的，期满回归故里是天经地义之事，这么想有什么不对？我纳尔泰反对挖渠不假，想乘人之危不假，可从来没想过害人哪!"

硕尔泰还是坚持己见，决不松口，"图伯特大人的为人谁不知，他公私分明，奉公廉洁，一心为锡伯营，一意为朝廷，就连你们那三牛录诺尼善重报抚恤的事他都查处，得到皇上的嘉奖。你们算什么，竟敢写这等肮脏的东西，损坏他人名誉不说，就连自己的人格都出卖了!"

纳尔泰无话可说了，也不想说了。现在他就是把心挖出来给硕尔泰看，人家也未必相信。

正在纳尔泰十分委屈为难之际，大门吱的一声响，硕尔泰看见夫人领着一牛录佐领巴尔布进了屋。巴尔布一进门就见硕尔泰大人满脸怒气地站着，不免心里有些发慌，急忙闪到一边不敢近前。纳尔泰见巴尔布进屋，急忙走过来把他拉到桌前，不分青红

皂白，指着桌上的呈子愤愤地问：“巴尔布佐领，你看，你看看，这些东西是不是你写的？”

“什么东西？”巴尔布大惊失色，急忙往后退缩。

纳尔泰抓起呈子，一下塞给了他。巴尔布战战兢兢地打开呈子，慢慢走近灯前，粗看几眼就急忙分辩说：“纳尔泰佐领，你不要乱说，我怎么会写出这等东西？这违抗皇命，克扣军粮，中饱饷银，这……这简直是无中生有、存心诬告嘛！”

硕尔泰见两个人都不承认，脸色稍趋和缓，可心中怒气还是难平。他双手抱胸，低头沉思一阵后，对两位佐领说：“好，既然不是你们所为，我就信这一回。不过，你们俩听着，这事今天就到这里，往后谁也不许提及。回去后要暗中查他个水落石出，免得将来落人口实。哼，不然，你们俩就是跳进伊犁河也洗不脱这嫌疑！”

纳尔泰还是怨气难消，“老天哪，我纳尔泰只是想回故土，难道这也有罪吗？大人，这分明是有人从中作梗，挑拨离间，把我们推向事端，想坐收渔人之利，不然怎么会告到将军府，而且连名字都不敢落呢？真是个卑鄙无耻的家伙，可恨可恶！”

巴尔布惊魂未定地抬起头，轻声问硕尔泰：“大人，这事总管大人知道不？”

硕尔泰听了巴尔布的问话，心似千斤重，不免长叹一声，说：“总管大人暂且还不知道。将军大人念他病体未愈，怕他受刺激，就把这呈子交与我查处。”

“我纳尔泰死也咽不下这口气，背这天大的黑锅！望大人尽快把那小人挖出来，早日脱得我们的干系！”

“我硕尔泰奉将军大人之命，岂可放过那小人！不然，我们反对挖渠迟早要落个合谋陷害总管大人之恶名，一辈子洗不掉不说，就是死了也不得安宁，被人诅咒，被人掘墓，让子孙后代都被别人戳脊梁骨，一辈子抬不起头，无脸见人!”

“大人，这家伙是不是与总管大人有什么仇隙，不然他怎么会这么居心恶毒。”巴尔布一边听硕尔泰大人的话，一边揣测。

“他已经露了尾巴，迟早要露出头的。”硕尔泰已下决心将这事查个水落石出，不揪出小人不罢手。

夜，已经很深了。纳尔泰出了硕尔泰大人的家门，拖着一双沉重的脚往家走。头上的星空，高不可测，在厚密的空气里，好像流动着令人窒息的烦闷。刚刚露出的月牙仿佛害了病似的，光亮昏暗，失去往日的柔和妩媚。街上很静，只有远处的一棵大树底下几个纳凉的老人还在聊天，一会儿发出一阵朗朗笑声惹得树上的宿鸟不得安宁，扑打着翅膀发出受惊的鸣叫。两边的宅院全都朦朦胧胧，黑暗的路面上，只有他钝重的脚步发出沉沉的回声。他想着走着，不知不觉到了自己家门口。他在家门口站了一会儿，又抬头望了望凝滞的天空，一种难以承受的委屈又罩上心头，不觉长叹一声，一屁股坐在门旁的石凳上。

门吱的一声轻轻被打开，黑暗中探出包吉力的头：“阿默，怎么啦？怎么坐在门口啊?”纳尔泰听了女儿的声音，又想起自己只是想回归故土却偏惹出这等祸端，心里更加内疚，开始被一种不满意自己的心情煎熬，惋惜过去的安分，懊悔不该抛头露面让自己的名声受到如此污损，被人无端冤枉，几乎成了替罪羊。他把女儿招呼到自己跟前，十分为难地说：“包吉力，从今后阿默再不过问挖渠的事了……”

“阿默，您这是怎么啦?”包吉力想不到父亲突然间变得判若两人，十分惊讶，大惑不解。

“真是苍天不长眼哪，为什么老想回归故土的偏偏是我?”纳尔泰越想心里越不是滋味，摇头叹息不止。

包吉力仿佛猜到阿默的心事，她轻轻地挨坐阿默身边，把脸紧紧贴在阿默宽阔的肩膀上，说：“阿默，您要是真的想回老家的话，二十年后女儿陪您一块回去。”

纳尔泰听了女儿的话，顿时一切委屈烦恼烟消云散，心里一酸，眼眶溢满了泪水。“不，要走我一个人走。你生在这里，长在这里，这里便是你的故土你的家，不能和阿默走。阿默想通了，为什么那么固执呢？觉罗是个好小子，你没看错。”

“阿默，快不要说这些了，咱们进屋去吧!”包吉力听了阿默的话，第一次感到心里那么甜蜜、那么舒适，她不仅为自己的事庆幸，更为阿默突然间的开通高兴。她羞赧地摇了摇阿默的手，撒娇地催阿默进屋。

“不过，阿默没抢没偷，没干过害人利己的事。回老家，那仅仅是阿默一生的心愿、一生的期盼……”

“阿默，女儿知道。将来大渠挖成了，愿意留下的留下，愿意走的走，为什么留下的非要反对走的，走的非要反对留下的呢?”

纳尔泰妻子早已走出屋站在院内，隔着门听见父女俩的话，心里真是说不出的高兴，可是她怎么也猜不出自己的丈夫为什么突然间变成另外一个人。见父女俩要进屋，她急忙去开门。

“喔，你怎么也在这里?”纳尔泰见了妻子，反而有些不好意思了。

“你们的话我都听到了。你真的要走，我怎么会留下呢?”

“哦？好了，好了，都怪我，从今往后我再也不提回去的事了！”

吃了莫伦达喇嘛的几服药，图伯特好多了。因他念念不忘挖渠规划图，今晚正好趁着屋里没来外人，他就全身伏在炕桌上借着灯光全神贯注地在绘制。在他眼里，这张图并不是一张普通的图，是他用强烈的渴望和满腔的心血来绘制的，寄托他的希望，寄托他的将来，注入了他一生的信念。外面的夜是温暖的，异样地静寂，一豆微弱的灯光把他巨大的身影映在窗户纸上，显得那么和谐安详。这几天伊尔哈一直没有回家，想多住几天陪陪图伯特再走。她坐在南炕东端炕沿上捻着线，那晃悠悠的陀子在黑暗中嗡嗡作响。

果尔吉端着一碗茶从厨房里走出来，把茶碗轻轻地放在桌上，扭头问伊尔哈：“伊尔哈格合，您喝水不？”

“不喝了，懒得夜间下炕。”

果尔吉又给丈夫拨了一下灯芯，灯火噗噗跳了几下，亮多了。她上炕坐在丈夫对面，见他面色好转，放下心来，开始缝起丈夫的衬衣。过了一阵，她突然想起了什么，停下手中的活儿，关切地问：“伊尔哈格合，听说觉罗看上了三牛录佐领的女儿，是真的吗？”

“哦？包吉力？”图伯特听了妻子的话，大为惊喜，急忙抬头问。

“你认得？”果尔吉问丈夫。

“你不记得了？就是到喀什噶尔换防去的骁骑校梭霍的妹妹！”

“噢，记得，记得！那姑娘长得水灵灵的，怪好看的。”图伯特一说，果尔吉一下记起来了。

伊尔哈却绝口不提包吉力，停下手中的活儿反问图伯特：“我听觉罗说，有人给你列了十大罪状，送到松筠将军面前，那人不会是纳尔泰吧？”

“告我？十大罪状？”图伯特有些吃惊，但还是十分自信，“格合，纳尔泰是固执一点，而且回老家心切，这是谁也避免不了的。不过，他绝不会干出这等事。”

“那最好，我也放心了。那么，你在将军大人面前准备怎么说？”

图伯特慢慢放下手中的笔，挺直身子，思索了一下。微微一笑，望着伊尔哈一双担忧的眼睛回答说：“格合，你不要为我担心，你知道，我供职以来勤勉公事，屯田无懈怠，防务无疏漏，凡事秉公办理，不占不贪，不赌不嫖，何罪之有？”

“话虽这么说，可那些小人却不会那么想啊！他们为了达到自己的目的，工于心计，无中生有，甚至会干出有累朝廷、辱没祖宗的事来呀！”

图伯特静静地听着，伊尔哈缓了一口气继续说：“咱家是读书之家，虽然家境贫寒，但却一生清白，拒功远利。人生一世，名声为要，挖渠的事，是民心所向，有利国计民生。你身为朝廷命官，既然已经下定决心图功成，那就大胆干下去，男子汉大丈夫决不能因为那些流言蜚语，误了大事，半途而废。”

“格合，我记住了。”图伯特听了伊尔哈鼓励的话，十分感激。

“不是纳尔泰，那会是谁呢？”果尔吉见姐弟俩不说了，想了半晌插话问。

图伯特想了想，说："这事就不要再提了，到时候自有分晓。"

伊尔哈却不以为然，"不过，自古害人之心不可有，防人之心不可无。只要能顾全大局，早日动工，让我们也尝尝你挖渠引水种出的米粮，那我们也心满意足了。"

"格合，我一定不辜负您的期望。"

伊尔哈脸上露出满意的笑容。她把捻线的陀杵往腿上轻轻一搓往下一吊，那陀杵又嗡嗡地响起来。她在兴奋中仿佛又陷入对过去的回忆中，黑暗中像是自言自语，又像是说给果尔吉听："小时候，我们经常到蒲河边去玩，望着蓝蓝的天，看着清清的水，说啊笑啊，跑啊跳啊，有时候玩得都忘了回家……唉，现在想起来，真有意思。那时候，图伯特给人放牛，所以牛录里的人都叫他图克善……"

图伯特听着姐姐遥远的追忆，好似自己也回到当年的河边，嘴里不停地附和着、回想着，手还在图纸上悄悄画着。

突然嗖的一声响，从后窗飞进一支箭，掠过图伯特头顶，噗的一声插在南炕炕头柱上。伊尔哈和果尔吉惊得"啊"了一声，脸上变色，目瞪口呆。图伯特一下站了起来，走过去从窗户探出身子朝四周察看了一番，见外面没有一丝人影，回过头跳下炕把那支箭伸手一拔抽了出来，见箭头上系着一封书信。图伯特拿到灯前打开一看，上面写着一行字：谁要挖渠，谁就被这支箭穿透。图伯特看着气得全身发抖，他将那箭双手一折，折成两截，朝窗外狠狠摔出去。

"没想到，真有如此卑鄙下流的小人！"

“没伤着吧！”伊尔哈见图伯特没事，这才松了一口气，用手压住怦怦直跳的心，刚才的惊恐一下化为不可遏止的愤怒，开口骂了起来，“不要脸的孬种，不得好死！”

果尔吉还惊惶不定地愣坐着，额头上、手心上全是湿漉漉的冷汗。她全身无力，头晕目眩，仿佛整个房屋在旋转，说不出一句话来。那些从未有过的惶恐骤然间堆积起来，像一座山重重压在她头上，种种险恶的揣测突然间在自己跟前凝成不可动摇的事实，她被瞬间降临的惊骇所吓呆！

远处的小街上突然响起一阵狗吠声，时起时伏，令人毛骨悚然。

“果尔吉，你没事吧？”伊尔哈骂完话问她时，才觉得自己也出了一身冷汗，嘴唇还微微发颤。

“没事，我没事……”

图伯特怒气未消，但见没伤着谁，怕吓坏格合和妻子，急忙和缓了一下空气，安慰说：“这种事见多了。格合，你们去睡吧！”

“你呢？”

“我要接着画。”

“我可睡不着。你画就画，我坐着捻线，要不果尔吉去睡吧！”

“我？心还在跳呢，差点吓死人，怎么能睡得着？我也坐会儿。”

图伯特重新坐下来，抖擞一下精神，闭目一阵，恢复了平常的心态，开始继续画。伊尔哈和果尔吉一直陪他坐到天亮才入睡。

52

太阳刚刚升起，小鸟啼声婉转，用那优美的歌喉迎接又一个欢乐一天的到来。被微风吹动的片片粉红色云朵，如撒花似的向四面散开，让蔚蓝的天空充满一种神秘的感觉。四牛录的大街，依然沉浸在刚刚苏醒的惺忪中，宁静中夹着几声牛吼声，在远远的野外回荡。总管档房的大门早已敞开，一缕缕阳光泻进院里，把大院照得通亮。

大街上急急驰过一骑者，策马匆匆来到总管档房大门前下了马。他和门吏打个招呼便疾步走进大门。

总管档房笔帖式常里善急忙出来迎接，“驿官辛苦!”

驿官把一帖子双手递给笔帖式，说：“这是将军大人的手谕，是普萨保大人派我送的。”

“噢。”常里善打开一看，白纸上黑字赫然跃目，令他肃然起敬。“锡伯营挖渠一事拟定明日在将军府面询，总管图伯特、副总管硕尔泰等届时前来陈情述由，勿误。”下面落款是伊犁将军松筠。常里善看罢，不敢怠慢，送走驿官后即刻骑马出了门。他先到一牛录硕尔泰家，又马不停蹄赶到七牛录将手谕交给了图伯特。

这一夜，是非常不寻常的夜，是令人振奋的夜，也是两种观念、两种意识、两种力量较量的前夜。进一步，短兵相接；退一步，和睦相处，无论是赞成挖渠的还是反对的，每个人的心里都产生了种种猜想和祈祷。听到这个消息，图伯特大人家里早已挤满了人，华沙布、绰布图、德克津布、呼图克等几位佐领已到

齐。南炕中间摆放的矮脚桌上放着一盏灯，每个人的脸上都挂着振奋和激动。图伯特坐在桌边，正在详细察看着已画好的挖渠规划图，脸上洋溢着希望的愉悦。旁边坐着巴扬阿、艾新芝、伊尔哈等人，一齐把目光投向桌上的规划图。华沙布站在炕边，神采飞扬，他见图伯特大人快看完了，首先乐呵呵地开口说："这次将军大人亲自面询，是我们进言述由争取允准的好机会，太好了！大人明日进城，我们大家共祝大人旗开得胜！"

图伯特听了华沙布的话，举目扫了一眼大家，面含兴奋，举手还礼说："多谢诸位，本官决不辜负大家的嘱托，一定尽力！"

"大人，小心硕尔泰大人理屈词穷，恼羞成怒，在堂上乱发指控大人之词！"德克津布站在后面，大声提醒说。

"诸位放心，硕尔泰大人一向刚直不阿、胸怀坦荡，绝不是那种人，本官相信他。"图伯特有信心地回答。

"是啊，图伯特一身清白，一不渎职，二不贪占，挖渠也是长治久安的光明之举，怕什么？"

伊尔哈接过话理直气壮地给图伯特壮胆。

图伯特发自内心的感激之情溢于言表，一再点头致谢。人群中巴扬阿突然开了口，言语中不免还有疑虑："大家不要介意，我巴扬阿说句不好听的话，如果明天将军大人万一不批怎么办？"

大家只顾高兴，谁也没去想这个，听了巴扬阿的话，一下都愣了。

图伯特收敛了笑容，又朝大家仔细看了看，声音变得有些沉重："诸位放心，本官绝不放弃明天的机会，如果松筠将军犹疑，本官以性命担保挖渠之事！"

"不，大人!这挖渠之事并非大人一人之事，是攸关我族存亡和戍边守疆的大事……我巴扬阿明白这个理，我已找了几位族长商量过了，万一明天将军大人迟疑不决的话，就拿我们九族性命担保，给大人撑腰，决不后退一步，为了挖渠成功，我们也豁出去了！”

图伯特听了巴扬阿的话，不觉两眼潮湿，“多谢诸位，明日图伯特进城，一定竭尽全力申辩情由，不拿到指令，决不渡伊犁河！”

“好！好一个豪言壮语！我族存亡，在此一举！既然大人浩气贯长虹，明日我陪你走一趟！”图伯特话音刚落，一个人从外面跨进门槛，随声附和助威。

“佛祖保佑，出师好兆，多谢大师！”来者是莫伦达喇嘛，众人立即合掌道谢。

莫伦急忙向大家一一还礼，“阿弥陀佛，善哉善哉！我佛仁慈，普度众生乃上合天意、下通民心，如此有功之事、受益之举何乐而不为！”

巴扬阿站在莫伦达喇嘛面前，把一张联名担保书捧在手上，诚恳地说：“达喇嘛，这真是苍天帮助我们！这是我们锡伯营九族的担保书，请达喇嘛将它当面交给将军大人，就说挖渠一事，我们愿以九族性命担保图伯特大人功成名就！”

莫伦接过担保书，见上面画满一个个朱红手印，感慨万千。有这么多人把自己的性命系于挖渠大事，哪有不成之理！他合掌还礼道：“诸位放心，我一定亲手交给将军大人。”

众人一齐向图伯特大人再次嘱托：“明天之事，祝大人马到成功，如愿以偿！”

图伯特没有言语，两眼闪着无限的感激连连点头举手致谢。

这天夜里，硕尔泰的家里同样也是灯光荧荧。硕尔泰背着双手，面朝着打开的窗户，凝望着天上的繁星，思绪万千。在他心里设兵驻防、武备最为紧要。如果挖渠一旦被允许，势必仍需壮丁帮助，这不仅有碍操练，转致技艺日渐生疏，而且紧要时充数入伍，难资得力，防备被肆意更张！他要制止，他要想尽一切办法制止这种劳民伤财、贻误戍边的行为。

屋里静得出奇，一牛录佐领巴尔布和三牛录佐领纳尔泰坐在北炕低头苦思。在进退两难之际，他们突然觉得心里一片虚空，不知道这时在大人面前该说些什么。

过了许久，还是纳尔泰抬起头瞟了一眼巴尔布，朝着硕尔泰大人的背影有些胆怯地开了口："不知大人对明日进城怎么看？"

纳尔泰在妻子和女儿面前虽然答应再也不提挖渠和回老家之事，心里平静了许多日，但今天突然得到将军大人要面询两位总管大人的消息后，心又被搅乱了。那回故乡的念头耐不住刺激又剧烈地膨胀起来，想在渺茫的一线希望中试图再挣扎一番，或许会出现意想不到的转机，以雪自己不白之冤。不然，他永远没有轻松的日子可过，即使是太阳照着、心脏跳着，恼人的悲哀、思乡的苦楚会日日夜夜裹挟着他，将一个活结套在自己的脖子上，永远受那疑虑不安之苦。

听了纳尔泰的话，硕尔泰并没有马上回答，他依然皱眉蹙额沉思着。这时巴尔布把灯芯挑了几下，悄悄站起来走到硕尔泰背后，想开口，又不知从哪里说起。他神情紧张地把双手扭在一起，用又害怕又欣慰的口气喃喃地说："大人……"

"这有什么，他说他挖的理由，我讲我不挖的原委，批不批那是将军大人的事，你们担心什么？”硕尔泰虽然心里也不踏实，但他心怀坦荡，语无遮掩。

“大人，不能这么想啊！”巴尔布听了硕尔泰大人毫不在乎的口气，有些心急，“大人，这事关系重大，一旦松筠将军批了，朝廷准奏，到时候挖渠劳民伤财不说，吃苦头的还不是我们？往后回老家不就成了一句空话吗？”

“那你说怎么办？”硕尔泰转过身来，反问道。

“依卑职之见……”巴尔布声音颤抖着，但话语清晰，思绪更不糊涂，“这事除据理陈述外，大人务必要多多求领队大人和将军大人，体恤锡伯营人员不够、财力不足、防务紧迫等难处，千万不能……不能意气用事，好斗气盛，这样反而会惹怒众人，失去人心哪！”

硕尔泰冷笑一声，鼻子一哼，“那么依二位之见，在下非得要给他们烧香磕头了？”

“大人，巴尔布佐领说的不无道理。自古以来，大丈夫能屈能伸，该硬时不能软，该软时却不能硬。说实话，图伯特大人这一点就比我们强……”纳尔泰听了硕尔泰大人的气话，虽然觉得很无奈，却不得不插了一句提醒他。

“不！我硕尔泰一生刚正不阿，从未做过屈人膝下之事，未干过仰人鼻息的勾当！我之忠心，苍天可鉴。锡伯营的前途和命运在此一搏，成则万幸，败亦无憾！”硕尔泰已经铁了心，丝毫不听两位佐领劝说。

巴尔布急得摇摇头带着哭腔说：“大人，万一失败，我们都将身败名裂，有何面目见故人！大人，三思啊，万万不可一意孤行啊！”

硕尔泰毫不动摇，转过身去，望着夜空长叹一声，说：“二位大人，不必再多言了。世上万事，均在天意，世人岂可强求？我硕尔泰早已当众发过誓，决不食言！”

不知什么时候起了风，从窗口呼呼吹进来。夜空也渐渐变得灰暗，繁星披上了一层朦胧，远处的狗吠声也多了起来。巴尔布和纳尔泰见费尽口舌亦无转机，十分失望地走出了硕尔泰家大门。

路，依稀可见又昏暗不辨。两个人走着，都觉身体有些飘忽，感到无限惆怅和窘迫，想不到硕尔泰大人竟如此固执己见，将他们一生的希望掷出，任其飘荡不再竭力争取，气得他们喘不过气来。

气归气，可是除了依附于硕尔泰大人，他们又有什么办法呢？想挣扎，无计可施，想示弱，又心有不甘，就只剩下埋怨和惋惜。

“唉，可惜呀可惜！他这脾气难成大器，不然，他早当总管了。”巴尔布走了一阵，掐着喉咙，用拳头捶打胸口好似窒息似的叹道。

“唉，大人真是忠肝义胆，坦率无城府。”纳尔泰虽然又气又埋怨，但心里还是佩服硕尔泰的忠诚坦白。

“纳尔泰佐领，你我跟随他多年，他却一点情面都不讲，我们何苦呢？听说松筠将军也是屡屡忤旨才被派到伊犁来的，他那个人也是清勤正直，坦率无城府。”

“哦，那太好了！既然这两个人的脾气相投，说不准将军大人会给硕尔泰大人网开一面，何况硕尔泰大人图的是兵马精实，以重边防……”

“纳尔泰佐领，太晚了……”

两个人怨天尤人地走着，不知不觉已经到了巴尔布家门口。巴尔布停在门口再三请纳尔泰进屋，纳尔泰硬是回绝了。他走着走着，隐约中远远见家门口那一棵挺然而立的大树，听见树枝间发出的瑟瑟风声，心想总算到了家，心里舒坦了许多。他正要抬手敲门，突然从树底下传来女儿包吉力的声音，令他愕然而止。

“觉罗阿哥，明天你也进城去吗？”

“嗯。”是觉罗的声音。

“我阿默虽然嘴里说再也不问挖渠的事，可这几天一有空就往硕尔泰大人家跑，他们几个不知道搞什么鬼。唉，我额妮天天提心吊胆，我阿哥又不在，我的话谁听呢？”

“包吉力，别担心。”觉罗在宽慰她，“我看硕尔泰大人他们虽然反对挖渠，还不至于对总管大人恶意伤害，只不过是希望将来自己有个好归宿罢了。我想从中作梗的肯定另有其人！”

“那个朝总管大人射箭的人查出来了吗？”

“还没有。”

“听说有人给将军府偷寄黑函告大人的状，真有这事吗？”

“嗯。包吉力，时候不早了，你回去吧。”

“觉罗阿哥，那你明天一定要来呀！”

“一定。”

纳尔泰听了两个人的对话，刹那间又惶恐又惊骇，立地出了一身冷汗，上下嘴唇不由自主地颤抖起来。刚才他明明听见觉罗说有人用箭射总管大人，难道真有这事？这……太可怕了，太不可思议了，他简直不敢想象！当初听硕尔泰大人说的告状一事已经牵连自己，黑白不明脱不得干系，突然又传出这么一个骇人的消息，他纳尔泰能不胆战心惊？为什么，这又是为什么？仅仅是

一种无意的巧合，还是真有人图谋不轨欲伤害图伯特大人？这个人会是谁？他为什么要伤害图伯特大人？有何深仇大恨非要这么做？他突然间看见无数颗闪闪的鬼火连成一片，一种无法抵挡的恐怖向他扑过来，要穿透他的灵魂。他两眼发黑脑袋嗡的一声，人一下瘫倒在门前。

风，越刮越大了，从西边涌起一层乌云，很快铺满长长的夜空，将周围的一切一口吞没。

他不知道如何被人抬进家，躺在炕上精疲力竭地醒过来，又发了一阵难以忍受的颤抖，再次沉入恍惚昏迷之中……他看见了阿默和额妮，他们的目光里充满了爱，只是离他很远很远。他们静穆不动地坐着，直视着他。他向他们拼命挥手，大声呼叫，他们就是看不见、听不见。他想走过去，可脚下千斤重，一步也挪不动。阿默突然开口说话了，他说，儿啊，你的手上为什么沾满了鲜血？他举起双手一看，果然手上全是血！他惊恐地看着自己的手，看着看着，什么也看不见了……

一阵急促而遥远的呼喊声，终于使他苏醒过来。

窗外掠过一声乌鸦叫，凄惨又惊悚，仿佛不祥之兆。

第二天，晴空万里，阳光灿烂，田野上到处弥漫着清朗光芒。乌孙山一条条山脉显得壮丽庄严，伊犁河一浪浪水面上闪烁着耀眼的喜悦，那海洋般波涛起伏的一片片芦苇，涌动着生命的绿色，永远为自己的不灭唱着颂歌。

惠远城钟鼓楼在蔚蓝的苍穹映衬下，轮廓分明，更加金碧辉煌，气势宏伟。大街上人来人往。图伯特和莫伦早早进城，他们带着几名跟丁一边观看热闹的市井，一边往将军府走去。将军府两扇朱漆大门敞开着，两尊威严的石狮子依然那么威风凛凛。两名门侍仗剑各立一旁，目光直视前方，似石雕一般。图伯特和莫伦在大门前下了马，把马交给跟丁，双双挺起胸膛径直走进大门。进了大门，两边是厢房，坐落在几棵粗壮高大的树下。锡伯营领队大臣普萨保先到一步，正与几位同僚在厢房闲聊，见图伯特和莫伦走进来，急忙起身迎接。

“噢，图伯特大人，莫伦大师，你们好！”

图伯特急忙施礼，“普萨保大人，图伯特给您请安！”

“听说大人贵体欠安，本官真是担心！”普萨保因未能前去探视，表示歉意。

“小恙已愈，请大人放心。”

“莫伦大师，一向可好！”普萨保面向莫伦达喇嘛问候。

莫伦双手合十，回道：“阿弥陀佛，大人阖府平安！”

“谢大师。图伯特大人，规划图带来了吗？”

“带来了，大人。”

“今日之事，松筠将军格外重视，各营领队大臣、总管、副总管都要来。所以，大人一定要沉着冷静，当着众人面将挖渠之利弊说透，尤其将一手抓挖渠，一手抓防务，挖渠、防务两不误之要处详尽陈明。这是难得的机会。”

图伯特听了普萨保大人肺腑之言，急忙躬身道：“多谢大人指教，图伯特一定尽力！”

“只是，这挖渠引水之举并无前例，工程大，耗资多，时间长，将军大人担心万一不成将祸及戍边要务，吃罪不起。”

“大人，图伯特这次一定以锡伯营全体军民的决心和意志去慰释将军大人之忧心。”

“好，但愿如此。成败与否，在此一举，堂上见！”普萨保大人说完与两位告辞先走一步。

图伯特朝莫伦大师看了看，又点了点头，满怀信心地大步走进了将军府议事堂。莫伦达喇嘛留在议事堂隔壁厢房里喝茶等候。

将军府议事堂内宽敞明亮，威严肃静。伊犁将军松筠端坐堂上，目光炯炯，脸微微仰着，两条细眼和漆黑的胡须，显出一副坦然自信的神态。嘴唇紧闭，有一股盛气凌人的气概。两边站着吏目、侍卫等，一个个高大威武、英气逼人。堂下两边，参赞大臣，各营领队大臣，绿营统领，各营总管、副总管等按官职大小依次而坐。硕尔泰早已到座，脸上依然是执拗的神情。他因路远怕误事，天亮就出发。他见图伯特进来，只微微侧目打了一声招呼："大人早！"

图伯特也轻声回答："硕尔泰大人早！"

须臾，人已到齐。松筠将军拿细眼环视了一下堂下众官，又朝图伯特和硕尔泰点了一下头，眉毛一扬，轻松开言道："诸位，自乾隆二十九年起，皇上就曾经多次下谕查明伊犁可耕地亩，分给满营屯种，以资生计，距今已过三十六载。由于水源不足，虽经历任伊犁将军尽心尽力，但无一人告成。锡伯营西迁伊犁后，移驻河南，虽然疏浚绰霍尔渠，但渠北无田，渠南阻崖，收效甚微，至今生齿繁衍，已显粮米拮据。戍边要驻兵，驻兵要吃粮，无奈皇饷有数，粮米昂贵，已日益危及戍边要务。诸位，坐以度日还是筹划出路，已成为当务之急。戍边贵在屯垦，屯垦必兴水利，这是我等唯一出路。"

下面众官一双双眼睛都盯着将军大人的一张嘴，闪着不同的光。将军大人顿了一下，又朝堂下图伯特看了一眼，继续说：

“但这条路荆棘丛生，前途不测，令人望而生畏，不敢妄议。能走出去，则功在千秋，造福子孙；若走不出去，则身败名裂，贻害后世，罪名昭著。现锡伯营总管图伯特创议开挖大渠，从伊犁河引水开田……”

将军大人还没把话说完，众人的目光一下投到图伯特身上，有的吃惊，有的好奇，有的赞许，有的摇头。图伯特则微微欠起身向他们轻轻点了点头。

“副总管硕尔泰则执意反对挖渠引水种田，称此举劳民伤财、贻误防务。”

听了将军大人的话，众人的目光又一下转向硕尔泰，硕尔泰则一动未动，两眼炯炯直视前方。

“因两位大人争执不下，已前后告到将军府叫本将军秉公明断。今天，两位大人均到场，为了慎重起见，本将军允准二位大人在诸位大人面前各抒已见，对簿公议，据情核实。这虽然是锡伯营内务之事，但与各营将来屯田、防务密切相关。诸位切莫听之任之，望共同磋议，一起定论。”

将军大人刚说完，下面众官便开始交头接耳议论纷纷，褒贬不一。

索伦营领队大臣有些莫名其妙，“锡伯营要挖渠？没听说。”

满营领队大臣却满腹抱怨，“日子过得好好的，何必兴师动众自讨苦吃呢？他们这一折腾，说不定我们的日子也不安定了。”

绿营统领则顾虑重重，又害怕又担心，“这事任重道远，成则好，不成怎么办？”

察哈尔营领队大臣表示坚决反对，“图伯特大人胆子也太大了，伊犁河年年洪水泛滥，河水经常改道，你从哪儿凿口引水？”

松筠听了大家的议论，向堂下摆了摆手，待大家安静后，他坦率地说："诸位，凡事先不要忙于下结论。今天请二位大人来，就是要在诸位面前陈情各自理由，诸位先听听他们说得有无道理。"

图伯特从容地从座位上站起，举起双手朝众官施了一礼，又看了看将军，开口道："将军大人，诸位大人，卑职今天承蒙将军大人允准在诸位面前一诉衷肠，甚感荣幸！先皇着我锡伯营西迁伊犁驻防，此乃首任伊犁将军明瑞大人奏请朝廷先皇朱批加强戍边防务、安定大清疆域之明举。自古戍边要吃粮，耕田即兴水利，故卑职以为水乃万事命脉。有水就有田，有田就有粮，有粮可养兵，有兵能打仗，于国于民均有利而无弊。反则，田地荒芜，粮秣无收，军中无粮，防务无望，患在边陲，危在朝廷。"

图伯特的话立刻激起一番议论。

"说得有理，图伯特大人有远见！"

"道理说起来容易，事可难办喽！"

"唉，这话已经说了多少年了，光说顶什么用！"

硕尔泰见众官多人持异议，眉宇间掠过一丝欣慰，也从座位上站起，向前跨过一步，举手向诸位大人施礼后，开始话语铿锵地陈情述由："将军大人，诸位大人，卑职不才，但驻防要务略知一二。适才图伯特大人说戍边要有粮，要粮须修水，这话不错。不过，我锡伯营西迁伊犁不仅担负从喀什噶尔至塔尔巴哈台十八个台站的防务，一年四季忙于换防巡边，而且三十多年来年年疏浚绰霍尔渠，耕种田地，建造家园，防务屯田压得尚未缓过一口气来，如今又要兴师动众开凿大渠，这岂不是劳民困兵之举吗？这样下去，还说什么戍边防守、疆土安宁？卑职以为，先皇已有六十年换防之谕旨，且目前锡伯营官兵虽说是吃粮拮据，但月月还有饷银补贴，不足之处或渔猎为辅，或养畜为补，何必要劳民伤财，违抗圣旨非要去挖渠呢？”

“硕尔泰大人，说得好！”察哈尔营领队大臣早对图伯特的创议不满，听了硕尔泰的话，大声赞同附和。

松筠听了硕尔泰的话，并未说什么。他微微一笑，朝图伯特点了点头，示意他继续说。

图伯特会意地点了下头，说道：“诸位大人，锡伯营现有口齿四千余人，除一千多官兵担负驻防要务外，约有三千多闲散。其中不计妇女老少还有一千五百余人。卑职计划从每个牛录抽五十个劳力，八个牛录便得四百个劳力，足够编为两个班每年春秋两季轮班分挖，且当年挖渠当年放水，当年开田耕种当年收获受益，这怎么能说是兴师动众、劳民伤财呢？”

普萨保在旁边听着，频频点头，面露笑意。图伯特目光又扫了众人一遍，话锋一转继续说：“适才硕尔泰大人提及先皇曾有六十年换防谕旨。不错，我锡伯营离开盛京故土已有三十多载，至今念念不忘有朝一日回归故土，可是，日月流逝，锡伯营在此扎根立业，已今非昔比。众所周知，当年西迁伊犁共四千余官兵及家眷，历尽千辛万苦付出多少代价才到达伊犁。六十年后，生齿将达万余人，如此庞大的队伍，拖儿带女，吃尽苦头再蹈前车之辙不说，将耗费多少钱粮，给朝廷增加多少负担！卑职以为，与其劳师乏民耗费钱粮去换防，不如安下心来屯田备粮永驻防。挖了渠，有了粮，不仅能确保卡伦安宁且永无后顾之忧，即使有朝一日要换防，钱粮充足，去者无忧，来者放心，屯田防务两不误，先皇在天之灵也会得以安慰，这有什么不好？”

“噢，这话说得有道理。”绿营统领一面听一面琢磨图伯特的话，似乎悟出一些道理，减少了刚才的顾虑。

“如此说来，这挖渠一事还真不能小觑了。”索伦营领队大臣不得不顺水推舟也显出一副关切的样子。

“既然锡伯营挖，我们也跟着挖呗！”满营领队大臣也跟着不痛不痒地说了一句后，觉得自己有些出言不恭，急忙又改口问：“如果真要挖大渠，这工程非同一般，不知图伯特大人计划挖多长时间？”

“回大人，计划挖七年。每年挖三十里，七年挖二百里，可通至霍吉格尔东。”

“好，好，图伯特大人真是有胆识！”索伦营领队大臣见图伯特的计划无可挑剔，表示心服口服。

硕尔泰见诸位大人开始对图伯特的话感兴趣，心里很不是滋味，双手不由得狠力攥紧拳头，一阵热血涌上心头。他急忙执言分辩：“诸位大人有所不知，这伊犁河像一匹烈马，水流湍急，年年改道，尤其春夏两季山洪暴发，泥沙俱下，经常冲撞河岸，水流无定，试问从哪里取口，怎么引水？”

堂下众官像一下被问住了，面面相觑。硕尔泰轻蔑地扫了一眼堂下，脸上露出异样的神情，得意之情骤然爬上眉梢，心里又恢复了志在必得的底气。他见自己的话语难住了诸位大人，便昂起头，大声清了一下嗓子，趁机又进言：“就拿绰霍尔渠来说，虽然年年疏浚，耗资费力，但因河水改道往北而去，现已水低渠高，不拦半个河床引不上水，何况又要去凿一条两百里长的大渠，将来怎么引水浇田种地呢？此外，诸位大人明白，伊犁河南到乌孙山麓，层层断落阶梯状，地貌复杂，渠道怎么挖，水怎么引，谁敢妄下结论？卑职望将军大人洞察明细，诸位大人深思熟虑。”

图伯特毫不犹豫地接过话头：

“不错，伊犁河正如硕尔泰大人所说，反复无常，迅猛无比。要是你怕它，它就欺负你，你若不怕它，它就乖乖地听你的话。挖渠引水，取口为要，为此卑职多次到河头逐一踏勘，又请教了坎圩孜几位乡老，最后决定从坎圩孜东恰不恰山临河断崖峭壁处取口。那里一块岩壁正好矗立于上游三河汇集而来要冲，拦住流峰往北拐去，河水再冲再猛奈何不得它。由于此处河水突然被挡而急剧回流，崖下流水形成一个接一个的巨大漩涡，只要渠口一开，借其冲击力将会把河水源源不断地推进渠里，还怕伊犁河干了不成？况且据卑职观察，伊犁河常年流量变化不大，即使是干旱年，渠口保证进水无疑，即使是洪水泛滥，这里岩石坚固冲不垮，改不了道。”

图伯特的话渐渐使堂下诸位大人面色释然，皱结的眉头又舒展开。他看了一眼硕尔泰稍稍涨红的脸，继续说：“河南地形确为复杂，从上而下可分为高山地带、中级台地和坎下河滩地，而大渠取口处正好对着高山地带，殊不知山水流猛，来时多高就能冲上多高，难道从高山冲泻而来的流水还有上不了中级台地平原之理？卑职不要那高山地带及河滩地带，仅中级台地就可辟田千顷，何愁挖不成渠、引不上水、收不上粮！诸位大人若想详知其渠道路线及辟田概况，下官这里备有挖渠规划图一份，请诸位大人过目。”

图伯特说完从袖内取出规划图，胸有成竹地走过去双手呈给将军大人。霎时间堂下议论陡起，有的称赞图伯特说得有理，有

的向他投去赞许的目光。松筠接过规划图，轻轻铺展在案上，详细看了一阵，抬头问硕尔泰：

“硕尔泰大人，您还有何话要说？”

硕尔泰脸红脖子粗，但毫无服输之态、灰心之意。他还是固执己见不改口，“请诸位大人明鉴，适才图伯特大人纯属一番游说，说的全是他个人意愿，并非锡伯营全体军民之期望。锡伯营当初来驻防，不是为凿渠种田，而是为守疆戍边。倘若这样下去，主次不分，本末倒置，将会贻误戍边，殃及防务，皇上怪罪，将来谁可承担？”

硕尔泰话语未了，图伯特立刻义正词严地回答：“挖渠引水，并非下官独断专行，此乃戍边之必要，军民之心愿，而且已多次磋商。倘若挖渠有错，图伯特情愿认罪受罚！”

领队大臣普萨保见两个人你来我往，相互间诘问开始动起真枪真刀，怕事情闹僵了反而不好，急忙站起来向松筠施礼后插话道：“将军大人，诸位大人，适才锡伯营总管图伯特和副总管硕尔泰已将各自情由向诸位详陈细述。下官以为，两位大人各据其理，均为朝廷担忧，心系边关安宁，难能可贵。当然，挖渠一事，不仅工程浩大，且无前例，有人反对，完全合乎情理。不过，下官早已仔细披览过图伯特大人用心拟订的规划图，无论从时间分配还是劳力安排上都合情合理、切实可行。只要指挥有方，大家齐心协力去干，即可如期挖成大渠，又可防务不松懈，真可谓防务、挖渠两不误。或许硕尔泰大人有所不知，此事并非图伯特大人一人之主张，锡伯营军民早已联名上书领队部，表示坚决拥护图伯特大人挖渠倡议，敦促领队部速速转呈将军大人，得以早日允准、早日开工。”

“大人，确有此事？”硕尔泰听了普萨保大人的一席话，如头顶炸响雷，惊疑不信。

“硕尔泰大人，有人匿名诬告，也有人联名上书，这有什么奇怪。还请诸位大人明鉴，请将军大人定夺，施恩于锡伯营，愿其早日挖渠成功!”

硕尔泰这下无话可说了，他在众目睽睽之下，满脸涨红，不知是突然陷入无助的尴尬，还是内心尖锐的抗拒，额头上不觉沁出一层细汗。但他依然保持冷静严峻，两眼不掩饰失意，一条深深的皱纹从紧咬着的嘴唇向痉挛的下巴伸展过去，暗中紧握双拳，有力地抑制一阵阵猝然而起的情绪，只等松筠大人如何断定，诸位大人如何评议。

“诸位大人意下如何？”松筠见硕尔泰虽然默不作声，知道他还是不服气，又不想逼他，就顺水推舟问堂下众官。

“图伯特大人真乃人中豪杰，有胆有识，非我等所及，请将军大人允准他的请求!”

“但愿图伯特大人早日建树，造福后世!”

堂下众大人大多赞成，一张张脸上除了对图伯特崇敬的神情，还流露出不谋而合的喜悦。此前那种世故的疑惑、忧虑、担心甚至嘲讽，刹那间被图伯特的真挚、坦白、刚正冲得烟消云散。只有硕尔泰怒而不言气难平，一屁股坐在椅子上。紧皱的眉头下双眼透出绝望，下巴一阵阵抽搐。

松筠从座位上站起来，扫了一眼堂下，似乎已下决心，大声说：“好，既然诸位大人无异议，本官也赞成！不过，这事并非儿戏，情系朝廷戍边要务、疆土安宁，不可空口无凭，万一不成怎么办，谁可承担后果？”

图伯特激动地向前跨出一大步，举手朗声回答：“图伯特情愿承担一切！”

“图伯特大人，军中无戏言，你拿什么担保？”

“回大人，卑职拿自家性命担保！”

“哈……”松筠不觉失笑，“图伯特大人，你未必把自己看得太重，你一个区区总管怎能承担！”

硕尔泰见松筠话中有话，乘机霍地站起插话道：“将军大人，图伯特大人一人性命是小事，怠误防务是大事，万望大人三思，千万不可允准！”

松筠刚要开口再问图伯特，堂外有人大声喊着闯了进来。“将军大人！将军大人！”

松筠一看是莫伦达喇嘛，急忙走下堂。

“莫伦大师……”

莫伦双手合十，朗声开言道：“阿弥陀佛，我今日私闯公堂，请大人多多见谅！”

“不敢，不敢！”

“此次前来乃特来为图伯特大人担保。将军大人，锡伯营西迁驻防已三十多年，要想继续生存强大、稳固边关，不得不做长远打算。图伯特大人高瞻远瞩，创议挖渠一事，我以为上合天意，下合民心，大势已定，请将军大人勿再疑虑！”

“多谢大师指点！”

“诸位大人，我带来了锡伯营军民以九族性命为图伯特担保的呈子，请诸位过目。”莫伦说着，从袖子里取出锡伯营具保书递呈松筠。

松筠接过打开一看，一份具保书上密密麻麻地画满了押。他看着看着，眼圈不觉潮湿了，那一个个签名、一个个手印背后是一张张刚毅的面孔，是一声声响亮的喊声。这不正是他多年来想要看到和听到的吗？有了他们以生命为担保的忠诚的注入，他还有什么疑虑，还有什么愿望不能实现呢？他把具保书看了一遍又一遍，激动得不觉念出声来：

“伊犁将军府松筠将军大人明鉴：吾辈锡伯军民自盛京迁至伊犁三十多载，虽竭尽全力修渠耕田，然五谷不满仓，食不果腹，衣不蔽体，且人口逐增，已面临绝境。乾隆五十七年，呈文申表大将军恭宝宁，领队大臣德明阿，方权衡利弊，分地自耕。自此，勤于农事，虽生机方有起色，但数载后，田地碱化，谷粮歉收，危及民生，殃及防务。田地者，天下之根本；谷粮者，生养之要基。故兴修水利，开荒造田已迫在眉睫。总管图伯特，统领八旗，深谋远虑，创议挖渠之举，实乃八旗之吉缘，朝廷之万幸。吾等感恩肺腑，故共修此书，恭请将军大人明鉴，垂怜吾辈防务之艰，农事之难，早日允准照行，造福子孙，永保边关安宁。若蒙恩准，大人大恩大德，永铭肺腑，万古颂扬。为此，吾辈一心血盟为图伯特大人具保，倘若日后挖渠不功，愿领罪受罚：诛九族，灭坟茔。

锡伯营军民华沙布、德克津布、呼图克、绰布图、巴扬阿、富尔恒额以及九族族长恭呈，嘉庆六年四月二十日。”

堂下众官听了这慷慨之言，深深被打动，一个个从心底里赞叹不止。他们没想到站在他们面前的并不是图伯特一个人，而是几百、几千个锡伯人！他们的赤诚，他们的勇气，他们的奋发向

上打动了在场的官员。这些锡伯人依然保持着西迁时的勇往直前和坚忍不拔的品格，他们的生命力依然那么旺盛，他们对幸福生活的渴望依然那么强烈坚定。在他们这种不死的精神面前，谁能站出来说个“不”字！

松筠将军念毕，抬头久久凝视着窗外一片苍穹，目光深沉，神情激动。他感叹道：“锡伯真乃我八旗之中坚，明瑞将军果真有眼力啊！图伯特大人，既然锡伯营军民以九族性命为你上书担保，本将军也再无理由阻止。望你朝夕勤勉，努力功成，千万不可有负众望！”

图伯特百感交集，热泪盈眶，拱手齐眉，发誓道：“图伯特一定励志奋发，万死不辞！”

“待本官奏请皇上诏准，即可动工开挖。你们回去务必做好一切准备，不得疏怠！”

“遵命，大人！”图伯特满口应承。

“硕尔泰大人！”松筠又朝愤愤不平的硕尔泰喊了一声。

“卑职在！”硕尔泰拱手跨前一步应答。

“硕尔泰大人心怀坦荡，实乃人中豪杰，可敬可贺。不过，挖渠一举事关重大，你我断不可刚愎自用，固执己见，一意孤行。你二人回去之后务必和睦共事，齐心协力，加强防务。争取早日完成挖渠使命，多立功劳！”

“硕尔泰明白，多谢将军大人指教！”硕尔泰不得不强颜拱手回谢将军大人好言安慰。

松筠又朝大家扫了一眼，面含喜悦，“诸位，今日之议，实属圆满。挖渠一事，锡伯营先试办，待日后见成效后再奏请朝廷恩准，各营遵照锡伯营之例，兴修水利，各令自耕，以资生计，永为世业，加强防务，守卫疆土！”

堂下众官立刻起立，齐声高呼：“遵命！”

众官纷纷告辞后，将军大人和锡伯营领队大臣单独留下硕尔泰，把他引到议事堂西侧将军大人内室。内室并不宽敞，但摆设考究，一进门便觉整洁明亮、古色古香。西边墙上挂着伊犁地形图、卡伦分布图等。松筠将军和普萨保大人相对而坐，硕尔泰坐在下面，神情复杂，内心十分压抑。

须臾，松筠将军朝普萨保大人看了一眼，对硕尔泰心平气和地说：“硕尔泰大人，天下大事，必做于细。万事开头，择优在先。你与图伯特共事多年，他的为人你不可不知。他一向正直廉明、因公忘私，你切莫不服，回去一定要鼎力相助才是，不可给小人留可乘之机，给挖渠工程带来不必要的祸患。”

“卑职反对挖渠是一心为朝廷分忧、为锡伯营解困，并非与图伯特大人有隙有仇而故弄玄虚，请二位大人放心。”

“这就好！上次我交于大人查办之事不知有何眉目？”

“回大人，卑职正在查。”

“回去定要严加查办那些借六十年换防之名滋生事端之人，对造谣中伤、挑拨离间、从中捣乱之小人，决不能宽待！”

“喳！”

“硕尔泰大人，自古正人先正自己。你与图伯特大人都身为锡伯营父母官，凡事多商量、多通气，开怀共事，万不可意气用事。防务一环，殊多为重要，一心经营，不仅是为图伯特大人助一臂之力，也算是为朝廷分忧啊！”最后普萨保也插了一句。

“二位大人放心，卑职明白。”

当他眼圈微红、双腮带赤，带着一种难以言表的痛惜之情走

出将军府大门时，只有几名跟丁在等着他，图伯特和莫伦达喇嘛早已无影无踪。他站在门口突然觉得自己那么孤独无助，无奈地深深呼出胸中一口闷郁之气，镇静了一下自己，掩饰起满脸的尴尬和窘迫，翻身上马速速出城。

图伯特和莫伦并没有出城，他们俩满脸洋溢着掩饰不住的喜悦和兴奋，牵着马一边谈论着未来一边兴致勃勃地逛街。大街两边各种小货摊，叫卖声此起彼伏，绕街盈耳。他们边走边看，买了些日用品才上马从容地出了城。

出了城关，眼前一片开阔，满目绿色盎然。闪闪发光的伊犁河流淌着，发出温柔的母性之声，永远不歇地回旋在两岸。河北岸，枣林轻舞，亲密无间；河南岸，蜃气牛录，遥遥在望。

图伯特和莫伦并马而行，跟丁们紧跟在后。

“阿弥陀佛，我族有救了！大人，总算如愿以偿。”走了一程，莫伦达喇嘛依然兴奋不已，再一次向图伯特表示祝贺。

“这次多亏大师相助，不然凭我一人之力难成大事。”

“不过，大人切莫高兴过早，小心小人捣鬼。听伊犁将军对我说，射箭之事并非一般人所为。所以，大人还是时时注意、处处提防才是，免得被他们伤害，误了挖渠大事。”

“多谢大师提醒，我已把那支箭交给了硕尔泰大人。”

“硕尔泰大人怎么说?”

“他要查个水落石出。”

“是啊，他不查难脱嫌疑。”

两个人说着，不觉已到伊犁河渡口。这里是整条河流唯一贯通南北两岸的渡口，平时一条破旧的渡船日夜来回忙碌摆渡，有时人多了，拥挤的吵闹声、水手的喊叫声、马匹的嘶鸣声汇成震耳欲聋的喧嚣，充满河床，连水流声都听不见。因船小水急，马匹另有水手下河搏水引渡。他们一个个半裸着身子，在水里游着、喊着、笑着，互相夸耀自己的本事。一旦上岸，他们便喝得天昏地暗，躺在河滩上尽情享受着阳光的沐浴。水手们瞪着充血的眼睛齐声向太阳狂叫，显示他们黝黑的身板和威风。

图伯特一行鱼贯上了船，船在水面上摇晃不停，下面湍急的河水令人头晕目眩。渡船摇摆着徐徐离了岸，图伯特和莫伦站在船头，看那迅猛的浪峰一个接着一个冲过来，在船头上撞得粉碎，激起千万朵水花，然后化为两缕白浪，留下一条长长的发光的水痕，卷起一片泡沫。到了河心，汹涌起伏的波涛一会儿把船掀起来，一会儿又把船抛进波谷。两名水手站在船尾奋力掌舵，曲着身子弯着腰艰难地推拉，全身的肌肉一块块膨胀起来，鼓起一座座肉峰，像雕像一般，放出光辉和力量。

“伊犁河，伊犁河，滚滚浪涛何时休?”图伯特望着狂涌的河水，无数感觉滔滔不绝涌上心头。他觉得有很多话要说，但又不知从何说起，只有紧紧地握着剑把，感受着喜悦。他景仰和赞叹伊犁将军的明断，又对莫伦大师的无私相助有说不尽的感激，昔日眉宇间的忧郁，早已融化在前所未有的快乐的满足里。

“浪淘泥沙，风流人物还看今朝!”莫伦达喇嘛心中也是一片光明，他不断祈祷，回忆起西迁路上少年图伯特的面孔。他知道今天的较量仅仅是开始，无论结果怎样，他坚信图伯特能执着地统领锡伯军民实现自己的心愿。

两个人痛快淋漓地畅谈着，海阔天空地遐想着，不时发出一阵阵笑声，那笑声在河面上荡漾，传向远方。

将军同意挖渠的消息传到五牛录，寺庙里的钟声顿时大作，鼓乐齐鸣，铿锵之音在蔚蓝的天空中、在金色的阳光里回荡，它仿佛在告诉人们希望的明天就要来临。被惊飞的一群群鸽子在热情洋溢的天空中盘旋飞舞扇动翅膀，在卷起的一阵阵风鸣中没入高空，倏忽间又突然降落下来，惊愕中翻身跃起，又箭一般飞向云端。人们抑制不住兴奋，全牛录的人笑容满面、意气昂扬地跑出家门拥向寺庙，烧香磕头庆贺这一激动人心的时刻。小孩子三五成群地在大街上喊着、笑着、跑着，欢跃沸腾。

第二天大清早，纳尔泰夫妇正坐在炕上吃饭。桌上摆满烧辣子菜、面酱、小葱、黄瓜等小吃，还有一摞刚出锅的发面饼。

“阿默……”包吉力出门去挑水时听到挖渠的消息忙回来告诉他们。纳尔泰的脸唰的一下惨白，心中一阵撕裂般的疼痛让他难以忍受，脑中一片空白，身子像是从云端一下跌下深渊，眼前一黑什么都看不见了。过了一会儿，他醒过来，依然全身颤抖着，不知道该做什么。过了片刻，纳尔泰机械地从躺柜里拿出心爱的酒葫芦，狂饮起来，直喝到透不过气才放下。

妻子和包吉力失神地看呆了，不知道说什么好。只见纳尔泰张着嘴喘着粗气，惨白的面颊开始灼红，又渐渐变成灰色，固执的眼神似乎有火焰燃烧起来，脸上是一副可怜相。他强迫自己保持清醒，不在妻子女儿面前失去体面。

“她阿默……”包吉力额妮的嘴唇轻微地颤动几下才从恍惚中醒悟过来开了口，“挖就挖了，将军大人都允准了，你还能怎么样？你不是说不管了吗？为什么还……当初不听别人劝告，硬要好胜争强，不然怎么会落到今天这个地步，出门都不好意思抬头见人！”

“不，不……皇上还没朱批！”纳尔泰朝桌上狠狠地砸了一拳，嘶声喊了起来。他的心底好像还在徘徊着一丝迷梦般的希望，燃了又灭，灭了又燃，总想哪一天能把失败转为胜利，使苦闷转为些许欣慰，不然，他无论是白天还是黑夜，去到哪里，都感到一种无形的难堪和威胁，好似有几百张得意的面孔在他眼前晃动。

“她阿默，已经定下了的事，你还不死心哪！”

“不，不……皇上不会朱批的，这明明是把我们锡伯营往火坑里推呀！”纳尔泰终于被内心的锐痛所控制，突然伏在桌上大哭起来。哭声那么凄惨，那么悲哀。母女俩无法忍住泪水，也跟着呜咽起来。

53

那天硕尔泰没有进总管档房，直接策马回到家，谢绝会客，几天没有出大门。他静静地坐在院子里的躺椅上，冥思苦想，心情沉重。他手里拿着那支断箭，一边仔细端详，一边反复揣摩。

这是一支普通的桃木箭，官兵人皆有之。那么谁会去伤害图伯特大人呢？谁与他结下这么深的生死仇隙呢？这个人为什么恰恰在他和图伯特大人争执不下时出手呢？他是为了阻止挖渠而一时冲动，还是借机公报私仇，想把罪名挂在我的头上？硕尔泰不得而知。过了一会儿，他靠在椅子上，将八个牛录的佐领、防御、骁骑校以及所有有头有脸的人物全都一一从脑子里过了一遍，看看哪个与这事有嫌疑有牵连。呼图克、德克津布、华沙布、绰布图都是舍命要挖渠的，反对挖渠的除巴尔布、纳尔泰、柯伯克外还有七牛录佐领达明阿。前面三个的为人他心里清楚，只有达明阿他不甚了解，难道他会有异心？……不，不可能！他

和图伯特大人是同牛录同姓同族，怎么会去伤害图伯特大人呢？不过，达明阿曾经谎报抚恤金被图伯特大人查明奏报皇上差点被革职，难道与这事有牵连？他是否怀恨在心而图谋不轨？如果为此图伯特大人的性命受到威胁，结果会怎样呢？我硕尔泰的目的本来只想阻止挖渠，以此保障自己的声誉，不受任何阻碍地继续自己的防务公事，可如今偏偏出了这件事，将如何处置才不致引起周围嫌疑目光的责难呢？

“硕尔泰大人，一牛录、三牛录、四牛录佐领求见！”大门外突然有人高喊求见，硕尔泰只好收起万千思绪从躺椅上站起来，把那支箭放在桌子上，背起双手朝北而立。

“卑职见过大人！”三位佐领垂头丧气地走进大门，见过硕尔泰都站在一旁。

“怎么回事？一个个耷拉着脑袋，不好好去做准备工作，往我家跑什么？”

三个人你看我，我看你，谁也不敢开口。

硕尔泰见半晌没动静，突然把头转过来疾言厉色地喝问：“不说话，舌头都长骨头了?!”

“大人……”纳尔泰看了看两位同僚欲言又止，两眼里充满难言之隐。

“怎么了，吞吞吐吐像软鼻涕！平时能说会道的那张嘴哪里去了？”

“大人，皇上已经允准了……”纳尔泰终于鼓起勇气说出这个消息。

“啊！”硕尔泰听到纳尔泰的话，头顶如响一声惊雷，一阵头晕目眩，急忙用手扶住额头，身子靠在躺椅上。三位佐领大惊，急忙去搀扶。

“没事，没事的……”硕尔泰紧闭双眼，嘴里喃喃说着坐到躺椅上，“你们……你们听谁说的?”

“回大人，是领队大臣普萨保亲自到总管档房当面告知图伯特大人的，图伯特大人昨日派人来告知，卑职等怕您……这才来……”纳尔泰站在一旁，小心翼翼地斟酌词语，又看硕尔泰的脸色躬身小声说。

“好，我知道了。你们回去好好准备，要什么出什么，千万不要往我脸上抹黑!”

“喳!”三位佐领齐声回答后，告辞出门去了。

皇上允准挖渠之事一时间传遍八个牛录，许多老人带着孩子纷纷走出家门，焚香、燃烛，聚在一起庆贺这一激动人心的时刻。华沙布早早领着一帮乡老前往寺庙给慈悲大佛磕头烧香，深深感激皇上恩准总管大人挖渠创议，祈祷锡伯营的明天更加美好。他们一个个精神焕发，眼里闪耀着虔诚的渴望。大街上，铁匠铺里风箱呼呼作响，炉火更明，打铁声叮当悦耳，一把把烧红的铁锄和铁钎正出炉淬火；木匠院里锯木声霍霍，刨花腾飞，一辆辆牛车正在打制，大家已经开始了挖渠的准备。

没有落叶飘飞，没有黄色点缀，秋天却早早来临。广阔的田野上，田垅、草地、树林挂满水珠，闪闪发光。一片片早熟的红高粱，像一团团火烧向碧空，分外妖娆。路边的一朵朵野花在浓艳的色调中更加姣美。蓝天高空，淡淡彩云间，偶尔留下大雁飞过的鸣叫声。牛录大街两旁，那些僻静的小院被染上秋色，像晃动的风景晴朗美丽。门前树荫处，叶子变得稀疏，阳光一丝丝溜进来，仿佛隐藏起来，要向冬天的寒冷挑战。

一牛录、三牛录、四牛录因相距大渠渠首较远，他们的车辆早已出发。清晨，一辆辆牛车满载着行李、炊具、工具、面粉、蔬菜等在坎坷不平的土路上颠簸着向东驶去，人们坐在自己的马车和牛车上，大声谈论着将来，说到高兴处禁不住开怀大笑。他们根本不在乎那滚滚车轮扬起的尘土落满全身，飞进嘴里。有的人被大自然的景色陶醉，情不自禁地唱起了赞歌，那悠扬的歌声在马蹄奋疾间穿梭，在牛鼻喷气中荡漾，催着那车轮碾过一程又一程。放眼向南望去，清晰可见的乌孙山影横贯东西，诸峰相接延伸似一条卧饮伊犁河水的蛟龙；往北看去，河畔枣林连成一片，一串串黄灿灿的沙枣吊在枝头灿烂含笑。江山如此多娇，谁人不动情，谁人不感叹！

从乌孙山东端延伸下来的恰布恰山脉，摇头摆尾蜿蜒至伊犁河。满山的岩石奇姿妙色，与奔腾的河水相望。虽然没有大山的巍峨，没有穿破天的尖峰，但与河水相交处被日月造化出一块刀削似的陡峭绝壁，轰鸣的河水拍击着岸壁，泛着苍绿的颜色。临崖下望，令人头晕目眩，不寒而栗。

开工的那天，恰布恰山下伊犁河岸工地上，旌旗飘扬，鼓乐震天，各牛录的旗帜绵延几里。来自八个牛录的民工一列列整齐地排着队，一个个袒露胸臂，笑逐颜开，双手紧握着铁锄和铁钎，等候开工典礼揭幕。架起的高台上，伊犁将军松筠，锡伯营领队大臣普萨保，各营领队大臣、副总管硕尔泰以及从各地来庆贺的嘉宾在前排就座，后面一排是各牛录佐领、巴扬阿等乡老。高台西边挂着“谷粮者，生养之根基；水利者，田地之命脉”条幅，上面有五颜六色的彩旗迎风招展，甚为壮观。随着一阵活泼快乐的手鼓声和悠扬激昂的唢呐声，坎圩孜伯克大人领着一队族人赶到。小伙子们抬着羊，姑娘们头顶着一盘盘葡萄和瓜果，弹着琴唱着歌，兴高采烈地走进会场。

图伯特急忙走下台前去恭迎。伯克见了图伯特，乐得合不拢嘴，举手施礼，连连向他道贺："图伯特大人，恭喜，恭喜！老天终于让您如愿以偿！"

"多谢伯克大人鼎力相助！"图伯特笑呵呵地一边还礼一边回答。

两个人说笑着一起走上台，伯克大人又躬身施礼向在座的诸位大人问候。

"伯克大人，您这里可从来没有像今天这么热闹过吧？"将军还了礼，笑着问。

"回将军大人，这真是开天辟地第一回。图伯特大人真是人中豪杰，我们虽然比他们来得早，可谁也没有想到挖渠之事。"

"现在好了，将来两家共饮一渠水，不就变成一家人了嘛！"

"是的，大人。"

"请坐，大人。"图伯特见将军大人看自己，急忙请伯克大人入座。

"谢大人！"

伯克大人举步走过来坐在硕尔泰身边，两个人又一阵小声寒暄。

图伯特见八旗人马已到齐，与将军大人小声说了几句便大步走到台前，大声宣布恰布恰大渠开工典礼开始。

"将军大人，诸位大人，父老乡亲们，锡伯营开挖大渠开工典礼现在开始！"

台上诸位大人全体起立，台下一排枪手朝天鸣了一阵枪。枪

声过后，鼓乐齐奏，震撼天地。庄严肃穆的气氛中，站在台下的莫伦达喇嘛领着十几名弟子开始诵经，主祭天地。主案上摆着猪头、牛头、羊头等各种祭品和供物，摆着大碗的酒，点了无数个面烛，阳光中火光荧荧。祭祀结束后，图伯特再一次走到台前抖擞精神，闪烁目光，大声致辞：

“将军大人，诸位大人，父老乡亲们，我们盼望已久的挖渠工程，今天终于开工了！”

台下顿时欢声雷动，响彻云霄，人们共同宣誓：“大渠不成，誓不回家！”

图伯特望着一张张兴奋的脸，听着热切的阵阵呼声，激动不已。他举起手挥一挥接着说：“这个工程关系我锡伯营之生存、大清疆域之安宁，大家一定要齐心协力，共同奋斗，早日大功告成，以谢皇上恩典！”

台下又是一阵山呼海啸：“吾皇万岁，万岁，万万岁！”

供桌上流过一缕缕光，荧荧的烛光闪烁。

“请伊犁将军松筠大人训话！”

松筠将军站起身来，微笑着跨步走到台前，泰然自若，威风凛凛，然后轻轻地咳了一声。台下一片肃静，一双双充满自信、含着必胜信念的眼睛在无声中连成一个整体，一张张凝神屏息的面孔在节日般的热烈中形成阵阵激浪，显示着他们的力量。松筠望着那一副副强壮的肩膀和一条条赤裸的胳膊，面对无声却有声的庄严场面，不知是内心激动还是振奋，深深吸口气，开口说话。

“诸位大人，锡伯营八旗官兵及民工们，抚今追昔，论其功德，锡伯营驻防戍边功不可没，不仅是八旗之精英，也是朝廷之栋梁。”

“愿为朝廷效力！”台下顿时爆发出一片欢呼声，官兵和民工们高高举起手中的铁锄和铁钎，成功的喜悦掠过每个人的心际。

“图伯特身为总管，一向深谋远虑，贤才达举，不辱使命，堪称锡伯营之父母官、朝廷之良才。挖渠一事，没有先河，图伯特之创，可谓有胆有识。本官期望锡伯营齐心奋斗，大功早日告成，造福子孙后代！”

“功成决心，天地可鉴！”台下又腾起一阵阵欢呼声，震撼乌孙山，荡漾伊犁河，回响九霄天。在雄浑豪壮的螺号声中，伊犁将军将一面令旗授予图伯特。图伯特庄重地双手接过令旗，转过身朝台下挥了挥，两眼望着伊犁河，庄严宣誓：“我营决心，苍天可鉴，挖渠不成，誓不回家！”

台下官兵跟着宣誓：“我营决心，苍天可鉴，挖渠不成，誓不回家！”

宣誓完毕，图伯特举起令旗高声宣布：“开工！”

随着图伯特一声号令，各牛录官兵和民工挥舞旗帜，高举铁锄，浩浩荡荡，意气昂扬地步出会场，喊声、歌声像潮水般涌向工地。宁静的天空中充满了喜悦的轰鸣，赞赏的流光飞翔在彩云间，人们把心头积聚的热情全都释放出来。放眼望去，工地恰似一条长龙，在金色的阳光下伸延。微风中旌旗猎猎气贯长虹，千古荒原如梦方醒。

伊犁将军、各营领队大臣等在图伯特的陪同下一边走，一边查看工地，谁也不想离去。在一片热烈的气氛中缓缓走上河边高坡，继续流连地向沸腾的工地观望，发出阵阵感叹。

“大渠一旦挖成，将开辟良田万顷，到那时，图伯特大人您就立了大功啦！”松筠将军望了一阵开工的民工，感慨地说。

“将军大人，图伯特不图功名，但愿大渠早日挖成，开辟良田，屯积米粮，以解朝廷之累。”

“好了，我等就此告辞了，但愿图伯特大人早日如愿以偿！”

“谢大人鼓舞鞭策，图伯特一定尽心尽力。”

将军大人一行举鞭驱马扬长而去，马蹄腾起的一路尘埃，在空中飘荡后又纷纷落下。图伯特送走伊犁将军，硕尔泰、纳尔泰和巴尔布也放马过来向他道别。

“总管大人，这里就有劳您了，硕尔泰还是回去抓好防务，力解您的后顾之忧，也算是为挖渠尽了一份力。”硕尔泰在马背上坦言道。

“硕尔泰大人，多谢了。您就放心回去吧，这段日子本官就住在工地，家里的事全仰仗您了。”图伯特也十分客气地举手回礼。

“请大人放心，告辞。”硕尔泰说完扭头朝身后的纳尔泰和巴尔布看了一眼，二人急忙策马向前，拱手想说什么却说不出口，只是嗫嚅：“大人……”

图伯特见状心里好笑，抚慰说：“二位，请不必介意，挖渠、防务都重要，回去好好协助硕尔泰大人勤勉费心就是了，不要多虑！”

图伯特的宽宏大度，着实出乎两位佐领意想，心下稍安，面带愧色却十分感激。“谢大人恩典，我等一定尽力，望大人多保重身体。”

“多谢关心！”

三个人策马下坡去了，觉罗和几名跟丁也振镫鞭马随后跟上。图伯特望着他们的身影被枣林隐没才收回目光，长长吁出一口气，缓解了一下一天的劳累。他正要放马下坡，远远见莫伦达喇嘛朝这儿走过来，急忙下马迎过去。

“大师，该走的走了，该留的留下了。咱们到各牛录住地去看看如何?”

“甚好。住得好，吃得好，才有力气挖大渠。”

八个牛录民工的住地设在指挥部大帐的西侧临河一面高坡上。有的挖了地窝，有的搭了席棚，沿着工地排了约有二里。每个牛录的前面各竖一面标志自己牛录的旗帜，旗在风中飘舞，呼呼作响。爬上坡头望那滚滚而过涛声依旧的河水，岸边的枣树林仿佛融化在声浪中，只见云彩映在水面若隐若现。图伯特和莫伦边走边看，几名跟丁牵着马跟在后面。看到一个个整洁宽阔、井然有序的住所，两个人不停地频频点头表示满意。走到五牛录住地，见一大锅里煮了满满一锅肉，正在冒着热气、飘着肉香，上面浮着厚厚的一层油。图伯特和莫伦闻到扑鼻而来的香味不觉停下了脚步。

“噢，这肉好香啊!”

正跪在灶口架火的伙夫听见有人说话，急忙抬起头，用汗渍的手臂抹了一下被灶口喷出的火烤得通红油亮的额头，眨着被烟熏得流泪的眼睛站了起来。

“华沙布佐领给了你们几只羊啊?”图伯特乐呵呵地问。

“啊……是总管大人……”那伙夫眯着眼认出是图伯特大人和莫伦大师，一下子愣了。

“噢，你愣什么呀？大人在问你话呢!”莫伦达喇嘛见伙夫不答，微微笑着提醒说。

“回大人的话，华沙布佐领给了十只羊、一头牛。今天是开工庆典，我们宰了牛，这不，满满地煮了一锅，我想让大伙美美地吃一顿，好生力气……”伙夫腼腆地回答说。

“好，好！这挖渠非一般体力活，消耗大，容易疲累，吃不好就干不了活儿。你们要好好照顾大伙的生活，千万不要吊胃口哟！”图伯特慢慢蹲下身，伸手从锅边拿起一双削尖的长木筷，用力戳起一块大肉翻了翻说。

“大人，请放心，我们五牛录决不会落在别人的后头！”

“好，只要你把伙食搞好，就算你为挖渠出了一份力。”

“多谢大人指教，小的一定尽力！”

“剩下的羊呢？”图伯特听了伙夫的话，满意地站起来笑着问。

“回大人，派人在河边林中牧放，太阳落山才赶回来。”

“好，你忙吧，我们到下边去看看。”图伯特再看了一眼热气蒸腾、油花翻滚的大锅，向莫伦达喇嘛点了点头，和颜悦色地继续往下边走去。

下边的住地上，一面镶红旗高高飘扬在一辆牛车上。图伯特和莫伦知道这是六牛录的住地，互相看了看加快步伐走过去。牛车旁临时搭起的一个简易围栏里拴着一匹浑身赤红的高头大马，正在吃草。听见有动静，马立刻抬起头，停止嚼草，闪着突出的、有生气的眼睛向他们张望。栏里还圈着一头黑牛和几只羊。听见了杂乱的马蹄声，那头牛摇晃了一下脑袋，甩动着尾巴赶苍蝇，对来者理都不理。几只羊看上去似乎吃饱了肚子，懒洋洋地躺在地上。图伯特和莫伦达喇嘛刚刚走到住地前，突见从牛车下蹿出一条大狗，大狗两眼发出红光，龇牙咧嘴地朝他们狂吠。二人吓了一跳，不觉失声喊叫。听见狗吠声，牛车旁地窝里走出一个慌里慌张又高又胖的女人，见是一群人马过来，急忙举起手中的烧火棍大声撵着狗："德尔布，德尔布，回去，回去！"

那狗听见胖女人的吆喝，吓得抽头回身，一下伏在她的脚旁，把头搁在前爪上，骨碌着眼睛，不再狂吠，只发出低沉的怨声。

"噢，您这狗好凶啊！是个好帮手"图伯特小心地走前一步轻声说。

"它看起来凶，不会咬人的！"胖女人因不敢正视来人的眼睛，显然没有认出站在面前的人是谁，不好意思地笑了笑，脸上显露出难为情的样子，回答道。

"您怎么称呼？"图伯特看了一眼那胖女人，亲切地问。

那女人见问自己的姓名，一下红了脸，低下头尽力避开图伯特的目光，慌乱地用手中烧火棍轻轻敲打着德尔布的头不搭话。

"这是图伯特大人，特地来看你们。"莫伦见两个人显得有些窘迫，只好出面发话。

"啊，是图伯特大人。小女……"听了莫伦达喇嘛的话，胖女人的脸变得越发红，意外的惊惶和突然的惊喜使她张着嘴，嘴唇发抖，一时说不出话来。

"不必害羞，慢慢说来。"图伯特见胖女人一副惊慌失措的样子，看了一眼莫伦，用和缓的口气宽慰着说。

"小女叫花尔香……"胖女人看上去三十出头，非常健壮，脸上轮廓分明，看上去平静柔和。头发梳得干干净净，身上收拾得整洁利索，眨动的两眼充满着做母亲的快乐。

突然从地窝里传来小孩子的哭声，图伯特感到十分愕然。

"噢，是你的小孩？"

"是的，大人。"花尔香怯生生地恭立着，双手不知所措地抚弄着烧火棍。

“几岁了?”图伯特问。

“一岁了，大人。”

“快，快去看看!”

图伯特见小孩哭声不止，歉疚似的急忙催促花尔香。

“不要紧的，大人，哭一会儿就不哭了……”花尔香依然低着头喃喃回答。

“喔，怎么能不管呢?”图伯特说着自己走进了地窝子。

地窝子很低，门框几乎碰头。里边虽然狭小，光线昏暗，但用枣木搭的一张双人铺上被褥叠得整整齐齐、干干净净，空气中散发出吃奶的小孩特有的甜甜的乳香味。图伯特抬头看了一眼头顶上横七竖八的柳木椽子和门对面一扇用锄头凿出来的小窗户，乐呵呵地抱起小孩走出了门。

“噢，让我瞧瞧!”莫伦达喇嘛忙凑过去，见那小孩脸上还挂着泪珠，不觉仰起头大笑起来。

“莫伦大师，您瞧瞧，这小家伙长得多壮啊!”图伯特高兴得一边细细端详着小孩红扑扑的小脸，一边嘴里不断地啧啧称赞。

“阿弥陀佛，这小孩真是一脸福相！大人，以后你也会有的!”莫伦达喇嘛早已看出图伯特的心思，不在意地安慰说。他心里知道，图伯特的女人因为不曾生育，所以他一见小孩，眼睛里就射出愉悦温柔的光芒。不论是谁家的孩子他都疼爱，满心喜欢，他有对自己人生缺失的惋惜，但是他无法改变自己的姻缘。此时听莫伦达喇嘛的话，脸上掠过无奈的表情。

“大师，您说的话是真的吗?”

站在一旁的花尔香听了莫伦达喇嘛夸赞孩子的话高兴坏了。

她扑闪着明亮的眼睛简直不敢相信自己的耳朵。那张胖胖脸上的傻傻的惊愕倏忽间变成狂喜的娇憨，显露出一排洁白中带着淡黄的牙齿，全身都开始颤抖起来。

“出家人岂能说假话。这小孩天庭饱满地阁方圆，两眼十分精神，叫人看了巴不得亲一口。”

“噢，太好了，太好了！他阿默听了会高兴死的！”花尔香抑制不住自己的惊喜，丢下烧火棍拍着双手喊了起来。站在图伯特和莫伦后面的跟丁们都被她的天真模样逗乐了。

“花尔香，孩子他阿默在哪儿?”

“回大人，他阿默在工地上！”花尔香见大人问话，忘情地在大人面前失了礼，又笑又喘大声回答。

“你们两口子都来了，还带着小孩，真不容易。你给多少人备饭，累不累?”图伯特依然抱着小孩关切地问。

“回大人，连我们三口有三十二人。孩子他阿默说了，要是大渠挖成，咱累也高兴！”花尔香这时才收敛起笑容，意识到自己不该失态大笑，急忙羞赧地撩起围裙擦了擦手，从图伯特怀里接过孩子，两眼显现出母亲的怜爱之情。

花尔香的回答出乎图伯特的意料，他没有想到一个刚刚为人之母的普通民女，虽然说不出什么忧国忧民的大道理，但她的一句普普通通的话，竟然能令听者在内心产生震撼。他再一次深深地看了一眼花尔香那张朴实、坦诚、善良的脸，心里涌起一阵强烈的感激之情。刹那间他似乎看到了希望，全身一下轻松了许多。他想，如果每个人都有花尔香那样一颗热烈的心，这世上还有什么办不到的事呢！人心是黄金，是无与伦比的财富。他带着激动的思绪准备离开六牛录住地，突然闻到一股香香的发面饼的

气味，不觉又开口问：“花尔香，饼子都烙完了？”

“是，大人，饼子早烙完了，我还准备炒菜呢！”短暂的接触，花尔香感觉到图伯特大人那么和蔼可亲、那么体贴，心里舒坦多了、开朗多了，不像刚见面时那样拘束了。

“莫伦大师，您累不累，要不要往下再去看看？”图伯特听了花尔香回答，满意地点了点头，转过身问莫伦达喇嘛。

“才走了这么一段路，有什么好累的。七牛录是大人的家乡，去看看有何妨！”

“好，咱们往下走。”

“大人！”花尔香见图伯特大人和达喇嘛要走，突然想起什么，不觉喊了一声，欲说又止。

“花尔香，还有什么事吗？”图伯特见花尔香好像有什么心事，停止脚步关切地问。

“我的小孩还没起名，大人……”花尔香好像很为难。

“哦？好，好，就请莫伦大师给你孩子起个名吧！”图伯特爽快地说。

“好，好！起个名，起个好名！……起什么呢？”莫伦达喇嘛高兴地眉头一皱接着说，“咱们的大渠，头功已成，不简单！为了纪念大渠功成，就叫他布哈吧，怎么样？”

“好，好，起得好！”图伯特听了十分满意。

花尔香高兴得不知说什么好，再三道谢：“谢谢大人，谢谢莫伦大师！”

七牛录的住地上不见旌旗扬，不见炊烟飘，不见人影动。图伯特和莫伦心里十分纳闷，不知道发生了什么事。两个人加快步伙急忙走过去。住地东侧有一个四根碗口粗的木桩搭起的凉棚，上面散放着稀稀拉拉的陈年苇秆，阳光从缝隙斜斜地投射下来，几乎不见一点阴影。下面新挖的四四方方的灶坑里蹲着一个人正望着刚架的大锅唉声叹气。锅里只有半锅黄黄的浊水有气无力地徐徐冒着热气，看上去刚点火不久。

“这是怎么回事？”图伯特见了，刚刚涌起的激情顿时化为乌有，脸色骤变，额头上冒出细细的汗珠。

“大人……”那伙夫见是图伯特大人，惊惶地起身恭立，两腿微微有些发颤，嘴里含糊不清说不出话来。

“快到中午了，锅里怎么还空着？”图伯特两眼盯着伙夫一脸的苦相厉声喝问。

“回大人，我们从牛录里出发时达明阿佐领只给装了面粉，说是叫我们先走，肉、油和菜随后就到，可是……”

“达明阿佐领为何没来？”图伯特听了大怒，两眼由暗发红。

“达明阿佐领说家中老母病重，已向硕尔泰大人请了假，就派了富尔恒额防御大人，他，在工地……”

“速去把他叫来！”

“喳！”伙夫巴不得脱身，立刻跳出灶坑拔腿就往工地跑。

“真是岂有此理！”图伯特怒气未消，看着莫伦直摇头。

“大人，听说您曾治罪于他，他是否怀恨在心，故意拖延作对？”莫伦沉思片刻后若有所思地说。

“哦？他身为牛录佐领，公私不分，私吞抚恤，罪有应得。”

两个人等了一袋烟工夫，见富尔恒额防御后面跟着伙夫两个人一起喘着气小跑着从工地上赶过来。

“是富尔恒额防御吗？”

"是，大人。"富尔恒额走到图伯特跟前弯腰低头毕恭毕敬地回答。由于跑得急，满脸通红，汗水从他的额头不断地往下流。

"这是怎么回事？"图伯特气愤地瞟了一眼富尔恒额负疚的脸，用鞭子指着大锅问。

"回大人，达明阿佐领叫我们先走，说是肉、油、菜等随后就到，可是我们盼来盼去直到现在还没来，卑职也等得心急如焚……"

本来就心焦的他，说话间已是汗流浃背了。

"好一个达明阿，竟然拿军令当儿戏！你马上派人回去告诉达明阿，若一切备应物具明日下午送不到，本官决不客气，定要问罪不饶，奏报将军大人革他的职！"图伯特说话果断，态度坚决，没有一丝宽恕之情。

"喳，卑职这就去办！"富尔恒额抹着满脸的汗珠，唯唯诺诺领命退去。

"伙夫！"

"小的在！"

"你去五牛录住地，借两只羊、一葫芦清油和一些蔬菜，赶在中午前速将饭菜准备好，若有迟误，唯你是问！"图伯特交代完，似乎才消了些气。

"喳！"伙夫吓得站在一旁心慌意乱不知图伯特大人怎么发落自己，听了叫他去五牛录借羊、油、菜，心中的一块石头落了地，转身就飞也似的往五牛录住地跑去。

图伯特和莫伦二人缓步走上一处临河高坡，为了驱散心中的不悦，极目眺望伊犁河头那皑皑白雪雄冠群峰的山峦，慰藉沉重的心情。沐浴在秋日的伊犁河没有了春天的雄浑，没有了夏日的疯狂，河面上平静无浪，只有一层层耀眼夺目彩缎般的光在闪烁。河边苍茫枣林依恋着河水向西逶迤伸展而去。工地上，民工们一个个光着膀子，奋力地抡锤凿钎，叮当声不断传来。两个人看了一阵后，感慨大自然的博大，顿觉胸中宽慰了许多，不去想刚才的扫兴事。

“图伯特大人，依我看，大渠凿口处岩石非同一般坚硬，须调壮劳力。”莫伦达喇嘛见图伯特情绪已有好转，便趁机提出自己的看法。

“大师所言极是，我也这么想。要不咱们现在过去看看，晚上再召集会议听听大伙的意见如何？”

“好啊，走！”

54

夜，已经缓缓降临。天空中一片月色在清新、静谧、深邃中显得既新鲜清爽又明亮皎洁，疏疏落落的星星眨着诱惑的眼睛，一会儿躲进游移的白云后面，一会儿又蹦出来守望那属于自己的天空。夜归的宿鸟在枣林的枝头上偶尔叫几声，草丛中时近时远的虫鸣与之相呼应，仿佛不愿被夜色淹没自己生命中唱出的赞歌。住地上一片灯火明亮，各牛录前面高高挂起的灯笼像一条舞动的彩龙，在伊犁河面吹来的潮湿的细风中昂首飘动。

小小地窝里，进门右侧一张小桌上，一缕微弱的清油灯光有气无力地闪动着，在簇簇阴影中，花尔香怀里抱着孩子坐在铺上喂着奶，嘴里却滔滔不绝地给坐在铺下的丈夫讲述白天总管大人和莫伦达喇嘛一行来过的事，说着说着，回忆起达喇嘛的话又兴奋得咯咯笑了起来，笑声中充满母亲的慈爱。

“真的？大师真的那么说了？”劳累了一天的丈夫听了妻子的话，忘记了所有的困倦，面带孩子般的笑容问道。

“你不信我就不说了！”花尔香见丈夫仿佛不相信自己的话，有些急了。

“噢，我信，我信！我的儿子真有福气哟！”丈夫说笑着爬上铺伸过头在儿子的脸上狠狠地亲了一口。

花尔香的丈夫名叫阿吉疙瘩，三十来岁，前额就已经有了几道深深的皱纹，狭长的下巴向下伸出，高高凸起的颧骨十分显眼。他身材矮瘦，似乎不堪重负，但他脸上总是带着孩子般的天真，好像天生就不知道这世上还有忧愁和烦恼。一大一小两只眼睛隐隐地藏在一高一低的眉毛下面，黄黄的眸子里透出狡黠的灵气，常常随着脸色变幻表情。花尔香比他大两岁，当初他虽然有些不情愿，但他的父母逼着他成了亲。因为婚前他从未见过花尔香一面，大喜的那个晚上他磨蹭到半夜才进洞房。那时花尔香早已和衣入睡，他坐在刺眼的灯光下，心里一团茫然，结婚让他既兴奋又害怕。他吹灭了灯，想趁着黑暗闯过去，可突然从四面八方扑进来的黑暗使他恐惧，难以平复心跳。他坐在炕西头，头靠着墙，想动不敢动，只有一阵阵难受的颤抖。他坐着怕着，恐惧越来越模糊了，朦胧中隐隐听见远处一阵阵狗叫声传来，狗叫声伴着他从未听过的女人的和谐均匀的鼾声……

突然，一阵叩门声把他吓醒，门缝透进来的阳光里，母亲责备的目光使他无地自容。以后连续几天他仍进不了洞房，一进门两腿就不由自主地发抖。后来母亲硬逼着他上炕脱了衣裤，又和花尔香耳语了几句把他塞进了被窝。半夜，他迷迷糊糊似睡非睡时，突然一只热乎乎的手轻轻地摸他的下身，他吓得一下坐了起来，黑暗中瞪着眼睛大口大口地喘气。他正发愣时，一个巨大的身子猛地重重地压在他身上，一双滚烫的大奶子顶住他发闷的胸口，他的嘴也被一个火热的嘴牢牢粘住了。他想动不敢动，想喊不能喊，几天来的茫然恐惧烟消云散，他的身体已被女人纯洁无瑕无法抵抗的性欲冲动给点燃了，刹那间他气血上涌，一下子恢复了男人的风采。一次次的云雨交欢终于使他摆脱了无法言明的负罪感，找到了男人的自尊和信心。从此，他干起活来不再孤单，睡起觉来有人陪伴，日子一下变得美好了。可不知道为什么，他十分惧怕花尔香，她说一他不敢说二，而花尔香也从没有无缘无故欺负过他，她总是把他当成一个大男孩，总是笑眯眯地瞧他，弄得他不出一身冷汗便起一身的鸡皮疙瘩。本来他是不想来挖渠的，是被花尔香逼着才不得不来。对于他来说，要不要挖渠引水他并不在乎，如果叫他携妻带儿坐牛车再回盛京老家，他肯定是头一个趴在地上死活不肯走的人。刚才他听了花尔香的话，心里别提有多高兴，没想到他这号人还有那么好的福气，很久没有过的要想祈祷的愿望叫他迫不及待地走出地窝，向博大的天空表达自己衷心的感谢。

远处传来飞察克婉转悠扬的声音，一会儿如泣如诉，一会儿如醉如痴，飞向遥远的神秘天际。

指挥部大帐设在山脚下岸边一座高坡上，居高临下，进出十分便利。帐内悬挂的两盏燃清油的长明灯轻轻摇曳，把偌大一个帐篷照得如同白昼，门口泻出一片光亮。西边朝南北方向的案儿上摆着笔墨、各种文书，平放着一张挖渠规划图。图伯特和莫伦达喇嘛坐在中间，右边坐着巴扬阿等几位长者，左边坐着柯伯

克、华沙布、绰布图以及富尔恒额、额尔固伦等几位章京、防御和先锋官。图伯特抬头看了看大家，见还有几个人没有到，就先叫了六牛录佐领一声。

“绰布图佐领!”

“卑职在!”绰布图应声从座位上站了起来。

“自古以来，炊事做饭并非一件容易之事。白天我和莫伦大师到各牛录住地看了一下，唯独你牛录只派一名带小孩的女人给三十多人备饭，只怕日后劳累过度，不仅影响她的身体健康，还影响工程。”

绰布图以为是什么大事，听了图伯特的话，开心一笑，得意地回答说：“回大人，您不知道，那花尔香从做姑娘起就在山地上年年给十几户人家备饭，炖肉炒菜，下面烙饼，样样出色，而且干活干净利落，吃苦能干是出了名的，她才不在乎给三十个人做饭！不过这次来，卑职本想给她派个帮手，可她死活不肯，说是牛录里劳力名额有限，做饭的活儿她一个人包了，就是辛苦点儿心里也乐意，还说大渠哪天挖成，她哪天才回家!”

“噢，真了不起！她男人同意吗?”

绰布图听了图伯特的问话，禁不住仰头哈哈大笑起来。

“绰布图佐领，你……你笑什么?”图伯特迷惑不解。

“哎呀，大人，她才不听她男人的话呢!”

“噢，哈哈……”图伯特和众人被绰布图的话逗乐了。

“好，好！一个女人家竟有如此心胸、如此抱负，真是难得！我们一定要把大渠早日挖通，好让她高高兴兴地早日回家!”

“是，大人!”

绰布图话音刚落，呼图克和德克津布前后走进来，与诸位一一见过后匆匆入了座。图伯特见人已到齐，收起了刚才欣喜的笑容，深沉中带着期望看着大家开了口："诸位，今晚召集大家到帐前议事，是因今日挖渠工程宣告开工，我们的担子更重了。要想挖渠早日功成，首先在座的诸位必须齐心协力，处处为先，有令必行才是。为了严格作息，不误调遣，保证工程进度顺利进行，本官现将几条纪律当众公布，望诸位回各自住地传令下去，遵照执行！"

"遵命！"众人齐声回答。

"第一，朝夕出工收工以螺声为准，任何人不得无故旷工、误工；第二，每个牛录当日工程当日完工，不得敷衍塞责、耽误拖延；第三，德克津布佐领为挖渠副总指挥，巴扬阿为总监官，验收若有不合格，坚决返工。以上纪律若有违者一律按军法论处！"

"喳！"

"其次，工程进度如何，要看人的体力如何。一日三餐是人之根本，不吃饱肚子怎么干活？各牛录一定要改善伙食，保证给养充足。今天我和莫伦大师查看住地时发现七牛录佐领达明阿非但自己托故不来，而且除了面粉以外其余物品一律未到，民工们劳累一天下来吃什么？喝西北风吗？往后谁要是敷衍怠慢，定严惩不贷！"

"遵命！"

"另外，今天刚刚开工，我和莫伦大师再次到临河峭岩绝壁取口处详细察看了一下，觉得按一牛录一班民工按一天的工程进度看，届时实难凿通放水。现请诸位再议议，看谁有何高见？"

大家听了图伯特的话，有的望着门外，有的看着悬灯，有的开始交头接耳小声议论起来。

“大人，依卑职之见，多打几条铁钎，多派几个人如何？”二牛录佐领呼图克若有所思，慢慢站起来看着大伙说。

“不成，不成！巴掌大的地儿，放个屁都能闻到味，人多了反而误工！”呼图克刚说完，巴扬阿第一个反驳，坐在下面一个劲儿地摇头。

“巴扬阿大人您说怎么办？”呼图克显然被抢白得不服气，没好气地反问。

巴扬阿不搭话还是直摇头。

“大人，诸位，卑职以为要想加快凿口不如先撤出一牛录民工，另从几个牛录挑选年轻力壮的精干民工编为两个突击组，日夜轮流施工，不愁届时完不成任务。不知这个办法可行不可行？”八牛录佐领德克津布趁着呼图克和巴扬阿抬杠的间隙站起来献策。图伯特和莫伦达喇嘛听了德克津布的话，都觉得他的话很有道理，会心地对视一笑，脸上露出信任和满意的表情。图伯特站起来轻轻拍了一下案儿，朗声问大家：“诸位，德克津布佐领的主意如何？”

“不错，不错，这主意不错！”巴扬阿正无话可对呼图克，德克津布的话正中下怀，马上大声赞成，又冲着呼图克得意地瞅了一眼。

大家一致点头同意。图伯特弯腰躬身和莫伦达喇嘛耳语了几句，又直起腰来大声问：“诸位，这主意虽好，不过这任务艰巨而光荣，危险又繁重，不知道哪位敢出来接此重任？”

“回大人，这工程卑职全包了！”图伯特话音刚落，坐在后面角落的额尔固伦防御站起来高声夺了标。

“好，好！额尔固伦防御有志气！诸位看怎么样？”图伯特心里一悦，又征求大家意见。

“望大人允准！”大伙把目光投向额尔固伦防御，满心欢喜，没有异议。

“好，诸位既然没有异议，本官允准。不过额尔固伦防御听着，自古军中无戏言，完不成任务怎么办？”

“回大人，卑职如果不能按时完成工程，耽误开口放水，甘愿受罚！”额尔固伦已经自告奋勇拿下任务，无路可退，只得硬着头皮上。

“额尔固伦防御，本官知道你的心情。你要记住，一人受罚是小事，挖渠成败才是大事，任何时候万不可因小失大，你要尽力！”图伯特朝额尔固伦微微点了点头，意味深长的嘱咐，是说给他们，也像是说给自己听的。

“卑职一定尽力，望大人放心！”额尔固伦听了图伯特的嘱咐深有感触地再一次表决心。

“你有何要求？”

“大人，突击组的人得卑职自己挑！”

“好，大人，任他挑！”德克津布耐不住自己的主意被大伙采纳的欣慰快活，急忙插话大声喊。

“好，人由你自己挑。铁锤、铁钎、撬杠、抬把、箩筐等所需用具由德克津布佐领负责准备齐全。铁匠铺搬到取口处，随坏随修，不得有误！”

“喳！”德克津布满口应承。

“他们的伙食另开灶，米面肉食均由总管档房拨给，保证他们一日三餐吃好吃饱，休息好！”

“喳！”

55

带着潮乎乎的露水气味，伴着湿漉漉的泥土芳香，早晨的阳光慢慢降临到八个牛录的工地上，天空仿佛渐渐地高了，树影渐渐淡了，河水渐渐静了，炊烟渐渐升起了。一阵阵激昂催人的螺号声中，东方的天空微微透出清冷的白光，渐渐变成淡黄，又变成了血红，紧接着东山那边伊犁河河面上一轮红日冉冉升起，给河边的枣林染上了一层玫瑰红。灿烂的霞光中，河水宛若一条隐约闪亮的银带，放射着耀眼的光彩蜿蜒西去，幽静而秀丽。远处，横跨东西的天山山脉，沉沉隐藏在灰白色的晨雾中仿佛在徐徐流动，朦朦胧胧，望不到边际，令人随意遐想。工地上旌旗林立，遮天蔽日，臂膀起伏，尘土飞扬，似条条黄龙腾空欲飞。只有在大渠取口处依然平静，一块稍平的见方岩石上停放着一辆牛车，车厢里装了十几块一人抬不动的大石头。相隔不远的铁匠铺里，铁锤的叮当声和风箱边喷火的熔炉发出的呼呼声，掺杂着烧红了的铁钎浸到水里的“吱吱”声，喷射出一阵阵呛人的热气，两个铁匠顺着额头和两颊流着热汗，站在四处乱飞的火星里不停地煅铁。另一个人全身上下沾满煤粉，一会儿用黑黑的手臂抹一下黑黑的脸，给炉里添煤。

额尔固伦，这个曾经手执长枪，骑着骏马，凭借一身如牛力气和过人本领走南闯北，年初才从喀什噶尔换防回来的年轻防御，走到哪里浑身上下总有一股虎气，眼神总是坚决果断，没有一丝的犹豫不决，使人感到一种力量。

他出身官宦之家，从内心到外表都保持着身经百战的军士风度和与众不同的奋斗精神。他父亲曾官至四品，立下过赫赫战功。此时此刻，他紧束一条宽宽的腰带，一手拃着腰，一手扶着牛车的车轮，满脸肃气，两眼灼灼地站在车旁，身后站满了从各牛录前来报名参加突击组的小伙子们，一个个摩拳擦掌，跃跃欲试。

额尔固伦用力试推几下车轮，然后转过身来放开嗓门大声宣布："大家听着，咱这脚下全是坚硬如铁的层层岩石，要想凿出大渠口，不会像脱衣穿裤那么容易。谁想参加突击组，谁就准备脱几层皮、掉几斤肉，有媳妇的不能去和媳妇亲热，没有媳妇的就在这工地睡觉，日夜轮流，加紧施工，直到完成任务为止。现在你们瞧瞧，这牛车装了满满一车石头，谁能把车轮这一端单臂抬起，谁就算一个！我额尔固伦对谁也不偏心，凭本事选人！"

"噢，我先试试，我先试试！"额尔固伦刚说完，小伙子们便一个个脱掉衣服亮出结实有力的膀子，争抢着上前要头一个应试。

"不要急，一个个来，先从一牛录开始，其余的准备！"额尔固伦蹙着浓眉向簇拥而来的小伙子们大声喝令，叫他们排好队按各牛录顺序应试。

不到半个时辰，抬起车轮的高兴地笑着跳着聚到一边，已经排成了一条长队。没能抬起的一个个面带遗憾地站着一边，不服气地望着牛车轻轻摇头，围在四周不愿离去。有的甚至拼劲时嘴唇被咬破流了血，抿着嘴怕被人耻笑。

经过一天的劳动，下面的一截已经挖通一里多长，渠两边刨出来的黑土堆得如一座座小山。那刚刚挖开的渠底散发出的浓浓的泥土味在空气中弥漫，闻起来叫人舒服心醉。

第二天，天刚蒙蒙亮，清晨第一缕蓝幽幽薄明的雾霭中螺声响过，图伯特、德克津布、巴扬阿便匆匆赶到凿口处查看，见额尔固伦正领着突击组一帮生龙活虎的小伙子干得热火朝天，三个人的脸上都露出舒心的笑意。

“小伙子们，辛苦啦!”图伯特向前一步走过去大声问候。

不料，没有一个人回答，没有一个人停下手中的活，铁锤依然呼呼生风，铁钎照旧叮当作响，一天一夜的工夫，岩石凿出的缺口已经开始往前延伸。图伯特愣怔怔地望了他们一会儿，不觉哑然一笑，扭头向德克津布和巴扬阿轻轻地挥了一下手，转身往下游走去。

一条渠干，沿着阶梯坡下弯弯曲曲地向前延伸，他们边走边看，有时候还停下来蹲下身瞄一瞄、量一量宽窄高低。巴扬阿拿着规划图，乜斜着眼睛，一会儿贴渠边瞄一瞄，一会儿趴在渠底瞅一瞅，遇到凡是渠宽不足、渠底不平处都叫手下人打桩做记号，紧绷着老脸嘴里气呼呼地嘟囔不止。走到一拐弯处，他猫着腰仔细看了看，突然开口大骂起来：“兔崽子们，想要花花枪，叫他们返工！哼，看我巴扬阿如何修理!”

图伯特见状笑了笑：“巴扬阿大人……”

“大人，您笑什么？对那些出工不出力的家伙，巴扬阿就是不给好脸，他再不改，去见他的祖宗!”

“巴扬阿大人……”德克津布想说什么，见巴扬阿的双眼瞪得浑圆，就闭口了。

三个人走到六牛录和七牛录交界处，见民工们一个个奋力扬锄，汗流浃背，干得起劲，巴扬阿的脸色才慢慢舒展了。图伯特正在前面欢悦地走着，时不时抬眼看看两岸盖过头顶的湿漉漉的黄土，无意中见前面干活的民工中有一个身材瘦小的男人坐在地上，双手比画着，嘴里不知在说些什么，惹得跪坐他身边双手不停挖土的大胖子一阵阵咯咯发笑。

“他们在说什么?”图伯特止住步，侧头问德克津布。

德克津布摇摇头，想走过去询问，图伯特急忙举手制止。

那矮子还在唾沫飞扬地说着，那胖子还一个劲儿地开怀大笑，根本没发觉图伯特他们。图伯特停了一会儿，一个人慢步悄声地走过去，站在那矮个子男人身后，突然出其不意大声问：“这说话的，你叫什么?”

那矮个子男人被图伯特突如其来的喊声吓得从地上一骨碌爬起来，慌忙拍打屁股上的土，不知道大人问了自己什么话，眨巴着眼说不出话。周围的人见是总管大人，一个个停下手中的活儿，抹着脸上的汗水微笑着朝矮个子男人看。那胖子也赶忙收起笑容低下了头。德克津布走过去，再问那矮个子男人：“总管大人问你叫什么，怎么不说话?”

“我……我叫阿吉疙瘩。”矮子回答得吞吞吐吐。

图伯特不觉一笑，“嗯?怎么阿吉后面还加了一个疙瘩呢?”

矮个子男人的脸唰的一红，偷看了一眼图伯特小声说：“牛录里人见我个头矮小，都这么叫我。”

“大家这样叫你，你不介意?”

“不，大人，我很高兴大家这样叫我。”

“大人，他叫石头疙瘩、发芽疙瘩、三年不孕的臭疙瘩、惧怕老婆的软疙瘩!”那胖子见总管大人没有责备之意突然插了一句，惹得周围的民工禁不住笑起来。

“你老婆是谁呀?你为什么怕她?”图伯特也跟着大伙笑了

笑，继续兴致勃勃地问。

“大人，他老婆叫花尔香，两个奶头跟我头一般大！他呀，现在还偷着吃奶呢！”胖子的话，又激起一阵哄然大笑。

“噢，原来你就是花尔香的男人，你真有福气，找了一个好女人！花尔香很有志气，你可不能落在她后头啊！”

“大人，您见过我媳妇？”阿吉疙瘩见总管大人夸他老婆，又惊又喜，急忙拍着胸脯不甘示弱地接着说，“大人，我阿吉疙瘩个头虽小，决不输给她！您瞧，我今天的工不就快完了吗！”

“是不是他帮你的工？”图伯特指着胖子问。

“是的，大人。”阿吉疙瘩有点儿不好意思地不敢正视图伯特，可眼珠一转急忙又分辩说，“大人，我可是供他好吃的，没有白叫他帮工！”

“嗯？怎么回事？”图伯特听了阿吉疙瘩的话，不解地问胖子。

“回大人，我家原是六牛录的，今年才搬到七牛录。我俩从小一起长大，很要好，他见我吃不饱，常常带些好吃的给我。大人，达明阿佐领他……”胖子说着低下了头。

“好了，我知道了。”图伯特听了胖子最后一句话，不觉面容失色，心情沉重。“你们俩真是好朋友，应该，应该。那你叫什么？”

胖子抬起头勉强地嘿嘿笑着不搭腔。

“大人，他叫勒克西！”阿吉疙瘩机灵，见朋友为难，急忙解围。

“什么？”图伯特好像没听明白。

“大人，他叫盐葫芦、醋葫芦、千年不烂的勒克西葫芦！”阿吉疙瘩的一句俏皮话，驱散了大伙心里的不快，招来一阵发自内心的欢笑声。

“大人，他力大如牛，他去报名参加突击组，差点把牛车给掀翻了。额尔固伦防御说他那是笨劲，没要。”阿吉疙瘩见总管大人高兴，滔滔不绝说个没完。

“二下巴，你少说两句行不行？”巴扬阿见他喋喋不休，瞪了他一眼。

“噢，那真是难为你了。”图伯特听了阿吉疙瘩的话，似乎也为胖子抱不平。

“大人，我在这里多干一些不是一样吗？”

“一样，一样，有骨气！”

胖子见图伯特大人夸自己，乐得朝阿吉疙瘩扮了一个鬼脸，丢了一个眼色，“大人，您瞧那七牛录的工地，哪里的土堆最高，哪里就是我的工！我，我只担心阿吉疙瘩完不成工回去被花尔香用烧火棍追打！”

大家又是一阵大笑。图伯特长长叹口气，心想，有这样的民工，何愁挖不成这大渠！他们没什么过多的要求，却都加倍地付出，难道这还不够吗？面对他们的耐劳、他们的辛勤、他们的坦诚，还能说什么呢？阿吉疙瘩真诚的眼睛，勒克西憨厚的脸庞，不就像一盏盏明灯在自己胸中点亮，闪闪发光吗？

不过，这几天无论是白天还是黑夜，图伯特心里一直放不下的是额尔固伦。他相信额尔固伦一定会不负众望，但又担心他跟着两组不分昼夜地干会累垮身子影响工程。他劝过几次，但额尔固伦微微一笑便避开了。看上去，额尔固伦依旧结实有力，神情也十分坚决，仿佛没有什么能击垮他，但那充满血丝的眼睛凹下

去了，眼圈黑了，一片胡子遮住他的半张脸，厚厚的嘴唇上出现了几道干裂的血痕。他身上的白布衫被汗水洇湿了又干，干了又湿，汗渍斑斑，一双布鞋早已开了大口子，露出来的脚指头被石头磨得紫黑。当他奋力抡起十几磅重的铁锤时，当他狠狠攥紧粗硬的铁钎时，表现出的坚强信念，不就是他纯洁无瑕、一心为众的品性吗？图伯特感激他。为了减轻额尔固伦肩上的压力，缩短工程进度，图伯特曾经向锡伯营领队大臣普萨保提出能否让绿营派几个爆破手凿眼放炮加快进度，但被伊犁将军以军用火药不得他用而拒绝了。

额尔固伦曾经驰骋于天山南北卡伦，穿梭于乌孙东西台站，什么样的苦没有吃过，什么样的难没见过！他只有一个信念，那就是以不负圣命为天职。从自告奋勇夺得大渠凿口之工那一刻起，他就深知压在自己肩上的这副担子有多重。在他的脑海里，大渠仿佛就像一条苍龙，渠口就像龙头，只有这个头抬起来，龙身龙尾才能摆动，才能起飞，才能乘风千里，向人间洒下甘露惠及大地。他要向图伯特大人、向八旗官兵有个令人自豪的交代。

白昼追逐黑夜，黑夜又延续白天，十几天过去了，太阳照样从螺声中喷薄而出，又在河滩野鸭的鸣叫声中落山。一张张满是汗水和尘垢的脸见证了开山挖渠的过程，终于迎来了开工后的第一个令人振奋的喜悦。

“大伙注意喽！今天中午要放水试渠，大家做好准备！”

一天上午，一骑直奔工地，骑者沿着工地边策马奔跑边大喊。

正在热火朝天干活的民工们听说要放水试渠，高兴得争先恐后爬上岸欢呼雀跃，几里长的工地一下子喊声如雷滚动。大家彼此拥抱、欢呼。胖子勒克西高兴得晕了头，本是抱着阿吉疙瘩的，一使劲竟将他举过头顶。阿吉疙瘩顺着勒克西的手劲，两腿朝天一下扎进土堆里。阿吉疙瘩挣扎着爬起来，带着满脸的泥土咧嘴笑一笑，冷不防朝勒克西下身扑过去，将他的裤子往下一拉，露出白花花的小半个屁股……民工们笑着、闹着、喊着，忘却了十几天来的劳累和疑虑，每个人心中的希望开始发芽。

“嚯依！你们两个兔崽子，笑，笑什么？笑得像狐狸拉稀似的，快下来！”阿吉疙瘩和勒克西正在兴头上，突然从渠里传来一个恶狠狠的吼声，吓得收住笑声，睁大眼睛愣愣地往渠里看。

“看，看什么？快下来！”原来是巴扬阿站在渠里双手拃着腰喊他们。“快放水了，还站在岸上笑什么！快把渠里松土清理干净，干活别像烂饼子蘸糖稀一样！”

两个人谁敢在巴扬阿面前说个不字，慌忙灰溜溜地跳下渠沟清理渠底的土。

“其他人也都下来，赶紧清理各自的工段，等水来了想和稀泥啊！”

大渠口从岩石嘴开凿，约三丈宽、一丈深，活像龙头张开的一张嘴，吞饮重重冲击而来的河水，令人望而生畏。两岸间，眼下一根粗长的枕木横跨南北，两头插进岸头各自的凿眼。一排碗口粗的椽木一头压住枕木一头插进水里，树枝杂草等压着土石堵住渠口，挡住进水。渠北一块岩石上，图伯特、莫伦大师、德克津布等望着远处滚滚而来的河水肃穆地站着。临河岸向着河水摆着一张大桌，上面供放着各种祭品，点着香火，准备请河神来享用。后面，额尔固伦领着突击组民工站成一排，一个个光着膀子，静候总管大人下令放水。过了一会儿，图伯特见日头已到正

午，便侧着脸轻声对莫伦大师说：“大师，时辰已到，开始吧！”

莫伦大师微微点了点头，轻步走到供桌前，双手举起一炷香，双膝跪下开始祈祷。众人也跟着一齐下跪，跟着大师虔诚地祈祷。

“阿弥陀佛，苍天在上，我佛慈悲，为了上报天恩、下救百姓，锡伯营今日放水试渠，望佛祖垂怜锡伯营挖渠之举心诚志坚，保佑生灵，水到渠成！”

祈祷完毕，大家又一起磕了三个响头后起身恭敬站立。过了片刻，图伯特慢慢转过身，感激地望了一眼额尔固伦，从德克津布手里接过早已盛满酒的硕大的酒葫芦，给突击组的每个人亲手倒了一碗酒，向他们投去敬佩和满意的目光，脸上洋溢着喜悦的神情。

“今日放水试渠，开山挖渠你们是头功！本官替锡伯营男女老少敬你们每人一碗酒！”

突击组的民工们从总管大人手里接过盛满信任的酒碗，眼里闪动着青春的活力和无比的兴奋，咧着嘴笑着却说不出一句话。额尔固伦听了图伯特大人的话，禁不住眼睛里涌出泪水，将酒一饮而尽，“谢大人！”

民工们也一个接一个干了。图伯特大人举起右手向他们奋力一挥，大声下令：

“开口放水！”

额尔固伦第一个跳下水渠，突击组民工们不甘落后，也跟着扑通扑通跳下水。不到一袋烟的工夫，渠口已被扒开，椽木还没来得及抽出，河水便哗哗冲进渠里，峰头昂立，滚滚向前。图伯特和德克津布给莫伦大师打了个招呼，叫他在此等候休息，两个人带上跟丁急忙走下岩石取镫上马，追着水头放马疾走。

看那水，顺着蜿蜒曲折的大渠奔流着，泛起波浪跳跃翻腾，发出悦耳的哗哗声响。

德克津布高兴得一边加鞭策马，一边指着渠水大声喊："大人，您看！您看那水，水！"

"看见了，看见了！"图伯特脸上充满了喜悦，这可是渴望已久的生命之水啊！多少个日夜因焦虑和紧张而缩紧的心脏，突然间舒畅了，心灵中顷刻间注满了生命的希望与爱的力量。此时此刻他虽有千言万语想倾诉，却顾不得，说不出，心里只有兴奋。除了渠水他忘记了一切，他所梦寐以求的目标已经离他不远，他能不兴奋吗？

渠水流到民工住地下段，早在岸边焦急等待的民工们看见渠水哗哗地流过他们的眼前，不知道有多高兴！他们扔了手中的工具，一个个跳进水里，大声地喊着，开怀地笑着，多少年沉寂的荒地被渠水浸润，无垠的荒凉刹那间消失，一时间分辨不出渠里是水在流还是人在流。阿吉疙瘩和勒克西夹在嬉闹的人群中，全身上下都被泥水湿透，两个人紧紧地拥抱在一起，互相热烈地拍着湿漉漉黑乎乎的脊背，嘴里不停地在重复着："水来了！水来了！"

花尔香抱着孩子与几个女人站在岸边高高的土堆上，脸上带着女人特有的温柔的微笑，被微风吹起的乌黑浓发更加显出她的丰满和美丽。她远远地望着自己的男人，两眼放射出光芒。怀里的小布哈挣着抬头，好像也要看渠水一眼。她低下头在孩子稚嫩的红扑扑的脸蛋上狠狠亲了一口，然后把他高高抱起来，指着大渠轻声说："布哈，看见水了吗？看见你阿默了吗？你长大了就不愁没有水种田了……”

阿吉疙瘩带给她的光荣，让她感到温暖和甜蜜。

大渠里千千万万个水珠在飞溅，明亮的阳光下闪烁着五颜六色的碎光，眨眼间一道彩虹凌空而起，辉映着湛蓝的晴空，一片诱人的美丽。民工们从心底蹦出的笑声，在大渠上碰撞震荡，你追我赶，渐渐消融在遥远的天边。

阵阵湍鸣的水头，流过五里地左右，水势突然减弱了，接着水头渐渐平稳下去，开始回头打转，与后面推过来的波浪碰在一起，水面上冒起很多细碎的小水泡。水越聚越多愈涨愈高，水花舔着两边渠壁，开始变浑浊了。小水泡变成一堆堆白色泡沫，在水面上漂浮旋转。岸边的笑声没有了，动荡的水声听不到了，图伯特和德克津布在岸边急匆匆下马跳进渠里仔细查看。

“这，这是怎么回事?”图伯特一边仔细观察，一边自言自语。

“大人，我看这段渠底偏高……”

两个人正说着，走在后面的巴扬阿听说前面水不通了，急得顾不上擦去满脸汗水，火烧火燎地沿着岸边一座座黄土堆深一脚浅一脚地跑过来，大声喊：“大人，大人！怎么回事?”

“巴扬阿大人，你快来！”德克津布见巴扬阿呼喊着跑过来，也高声招呼他。

图伯特急忙叫巴扬阿打开规划图。巴扬阿就地蹲下身子铺开规划图叫总管大人看。

“大人，是什么毛病?”他看看规划图又望望图伯特的脸，有些担心地问。

“这段地势原本就高出一截，虽然与前段同样深挖一丈，但这地势未变，渠底会比前段高出一截，这放水一试不就看出来了吗？叫额尔固伦打开退水闸退水，这段返工！”

德克津布和巴扬阿听了图伯特的话，脸上的疑虑才渐渐消失。

“哼，我说呢！挖！再深挖一丈，看它还通不通水！”巴扬阿鼻孔里哼了一声，气呼呼站起来卷起了规划图。

“快去告诉额尔固伦防御，打开退水闸！”德克津布朝巴扬阿一笑，抬头对岸上的跟丁喊了一声。

“喳！”跟丁匆匆上马奔去。

额尔固伦接到命令，开了退水闸。刹那间那积聚汹涌回流的水从闸口哗哗响着奔泻而出，碎成万粒珠玑，翻腾而去。喷溅的泡沫在水花中飞扬，然后在渠岸上撞得粉碎。

渠水呼呼响着退了，渐渐露出渠底沉积的淤泥和沙砾，被阳光晒着发出阴阴的呻吟。

当晚，阴郁的沉默在恰布恰山脚下滞留，伊犁河深处单调的呻吟阵阵作响，大地被太阳亲吻一天后，充满懒洋洋的倦意昏昏欲睡，但在住地灯火通明中的指挥部帐篷里却是另一番景象，放水初试后的兴奋依然弥漫着每个角落。图伯特、莫伦大师、德克津布、巴扬阿、额尔固伦等围坐在一起，还兴致勃勃、兴趣盎然地议论着中午放水试渠之事。

“中午放水试渠，诸位都见过了。这里的地形虽然看起来东高西低，但各段也高低不一，看来只凭眼力观测，不分地段一概挖一丈深是行不通的。日后渠道越挖越长，单靠放水平底不仅耽误时日，且渠底淤泥沉积，事倍功半，费力不出活儿。诸位看有无切实可行、两全其美的办法，既省时省力，又事半功倍？”图伯特见大家只顾高兴，提醒众人对日后的工程进展再议。

巴扬阿听完图伯特大人的话，苦笑一声，看看这个又看看那个，觉得在这些人当中只有自己岁数大，不开口实在过不去。他长长叹了一口气，又大略想了想，望着图伯特大人询问的目光，说："大人，我巴扬阿是个粗人，骑马打仗还行，说说种田挖渠之事还是个生手。不过，记得过去每年疏浚绰霍尔渠时，曾经用三石平一线的办法来测定，不知这办法现在还能否适用？"

"三石平一线？"莫伦大师有些不解地问。

"是的，大师，三块石头拉开距离放在三个点上，然后调整高低平成一条线。"巴扬阿认真地回答。

"噢，巴扬阿大人，这办法倒是值得一试。不过白天我们和民工搅在一起如何观测？如果晚上能观测定桩，白天挖，岂不是两全其美？只是……"德克津布虽然赞成巴扬阿提出的办法，又担心无法施行。

"哈，德克津布佐领，我可不是夜猫子，不要说是三块石头，晚上我连一块都看不见！"

图伯特一边听着他们的议论，一边透过半开着的帐篷向外凝视。辽远冷清的高空无数闪烁的星星似乎在向他暗示什么，苍天能否为自己指点迷津。

夜，已经很深了，远处伊犁河梦幻般的水击声夹杂着岸边灌木林中獐狍的哀鸣声，给他的心上添一层淡淡的忧虑和不安。

"好了，天不早了，诸位都回去休息吧！"图伯特见一时找不出可行的办法，只好叫大家回去休息，而他自己想睡也睡不着。

住地灯火早已熄灭，清澈的夜色将它紧紧包裹在一片迷幻缥缈中，沉睡无声。指挥部帐篷里的灯依然亮着，从小小的窗口透出忽闪忽闪的一点光。

图伯特背着手轻轻地来回踱着步，在迷茫中寻思着。晚饭依然在桌上，连动都未动。一名侍从从夜色中匆匆走进帐篷，胆怯地望了一眼走动的总管大人，小声躬身说道："大人，饭菜已经热了几遍了，还是吃点吧！"

"好，我知道了，你回去歇息吧！"图伯特头也不回地说。

侍从走后，图伯特信步走出帐篷，站在指挥部前面的一个高坡上，透过昏暗的星光向工地凝望。突然一股凉风扑面吹来，他禁不住打了一个寒噤，胀痛的头脑似乎一下子清醒了许多。他轻轻地揉了揉两眼，深深地吸一口清凉的空气，仰头向高空望去，头顶上挂着的几颗亮星格外显眼。

河边枣林、灌木丛中隐约传来沙沙响声，偶尔夹着野鸡几声突发的高亢的叫声掠过耳边，继而又归于沉寂。眼前的一切仿佛神秘地飘游不定，令人捉摸不透。图伯特站了一会儿，刚要转身回帐，蓦然见一团星火在下面忽明忽暗、忽远忽近来回移动。图伯特不由自主地自言自语："是鬼火？难道真的是鬼火？"

那团星火突然又分成一团、二团、三团，化成无数个星团在图伯特眼前晃动。他惊疑地盯了许久，一时无法断定是真的鬼火还是一种幻觉，为了弄明白，他毅然迈开大步向那移动的星火走过去。他一边走一边极目观察、猜测、辨认，心里琢磨这鬼火究竟是个什么模样。走了一阵，他在黑暗中，见一个人影手里捧着一团星火向自己飘移着走过来。他防备地停止了脚步，心开始怦怦直跳。那人影越走越近，他张大的瞳孔里充满了种种幻影，额头上渗出一层细汗。

"是图伯特大人吧！我就知道你睡不着。"那人影突然开口说话，把紧张的图伯特吓了一跳。

“是莫伦大师？您这是……”原来那来人是莫伦达喇嘛，图伯特这才松了一口气，释然了刚才紧张的神情。

“图伯特大人，您瞧这香火！”说话间莫伦大师熟悉的身影已经来到眼前，他举起手中的一把香火给图伯特看。

“莫伦大师，三更半夜您点燃这香火祭哪路神仙？”图伯特不解其意。

“噢，图伯特大人，您还不明白？”莫伦达喇嘛言语中好像喜不自禁，他说完又举起香火在图伯特眼前故意晃了几下。

“哦？莫伦大师，您怎么想出了这个招，真是天助我也！”图伯特这才恍然大悟，惊喜得一团星火一下变成一片彩虹，走过去猛地抱起莫伦大师一个劲地摇晃，嘴里不停地说，“谢谢您！谢谢您！”

夜，突然间变得无比辽阔和宁静，晶莹的星光使周围变得朦胧，浓郁而清新的空气在树林和花草间流淌，远处听到的拴马索的哗啦声变得那么清脆悦耳。六牛录的住地上，夜色轻轻地抚摸着一切，地窝前的大锅台在黑暗中依稀可见，周围收拾得井然有序、干干净净。地窝里，阿吉疙瘩和花尔香夫妻俩紧挨着睡得正香，一天的劳累给了他们甜蜜的梦、快乐的梦。布哈偶尔发出的几声啼哭，在寂静中传得很远很远。花尔香在睡梦中翻了一个身，朦胧中仿佛听见儿子的哭声，她闭着眼睛习惯地摸来摸去，摸着了儿子的头，解开上衣露出丰满的乳房，把奶头往儿子嘴里塞。可塞了半天，儿子的嘴硬是不张，花尔香气得朝他屁股上打了一巴掌。

“干什么？干什么？是我！”正在熟睡的阿吉疙瘩突然被打醒，大声嚷起来。原来花尔香拉过来的头是丈夫的，儿子早已滚到脚后。听见阿吉疙瘩的吵声，儿子又啼哭起来。“噢，困死我了……”花尔香睡不醒，嘴里嘟囔了几句又呼呼入睡。

阿吉疙瘩只好自己坐起来，伸手把儿子拉过来放在花尔香的身边，使劲摇她，“喂，花尔香，花尔香！快给布哈喂奶，睡得不要太死，小心把儿子给压着了！”

花尔香迷迷糊糊地把儿子拉过去，把奶头塞进儿子嘴里又呼呼睡了。阿吉疙瘩坐了一阵，然后摸着黑慢慢地爬起来懒懒地走出地窝子，睡眼惺忪地往前走几步撒起尿来。他撒完尿打了一个冷战正在提裤子，模糊中突然见下面远处大渠内两团火焰在闪动，他吓得瞌睡全无，心急速地跳起来，两腿发软，手变得冷冰冰的了。他想自己是撞见鬼火，想回地窝却不敢动，两眼牢牢地盯着那可怕的火焰，像是数不清的鬼怪向他逼过来，无法言明的恐怖附在了他的全身。他心惊胆战地站着，不敢出大气，全身上下瑟瑟发抖，不得不瘫坐在湿冷的地上。

那鬼火愈跳愈高，愈跳愈近。阿吉疙瘩汗毛直竖，再也看不下去了，他突然惊叫一声花尔香，连滚带爬地往地窝里跑，没跑几步被没提上的裤子绊住两腿，又狠狠地摔了一跤，再也爬不起来了。

“花尔香，快醒醒！有鬼火，鬼火！“他趴在地上，一边喘着大气，一边朝地窝里喊，可喊了半天，不见花尔香出来，他又不得不踉跄着站起来一头冲进地窝里。

“花尔香，花尔香！我撞上鬼火了，你快起来！”

花尔香睡得正香，梦中忽听丈夫的喊声，还以为是丈夫在吓她、烦她，气得抬腿狠狠朝他踢了一脚。阿吉疙瘩被踢得打了一个滚，差点滚出窝棚。他急了，顾不得疼痛，急忙又爬起来扑过去骑在花尔香身上，嘴对着花尔香的耳朵大喊：“有鬼呀！”

窝棚被喊声震得嗡嗡作响，布哈也被惊醒了，哇哇啼哭起来。

花尔香一下子坐起来，将他重重推到一边，气呼呼地问：“鬼在哪儿？”

阿吉疙瘩摸爬着出了地窝，嘴里不停地颤抖着嗫嚅着：“是真的，是真的，我真的撞见鬼火了！”

花尔香半信半疑，起身点了灯，然后抱起布哈喂着奶出了地窝。夜色中，她顺着丈夫的指点往下面大渠一看，一下也傻了眼，只见那鬼火在大渠内闪闪烁烁，忽隐忽现，来回移动，十分明亮。

“噢，真的是鬼火！”她说着，急忙用手捂住了自己的嘴。

“花尔香，我没骗你吧……怎么办，叫人吗？”阿吉疙瘩紧紧地贴在花尔香身边怯生生地小声问。

“不用怕，咱们再看一会儿，看它怎么样。”花尔香缓过神来，急忙给丈夫壮胆，也给自己壮胆。毕竟她是个女人，而且长这么大只听说过还没见过鬼火是什么样。

“以前只是听说过，今天真的给撞见了，真是活见鬼了，这是不是什么兆头啊？”阿吉疙瘩也从刚才的惊惶中好不容易平静下来，两手紧紧地压着依然怦怦直跳的胸脯，颤声问。

“我哪里知道。我看还是叫醒大家，看看大伙能不能吓走它！”

“怎么叫醒那么多人？”

“咱俩一起大声喊哪！”

花尔香说完，放开嗓门朝着下面鬼火嘶声喊起来：“大家快来看哪，咱挖的大渠里有鬼火呀!”

喊声撕开宁静，震惊夜空，惊飞了河滩上栖息的鸭群，吓走了藏匿在树林中的獐狍，星星坠落，大地悚然。

大渠里，图伯特和莫伦大师、德克津布、巴扬阿正在不停地移动着香火，用三炷香火平一条线的办法进行测量，一边记号一边打桩，高兴地准备明天起试行。

“大师，这办法太好了！真是我佛慈悲。将来大渠挖成，我定在上面重修寺庙，常年给一闸水，叫寺庙里的徒弟们自耕自食。”

“大人，不必承诺什么。或许这是天意，我等顺着就是了。”

突然一个女人的尖叫声从住地夜空传过来，大家大吃一惊。

“大人，是什么声音?”德克津布和巴扬阿慌忙停下手中的活儿问。

“阿弥陀佛，好像是一个年轻女子的喊叫声。”莫伦大师抬头看了看黑魆魆的远处，回答说。

四个人再侧耳静听，那声音没有了，一切又归于宁静，只有远处的河水偶尔传来哗哗的流淌声，仿佛什么都没有发生过。

“大师，不知出了什么事，我们还是过去看看吧!”图伯特掐灭手中的香火，边说边走。

“好，过去看看。”

“兔崽子们，半夜三更不睡觉喊什么?像猫叫春!”巴扬阿正干得得心应手，计划天亮前把明天的活儿都排完，桩子都打好，没想到出这怪事，他猜疑又气恼，呸了一口，恶狠狠地骂了一句。

黑夜中绵延的住地，突然间变得死寂，昏沉沉，灰蒙蒙。被

花尔香令人毛骨悚然的喊声叫醒而披衣提裤慌张跑出来的民工们都站在住地前的高坡上，几百双眼睛惊骇地直盯盯地望着那下面闪动的鬼火，被突如其来的惶惑吓得大气都不敢出。

额尔固伦在睡梦中忽听民工们一阵阵笨重的脚步声和混乱的嘈杂声，不知出了什么事，来不及点灯赶紧披衣跑出地窝。他睁大眼睛往黑暗处一看，迫不及待地冲上前去见人便问："出了什么事？总管大人他们呢？"

没有人回答，民工们全都抻长脖颈儿，你挤我，我挤你，诚惶诚恐地看着远处的鬼火。

"啊！那是什么火？"额尔固伦也惊愕了，睁大了眼睛不说话了。

看着看着，突然鬼火不见了。过了一阵，随着一阵阵忽近忽远的沉沉的脚步声，黑暗中仿佛有两个高大的身影向人群走过来。

"谁？站住！"额尔固伦走出人群跨前一步厉声喝问。

"是我！"图伯特急忙回答。

"啊？……是图伯特大人？"额尔固伦十分吃惊。

"天快亮了，你们不睡觉跑这里来干什么？"图伯特见额尔固伦背后站着黑压压的人群也大吃一惊，急忙问。

"他们看见大渠里有鬼火闪动，都跑出来看。"

"大人，图伯特大人！是阿吉疙瘩第一个看见的！"民工们见是图伯特大人、莫伦大师，后面还跟着德克津布和巴扬阿，这才松了口气壮了胆喊起来。

"是他老婆把我们喊醒的！"人群中又有人附和几声。

图伯特和莫伦大师听了民工们的话，禁不住仰头大笑起来。

"大人，真的有鬼火，刚才我也亲眼看见!"额尔固伦见他们不相信似的放声大笑，有些莫名其妙，摸不着头脑。

图伯特笑着转过身从巴扬阿手里接过三炷香，又叫德克津布点着后把香火高高举在自己头顶上晃了几下，故作惊讶地问："大伙看，这是鬼火吗?"

"啊！是香火?"人群顿时爆发出笑声。

"大人，你们几个半夜三更点着香火在大渠干什么?"额尔固伦还是迷惑不解。

"这何止是香火，简直是圣火！为了加快咱挖渠进度，黑夜丈量，白天施工两不误，我们想出用三把香火平一线修整渠底的办法，刚才正用香火调整渠道木桩，好让你们明日不误工啊!"听了图伯特大人的一番话，众民工才恍然大悟，绷紧的神经得以松弛，悬着的心落下来，原来那鬼火是香火，闹出这等笑话来，大家不好意思地摇着头哭笑不得。

"阿吉疙瘩在哪里?把他拉出来脱光示众!"人群中突然不知谁戏谑地喊了一声，躲在人群中的阿吉疙瘩听见有人骂他，拔腿就往花尔香跟前跑，躲到她的身后。

"这事不怪他，是我喊的!"花尔香双手拃着腰，护住丈夫，谁也不让靠近。

众民工见状，又爆发出一阵大笑。图伯特见东方快要泛出鱼肚白了，急忙催大家回去休息，心中暗喜，明天又是一个崭新的日子，螺号将为寥廓的苍穹唱起赞歌。

56

经过几天的紧张施工，渠道已向前延伸，两岸斜坡的黄土被平整得平滑光亮。站在渠内向前望去，渠底凡是略显高处，都已打桩记号。这几天巴扬阿最忙了，今天他照样早出工，领着一帮民工沿着渠内边走边看，凡是有桩的地方就留下两个人返工。走到最后一个打桩处，见两个民工无精打采地看他，他瞪了一眼没好气地问：“你们俩是哪个牛录的?”

两个人懒洋洋地站着，不搭话。

“你们没吃饭哪，像个软鼻涕！没听见我在问话吗?”巴扬阿不由得生了气，喝声再问。

“巴扬阿大人，我们是七牛录的……”其中一个见巴扬阿变了脸色，支支吾吾地回答说。

“你们的脊梁骨断了?”

两个人低头不语。

“达明阿佐领没给你们羊肉吃，嗯?”

两个人还是不说话。

“好，你们两个闷葫芦听着：这个工赶在中午以前一定要完成，下午要放水。若是误了工，看我巴扬阿到时候如何收拾你们两个兔崽子!”

“巴扬阿大人……”两个人听了巴扬阿的话，似乎有苦难言。

“少废话，快挖!”巴扬阿说完气呼呼地扭头走了。

正午，太阳高悬灼热地照着大地，没有一丝风，炎热的空气仿佛凝滞了。虫蝇止鸣，鸟声寂然，水面没有一丝涟漪，令人沉倦欲睡。德克津布和巴扬阿骑着马沿着渠岸边走边察看，一会儿又停下来指指点点，少不了说几声、骂两句。两匹马早已汗水淋淋，张开的鼻孔露出血红色，在松软的土堆中吃力地走着。巴扬阿顾不得马的劳累，两眼直盯着渠底一桩一桩地查看。

他策马走到最后一个木桩处，发现木桩未动，地没挖一锄，两个民工也不见了踪影。

“巴扬阿大人，这是怎么回事？”德克津布驱马追过来问。

“咦，刚才分工的那两个人呢？”巴扬阿看了一眼德克津布，抬起屁股站在镫上扭头问旁边的民工。

“巴扬阿大人，他俩说是去看风，说不定不拉屎还干蹲在那儿呢！”旁边的民工见巴扬阿问话，急忙停下手中的活嘿嘿笑着回答。

“这两个死家伙，有种！看我巴扬阿怎么剥他们的皮！”巴扬阿勃然大怒，嘴里骂了一句，猛地狠抽一鞭坐骑，那马惊得陡地向前一蹿，撒开四蹄跑了起来。

“巴扬阿大人，您别去了，派人找回来算了！”德克津布见巴扬阿真的冒了火，也急忙磕镫催马边追边喊。

“我一定要把那两个兔崽子找回来！德克津布佐领，你回去吧！”

德克津布追了一阵，见巴扬阿执意不回头，无奈地拉住缰绳，用手轻轻拍拍马颈，直到巴扬阿的身影淹没在一路腾起的烟尘中，才掉转马头往回走。

镶蓝旗八牛录被一条宽阔的东西大街隔成南北两半。路边的高大榆树，苍葱直挺，在欣欣向荣的阳光里，密密的深绿色中带黄的叶子闪着夺目的碎光。一个个独家大院暗灰色土墙高屋，宽

松地一个挨着一个，空气里弥漫着乡村特有的迷人气息。走过大街，西端北边的一户人家大门敞开着，进门望去，屋前的一棵树上熟透发亮的苹果在伸展的枝头浓叶间微微摆动，像是向人们招手。院内隔墙上爬满藤蔓，在片片由绿变黄的阔叶间一个个肥大光亮的南瓜隐约闪露。马厩里没有拴着马，“海尔堪”神位却在西屋外西南角高高供着。几只屁股肥大的母鸡在菜畦里找个阴凉处安静地蹲伏着，旁边一只红冠子大公鸡悠闲地站着，一会儿高傲地轻轻拍一下翅膀，嘴里发出咯咯几声叫，然后低下头去装作觅食。

进了屋，西间整洁宽大，打着由南向西向北连通的火炕。北面的花格大窗往上吊着，对着窗口放一张矮桌，桌上摆着两样鸡蛋小炒、一碟凉菜、几张大饼和两大碗奶茶。从挖渠工地逃跑的两个民工正坐在桌前拘束不安、东张西望地用餐，不时地隔着打开的南窗偷眼向大门窥探。家里的小媳妇虽是个村女，长得俏丽大方，皮肤白净，眼神质朴，脸上显现出对客人既不过于殷勤又不失礼貌的宁静、柔和、从容的神情，倚着厨房门口悄悄望着两个吃饭的民工，抿着嘴微笑。

南炕边坐着一位白发苍苍的老太太，脸上布满岁月的皱纹，薄薄的嘴唇紧抿着，深深陷进落光牙齿的两腮，眯着的眼睛露出混浊的目光。她两腿耷拉着坐在炕沿边，两手颤颤巍巍地举在头顶十分熟练地捻着棉线，那飞速旋转的线陀不停地发出一阵阵嗡嗡声音。

“两位慢慢吃，吃急了要伤身体哟。你们瞧我这老样儿！人还是年轻好啊！”

正在提心吊胆吃饭的两个民工听了老太太的话，放慢了吃饭的速度。

“你们俩是哪个牛录的，从哪儿来呀？”

两个民工面面相觑，吞吞吐吐不敢回答。

“听说大渠已经挖通一截了，真的吗？”

两个民工无颜面对白发苍苍的老人，悄然红着脸低下了头。

“图伯特大人真是天神下凡救咱锡伯人哪！不然伯尔堪怎么会托梦给他派神牛引路指定挖渠的路啊！那神牛可神了，它一边走一边撒尿，咱图伯特大人就在它屁股后面一路跟着打桩定线，才有了今天这挖渠大事呢！噢，天生异人，必有后福啊！”老奶奶自言自语地说着，说完又咯咯地笑了一阵，那毫无生气的灰暗面孔似乎被心底突然涌起的喜悦激起一丝红润，皱纹也舒展了，眼睛也见光了，线陀转得更响了。

小媳妇听见老太太难得的笑声，从厨房门口探出头，笑着说：“玛默，我还听说半夜仙火引路的事呢！”

“啊？什么仙火？”老太太张开没有牙的嘴不解地问。

“说是总管大人放水试渠，那水流到五六里处硬是不走。总管大人吃不下睡不着，晚上披衣出帐，见一团仙火在大渠里跳跃移动，大人身不由己鬼使神差般跟着那仙火走，一边走一边打桩记号，第二天打桩的地方一挖通，渠水一下就过去了！玛默，你说神不神！”年轻媳妇讲得绘声绘色，灵巧的小嘴一张一合。

“噢，真神，真神！我都想去大渠看看，没准还能干点什么。”

听到这儿，两个民工哪有心思再吃饭，早被老太太和小媳妇的话羞得满面通红，半晌才回答。

“噢，好，好，好啊！挖了渠有了水比什么都强啊！你们两个怎么不吃了？再吃点，吃饱了好赶路。曼吉，快给两位客人

添菜加饭哪！”

“玛默，我们吃饱了！”两个民工急忙向老太太摆手，又向曼吉连连道谢。

两个人出了牛录，不敢走大路，像是两只被猎人追赶的无处藏身的狐狸，想停不敢停，想躲又无处躲，满脸流着汗，嗓子冒着火，胸口憋得气都喘不过来了。

两个人终于走不动了，不得不坐下来互相看着，一副疲惫不堪的狼狈相。二人的脸上满是无奈、愧疚和自责。刚出逃时的那些怨天尤人的种种理由现在都变得苍白无力，他们再也找不到丝毫的理由为自己辩解开脱了。他们将会遇到人们肆无忌惮的嘲笑，背后被人指点的讥讽，丧失颜面的羞耻将把他们压得一辈子抬不起头，被人瞧不起。老太太的肺腑话语，小媳妇的甜蜜笑声使他们的心被刀刺一样疼痛。

两个民工大的叫根登，约二十五岁，他是家里的老大，不过还没成家。他那张脸黑里带紫，下巴尖而长，两只眼睛总是低垂着。他的手指头粗而短，看上去像是非常有力气能干活的手。小的叫扎克善，不到二十，人长得很机灵，老是笑着，喜欢说谎的嘴上还没长出胡子。

“喂，扎克善，我们还是回去吧！”根登坐着把头耷拉在双膝间，终于长长呼出一口气开了口。

“阿哥，我也想回去，可是那个巴扬阿大人像个凶神恶煞，会不会把我们打得半死？”扎克善头一次经历这样的事，又害怕又担心。

“可是，不管怎么样，我们逃过了今天逃不过明天，逃回牛录还不照样给抓回来问罪！”

“阿哥，咱们回到牛录能不能蒙骗过去，那个达明阿佐领也不喜欢挖渠呀！”

“唉，不行啊！总管大人可不会轻易放过我们！”根登早已六神无主，只得唉声叹气，“都怪我当初……”

“阿哥，过去的事就别提了，你说我们现在该怎么办？”

“别的牛录几乎天天都有肉吃，我们连汤的味道都闻不着，那么重的活儿怎么干哪？都怪那个达明阿佐领，不然我们怎么会逃跑呢！”

突然，一阵急促的马蹄声擂鼓般震撼着大地从远处渐渐传来，两个人吓得一下子趴在野草间，紧闭双眼，大气不敢出，如吓蒙的两只伏兔，动都不敢动。

来者正是巴扬阿，他在马背上向前欠着身，左手紧挽着缰绳，右手拿着鞭子，两眼搜寻着前方。他从八牛录得知两个民工逃走的方向，就马不停蹄追过来了。他那张瘦而硬朗的脸上找不到一丝的宽容和同情，心里又气又恨，想不到这两个兔崽子连这么点苦都不能吃，竟敢逃跑！要是在西迁那阵子不把他们的头砍了才怪！我巴扬阿是监工，一定要把他们找回来，不砍头也得剥他们一层皮，看看往后谁还敢逃跑！

坐骑已全身汗透，打着咴咴响鼻在野草间拼力飞奔，发出一阵阵呼呼声。

根登和扎克善紧贴在地上听着那惊魂骇人的马蹄声终于远去了。

根登偷偷爬到扎克善身边，见他喘着粗气，瑟瑟发抖，灰白的脸上流着的不知是汗水还是泪水。

他突然鼻根一酸，心被深深地刺痛了。一下抱住扎克善，抑

制不住几天来闷在心中的悲哀和苦闷、愧疚和孤独，大颗大颗的泪珠无声地从脸上流下来，滴落在扎克善的头上。

“扎克善，我们回去吧！回去向总管大人请罪！”

“阿哥……”扎克善的嘴唇战栗着，微微动了一下，眼泪和鼻涕也一起淌了下来，“阿哥，我怕……”

“扎克善，我也是。可现在怕也没用！我想只要我们改过自新，总管大人会宽恕的。”根登的声音虽然低沉，或许是他年长的缘故，扎克善听了以后心里感觉轻松了许多。

“那巴扬阿大人呢？”

“巴扬阿大人平时看起很凶，可他心地善良，最多把我们抽一顿剥层皮，还能怎么样？”

“可听说他打起人来不顾死活，手很重！”

“打就打吧，只要憋住一口气，挺一阵子就会过去，何况还有总管大人他们呢！他们会让巴扬阿大人为所欲为吗？”

“好，阿哥，我听你的，那我们现在就回去！”

“好，走！”

他们站起来了，心里顿时亮堂了，那种仿佛绝处逢生似的喜悦和极早摆脱尴尬的渴望冲涤了他们无奈的窘迫和惊吓。

高高的退水闸在阳光中一动不动地矗立着，闪光的松木把柄将光线反射在渠北树林里，几片树叶的颜色被照得越发深沉。闸门大开着，浊黄汹涌的河水咆哮着从闸门冲出，哗哗向前奔腾着，发怒地击打着两边堆起的岩石堤，激起骇人的巨大声响。

离渠不远处有一棵大柳树，长满密密深绿色叶子的枝条齐刷刷地垂落下来，在微风中轻轻舞动，婀娜多姿，令人神怡。清凉而宁静的树荫下，额尔固伦和几个民工正坐在嫩绿的草地上歇息。

“额尔固伦防御，总管大人下令关闸！”过了一袋烟工夫，额尔固伦见下面还无动静，正想起身前去看个究竟，抬头见一骑马者沿着渠北小路奔过来，边跑边喊。

“知道了！”额尔固伦起身大声回答着，便噌噌迈着大步向闸门走去，几个民工也急忙爬起来跟过去。

额尔固伦走上闸门横板上，与几名民工一起转动着齿轮将闸门关闭。渐渐的，下面的咆哮声停止了，河水变得温柔平缓，狂乱的浪头开始回转，浮起一个个小漩涡，聚集上涨，发出细语低鸣，开始向西流去。额尔固伦看了看脚下的水流，又望望几名民工清朗的面孔，两扇鼻翼抖动几下，笑了：“噢，这回水可上去了！”

劳动是美丽的，尤其是当一个人心甘情愿地置身于自己喜爱的劳动而取得成果时，它不仅变得美丽，而且是十分快乐的。自从大渠开工那天起，额尔固伦就没有歇息过一天，无论是白天还是黑夜，他心里总是渴望着大渠完工后的那种喜悦，眼睛里充满着对生活的美好期望。忘记吃饭、没有瞌睡对他来说是一种苦中作乐的趣味。有时候，他独自静静地坐在高坡上，望着奔流的河水，望着苍郁的枣林，一个人去搜索不被人发觉的内心的隐秘角落，碰到兴奋处，好像一道烟火放出无数个火花一样，无数个令他激动的想法源源不断地冒出来，咯咯的笑声突然从他心中蹦出，仿佛透过他的全身飞散出去，在空旷中无声地回响。

阳光下渠水闪闪，平稳流淌，在人们的期待中终于流过那一截高坡。图伯特、莫伦大师和德克津布骑着马站在渠岸上，目送着渠水流过，深深感受到成功的快乐，他们轻松地吐出一口气，脸上露出孩子般的笑容。

“香火引水，火到哪儿，水就跟到哪儿，这得感谢大师！”图伯特为了表达心中的感激，望着莫伦达喇嘛慈祥的笑容，虔诚而敬畏地说。

“阿弥陀佛，大人，这非我之功，此乃天意也！”

“大人，下一步怎么办？”早在一旁按捺不住亢奋的德克津布急忙从鞍座上抬起屁股欠身问。

“准备投入二期工程，明天起就移营往下搬迁！”图伯特把鞭子用力一挥，两眼闪着熠熠光亮果断地说。

这一天，是一个不同寻常的一天，是每一个民工亲身感受辛勤的劳动得到丰硕成果的一天，是锡伯人向收获的明天发出召唤的一天。入夜，虽然到处披着模糊空幻的色彩，隐藏着如梦般的感觉，但那天边刚刚爬上来的一弯新鲜又明亮的月牙，把希望的光芒洒向大地。指挥部大帐里摆放的案几上，明灿灿的灯火在夜风中欢快地舞动着，点燃帐内每位微笑者内心的憧憬。图伯特和莫伦大师坐在中间，德克津布、巴扬阿、华沙布、绰布图、呼图克、富尔恒额、额尔固伦以及几名防御和先锋一一落座。

“诸位！”图伯特见人已到齐，开口道，“诸位，俗话说‘万事开头难’，今日一期工程试水无阻，功成告捷，真是振奋人心！”

下面一张张脸在忽明忽暗的灯光中喜不自禁，还有的拍手称好。只有巴扬阿一个人好像心中还有不可言喻的疑虑，想站起来说句话，见大伙都不理他，只好把话咽下又悄然坐下。

“指挥部决定明天全部往下搬，准备投入二期工程！”图伯特见大家心情振奋，也是眉飞色舞，言语果断，“迁到新工地后，后天放假一天，大家缓缓气，抖擞一下精神再开工。为了犒劳大家，总管档房给每个牛录赏酒一桶、羊两只、面粉两袋!”

大家又是一阵高兴，互相频频点头道贺。

“刚才坎圩孜伯克大人派人来告知，他们虽然不能出人出力，但待咱们搬到二期工程住地后，他们会给每个牛录送来一车瓜!”

不知道什么时候人已陆续离开，巴扬阿一个人仍闷闷不乐坐在帐篷内还没起身。

“巴扬阿大人，您还不走啊?”德克津布送走众人后见巴扬阿还坐在帐内出神，赶紧从帐门伸进头喊他。

巴扬阿没有回答，他长长吁出一口气，慢慢站起来走出帐篷，向河边漫步走去。夜空是那样的美丽，那样的宁静，无声无息，一弯新月被众星簇拥着越发皎洁。地上的一草一木，都无声无息地在阴影里躲避。

那天，两个逃跑的民工根登和扎克善回来后，他不问青红皂白，当着众人的面把他俩用马鞭狠揍了一顿，抽得他俩哇哇大叫，苦苦哀求。那一刻，他没心软，他认为这是惩一儆百，杀鸡给猴看。可是，过后不久他总觉得心里不踏实，有一种无名的自责涌上心头，尤其是一个人独自静坐时更为强烈。他出于某种念头，几次想勉强自己去注意眼前的一切，想极力寻找什么东西来分散自己的注意力，以此来减轻内心的负重，但是没有做到，于是不知不觉中又陷入沉思中。第一期工程结束了，可这期间逃跑的人却不少，为什么？是他们经不起紧张而繁重的劳役，还是他们原来从心底里就反对挖渠？是他们对这浩大的工程失去信心，还是与自己动辄就苛刻打骂有关系？根登和扎克善虽然逃跑，他们不是自己回来了吗？为什么还要打他们？这个一生争强好胜的硬汉被委以重任后，第一次深深感觉到自己心灵的孤独，他兀自站在枣林边，望着一棵棵穿天的大树，真想一刀将把自己的胸膛剖开，让那些不愉快的情绪统统流出来见鬼去，不再来烦他。

57

新工地真是一派新气象，一排排柳条窝棚沿着枣林依次而居，彩旗招展，灯笼高挂，指挥部大帐雄踞中央。

一棵棵枣树上，金灿灿的沙枣串串闪光，一丛丛灌木丛里沙棘红透。搬进新居的阿吉疙瘩刚把住处收拾完，便喜滋滋地过来开始分割总管档房分的羊肉。他手脚麻利，动作快捷，刀到肉开，如行家里手。胖子勒克西坐在一旁帮他将切好的一块一块骨头肉投进正在吱吱响的大锅里。花尔香也把自己收拾得干干净净，乐呵呵地坐在锅台旁，一边给孩子喂奶，一边不停地往灶口里添柴。

“布哈，布哈！”突然花尔香拍着孩子的脊背，红着脸急切地叫起来。

“怎么了？”阿吉疙瘩和勒克西都吃了一惊，停下手中的活儿忙抬头问。

“这孩子吃奶时总是呛着……好，没事了。”花尔香见阿吉布哈嘴里溢出一口奶水才放心地笑着回答。

“我说勒克西，你……”阿吉疙瘩见孩子没事，继续干自己的活儿，随口说。

“什么事？”勒克西长呼一口气，爱理不理地问。

“你也该找个媳妇了吧！”

“你，你说什么呀！”勒克西见阿吉疙瘩竟不顾朋友情面，在他媳妇面前让自己难堪，一下红了脸，急了。

“你急什么呀！难道一辈子守着光土炕不要女人哪？”

“闭嘴，你想找死啊！我娶不娶女人关你屁事！”

“哟，勒克西，这有什么难为情的，阿吉疙瘩他是关心你呀！”花尔香见勒克西脸红脖子粗，急忙为丈夫解围。

“你们……你们夫妻俩嘲笑我？”勒克西真的生气了，他忽地站起来，转身就走。

“噢，谁的火气这么大，大晴天还炸雷！”这时候额尔固伦正领着几位民工，背着水葫芦拎着几条鱼从河边林中走出来，老远听见勒克西冲着阿吉疙瘩夫妻发火，朗声笑着问。

勒克西见是额尔固伦防御，只好停住脚步低下头不作声。阿吉疙瘩和花尔香也急忙放下活儿站起来。

“勒克西，什么事把你给惹火了，嗯？”额尔固伦笑着走到勒克西跟前，见他鼻翼还一闪一闪，便把手中的鱼往地上一掼，那鱼活蹦乱跳直打挺。

勒克西抬起头朝阿吉疙瘩狠狠瞪了一眼，嘴角动了动又低下了头。

“噢，男子汉大丈夫，肚量要放大一点嘛！今天是个好日子，大家都兴高采烈的，你为什么生气呢？”

“防御大人，他们夫妻俩……”勒克西仿佛受了莫大委屈似的，张了张嘴又把话咽下去了。

说实话，勒克西何尝不想娶个媳妇呢！他和所有没有结过婚的男人一样，每到夜深人静时，对于女人会有一种朦胧的渴望和冲动，这使他经常失眠，但第二天早晨起来依然精神饱满，全身充满使不完的劲。

他从小到大，除了自己的额妮以外，从未对别的女人正眼看过一次。如果在大街上偶尔有一个年轻女子走过，他只要望见她的身影或听见她的笑声，他的心就开始扑腾乱跳，耳根发热，嘴唇发干，本来走得好好的步伐也一下子会变乱。他这种人能禁得住别人在他面前提媳妇的事吗？他不知道女人究竟有多好，只记得阿默对他说过的一句话："女人嘛，有鼻子有眼睛，能生儿育女的就是好女人！男人娶女人干什么用？就是要传宗接代。如果娶个不能生育的女人，那是老天对你的惩罚哟！"所以，他想娶女人，又害怕娶女人，担心将来受到老天爷的惩罚。

等额尔固伦走后，阿吉疙瘩嘿嘿笑着走过来，两眼直直盯着勒克西还在赌气的一张胖脸，说：

"你傻呀！……我这是关心你呀，勒克西！"

"我不用你关心！"

"谁叫我们是好朋友呢！"

"要是好朋友，往后别在我面前提这种事！"

"噢，勒克西，我的大哥，你还真想让阿默额妮给你找媳妇不成？"

"你……"

"你呀，你听着，女人有很多秘密，但你知道女人最大的秘密是什么吗？"

"……"

"我给你说，女人想男人比我们想女人还想得厉害！"

"……"

"你知道女人最喜欢什么样的男人吗？女人啊，最喜欢对她奉承献殷勤的男人！你知道女人最恨什么样的男人吗？”

“女人最恨的就是像你这样油腔滑调、多嘴多舌的男人！”阿吉疙瘩还想继续滔滔不绝地说下去，让勒克西的死脑筋突然开窍，不想勒克西开口冒出一句话一下堵住他的嘴，他一时张口结舌说不出话来了。

傍晚，暮色苍茫，指挥部前面一块空旷平整的场地上已经燃起几堆篝火。火堆里的湿树枝发出吱吱声响，红闪闪的火舌溅出火花在微风中舞动着、嬉戏着，一阵阵蹿向空中让忽聚忽散的浓烟徐徐盘升，飘悬夜幕中。过了一会儿，火焰炽烈起来，噼啪作响，把周围照得通亮。从吃饱喝足的民工们兴奋发红的脸上能看出，他们已经忘记过去一段时日的劳累，他们三五成群喊着笑着大摇大摆地涌向篝火场，人人想趁着夜色尽情乐一乐，扯开嗓门唱一唱，甩开膀子跳一跳。当阿吉疙瘩、花尔香和勒克西赶到时，在轰然陡起的鼓声欢呼声跟掌声中，一群仙女般的“畏兀儿”姑娘翩翩起舞，那一张张艳丽动人的笑脸，那一个个婀娜多姿的身段，那一个个光彩照人的装扮，使全场的民工都不由得发出一阵阵羡慕的喝彩。突然从旋转的舞蹈里跳出一个女子，将纤细白嫩的双手举在头顶，狂热地移动着长颈，绕着全场轻轻飘舞，在火光中楚楚动人。

阿吉疙瘩和勒克西挤在人群中，本来骚动的血液更加涨满全身，一种难以驾驭的迷惑和陶醉的感觉使他们张着嘴忘记鼓掌和喝彩，好像被一阵狂风席卷得眩晕，嘴唇发干，喉头发紧，差点晕过去。

“噢，老天爷，我不是在做梦吧！”

“别说话，别说话！那女的快到我跟前来了！”

四周几百双炽烈的眼睛紧跟着那女子跳动的步点，铿锵的鼓声忽急忽缓发出震天的声响。图伯特、莫伦大师、坎圩孜伯克、德克津布、巴扬阿、华沙布、绰布图、呼图克等围坐在前面，兴高采烈地互相谈论着、说笑着。图伯特乐呵呵地看着热闹，又频频向伯克大人点头表示感谢。伯克大人也高兴得仰起头捋着胡须开怀大笑。眨眼间，那个姑娘翩跹来到勒克西眼前，她突然将花帽下一缕缕长辫往背后一甩，向勒克西抛了一个甜蜜的媚眼，双眼向他射出大胆的挑逗。勒克西一下眼都直了，浑身的血液上冲，多少年来心灵深处被禁闭的对女人渴望的情感一下子喷发而出，迷离恍惚中他大喊一声“卡依那”，便抽身跳进圈里跟那个姑娘欢快地对舞起来。那个姑娘一边扭动身子，一边回头嫣然一笑，勒克西一边嘴里高声喊叫，一边跳跃着紧追不舍。

“好样的，勒克西！”全场顿时爆发出一阵阵喝彩声，他们的舞姿和热情给每个人带来从未经历过的兴奋满足，几百双荡漾的目光落在的那个姑娘和勒克西身上。

阿吉疙瘩做梦都没想过闷葫芦般的勒克西此刻判若两人，也不知道他什么时候学会了“畏兀儿”舞，他看着勒克西那异样的表情和出人意料的舞蹈，简直不敢相信自己的眼睛。

花尔香抱着布哈看得两眼都笑出了泪。

巴扬阿带着几分醉意，慢慢站起身悄然离开座位，脚下虚空般摇晃着向黑夜走去。夜空缀满发亮的星星，月牙已西沉，浓荫摇曳的枣树林越发显得深沉阴暗，獐狍的哀叫声，野鸡惊飞的咕咕嘎嘎声，还有那篝火晚会传来的欢笑声在夜空中震荡着、传递着，渐渐远去。在大渠内一期工程结尾和二期工程开头交接处，有两个黑影在蠕动着，时不时传来一阵阵湿土落地声和微弱的喘气声。巴扬阿手拿着一把铁锨，两脚高一步低一步爬到渠边松土堆上，一屁股坐在上面，大声喊：

“嚯依，根登！”

“啊？巴扬阿大人！”渠内干活的是根登和扎克善，黑暗中忽听巴扬阿在头顶大喝一声，吓了一大跳。

“好了，回去吧！”

“巴扬阿大人，您安排的工还没完呢！”

“听见没有，我叫你们回去！”

“巴扬阿大人，那，剩下的活儿……”

“回去！”

“喳！”两个人胆怯地应答。

“回去别忘了吃给你们留的酒和肉！”

黑暗中根登和扎克善再没说什么，他们虽然心里疑惑不解，这巴扬阿大人为什么突然改变了主意，还说给他们留了酒和肉，但又不敢再问，只好拿起铁锨小心翼翼地走了。等他们走远了，巴扬阿才长长舒了口气，站起来跳进大渠，脱掉上衣，光起膀子干起了根登和扎克善未干完的活儿。

东方渐渐露出蓝幽幽的晨曦，他不知道。当浑重的螺号声一阵阵传来时，他才意识到已是黎明，太阳快要出来了。他直起腰，抬起头，摸一摸脸上的细细汗珠，向下边河水望去，树影渐渐淡了，星斗渐渐少了，天空渐渐高了，清淡的雾气中湿湿的泥土气味不住地扑向他的脸，钻进他的鼻孔，沁入他的肺腑。拿自己心中的静谧比拟太空的静谧，他从未感觉心情这样舒畅过、踏实过，那一颗跳动的心像一盏明灯把自己整个胸膛全都点亮，一种说不出的甜蜜快乐使他陶醉，忘记自己干了一夜的活儿！

太阳一出，带来一片光明。他爬上堤岸，用衣服擦干身上的汗水，把铁锨往肩上一扛，向指挥部走去。他边走边往四处张望，突然感觉到太阳已升得老高，却只见稀稀拉拉的民工在工地上。

“这是怎么回事?”他自言自语，十分纳闷，脸上生出疑虑。

这时，图伯特正领着指挥部一班人从上面检查过来，见工地上稀稀拉拉才几十个人，不觉停住脚步问德克津布。

“德克津布佐领，螺号响过快一个时辰了，工地上的人都哪里去了?”

“大人，我去看看!”德克津布说着从跟丁手中接过缰绳骑上马，两腿一夹策马向民工住地跑去。他快到住地时，见巴扬阿急慌慌从住地跑过来，急忙挽住马头大声问：

“巴扬阿大人，怎么回事?”

“德克津布佐领，不好了，那些人不知道染上什么病，一个个口舌生疮溃烂，无法吃饭喝水，躺在被窝里呼喊阿默叫喊额妮呻吟不止!”

德克津布二话没说，掉转马头急忙去向总管大人报告。

“啊!”图伯特听了德克津布的话，大吃一惊，脸色陡变。

“大人，这可怎么办?”德克津布心里更急。

“走！咱们去找莫伦大师!”

指挥部大帐内，空气静得令人窒息。图伯特、巴扬阿、德克津布虽然坐着，但每个人的心里都像有一盆火在燃烧，鼻孔冒着烟，突发事件让他们束手无策，一时间找不出一个办法来，只好眼巴巴等着莫伦大师归来。原来莫伦大师听说这骇人的消息，独自一人到住地查看去了。

过了半个时辰，巴扬阿实在坐不住了，他忽地站起来匆匆走到门口，干咳几声，想说什么又说不出一句话，无奈地频频抬头向驻地眺望，额头上不停地流着汗水，顺着发光的面颊渗入密扎扎的胡须里。看着巴扬阿在眼前不停地晃来晃去，德克津布也坐不住了，他也站起来走到门口，望着火辣辣的太阳，露出局促不安的神态。只有图伯特大人一动不动地稳坐着，像一尊雕像，不说一句话。他紧合着嘴唇，深沉的目光令人生畏。

“大人，来了，来了！我的伯尔堪，阿弥陀佛，大师来了！”突然，巴扬阿破愁为喜，一边激动地低声喊着，一边往外急步走去。

随着喊声，只见莫伦达喇嘛和华沙布摇摆着身子一前一后步履匆匆走进来。

图伯特急忙起身迎接，“大师……”

“噢，阿弥陀佛，大人不必焦虑。”莫伦达喇嘛边说边跨进大帐，待大家都坐下后喘了一口气，从容地继续说，“这几天天气炎热，民工们身心疲劳，加之昨日狂欢饮酒过度，一个个虚火骤起，三焦热盛攻心，以致许多民工两眼赤红，口舌溃烂，无法进食。”

“大师，那如何是好？”图伯特听了莫伦达喇嘛的话急切地询问。

“大人，我这里备有常用外敷药，可分给各牛录先用。另外通知各牛录迅速派人到河边灌木林中多砍些酸木来，那酸木性辛凉，可泻火通便，清热解毒。用其木做筷子，嚼其叶和果可治口舌溃烂。”

“莫伦大师，是不是咱锡伯营叫具西木克酸木的那种灌木？”

德克津布未曾听说过这种事，插话细问。

“是的，德克津布佐领。”

“总管大人，请放心，此事卑职马上去办！”德克津布见事不宜迟，说完就出门去了。

下午，阳光的热力依然叫人不敢抬眼，走一步，灰尘就跟着脚跟扬起来。图伯特一行骑着马从指挥部出来，准备到病情较重的六牛录去查看一下。他们刚刚上路，急急的马蹄就发出脆裂的声音，敲打着山坡扬起黄雾般的尘土翻滚着腾飞，扑向大家汗水打湿的脸，粘在鼻孔，呛得人不得不张开嘴来喘气。马头刚刚绕过一个矮小的黄土岗，突然一阵奇异的巨大声浪袭来，惊得马匹一个个抬起头瞪大眼睛，打着咴咴响鼻不肯向前，就地打起转来。

“德克津布佐领，什么声音？”图伯特听见那奇异的声音急忙拉住马头转身问德克津布。

德克津布稳住坐骑，欠起身屏住呼吸提耳静听一阵，也无法辨出这究竟是什么声音。

那声音一阵比一阵大，像一个个互相追逐的低沉雷声，又像是混沌汹涌的浪潮卷滚的轰鸣，连饱经风霜的巴扬阿都惊讶不已。

“大人，我去看看！”他说着滚鞍下马拍拍身上的灰尘，把缰绳交给后面的跟丁，使劲咳了几声便迈开大步向前走去。他疑惑地边走边向前极目张望，那声音越来越响，简直叫他难以相信。再绕过一个小小土岗，陡然一下傻了眼：只见土岗后面一块平整的场地上，六牛录五十多个民工围了一圈蹲在一起，每个人手捧大碗或瓢盛满热气蒸腾的汤饭，争先恐后汗流满面地吃饭喝汤，那狼吞虎咽般吸食声汇成强大的声浪，震天动地。更让巴扬阿吃惊的是六牛录佐领绰布图手拿着马鞭在民工们周围转着圈，见哪个停下吸食就用鞭梢敲打他的脑壳，催他不准停下继续吸食。

“噢……伯尔堪!”这时候图伯特一行人也赶过来了，见了眼前这难以置信的情景，不觉摇头惊叹。那声音仿佛变成一道美丽的光亮，带着万道彩霞在碧蓝的天空滚滚转动，在葱绿的大地上奔放荡漾，融入了所有对生活的向往，对生命的热爱。

“总管大人，诸位大人……”绰布图见图伯特一行来到自己的住地，急忙从人群中走出来，笑呵呵地迎接。

“噢，绰布图佐领，你这唱的哪出戏？我们的坐骑听见你们这轰雷般的吸食声惊得差点把我们都从马鞍上摔下来!”巴扬阿愣了半天才恍然大悟，故意说道。

“总管大人、莫伦大师、巴扬阿大人，你们瞧!”绰布图显然心中十分满意，他兴奋地回头指了指自己手下的民工，眼睛里露出喜悦的光芒，接着说，“我叫他们每人做了一双酸木筷子，又命他们嚼吃酸木叶和果子，再敷了莫伦大师配的面儿药，已经好多了。恰好，花尔香又特意做了一大锅汤饭，卑职就下令每个人蹲在地上不准起身，一袋烟工夫一定要吃完两大碗或一大瓢，逼着他们人人大汗淋漓，好配合药力给全身祛邪清火，所以……”

“好，好，这办法确实好！花尔香，花尔香在哪里，她真有心计。德克津布佐领快派人通知各牛录，照六牛录这办法办!”

“喳，大人。”德克津布十分欣喜，急忙点头称是。

58

这段时间，留在总管档房的硕尔泰除了每天照例批阅文书外，还一直忙于南北疆换防事宜和秋季总管阅兵。虽然有些心情不畅，但他一心扑在公务上时，目光冷峻尖锐，但说话不失礼，内心坦率明朗。人的面貌虽然变化无穷，但他那一脸的秉公坦诚令人看过便无法忘记。

早晨，火红的太阳刚刚拨开云彩，把万紫千红的光芒倾泻到大路两边的大树梢上，巴尔布、呼图克、纳尔泰、柯伯克、达明阿等牛录佐领和几名防御陆续来到总管档房大门前一一下了马，互相寒暄着走进总管档房。

总管档房依然那么清静肃穆，中间摆放的大案上堆着文书、笔筒，还有一对黄铜烛台。从敞开的大窗里射进来的阳光照得屋里亮堂堂，给人一种雨后天晴的沁人心脾的感觉。硕尔泰见几位佐领和防御如期赶到，平时总是严肃的脸上略显悦色，一一迎进赐座。

“诸位，请坐！”

“谢大人！”几位佐领落座。硕尔泰轻轻咳了几声，坐下后扫了一眼几位佐领，见大家都有点拘束地盯着自己，微微一笑，装作若无其事地说：

“诸位，今天召集大家来，有几件事要和诸位商议。其一，眼下，南路回疆换防之期已到，各牛录换防官兵如期出发，马匹自备，饷银每人每日三两，这事府里早已吩咐，不得有误！”

“喳！”几位佐领应声道。

“其二，秋季总管阅兵要按时进行，各牛录从今日起做好一切准备，参加官兵人数速报总管档房备案!”

“喳!”几位佐领又异口同声领命。

“其三，今年天气干旱众所周知，上面牛录虽然有收获，但下面几个牛录收成不佳，种户口粮拮据者及早造册报总管档房，到时开义仓接济。”

硕尔泰说完停顿了片刻，又朝几位佐领看了看，见大家没什么异议，继续说：“听说大渠快要挖到查干布拉克……”

“啊，这么快!”众佐领听了硕尔泰大人的话吃了一惊，互相看了看，满脸狐疑。

“图伯特大人派人来报，各牛录即日起提早做好明年农耕事宜，来年开春到查干布拉克一带引水耕种，边挖边种边受益，一举两得。”

几位佐领听了硕尔泰大人最后一句话，想起他们当初起劲反对挖渠的冲动，不觉一个个低下了头，脸上显露出愧疚。只有二牛录佐领呼图克一个人心中暗喜，他偷眼看了那几个同僚耷拉着脑袋，慢慢伸直了腰，挺起了胸膛大声咳嗽几声，两眼望着窗外的阳光。

“诸位，这有什么垂头丧气的！依我看，图伯特大人这是不养孩子先吊床!”大家正陷入心神不宁、左右不定时，想不到七牛录佐领达明阿突然从座位上站起来，发狠地口出狂言，叫大家一下惊愕得干瞪着眼，面面相觑，不知所措。

“达明阿佐领，你，你安的什么心?”呼图克听了此言大为恼火，一下子从座位上跳起来，指着达明阿大声喝问。

“达明阿佐领，你这是什么话?”硕尔泰大人也不由得满脸涨红，又气又恼，拍案质问。

“硕尔泰大人，您也是堂堂正正朝廷钦命副总管，想当初拍着胸膛起来反对挖渠的那股勇气哪里去了？为什么现在听了卑职一句话就暴跳如雷呢？”达明阿并不理会呼图克说什么，他像是有意激怒硕尔泰。

“硕尔泰大人，卑职告辞了！”呼图克听达明阿话中有话，似乎有什么不可告人的目的，但又不想在此与他理论，气得甩手出门走了。

“卑职知道大人肚里有火，但大人总是喷不出来，反而只会烧自己，这何必呢！我达明阿既然今天在诸位面前开了口，就不怕得罪谁！诸位，走着瞧，别以为刚挖了十几里就大功告成，趾高气扬！早着哩，我就不信图伯特能把大渠挖成！”

“住嘴！”硕尔泰见达明阿越说越狂，又故意刺伤自己，勃然大怒。

“大人，请息怒！我达明阿虽不是总管，我也在伊犁河边从头到尾踏勘过多次。现在挖通的那一段，你不挖，那河水自己也会冲过来。可是，查干布拉克那一带，南高北低傍坡险要，他怎么能把水引过来？真是盲人说瞎话！好，就依图伯特他们所说，即便那水流过来，那近十几里长的北岸用什么来填，况且下面均是几千年来被山洪冲出的深沟大壑，谁能保证不决堤？决了堤，你拿什么堵？这样的险要处不仅仅在查干布拉克一带，往下几十里比比皆是，请问明年开春真的能引水耕种吗？”本来在座的几位佐领都对挖渠怨恨已久，几次碰壁后又不敢张扬自己的内心，如今达明阿的一番激情煽惑游说，使他们突然间失去思考能力，直愣着眼睛望着硕尔泰大人气得发紫的脸，谁也不敢贸然发话。

硕尔泰从未遭遇过下属向自己发起可怕的挑战，他全身震颤着，鬓角的青筋嘭嘭跳动。他死盯着说完话的达明阿，只见他在屋里阴阴地转圈子，眼光闪闪地窥视自己，露出无法容忍的嘲笑神气。硕尔泰心中燃起怒火，通过喉咙，烧遍全身。但他紧闭双唇，使自己的愤怒渐渐平息下去，从案头抓起一个茶杯紧紧握在手中，往前跨出一步，刹那间出人意料地露出一脸的轻松，冷笑一声，问："达明阿佐领，您的话说完了吗?"

达明阿本想他的话定能像一把熊熊烈火烧得硕尔泰七窍冒烟，暴跳如雷，大发雷霆，把心中的积怨发泄个天昏地暗，却没想到硕尔泰突然间变得出奇的冷静，非但没有发火，反而表情、举动变得令人不可捉摸。达明阿心中顿觉得惶惶然，两腿开始有点发软，两只手冷冰冰的。

"既然达明阿佐领已说完，今天的会议就到此为止。诸位回去后速做准备，不得有误!"

"喳!"几位佐领一个个从座位上谨慎地站起来，看着硕尔泰大人的脸色，心里混杂着复杂的情绪慢慢走出去。他们虽然都曾反对过挖渠，但对于图伯特大人却是十分敬重，以诚相待，从未心存邪恶之念。刚才达明阿佐领的话令他们突然间感悟到一种可怕，他们谁也没想过反对挖渠会给他们带来无法想象的致命的结果。

达明阿并不急着走，他那薄薄的嘴唇上挂着的无拘无束的嘲笑，一双阴险的小眼睛里闪露着讥讽，满脸的阴影中潜伏着奸诈。他像一团雾一样在硕尔泰眼前晃来晃去，飘浮不定。硕尔泰一时难以断定这究竟是不是一种不祥之兆，是沉默中孕育某种大的变故，是对自己早有预谋的侮辱，还是对图伯特怀着的某种恶意企图。一番思量后，过去一直在脑海里闪现模糊的猜测突然变得清晰起来，他不由得心里一震，眼里重新燃起了怒火。

59

一座微微隆起的黄土坡，四面尽是堆积的大小石头，树木稀少光秃无遮。坡上令人厌恶的干风在耳边呜呜吹着，像在悲哀地哭泣，使那些迷眼的灰尘钻进人的嘴里。鲜明艳丽的太阳被天空中弥漫的灰黄遮挡，远处更是朦朦胧胧，一片混沌。图伯特、德克津布、华沙布、巴扬阿四人尽量避着风围在一起蹲着，四颗脑袋几乎挨到一起，下面平放着挖渠规划图，一个人压住一角，以免被风卷起来。

“我看，今年收工前我们若能挖过这查干布拉克，明年一开春即可顺利挖到察旱拜兴迄东，到时候就不愁赶不上春耕了！”图伯特眯着眼，仔细看了看查干布拉克一带的地形后，用手抹了一下满是尘土的干裂嘴唇，抬头扫了一眼大家说。

“哈，等那秋粮一收，我先磨成面烙几个饼子尝尝，不知道有多香！”德克津布听了图伯特大人充满信心的话，高兴得接过话头咧嘴一笑，一口的尘土呛得他差点咳出泪水。

“大人，到时候，八个牛录的耕地怎么分，谁占头谁落尾?”华沙布看了一眼巴扬阿，见他用手捂着嘴不想发话，侧过头去问图伯特。

“这一带土层厚薄不一，土质肥瘦各异，有的地方石头居多，依我看，先把地调整搭配，而后抓阄，长的占头，短的居尾!”

“好，大人，这个办法好！”蹲在一角默默听着几个人发议论的巴扬阿，听了图伯特的话，大腿一拍，大声叫好。

“不过这查干布拉克一带非同一般地势，确实令人头疼。往上挖，水上不去；往下挖，堤岸危薄临深沟大壑，一旦决堤，那后果不堪设想。诸位，你们谁有什么好主意说出来看看！”

图伯特对巴扬阿笑了笑，心里还是担心将来施工中遇到不测。

“巴扬阿大人，还是您老人家出个主意吧！”德克津布见图伯特大人说完话，眼睛还是一直盯着巴扬阿，急忙从旁催促巴扬阿。

巴扬阿瞟了一眼德克津布，想了片刻，深深地呼出一口气，十分认真地说：“大人，查干布拉克这一带卑职也特意踏勘过几次，可以说是整个大渠最为险要的地方。挖成了水可流过去，挖不成则可以说前功尽弃。我看大人定桩十分谨慎，只是渠北堤岸终究隐患多，不可轻易走过。依老夫愚见，先在北岸外侧打进粗木桩，然后搭起篱笆墙，中间填入大石块、树枝、杂草，再用挖渠之土层层夯实，加固堤岸，这样就是那龙王爷冲进来也休想冲垮！”

“巴扬阿大人，加固北堤固然很重要，只是本官担心咱们只顾北岸而忽略南岸……”

“大人，南面尽是高山，这有什么可担心的呢？”巴扬阿听图伯特的话与自己的话相悖，眯着眼不解地问。

“巴扬阿大人，您没见这段渠道大部都傍着南面山坡而过，而那山坡尽是松软黄土。本官唯恐放水后日子一长，免不了南岸被水冲垮造成塌方而导致水涨决堤。”

“噢，大人，卑职明白了！那咱们一不做二不休，南岸险要处也全部打桩筑墙加固，他娘的看那黄土还敢往下坠！”

图伯特听了巴扬阿的这番话，脸上露出欣慰的笑意，瞅着巴扬阿积满灰尘的脸点头称是。

“好，这才是个一劳永逸之计啊！”

查干布拉克是“白泉”之意。据说这里曾经有过一眼清泉，流出来的泉水洁白如银而得此名。

经过十几天热火朝天的推进，一条迷津似的渠道终于弯弯曲曲出现在人们眼前，它穿过重重叠叠的冈峦，迤逦向西延去，愈走愈远，恍如伸入梦境。南面的高坡连着高坡层层断落，似一片片黄色屏幕般垂落，如镜悬挂。北岸依附的河滩地连着河边的枣林，显得缥缈、缠绵、热烈。

远山近岭夹在苍天的蔚蓝和大地的苍茫中，几只飞鸟偶尔飞过惊扰了它们的静谧。工地上人头攒动，喊声不断，铁锨飞舞，铁钎闪亮，一辆辆装满石块的牛车来往不绝，车轮碾过，声震大地。

图伯特只带了一个跟丁，沿着渠道步行到各个牛录工地逐一查看。他走到五牛录工地时，见这一段是第二期工程最为险要处，不得不向前来见他的华沙布多嘱咐几句。

“华沙布佐领，你这一段一定要用心夯实加固加宽，不知为什么，我总是放心不下。”

“大人，请宽心。卑职知道责任重大，知道该怎么干。”

“渠水只要能过这一关，本官不愁挖不到底。家里有消息吗？”

“噢，你伊尔哈格合前几天捎来口信说，等我们一回去就准备到三牛录提亲！”

“噢，好哇！您去忙吧，我到下面去看看！”

“好，大人走好！”

“知道了。”

六牛录佐领绰布图因公回牛录办事还未返回，工地暂由额尔固伦防御照管。这一段没什么要紧的工程，图伯特边走边大略查看，见到额尔固伦防御问了几句与工程进度有关的话，便走出大渠向六牛录住地走去。额尔固伦跟在后面，不知图伯特大人去住地干什么，边走边问：

“大人，去住地干什么？”

“我想去看看花尔香和阿吉布哈。”

“大人，花尔香不在住地。”

“你说什么？”图伯特听了额尔固伦的话，不觉一愣，停下脚步扭头反问。

“大人，花尔香在阿吉疙瘩那里！”

“噢，她不做饭跑这儿来干什么？”

“禀大人，花尔香早把饭做好了，她担心阿吉疙瘩完不成任务，这几天每天都过来帮忙。”

“那孩子呢？孩子谁照看？”

“她把孩子哄睡后才过来。”

“噢，花尔香，真是了不起！一个女人家带着孩子给三四十人做饭不说，还抽空帮自己的丈夫，真叫人佩服！待渠修成后一定好好表彰她！”

“大人，应该，应该！她干起活儿来能顶两个男人！”

“那，那勒克西呢？他怎么不来帮阿吉疙瘩了呢？”

“进入第二期工程后他很少来了。大前天我从七牛录工地走过，见他鼻青脸肿，问他怎么了，他只是躲着我不回答。”

“不会是打架弄伤的吧？”

“我问了几个人，都说有一天早晨他来上工就变成那样，问他总是躲着不说话。”

“那我们先去看看花尔香和阿吉疙瘩吧！”

“好，他们在工地的下段。”

在六牛录工地的尾部，阿吉疙瘩正在气喘吁吁地往花尔香跟前堆积渠底平整后刨出来的松土，花尔香像个男人似的头上扎着头巾，两手握着大铁锨，正一起一伏地将黄土往岸上扬，从她铁锨上飞出的黄土像一条条小黄龙腾空而起又慢慢飘落在岸上，堆得像一座小山包。她满脸绯红，颗颗汗珠从额边闪闪滑落，两根粗辫在胸前荡来荡去，那劳动的神态里充满着乡间女子纯朴的蛮野和快乐。图伯特站在岸上看着看着，眼光愈发明亮，慈祥的嘴唇含着微笑，心里热乎乎的。他从阿吉疙瘩和花尔香夫妻俩的和美与劳动的愉悦中，渐渐看到了一条流光溢彩的大渠正向西天迅速延伸，眼前展开了一片片被开垦的肥沃土地，到处长着绿油油的庄稼……他的一双手仿佛即刻就要碰到那灌满了生命和爱的丰硕成果。想到此，他不免被低低的一声叹息所搅动，记不清有多少个不眠之夜，他所孕育的希望在煎熬中徘徊，族人嗟怨，同僚阻挠，更有甚者暗中造谣中伤，唯恐族中不乱。今天，他从花尔香身上看到的一个普通女性给予他的在大自然与人和谐中生存的启示，使他全身透过一种超脱的快乐。她在空余时没有去享受劳累后宁静的睡眠，没有去享受母子间甜蜜的温馨，心里装着丈夫，装着大渠，装着整个锡伯人的未来，这是何等胸怀！

图伯特站在岸上足足看了有一袋烟工夫，他等花尔香把最后一锨松土撂上岸才慢慢滑下渠底，老远就喊：“花尔香，花尔香！”

花尔香见是图伯特大人，又惊又慌，一时不知道如何是好，湿漉漉的脸蛋上又泛起一层红晕，一双眼睛含羞地眨了眨，深深吸了一口气，急忙腼腆地站到一边，胆怯地小声说：

“大人……”

“花尔香，阿吉布哈怎么样？”图伯特几步走到花尔香跟前父辈般亲切地问。

“回大人，阿吉布哈好着哩！”

“花尔香，往后你就别来了。”图伯特说着回头看了一眼额尔固伦，深情地继续说，“阿吉疙瘩的工如果完不成，额尔固伦防御会派人帮忙的。你又做饭又照顾孩子，还来帮助丈夫，我知道你的心情，可万一累倒了，这三四十个人吃饭怎么办？整个工程停下来怎么办？”

“大人，知道了。”花尔香低着头毕恭毕敬轻轻答应了一声。站在一旁骄傲的阿吉疙瘩原想图伯特大人一定会在众人面前夸他夫妻俩，想得意一番，没想到图伯特大人非但没夸，好像把那责备的目光犀利地射向他，他吓得一下缩了头，力避大人的视线，红扑扑的脸刹那间变成灰白色，一股寒流从头顶凉到脚底。

“阿吉疙瘩，你也真是，工完不成岂能叫老婆来帮忙？你不心疼她我心疼！”图伯特说着向阿吉疙瘩跟前走了几步，两眼瞪着阿吉疙瘩一脸的苦相，又问：“勒克西呢？他怎么不来帮你了？你俩打架了？”

“没有，大人，怎么会呢！没有打架，他……”阿吉疙瘩偷偷瞟了一眼图伯特大人，急忙辩解，分明瞒着什么隐情。

“没有打架，勒克西脸上青一块紫一块是怎么回事?”图伯特语气虽然平静，目光却十分严厉，阿吉疙瘩不觉打了一个冷战。

“大人，他……”阿吉疙瘩想说又不敢说，舌头硬硬的，嘴唇有些发抖。

“怎么回事，还不快说!”

“回大人，他，他……那天篝火晚会后看上了那个跳舞的姑娘……”

“啊?”图伯特听了此话吃了一惊。

“他说他从那天晚上开始就睡不着，天天晚上梦见她。从此，他就变了样，好像成了另外一个人，经常丢了魂似的，不要说来帮我，连自己的工也经常延误。大人，小的说了他也不听，小的也没办法呀!”

“后来呢?”

“前几天一个晚上，他喝了一点酒，竟然半夜三更到坎圩孜找那姑娘去了，没想到人家早已结了婚，孩子都五六岁了。更惨的是他被那家人当成小偷追赶，被他们家大狗咬了几口不说，还被人家一顿打……大人，就这些。”阿吉疙瘩说着几乎要哭了。

“畜生！勒克西这个畜生，竟然干出这等丑事来，把锡伯人的脸都给丢尽了!”图伯特听了阿吉疙瘩的述说，气得原本和悦的脸突然变得生硬难看，眼里闪出一股可怕的怒火，狠狠地骂了一句。“额尔固伦，咱们一块儿去，今天非严厉教训他不可!”

“喳!”

图伯特和额尔固伦刚刚步入七牛录的渠界，只见德克津布从下面急匆匆走过来，远远就低声喊：

“大人，大人，出事了!”

“出了什么事?”图伯特正在气头上，突然听到德克津布的喊声，不知出了什么事，有些蒙了。

“大人，下面七牛录有段拐弯处高坡突然塌方，压死一个人!”德克津布走到图伯特跟前缓口气，抹了一下脸上的汗水，哀声说。

“啊?谁?”图伯特听说压死了人，大惊失色。

“是勒克西。”

“啊……”这突如其来的噩耗像一声雷鸣，使图伯特瞬间脸色苍白，两目眩晕，有两滴眼泪飞快地从他的脸上流下来。他万万没想到，刚才他们还在骂他，想要惩罚他，他怎么会突然离他们而去了呢?

图伯特悲伤地与德克津布、额尔固伦赶到塌方处，刚刚挖出的勒克西的尸体已经安放在渠边。勒克西，这个曾经给大家带来欢乐的普通民工，此时此刻已离开人世，离开亲友，还没来得及看见大渠功成，还没来得及尝一口用自己的双手挖的大渠里的水就走了。他静静地躺在地上，双眼虽然闭着，人们仿佛能看见他那憨直的目光。塌方夺去了他年轻的生命，但永远夺不走他的音容笑貌和他对生活的渴望及对亲人们无尽的爱。民工们见总管大人和德克津布佐领、额尔固伦防御迅疾赶来，禁不住内心的哀怜，放声恸哭起来。

图伯特掉着眼泪，从头到脚看了勒克西一阵，慢慢蹲下去，用手轻轻为他抹去嘴角流出来的一股紫红色的血迹，嘴唇痛苦地颤动了一下，低低地唤一声“勒克西”，就再也抑制不住内心的悲痛，也跟着大伙失声痛哭起来。那哭声，勒克西再也听不到了，那哭声，伴着他的灵魂离开曾经养育他的大地，随着喧闹的秋风飘向西天。

次日清晨，东方迷离，恍惚的雾托起淡淡的远山，住地腾起的缕缕炊烟随着晨风在苍茫的枣林间徘徊，远远望去仿佛缥缈虚幻的世界吞没了泣血的太阳。天空模糊阴冷，没有一丝温暖。

指挥部南边一座黄土高坡上，停放着一口松木棺材，鸡血涂红，这是指挥部从八牛录调来木匠连夜赶制的。天亮前，阿吉疙瘩等几名民工按指挥部的吩咐给勒克西的尸体洗礼入殓后给他守灵。棺材头朝南脚朝北，头前设一供桌，上面供着几样祭品，点着长明灯。脚后放着浅绿色陶器丧盆，在浇奠的酒水里烧化的纸钱吱吱冒着青烟。此刻，万物无声，只有泪水在幽暗中化作永恒的思念。指挥部大帐里，图伯特、莫伦大师、巴扬阿、德克津布、华沙布、额尔固伦、富尔恒额等人围坐在一起商议勒克西的后事，旁边几名请来的老者正悲切地贴着红绸幡子和纸糊的五颜六色的招魂幡。他们一夜未睡，眼睛红肿，脸色蜡黄。

“他这里有亲属吗?”过了一会儿，图伯特用手捏了几下发酸的鼻根，问富尔恒额防御。

“回大人，没有。”富尔恒额急忙回答。

“派人报丧了吗?”

“回大人，昨天就已派人过去。”

“他家里还有什么人?”

“回大人，除了他老母亲还有一个弟弟，叫什么卑职不大清楚，听别人喊他阿吉勒克西。”

“告知达明阿佐领了吗?”

“是的，大人。”

“那好，待他家里人到达后，商量一下，赶快决定是送他回自家坟地安葬还是就地火化，天气热，不能放时间过长。如果同意火化，今晚咱们先火化，装骨灰的罐子准备好了吗?”

“回大人，准备好了。”

“送葬时你一块过去，告诉达明阿佐领一定要隆重下葬，好好安抚其家人。”图伯特说着站起来，隔着帐篷门口凝望一阵远远高坡上的棺木，又自责说，“本官真是十分愧疚，真对不住她老人家。你告诉她，等我回到牛录一定去看她，向她赔罪!”

“大人，不必再自责了。人死了不能复生，如果他能预知命运，一开始就从上面挖也不至于此。”德克津布听图伯特大人一再责备自己，心里也不好受，只得劝慰几句。

“这是个严重的教训。通知所有民工，往后谁也不准从下面挖洞取土，一定要从上面一层层顺坡挖下来!”

“回大人，已经通知了。”

“那就好。”

临近下午，远处崎岖的土道上飞来一匹快马，马蹄落处，尘土飞扬，直奔黄土坡上安放的红棺材。阿吉疙瘩等几位守灵民工闻声举目望去，来者正是勒克西的亲弟阿吉勒克西。那马快到高坡时，阿吉勒克西从飞奔的马背上滚下来号啕着扑向大红棺木，那哭声凄凉、悲哀，揪人肺腑。

“阿哥……阿哥!”

阿吉疙瘩也忍不住失去朋友的悲痛，一边替阿吉勒克西烧纸钱奠酒水，一边一把鼻涕一把泪地陪哭起来。众人的哭声惊动了指挥部大帐里的人们，图伯特大人急忙领着大家走出帐篷去见阿吉勒克西。

阿吉勒克西一头扑倒在棺材前，悲痛欲绝，眼泪、鼻涕一串

串往胸前淌着。图伯特慢慢走到他跟前，想要安慰几句，但阿吉勒克西头也不抬，那痛苦的样子牵得他的心阵阵作痛，也禁不住热泪盈眶。

“阿吉勒克西，你阿哥为了挖渠捐躯，咱锡伯营全体军民永远不会忘记他。”

“阿哥……”阿吉勒克西听了图伯特的话愈加悲痛。

“人死不能复生，现在天气又热，是不是赶快起程送你阿哥回你家坟地早早安葬……”

“不，大人，我阿哥他不能回……”阿吉勒克西慢慢扭过满是泪水和汗尘的脸，摇着头说。

“哦，为什么?”图伯特听了阿吉勒克西的话有些愕然。

阿吉勒克西跪着，抹了一下鼻涕和泪水，抽泣着说：

“大人，我阿哥既然为挖渠而死，就把他的尸体埋葬在这里吧！等到挖渠功成的那一天，再把的魂魄带回家，行吗，大人?”

“那，那你额妮同意吗?”

“回大人，这是我额妮的意思。”

“好，好！阿吉勒克西，本官答应你额妮的要求，把你阿哥安葬在这高坡上，让他天天看着这大渠水从他眼前哗哗流过……”

图伯特的泪水又涌了出来，他带头给勒克西跪下，亲手烧了一把纸钱，又奠了一碗酒，重重磕了三个头。

“勒克西，安息吧！大渠挖成之日，本官一定来接你回家!”

第二天午时，莫伦大师摇动铜铃，给亡灵诵经超度后，八个牛录的官员和民工跪拜在高坡下为勒克西下葬。阿吉疙瘩和花尔香为了圆好友未实现的美梦，特意用红纸剪了一个非常漂亮标致的纸人给他烧去，祝他在阴间美梦如愿。在人们无声的哭泣和苦痛中，查干布拉克一带一座最高的坟墓在飞扬的哀思和诀别的惋惜中被闪光的铁锹高高堆起，在几百双闪泪的目光中诞生。插在坟上的红绸方子和五色旌幡，在山风中悲惋飘动，充满了对死的惋惜和对生的怀恋，发出阵阵的哀啼，仿佛远去的儿子对母亲的声声呼唤。

黄昏，太阳慢慢敛起余晖，消融在西边阴暗的山峦间。大帐内，图伯特、莫伦达喇嘛、德克津布与阿吉勒克西面对面坐着。阿吉勒克西两眼红肿，头发蓬乱，失去亲人的痛苦依然印在脸上，几位长辈的体贴和关心虽然给了他片刻的宽慰，但内心的悲伤却无法一时半刻消失。图伯特沉默了许久，又抬头看了看莫伦大师和德克津布，凄楚地叹口气，站起来走到帐门口久久注视着高坡上的墓茔，喃喃自语：

“勒克西，他永远不会寂寞的。布哈大渠是他永远的梦，旷野沃土是他终生的希望，虽然他不是参天松柏，巍峨挺拔，但他也是一棵令人赞叹的小草，曾经有过旺盛的生机……”

“阿弥陀佛，愿他早日升华！”莫伦大师听了图伯特的话，祷告一声，便低头默念起来。

“阿吉勒克西，你阿哥走了，我们不会忘记他。你有什么要求尽管说，本官一定给你办到！”

图伯特转过身看了看阿吉勒克西静待的面孔，走到他跟前诚恳地说。

“不，大人！”阿吉勒克西听了图伯特大人的话，惊愕片刻后一下从座位上站了起来躬身说，“大人，我什么也不要！我阿哥为挖渠而死，我也不回去，一定要把大渠早早挖成，让他放心地去。”

“阿吉勒克西……”图伯特没想到阿吉勒克西如此深明大义，感动得喉头一热说不出话了。

“阿吉勒克西，有种！”站在一旁的德克津布听了阿吉勒克西的话也十分感动，走过去狠狠地在他的肩上拍了一掌，然后转过身弯下腰拿起放在帐下的一把铁锨，交给了阿吉勒克西。“阿吉勒克西，这是你阿哥的铁锨，交给你！”

“谢谢德克津布佐领，我一定不辜负我阿哥！”阿吉勒克西接过哥哥的铁锨，用手轻轻触摸那光滑的铁锨把，见物思人，两行热泪又一涌而出……

安葬了勒克西，阿吉疙瘩和花尔香回到地窝里，无论如何也平静不下来。两个人面对面坐着，中间见方的一张小桌上放着一碗茶，袅袅升腾着热气。阿吉疙瘩叹口气轻轻啜了一口，眼里又眶满了哀伤的泪水，他不相信形影不离的朋友突然撒手人寰，离他而去。

“勒克西，真傻呀！为一个姑娘的一次媚眼就搭上了自己的一条命，傻透了，昨天还是草木葱茏的生命，今天就化作一堆黄土，值吗？”

“谁叫他是这个年龄呢！”花尔香也一脸的惆怅，她有生以来第一次经历这种生死离别揪心的痛苦。

“我早早给他找一个媳妇就好了，唉，可平时一提他就……”

“好了，人都埋了，让他快快乐乐地走吧！”

“我不甘心哪！他不是埋在地里，而是埋在我心里呀！”阿吉疙瘩说着又失声哭了起来，眼泪一串串往下掉。

“我心里也不好受啊！”花尔香见丈夫对朋友的死如此伤心，

对友情如此珍重，也跟着掉眼泪。勒克西那天夜里挨打的事又浮现在她眼前。

那天半夜，她出来解手，惺忪的睡眼看着远处黑魆魆的枣林，无意地耳听着河水哗哗地流着，头顶几只归鸦在星星影辉里嘎嘎叫着飞过，吓了她一跳。她解完手慢慢站起来系好裤带，无意中看见离自己不远处黑暗中站着一个黑乎乎的人影。她全身一哆嗦，不禁后退几步，双手紧抱胸脯壮着胆喝了一声：

“谁？”

“是我……”勒克西不知受了什么惊吓，颤声回答。

“啊？勒克西，你怎么在这儿？”花尔香听见勒克西的声音，全身不由得打个冷战，不解地问，“我的妈呀，你半夜三更不睡觉，跑这儿来干什么？”

“我，我是来找阿吉疙瘩……”勒克西依然站在原地一动不动，支支吾吾回答。

“那……那你进来吧，他还睡着呢！”花尔香这才松了一口气，招呼他一声便自己先进了地窝点了灯，叫醒了丈夫。

“嚯依，起来，勒克西来了！”

“噢……干什么？”

“快起来，勒克西来了！”

“勒克西？半夜三更他来干什么？”

阿吉疙瘩从暖暖的被窝里懒洋洋地爬起来，困倦地又挠头又揉眼，刚披上衣服，只见勒克西在朦胧的灯光里摇摇晃晃走进来，满脸是黑乎乎的血，浑身上下沾满泥土，光着脚，阿吉疙瘩吓得差点昏死过去。

“你，你这是怎么了？”阿吉疙瘩心怦怦直跳，眼睛愣愣地瞪

着，又惶惑又惊骇，以为自己两眼花了，又使劲揉了揉。

“你跟人打架了？”花尔香在外面什么也没瞧见，现在灯光中才看清勒克西一副落败凄惨的模样，也着实慌了手脚，从桌上拿起灯照着勒克西问。

“没有。”

“那你这是怎么回事？”灯光在勒克西脸上闪来闪去。

“我……”勒克西似乎有难言之隐，渐渐低下了头。

“快说呀！”花尔香急了。

“我，我去了坎圩孜。”

“啊！半夜三更你去坎圩孜干什么？”

勒克西再也不说了。

“你是不是去找那姑娘了？”阿吉疙瘩惊骇地突然想起什么，猛地从被窝里站起来冲着勒克西大声喝问。

“嗯。”

“哼，怪不得，你这蠢猪！见着她了？”

“见了，她有孩子。”

“喔，天哪！天底下哪有你这样的蠢货！你连她的名字都不知道就去找她，真是活该！她丈夫打你了？”

“她家有一条大狗……”

“噢，你这可怜虫，原来被狗咬成这副德行。那狗怎么没把你咬死！”

“他们家人听见狗叫声，都跑出来喊抓贼，黑暗中有个人追上朝我头上打了一棒……”

勒克西说着，再也受不了自己一时冲动带来的羞辱和恐怖，还有那透入骨髓的懊恼和意料不到的对生命的威胁，越想越惭愧，越想越痛恨自己。他双手抱着头，一下坐在铺上哭了起来。阿吉疙瘩还想说什么，见朋友伤心，也张不了口了。

自从那次篝火会，勒克西天天想再遇到那个姑娘。那弯弯的眉毛，那水灵灵会说话的眼睛，那妩媚飘动的乌亮长辫，那勾人心魄的嘴唇，那秀长而光滑诱人的长颈和那两条灵巧的长腿，还有那妙曼的舞姿，都透出迷人的光彩，迷惑他的心，吸引他的欲望，一到天黑，这种感觉就从心底里浮起来，来得猛烈而不能自制。有时候他觉得这种念头不妥，也想放弃，但那种男人向往女人情窦初开的骚动紧紧攫住他，让他不顾一切宁愿去试试，结果却给自己造成无法摆脱的耻辱和后悔，他不知今后如何在大家面前抬头走路。

“勒克西啊！”阿吉疙瘩见妻子陷入心酸的回忆，也想起了童年时期的许多令人难忘的事，“我们俩一个炕上睡过觉，一个碗里吃过饭，一条河里洗过澡，就差同娶一个老婆……唉，小时候多幸福，在城墙上光屁股跑，在泥中滚爬。有一次爬树掏乌鸦蛋，他爬得太高头晕眼花吓得直哭，还是我帮他下来的呢！他劲大，每次走在街上故意去逗人家的狗，谁家的狗跑出来咬我们，他只一块石头就能把狗打得嗷嗷惨叫着夹住尾巴灰溜溜逃进自己的家门，再也不敢出来。噢，打得真准！”

“那这次他为什么被狗咬得那么惨？”

“这次是黑夜嘛！而且后面还有人追他，他能不慌吗？”

“真是的，你们俩从小就爱惹事，是吧？”

“有一次我俩去喂牛，看见人家的一个小牛犊，长得很壮，他非要骑。可我们手里没有绳子，我就用双手用力抱住牛的脖子，用两腿拼命顶着不让它跑。可那家伙劲太大了，只是往前轻

轻一蹿，就把我摔得仰面朝天，凭吃奶的劲也顶不住它。勒克西几次没骑成，一下急了，瞅准小牛转身的机会，猛扑过去，一下抓住它的尾巴，任它哞哞叫着乱踢乱跑就是不松手。我急忙用臂膀夹住牛脖颈儿，眼看那小牛大口大口地喘气快跑不动了，勒克西高兴得正要跑过去骑它，突然前面出现一条沟，我吓得大喊一声'勒克西快拽住牛尾巴'撒手跑开了。那小牛得救似的猛地往前一跳，勒克西后面用劲一拉，噢，伯尔堪……"

"怎么了？"

"牛尾巴一下断了……"

"这下可闯祸了吧？"

"那还用说。牛主人找到我们，用指头粗的树条打得他嗷嗷哭，求天求地，牛主人都不停手。最后把我们打得浑身是条条血痕，跪下来给他磕头发誓再也不碰他的牛后他才饶了我们。那天晚上我们不敢回家，在城墙下面一个洞里蜷缩着过了一夜，天亮时冻得直打哆嗦，肚子饿得咕咕直叫，可谁也不敢再哭，直到中午时分家里人找到我们，才痛痛快快地在父母面前哭了个够……"

"牛尾巴长出来了吗？"

"牛尾巴是韭菜编的吗？"

阿吉疙瘩夫妻俩虽然不甚懂朋友二字的深刻含义，没有为朋友说一句豪言壮语，但他们对朋友的回忆便是最朴素、最真挚的怀念。

勒克西不幸遇难的消息传到七牛录的那天，七牛录佐领达明阿正好用过早饭靠着炕上叠好的被褥半坐半躺地闭目养神。手下人急慌慌来告知时，他还不敢相信这是真的。

他的家是一座老式的锡伯风格建筑，庭院宽敞，房间很大。堂屋西边，一张条桌上雕刻龙凤起舞图案，又黑又亮，十分雅致。条桌上面摆放的两面大坐镜和一对青瓷高颈花瓶，是他阿默西迁时从老家带来的古董。平时，牛录里死个人，他只不过听听而已，顶多去奠一杯酒，烧一把纸。可是，勒克西的死，似乎重新点燃了潜意识里渴望报复的念头。对图伯特积压的心中怨恨汹涌澎湃，不由得使他又寻思起趁机落井下石的计谋来。

妻子觉罗氏收了桌上的碗筷，见他又阴起那张长长的脸，眯着两眼沉沉望着吊窗的吊钩不声不响，知道他又在心中开始想什么歪念头了，她不满地望了他一眼，轻轻地坐在炕沿上，意味深长地说："你呀，听了勒克西那孩子的事，不知道又在想什么。你不是说图伯特大人就是长三头六臂也不能挖过什么布拉克吗？你瞧，人家不但挖过那里，再有十天半个月就回来了，你还能怎么样？"

达明阿仿佛没有听见妻子的唠叨，慢慢收起憎恨的目光，坐直了身子，紧抿薄薄的嘴唇，阴暗的脸上掠过一丝狠毒，心想，为什么塌下来的黄土没把图伯特活埋？

"图伯特大人哪点不好，惹你非要去跟人家斗，你能斗过吗？头年你事发后他要是存心害你，一份奏折送到皇上那儿还不要你的命！你不但不感恩人家，反过来记恨人家，说对你不公。真是放着安宁日子不过，净往自个儿头上扣屎盆，看你往后……"妻子还在说着。

"好了，好了，不要烦我了！你知道什么！他那个人表面上看上去宽宏大度，可心底里恨不能把我置于死地而后快！"达明阿被妻子的话惹怒了，抬起头睁圆两眼狠狠一瞪，鼻孔里哼出一股冷气，抬起身子下了炕。

“你跟他到底有什么仇恨，弄得你如此不开心哪?”

“我没挖他家祖坟，我跟他有什么仇?”

“那你为什么跟人家过不去?”

达明阿被妻子的话气得一急，差点跳起来，“你……不是我跟他过不去，是他跟我过不去！你说，论武讲文，前年惠远城将军比武还不是我达明阿样样居首，为锡伯营争得了荣誉！可他……就为我用了那点抚恤金的事，说我手脚不干净，吹毛求疵，大做文章刁难我，不然那副总管的位子怎么会轮到硕尔泰那家伙呢?”

“噢，原来你一直耿耿于怀的是这件事啊!”

“大丈夫生在世上，岂肯步人后尘，仰人鼻息!”

“那你也得光明正大才是啊，不然除了我谁会还把你当人看哪!”

达明阿静了一会儿，抬头望着屋顶依然不解恨地说：“我达明阿可不是硕尔泰，我一定要出这口气，争个你死我活!”

“你呀，你……你一个达明阿能把他怎么样？勒克西的死是天命，也不是图伯特大人故意让塌方把他压死的，你费那些心思干什么?”妻子说了半天，见他全不入耳，无奈地从炕沿上站起来长叹一声，“伯尔堪！你究竟想干什么呀！我说明年一开春，你还是带着人回去吧，免得日后有个三长两短连累我们一家!”

“女人哪，都这么糊涂!”达明阿见妻子再没话说了，嘲讽地看了一眼，转身穿戴整齐准备出门。

夫人真的没话说了。她自从进了他家的门，虽然不愁吃不愁穿，日子过得温暖，但是一种不祥的感觉始终伴随着她。他的所作所为，如同一团迷雾叫她凭着一双肉眼无法看透，免不了有时心里一阵阵空虚，担心突然间有什么不测落到家中。而达明阿的心中却是另外一个世界，他想得到但又不想付出。他渴望着某种东西，这种东西好像就在他的眼前伸手可及，但又得不到，他却绞尽脑汁想得到它。本来他想到勒克西家，明里装作安抚，暗里放一把火，煽动他们族氏到总管档房大闹一通，可刚听了妻子的一阵唠叨，也觉得这样做过于露骨，只好忍气放弃，寻思将来另谋机会。

60

每个民工的心里都有一条流动的渠水，没有咆哮，没有欢歌，随着日月的交替在默默地向前延伸。半个月过去了，民工们的汗水和指挥部的操劳终于使查干布拉克露出笑脸，一渠新水宛若一股新鲜的血液注入千百年干涸的两岸黄土，灌溉亘古荒原，即将养育出黄黄绿绿的繁荣，让那荒凉的高坡峡谷变得鸟语花香美丽壮阔。

流淌的渠水给沉睡的旷野带来了福音。查干布拉克，这个曾经被许多人看作是不可逾越的关隘，终于被勇敢者的勇气和信心打通，成就了胜利者美丽的传说。硕尔泰，曾经发过毒誓的男人，听到这个消息后几天没出门。他这是后悔还是惭愧？痛苦还是失意？他在自我安慰中能否找回过去的自我、重新抉择？他静静地躺在靠椅上，一脸寒霜，两眼深藏这一生中最难以忘怀的屈辱。巴尔布和纳尔泰两位佐领早就来过几趟，想探探他的口气，见他一言不发，也难以启齿，急得像热锅上的蚂蚁来回转，不知

如何是好。过了许久，硕尔泰终于从靠椅上站了起来，一半训斥一半安抚地发了话：“二位不必多虑，既然大渠已经挖过查干布拉克，水又安全流过，我等应欢欣祝贺才是，往后再不可一错再错昏庸固执，被人耻笑。”

二位佐领听硕尔泰大人的话，一边长吁短叹，一边勉强点头称是。

“民工们过几天就要全部撤回，总管阅兵又在眼前，二位不必再为这事奔波费心，快去准备吧！”

“喳，大人。”二位佐领知道到了这个地步，再也无法改变局面，除了忍气吞声还能怎样呢？

“大人，总管阅兵是否按原定日期进行？”两位佐领欲走又止步，互相看了看，纳尔泰开口问。

“这事我和图伯特大人商议再定，你们等通知吧。”

二位佐领互相谦让正要出门，觉罗脚步匆匆走进大门。

“硕尔泰大人，二位大人，图伯特大人来了！”觉罗一边大声说，一边朝屋里走。

说话间，图伯特已经出现在大门口，人看上去虽然消瘦许多，胡须老长，一脸风尘，但却满面春风，他昂首挺胸走进来。估摸是没歇息就马不停蹄直奔硕尔泰这里。硕尔泰听到觉罗的喊声先是一愣，随后急忙出门和二位佐领一起迎接图伯特。

“图伯特大人，辛苦了！”

“哪里，哪里，三位大人辛苦！”图伯特一边还礼，一边笑呵呵回答，言语中流露出掩饰不住的喜悦和兴奋。

“大人，请！”硕尔泰强作笑颜，退步让路。

“请！”四个人进了屋一一入座后，两位佐领面对图伯特显得有些愧疚不安，脸上不自在，不敢正眼看，待家人出来奉茶后，硕尔泰请诸位喝茶，才将尴尬的笑容堆上脸来。

“大人，下官真是佩服大人有胆有识，挖渠之举旗开得胜，真是可喜可贺。往后咱锡伯营人丁兴旺，戍边有力，防务有保障，全仰仗大人恩德了……”

“硕尔泰大人说哪里话，锡伯营一切事务还不是你我担当，诸位佐领扶持，还分什么彼此！”图伯特见硕尔泰话中有话，急忙岔开话题。

“大人，不要安慰下官，凡事成与败皆有其成败的道理，卑职不才，何以能负此重任？”

“硕尔泰大人此言差矣！自古以来，人非圣贤，孰能无过？大丈夫岂可为区区之事心生芥蒂，一再自责呢！本官创议挖渠并非改弦更张另谋殊荣，还不是为了广积粮促防务，为了锡伯营之长治久安？过去，你我虽各持己见互不相让，也都是为公不为私，大人有什么过错？今日，天遂人愿，大渠已过查干布拉克，我们已经看见哗哗的流水，应该皆大欢喜才对，大人岂能说出这等话来？”

“大人过谦了，大人一向宽宏大度，功德俱全，卑职何以能与大人相比。不过，请大人放心，为了锡伯营，卑职尽力尽职就是了。”

“好，既然如此，往后咱就再不提过去也不计前嫌，你我一心一意联手把水引过来，从长计议，尽快重建家园，提振防务如何？”

“大人好意，下官心领了。”

“巴尔布佐领和纳尔泰佐领，你们二位有何话说？”

“没有，大人，卑职遵命就是。”两位佐领本来如坐针毡，听

了两位大人的一番对话，心中得安，听得总管大人问话，急忙起身回答。

“硕尔泰大人，本官匆匆而来是想知道总管阅兵准备得如何，别因我迟回几天误了大事。”

“回大人，已全部准备就绪，就等大人回府。”

“那好，咱就按原定日期举行如何？”

“好，卑职明日就派人告知八个牛录如期举行。”

有了水就有了地，有了地就须耕种，那么谁来耕种？八个牛录按名分地令其自耕，还是锡伯营统领代耕？转交各牛录闲散余丁勉为其难倾力自耕，还是叫锡伯营官兵亲自耕作？

硕尔泰送走图伯特后心中疑虑重重。他知道，全营闲散余丁内老弱病残者居多，届时岂能令其躬身劳作？看来到时势必抽调官兵帮助，那么这些官兵不能专心练习武艺，技艺日渐生疏，即便是充数入伍，亦难得力，如何能担当起防务重任？况且除本地驻卡外，派往喀什噶尔、塔尔巴哈台等地换班的官兵亦不敷拨用，该如何分配？唯是伊犁重地，尤其锡伯营设兵驻防之域，武备最为紧要。此事图伯特大人难道视而不见，抑或又自作主张肆意更张防务之序？过去一年一度的总管阅兵，每次都以弓马为要务，马匹由官畜牧群调拨，刀枪弓箭由将军府领取。如今已改为马匹自备，刀枪弓箭撒袋亦自制，照此下去耕作不兴，防务受损，顾此失彼，锡伯营还如何能承受强劲之旅之素称，守卫朝廷之极边要地？

阅兵那天，金色的霞光刚刚铺满天际，一缕缕阳光就从彩云的缝隙中跳跃而出。四牛录宽阔的总管校场上，西侧搭起高高的阅兵台，雄伟壮观，令人肃然起敬。台中央摆放着两排桌椅，前排中间坐着锡伯营领队大臣普萨保，两旁陪坐着图伯特和硕尔泰。后排坐着前来观看阅兵式的满营、厄鲁特营、索伦营以及绿营等大官要人。校场北侧，刀枪闪光，旌旗猎猎，一队排列整齐、斗志昂扬、气势贯天的披甲队伍前后有序，排着摇头摆尾的马甲队伍。各牛录佐领、骁骑校等一个个都头戴铁盔，身穿锁甲，背悬箭壶，腰佩长剑，手拿令旗，雄赳赳气昂昂地铁着脸立马站在队伍前面，随时准备接受检阅。硕尔泰经锡伯营领队大臣普萨保大人的首肯后，高高举起手中的令旗，大声宣布阅兵式开始。随着三排震耳的枪响，惊天动地的战鼓声轰然响起，整个校场顿时变成人马沸腾的海洋，刀枪林立，马蹄错落，旌旗飘飘，官兵们淌着汗水一个个威严肃立，目光炯炯。坐在台中间的领队大臣普萨保显得持重而镇静，但嘴角已经挂起几丝满意和欣然。他不由得侧头看了一眼图伯特那既坚定又温和的脸，又望了一眼硕尔泰既正直又执着的脸，心中喃喃自语道："他俩都是朝廷忠臣，亦文亦武，难得，难得。"

阅兵仪式刚刚结束，硕尔泰紧接着挥动令旗高声传令下去：

"一牛录开始操演步射、骑射！其他牛录做好准备！"

一牛录佐领巴尔布骑马上前，回声"遵令"，便抖缰绳拨马回队，开始发号施令。

刹那间，一牛录披甲、马甲按牛录佐领之号令，迅速摆开阵势，演练刀枪，飞马放箭。披甲们一个个拉弓射箭，箭箭穿透红靶心。马甲们一个个飞马而过，呼啸中箭箭射落吊葫芦。

"好啊，好！硕尔泰大人，您的功劳不小啊！"普萨保大人终于忍不住兴奋和喜悦，从座位上站了起来，啧啧称赞。

"是啊，大人！大渠挖通了，有田可耕了，到那时官兵的生

计宽裕，家有储蓄，库有存粮，防务有了根基，咱还怕什么！”图伯特褪去疲惫早已恢复以往光泽的脸庞此时也洋溢出自信的笑容。

“大人，过奖了……”硕尔泰听了普萨保大人的话，稍微有点发红的脸上浮起几分喜色，本想多说几句，却被图伯特的笑声打断。

“硕尔泰大人，请你放心！”普萨保早已看出硕尔泰的心思，“有了地岂能不耕呢！你是否担心将来抽调官兵种田会影响防务呢？咱们开挖大渠当初不就说好挖渠、防务两不误吗？现在你看，耽误了吗？水，已经来了，今天阅兵又令人无可挑剔，这多好啊！”

硕尔泰没有言语，脸色却和缓了许多，回了普萨保一个感激的眼神。

“近年来，喀什噶尔边外诸部落均属安宁，将军府已奏请朝廷将索伦锡伯兵三百名即行裁汰，撤回伊犁。”

“喔，此事当真？”硕尔泰有些存疑。

“明年开春，你们二位可不必担心人力不敷调用，还有什么负担可讲！”

三位大人正说着，一匹被汗水和尘泥浸透全身的战马张开鼻孔发出哧哧响声飞也似的驰进校场，骑者滚鞍下马气喘吁吁直奔阅兵台。

台下的觉罗见来人慌张，急忙迎上去。

“啊，是卡伦达德保，出了什么事？”

“快去禀报两位大人，我边防一位哈萨克牧工来密报，前几次杀人越货、几次盗去我方马匹牛羊的惯盗昨夜潜入我境内，密谋今晚要盗走我方一群牛马！”卡伦达德保满脸通红，汗流浃背，气喘吁吁地说。

“好，知道了。你赶快回去继续观察动静，我马上禀报二位大人。”觉罗说着转身疾步走上台，向三位大人禀报了卡伦达德保说的情况。

三位大人听完互相看了看，硕尔泰一下紧闭嘴唇，紧锁起眉头。

“硕尔泰大人，要不要先派德克津布去？”图伯特从硕尔泰的表情知道此事非同一般，急忙问。

“不，大人，德克津布刚回来还不了解情况。这伙盗贼不是一般的盗贼，几次作案，心毒残忍，是一群杀人不眨眼的恶魔。况且他们十几个人，还有五六支火枪。”硕尔泰眼里顿时烧起怒火。

“那怎么办？”

“我去！”硕尔泰似乎早已心定，“这次非把他们捉获不可，这群无恶不作的盗贼！”

“不，硕尔泰大人，这里不能没有您……”

“图伯特大人，这里就交给您了。觉罗，快去通知巴尔布佐领，命他带五十名马甲在校场外等我！”

硕尔泰不容分说，向普萨保大人说声“下官去了”，转身走下阅兵台，往校场外走去。

“硕尔泰，真是个硬汉！”普萨保望着远去的硕尔泰，不知是安慰自己还是对硕尔泰的疼爱惋惜，喃喃自语。

校场内依然喊声阵阵，刀枪碰击声不绝于耳，操演继续进行着。

61

硕尔泰带着一队人马急急奔出牛录，直取托赉图卡伦方向，一股股腾空而起的尘烟迷雾中人马忽前忽后晃动。硕尔泰身后紧跟着巴尔布、觉罗和卡伦达德保，他们一个个紧绷着满是汗尘的脸，置身马背，紧闭嘴唇，谁也不说话，不停地抖缰催骑，两眼盯着茫茫的前方。回想起今春官府牧工铁辽肯一家被害一事，硕尔泰更加怒火中烧，他咬牙切齿，恨不得即刻将这伙作恶多端的盗贼亲手捉获，千刀万剐。铁辽肯刚刚四十出头，为人一向忠厚老实，他妻子给他生下两个人见人爱的女儿和一个宝贝儿子。硕尔泰每次带着几位佐领和士兵巡查边界时都到他家歇脚喝茶。据托赉图卡伦报称，铁辽肯一家被害那天夜里正好狂风大作，下起暴雨，天黑得伸手不见五指。那伙盗贼趁着黑夜绕开卡伦秘密潜入，将铁辽肯和他妻子以及儿子残忍地杀害后，又将其两个女儿胁迫带走，至今下落不明，生死未卜。想到此，硕尔泰不由得举起手中的鞭子朝坐骑屁股狠狠抽了一鞭，像要把所有怨恨撒在马身上。那马痛得猛地往前一蹿，飞快地跑了起来。众官兵见了也急忙磕镫催马跟上去。

托赉图卡伦，传说曾经是蒙古部落中的一支多兰人的居住地，到准噶尔时期，多兰人被逼迁走。此卡伦为移设卡伦，秋季设，冬季撤回，离一牛录大约三十里，西至沙喇托罗海卡伦八十里，乾隆四十二年起由锡伯营领队分管。卡伦四周是空旷的荒野，西边有一条从山上下来的被雨水冲出的又宽又长的深沟，中间略显宽阔处被卡伦官兵修整后盖了马棚，给马匹遮挡风雨。卡伦大门是由指头粗的柳条编织的栅栏门，高大又牢固。进了门院，内呈长方形，北面是一排土屋，平时驻有十二名马甲和一名卡伦达。屋里地上一半铺着厚厚的麦草，兵丁靠着铺盖和衣而睡，准备随时起身出击。窗台上点着清油灯，忽闪着暗淡的光。对面墙上挂着弓箭，还有几张关防地舆图。墙下刀架上插着刀枪，闪着寒光。西侧两间是伙房，有一个伙夫负责生火做饭。院内东南角设有高高的哨楼，不分昼夜有人守望，四周十里以内可尽收眼底。硕尔泰一行风尘仆仆赶到卡伦边时天色已晚，远远望去，影影绰绰的卡伦高墙隐约可见，哨楼里一个人影似乎在不停地来回走动。深沟的马棚里，一匹匹架鞍马还在槽边吃料，不断发出喷鼻声。

硕尔泰一行没有进卡伦大院，叫卡伦达德保一个人回去通知士兵做好准备，一旦盗贼回头逃匿，即刻切断后路。他们则兵分两路，由硕尔泰带一队居右，由巴尔布佐领带一队居左，迅速分开向盗贼必经之路芨芨草滩迂回而去。队伍形成两头夹击之势，设下埋伏，静待盗贼自投罗网。

午夜，黑魆魆的大地渐入静穆的沉睡中，天空虽然有细碎的星光闪烁，远处却是阴沉黑暗的戈壁滩，阴森恐怖令人窒息。饿狼开始阵阵哀吼，狐狸东奔西跑觅食，惊恐的跳兔在枯草间跳来跳去，听到狼吼狐叫吓得躲入洞里，一会儿又探头探脑爬出来东张西望，警觉地静听四周的动静。

芨芨草滩，宽约十里，长约五里，长满了一人高的芨芨草。时值秋夜，虽有习习微风，但依然难熬闷热。遭受一天阳光暴晒的芨芨草发出呛人的气味，刺得人马鼻孔发痒，有人忍不住捂着鼻子打喷嚏。夜，越来越深，星星越闪越明，除了几声马匹打响

鼻的声音，四周一片寂静。硕尔泰带队静静地埋伏在芨芨草滩上头一条宽沟里，他全身靠在沟坡上，两眼像天上的明星，一眨不眨地盯着前方，穿透黑暗观测将要发生的一场殊死较量。觉罗牵着两匹马站在旁边，刺鼻的马汗臭味直往鼻孔里钻，但他顾不得这些，警觉地望着辽远深沉的高空，脸颊上不停地流下一道道湿热的汗水。十几名马甲牵着马缰绳停靠在硕尔泰两侧，抑制着紧张和冲动，等待大人的号令。黎明前的黑暗终于将四周的一切禁锢起来，突然从漆黑的远处传来一阵大批牲畜践踏大地乱哄哄沉闷的声音，所有人马为之一震，骚动起来。

“大人，是马、牛奔跑的声音！”觉罗唯恐硕尔泰没听清楚，急忙探身过去小声说着，禁不住心怦怦跳了几下，心里紧张起来。

“知道了，你们听着，放过畜群，从中间插过去将人畜分开，再把他们包围起来一个个生擒活捉，千万别误伤自己人，口令要用自己的话！”硕尔泰镇静自若，果断下令。

“喳！”众马甲小声领命。

声浪越来越大。硕尔泰站起身屏住呼吸提耳静听约莫一刻，估计畜群已过大半，说声“上马”，自己先从觉罗手里接过坐骑缰绳，纵身一跃上了马。觉罗和马甲们一个个紧了紧马肚带跟着上了马，手里拿起刀和枪。

“走！”硕尔泰回头向黑暗大喊一声，猛抽坐骑，像一支箭冲过去，觉罗和马甲紧跟在后，喊声大起。左翼的巴尔布佐领听见对面的喊声，也率领手下摆开队形呐喊着杀过来。他们左右夹击将盗贼拦截合围。十几个盗贼妄图像过去一样疯狂赶着畜群迅速通过边界逃脱追赶，不想这次忽听前面喊声大起，黑暗中像有千军万马扑过来，他们在惊骇中感觉已经被官兵挡住去路，不得不惶惶拉住马头，取枪在手，意欲扭头向山上逃窜。

“鼠辈盗贼哪里逃，快下马受缚！”盗贼们还没来得及拨转马头，身后又起一阵呐喊声，他们不辨东西南北吓得不知所措，动都不敢动，只得收紧缰绳一声不响地站着，伺机再逃。

硕尔泰已知盗贼被自己人马包围，但黑暗中看不清对方，又无法辨认，一时无法知道突然出现在盗贼背后的是谁的人马，杀起来唯恐误伤自己人，于是他故意提高嗓门大声下令：

“众官兵不要向前，原地待命！”

“喳！”众官兵喊声如雷，盗贼两耳轰轰作响，两眼冒星，似乎掉进无底洞。马匹惊得咴咴打着响鼻甩着头团团转，前蹄又不停地刨着地。

突然间四周一下静了下来，静得可怕，只有受惊的畜群像被什么人赶着向伊犁河边窜去，声响越走越远，渐渐的什么也听不见了。

在紧张、猜测、恐惧的对峙中，黎明终于来临，天渐渐亮了，星星渐渐少了，在半明半暗的天空，早起的百灵开始鸣啭着歌喉从天落下。众盗贼借着晨曦极目张望，终于看清朝廷官兵如神兵下凡，一个个横刀立马，排成一个圆圈，看阵势是要决一雌雄，拼个你死我活。他们则像被猎人包围起来的一群饿狼，狡诈地寻觅着脱逃的机会。

“嚯依，鼠辈盗贼听着：尔等经常骚扰边界，伤害无辜牧人，掳掠偷盗朝廷官牧牲畜，该当何罪？”硕尔泰见盗贼已成囊中之物，威风凛凛地拍马过去，举鞭指着盗贼厉声喝问。听见硕尔泰的怒喝声，众贼先是一愣，接着疑惧地互相看了看，刹那间

所有眼神都集中在其中一个骑着马手拿长枪、蓬头垢面的家伙身上。

“你是谁？你没长眼睛吗？看看我手里拿的是什么？”那家伙恼羞成怒，突然举起手中的长枪，哇哇大叫着露出穷凶极恶的狰狞面目，想吓唬官兵为虚空的自己壮胆，“懂事的，快让开！不然一枪毙了你！”

“你敢放枪，死路一条！若想活命，快快下马受缚！”看来这家伙是他们的头目，硕尔泰微微冷笑，应声回击。

“好，既然不怕死，老子就叫你尝尝死的滋味！”盗贼头目突然朝硕尔泰头上放了一枪，接着仰起脖子放肆地哈哈大笑，将枪对准了硕尔泰。谁料笑声未落，众贼忽听背后传来一阵激烈的马蹄声，惊慌地扭头看时，一匹空鞍马早已飞驰到盗贼头目身后，马肚下突然钻出一个彪形大汉，一个猛子扑到盗贼头目身上，两个人一起摔下马。众贼大惊，挤成一堆，人喊马嘶互相冲撞，像无头苍蝇团团转。盗贼头目摔得两眼冒金星，嘴里骂着挣扎着想爬起来，来者早已抄起地上的长枪，一枪托把他劈倒在地。来者原来是额尔固伦。硕尔泰一行出了牛录后，图伯特放心不下，派额尔固伦带三十名马甲马不停蹄地随后驰援。

众盗贼见头目已命绝，枪又被夺，叽哩呱啦狂呼乱叫一齐向额尔固伦开枪，又向官兵开枪，簇拥在一起不知往哪里逃。为了避免伤亡，硕尔泰命众官兵拉开距离步步紧逼，迫使他们在官兵合围的威胁下自己下马投降。不料，突然有个盗贼策马冲出，喊叫着妄图向南突围，逃往山里。

觉罗看得清，立刻收起刀，取弓在手搭上箭，拉满弦，只听“嗖”的一声，那盗贼应声落马，死于箭下。觉罗本想箭射出头鸟，威慑众贼阻止突围，岂料那些亡命盗贼并不后退，反而变本加厉，舍命冲杀，靠着密集的枪弹向南冲去。

“放箭！”硕尔泰看情况突变，不得不下令射箭。

顿时，飞蝗般的箭羽从四面八方向盗贼们射去，混乱中有几个盗贼翻身落马，滚爬逃命，其余的继续往前冲。终于箭头敌不过枪弹，众贼合力一举突破西南角防线，向南山霍诺海沟夺路溃逃。

硕尔泰来不及与巴尔布商量，命觉罗去告知巴尔布和额尔固伦合兵追赶，自己带一队人马向边界一侧急驰过去，希望从霍诺海沟西岸堵截他们的去路。

霍诺海沟位于南面帖木里克山和乌孙山之间，又宽又大，距托赉图卡伦大约五里。沟内两侧有众多南北走向的小山沟，沟里流出的条条溪流汇成霍诺海河。河水终年流淌不息，河两岸是大片茂密丛生的灌木林和高高的梧桐树，在刚刚升起的太阳的明朗阳光下显出迷人的银灰色，奇异地发亮。空气中弥漫着惬意的气息。

可是谁能想到，如此鸟语花香静谧之地，一到夜间便成为野兽的天堂，虎狼咆哮，鹿獐啼鸣，叫得人心惶惶。沿河而上，不用半天即可到达西南边界，是商贩们走私的交通便道。

众贼无心抗争，只顾逃命，哪里顾得上有路无路。他们一个个拼命磕马镫，一头撞进霍诺海沟，心急火燎地催骑下河，突然对面树丛中一阵飞箭呼啸着射过来，前头的几个盗贼惨叫着翻滚落马，被急流冲走。原来硕尔泰预计盗贼一旦逃脱，必经此地，早已安排卡伦达德保带卡伦兵勇等候在此。

刚下河的三个盗贼见状，恐惧地拨转马头惊慌奔上河岸。这

时额尔固伦的人马已到达霍诺海沟，巴尔布的人马也尾随而至。三个盗贼前后被夹走投无路，只得钻进河边一片黑乎乎的林中藏起来。林子的南边是一个死角，几株高高的梧桐树树顶架着几个乌鸦巢。

硕尔泰早已到达沟岸高坡，看着三个盗贼像丧家之犬慌张地钻进林中，冷笑一声，挽缰立马看他们还往哪里逃。林子并不大，却乱木横生，枝干交错，昏暗的深处在阳光照射下依稀可见人影。四周没有路。中间只有一条狭窄的野兽出没的小径。硕尔泰站在高处，下面一切尽收眼底。河对岸树林中是德保人马一字摆开，北边是巴尔布和额尔固伦人马紧紧包围，可以说三个盗贼插翅难逃。

他静静观察了一阵，等觉罗赶到身边，见林中没有动静，便说声“走”，疾速拍马冲下山坡。

“大人，他们三个都有枪！”觉罗紧跟在后担心地提醒。

硕尔泰听都未听，快到林头时勒住马头清了一下干涸的喉咙，朝着林子厉声喊：“你们三个鼠贼听着，缴枪投降，留你们一条狗命，若不出来，即刻点火烧林！”

喊声震得整个沟里嗡嗡作响。突然一只狐狸从林中钻出来，见了人马吓得哀叫一声又扭头钻回去了。

“准备点火！”硕尔泰静待一阵，依然不见动静，向四周的人大声下令。

喊声刚落，忽听“砰”的一声枪响，硕尔泰的身子摇晃了一下，一头伏在鞍头。

“大人！”觉罗吓得跳下马惊叫着奔过去，见硕尔泰右胸窝已被鲜血染透。

“点火烧林!”硕尔泰硬撑着身子坐起，用马鞭指着林子喊了一声便落下马来。

三堆大火，从林子三面噼啪作响熊熊燃起，烧着的树枝树叶飞腾起来，炽热的气浪疯狂地交织在一起，卷起一股股黄褐色的浓烟盘旋而升，刹那间就吞没了头顶上的天空。

“鼠贼快出来！再不出来把你们烧成灰!”官兵们借着火势齐声呐喊，三个凶残的盗贼吓得像被烟熏的狐狸，丢下马连滚带爬跑出林子跳进河里，被德保手下一一擒获。

这一仗，杀贼六名，伤四名，生擒三名，得马十三匹，火枪七支。朝廷官兵除硕尔泰负伤，无一人伤亡。

临近黄昏，硕尔泰被担架送到牛录，一直昏迷不醒。妻子和觉罗让他躺在炕上。他紧闭双眼，脸色灰白，没有呻吟，一动不动，仿佛两耳还在谛听大火的燃烧声和官兵们的呐喊声。大家痛心地低垂着头，强忍眼里打转的泪水，焦急地等待图伯特和莫伦达喇嘛到来。

巴尔布和额尔固伦站在屋门外，静静地等待着，心里充满了自责和对盗贼的仇恨。掌灯时，图伯特终于急匆匆赶到。他见站在门口的硕尔泰妻子那被泪水浸过的脸和额头上散乱的短发，心里咯噔一下，急切地问：

“硕尔泰大人怎么样?”

“大人……”硕尔泰妻子见了图伯特，再也忍不住心中的悲伤，嘴唇痛苦地颤动一下哭出声来。

“大人，是我没有保护好硕尔泰大人……”觉罗心里有说不出的懊悔，胀闷的胸口像被烧红的烙铁烫了一样难受。

图伯特急忙进屋。巴尔布佐领和额尔固伦也跟着大人进了

屋，站在一旁不安地望着躺在炕上的硕尔泰。图伯特轻步走到炕前，欠过身借着清油灯光默默地观望了一阵硕尔泰那张威严的脸，见他面色安然，呼吸平静，昏迷中还是一副倔强不屈的神态，长长呼出一口气，总算轻松了许多。

“请别心急。我已派人去接莫伦大师，大师把枪弹取出来就好了。”图伯特转身安慰了一句双臂紧抱在胸前、全力抑制着情绪的硕尔泰妻子，又对脸上蒙着一层灰暗的觉罗和巴尔布佐领、额尔固伦小声说：“你们也别自责了，打仗免不了死人和负伤。”

莫伦达喇嘛接到硕尔泰被盗贼枪击的消息，震惊不小。他不敢怠慢，即刻收拾医具带着一名小喇嘛快马加鞭连夜赶到。图伯特等出门迎接，寒暄几句径自进了屋。莫伦连水都没喝一口就爬上炕坐在硕尔泰身边，一边给他把脉一边仔细观察硕尔泰那张从来就严肃冷峻的脸。

“大师，怎么样？”图伯特透过微弱的灯光见莫伦达喇嘛脸上似有难色，急切地问。

“或许流血过多，脉搏很弱。”莫伦轻轻放下硕尔泰的手，又摸了一下他稍稍发烫的额头，朝图伯特看了一眼回答说，“不过，没有大碍，先把子弹取出来，以后精心调养一阵伤口自然就会愈合。”

“那就好，那就好！那么，现在就动手吗？”

“是的，大人，事不宜迟。”

“需要我们帮什么忙？”

“不用了，大人，请你们都回避一下，我有徒弟帮忙就可以了。”

图伯特等听了莫伦的话，退到隔壁房间，心里在默默祈祷千万不要出意外。硕尔泰妻子站在一旁两只手不知所措地抚摩着衣襟，眼睛里闪着泪光。觉罗更是忐忑不安，如坐针毡又像下了油锅，全身灼热，胸中似有千军万马，不能安静下来！胸口一阵阵发堵，脊背沁出冷汗，两只眼睛躲避图伯特的目光，只望着屋顶的黑暗寻求对自己的原谅！图伯特仰起脖子闭着眼重重地靠着躺椅背，显然是马背上颠簸半天，心情紧张又疲惫的缘故。

手术开始前，莫伦用棉花团熏了滚烫的清油往伤口上轻轻一敷，硕尔泰被一阵嗞嗞作响的灼烧烫得一下从昏迷中惊醒过来，他咬着牙喊了一声并睁开了眼睛。

“大人，好了，忍耐一下！”莫伦赶紧把棉花拿开，原先血淋淋的伤口被烫得黑乎乎一团。

“啊，大师……”

“大人，我现在要把伤口切开，然后将子弹取出来，您要忍一下！”

“大师，不要紧，我能撑得住。”硕尔泰虽然疼痛难忍，但咬紧牙关，再没呻吟一声。莫伦借着油灯光，用灯火烧过的小刀小心地切开了伤口。从硕尔泰那张坚毅的脸上看不出他究竟在承受多大的疼痛，只有大颗大颗的汗珠从额头滚落下来。他闭着眼仿佛在遐想，想起了遥远的故土，想起了这块付出自己一生精力和满腔心血的土地上，父辈们曾经经历过的艰难、劳苦和忧患。他们对土地的热爱、对国家的忠诚，给他留下多少安慰和期望。阿默没有给他留下什么家产，成年累月风雨无阻奔波于十八个卡伦站台间，身负重任，履行驻防职责，最后把这块土地完整地交给了他。这不就是他留给子子孙孙永恒不变的财富吗？想起额妮，

一个沉默寡语的妇道之人，今天送别丈夫明天又送儿子，图的是家园的安宁、人丁的兴旺。她日复一日地劳作，满头的青丝在风吹日晒中变得灰暗，日出日落间又添了显眼的白发。虽然皮肤粗糙，额头上的皱纹刀刻般深邃，但从没有失去过对生活的向往、对未来的憧憬。她没有在困难面前弯过腰，没有在贫穷面前伸过手，而是靠那双青筋暴起的手和坦荡的胸怀给予子女无穷的力量。额妮是一张弓，阿默是一支箭，箭射到哪里，儿女就跟到哪里。那么，他将会给后人留下什么呢？他是父母血脉的延续，他的血脉将会延续到哪里呢？是脚下的伊犁，还是遥远的故乡？在他的心目中，一边是生养自己的故地，一边是自己守望的防地，他能舍弃哪一边呢？一辈子争强好胜没有认过输的他，将要面临多么艰难的选择！尤其是图伯特从大渠归来之后，看到他言语间按捺不住的喜悦和激情，总觉得倏忽间低人一等，心里有说不出的苦涩和孤独。夜深人静时，他心里积满悲伤，无法敞开心扉。出门走在大街上，又觉得无地自容。

“这究竟为什么……”突然一阵钻心的疼痛使他大喊一声昏了过去。

“大人，硕尔泰大人！”莫伦吃了一惊，见硕尔泰脸色登时灰黄，持刀的手哆嗦一下急忙收回。

焦虑中等待的图伯特忽然听到硕尔泰撕心裂肺的一声喊叫，不知出了什么意外，心头一颤慌忙起座进门来。

“大师，怎么回事？”

“大概刀尖碰到子弹，他疼得昏了过去。”

“硕尔泰大人！”图伯特见硕尔泰紧闭双眼，发黑的嘴唇轻微颤动，眼角仿佛多了一条暗淡的泪痕，心里一疼轻声呼喊起来。

在恍惚中，硕尔泰似乎听见小时候凤凰山下伙伴们呼喊他的声音，那声音那么熟悉、那么亲切、那么悦耳！在他的一生中，这声音一直陪伴着他，这甜蜜又难受的感觉，从未被他忘却。如今，这声音又在他耳畔响起，像在空中滚过，在大地上传播，震撼他，推动他，使他不得不醒过来。

“图伯特大人……”硕尔泰慢慢睁开眼睛，嘴唇动了一下。

“硕尔泰大人……”图伯特想要安慰几句，可喉头一热一句话都说不出来了。

“觉罗呢?”

“大人，卑职在!”觉罗两眼含泪走向前躬身回答。

“那几个畜生抓获没有?”

“回大人，那几个盗贼一听我们放火烧林以为是真的，吓得自己就爬出来了。”

“好！这次你们立了大功，一定奏报将军府为你们请功。”

“谢大人恩典!”觉罗终于忍不住，两行激动的泪水夺眶而出。

“图伯特大人……”

“硕尔泰大人，请放心。”图伯特似乎已经懂他的心，勉强微微一笑，掩饰着内心的酸楚，“本官还想告诉大人一个好消息。”

“什么消息?”硕尔泰惨然一笑，闭上了双眼。

“皇上得知咱锡伯营挖渠旗开得胜，特下圣谕嘉奖表功，赏银千两。”

“啊！皇上真英明。”硕尔泰脸上顿失笑意，爬上一丝愧疚，两滴泪水从他眼角悄然流下来，“皇上如此恩典咱锡伯营，此乃大人之功德，锡伯营之万幸。卑职不才，往后的事就多多仰仗大人了……”

“硕尔泰，过去的事都过去了。”

“不，大人，卑职所为，众人皆知。”硕尔泰虽然疼痛难忍，依然固执。

“硕尔泰，这是从何说起？你我一起随父辈迁师伊犁，一起选入披甲，一起巡防，一起擢佐领，一起升总管，三十多年的风风雨雨何时分过彼此。你不要再为难自己……”图伯特说着。突然灯光忽闪着跳跃几下，暗了下来。

“图伯特……阿哥……”硕尔泰干燥的嘴唇嗫嚅了几下，再次睁开黯淡无光的眼睛望了一眼图伯特，非常吃力地伸出冰冷的手握住图伯特的手，“兄弟真对不住您……留下终生遗憾，悔之不及，请您看在我俩情同手足的分上，不要记恨我……”

“硕尔泰兄弟……我的好兄弟，阿哥怎么会记恨你……你一生光明磊落，对锡伯营的功绩人人铭记心里，你一定要好起来，你一定要活着……”图伯特虽然伤心垂泪，见硕尔泰开始一阵阵抽搐，极力镇定自己好言劝慰。

“兄弟一生无求于人，今有一事想托阿哥……”硕尔泰两眼似乎要睁不开了，说话已微弱无力。

“兄弟只管吩咐，阿哥一定办到。”

“有朝一日，您要是能回故里，一定把我的骨灰带回去埋在凤凰山下……”

“阿哥答应……”强烈的悲痛掠过图伯特的心头，他禁不住泪水滂沱。

硕尔泰话没说完，一歪头昏死了过去。

此时的硕尔泰一定相信自己将要离别这个世界了，才与图伯特说起诀别的话的。谁知，造化弄人，阎王终不收硕尔泰，九死一生的硕尔泰如何在后来的日子品评自己的遗言呢，这是后话了。

62

又是一个春天。大地解除寒冬的束缚，雪地已显斑驳，露出块块黑色地皮，阳光下成千上万闪烁的光点在空中飘舞。被冰封雪锁的伊犁河开始解冻，一块块冰凌相互拥挤着，缓缓顺流而下，发出哗哗的碰撞声。一群群野鸭咕咕嘎嘎叫着从长空掠过，又纷纷落在岸边，报告春天黎明的到来。阳光从乌孙山脊照下来，澄明的天空与河边的枣林，构成一幅美不胜收的图画。图伯特、巴扬阿、德克津布带着几名跟丁骑着马在枣林边沿着大渠溯流而行，准备去查看大渠龙口解冻的情况。

“巴扬阿大人，这个冬天没出去换换口味?”走着，走着，图伯特突然开口问。

“噢，去是去了，不过差点送了老命!”巴扬阿说完嘿嘿一笑，显出一脸的尴尬。

“怎么回事?”图伯特听了巴扬阿的话，急忙拉了一下缰绳回过头好奇地问。

“第一场雪刚过，查完龙口回来时，德克津布非要进枣林转转。好啊，转就转吧，说不定还能逮几只兔子。不过，大人，那枣林杂乱无章，一棵棵弯腰曲身的枣树，盘根错节，人马难行。进了林子，德克津布口哨一吹，那几条猎狗便一个个窜入林中，跳跃奔跑寻找猎物去了……卑职一个人找着一条兽道，骑着马艰

难地走着，噢，突然我的马把头高高抬起竖起双耳，打着咴咴响鼻怯蹄不前了……”

“怎么，遇着猛兽了？”

“我心里骂了一声，狠抽一鞭，刚要向前，背后忽的一声响，只见一只凶恶的黑熊，张开血盆大嘴，露出锋利的牙齿向我猛扑过来！”

“噢……”

“把我吓得魂都飞了……情急中用鞭杆子往黑熊嘴里一顶，噢，老天爷，鞭杆一下卡到黑熊嘴里，张开的嘴再也合不拢了！哈……”

“后来呢？”图伯特也被巴扬阿的奇遇逗乐了，跟着哈哈大笑起来。

“那马惊得摔下我就跑了，幸好猎狗们闻声赶来，紧紧围住熊拼命扑咬，我才趁机爬到一棵大树上喊德克津布。老天爷，那黑熊一点不怯，摇晃着脑袋号叫着……”

“德克津布佐领呢？”

“卑职那时正好去追一只兔子，一下跑远了。听到巴扬阿大人震翻林子般的喊声才知道出了事，急忙拨马奔过来。”德克津布想起那件事还心有余悸，悔不该当初只顾自己打猎而差点送了巴扬阿的老命。

“德克津布赶到后，下马取刀直奔那家伙。那家伙急得嗷嗷大吼，直立起来乱扑乱抓，凶极了！德克津布佐领果真厉害，一个箭步冲上去瞅准心窝一刀就捅了个窟窿！那家伙疼得哇哇惨叫几声摇晃着倒地。猎狗们一拥而上，又撕又咬，才解了我的围！”

“巴扬阿大人，要是当年……”

“嘿，要是当年，咱不吹，早就要了它的命!”

“哈……”三个人一阵开怀大笑。图伯特仰起头望着遥远的天际长长呼出一口气，像沉入对过去的回忆，眼前渐渐映出心爱的神犬，从远处的彩云间摇着尾巴向自己跑来。

真是谈笑路程短，三个人不知不觉已到龙口。抬头望去，两间矮小的土屋坐落在渠口岩石坡下，烟囱里正冒着浓浓黑烟。听到人马过来，屋旁狗窝里蹿出一条大黑狗冲着他们汪汪叫起来。

听到狗叫声，木板屋门慢慢打开，从里面探出一个脑袋向他们仔细张望。图伯特一行在小屋前收住缰绳。几匹马走得正欢，突然停下，一个个甩着笼头咬着嚼铁，鼻子喷着热气，踏着硬石团团打转。

“大人们好!”守龙口的两个民工见是图伯特一行，又惊又喜，急忙跑出屋施礼问好。

“二位辛苦了!”图伯特一边说着，一边勒住马头下了鞍。

“大人，请进屋!”

三位大人把缰绳交给跟丁，因门框低矮，只好低着头跨进屋里。屋里虽小，却盘了火炕，一股热气迎面扑来，十分暖和。炕上放着火盆，还有星星点点木炭火在闪光。旁边一张小桌上摆着一小碟花花菜、一盘野兔肉，冒着热气，香味扑鼻。桌边放着一个油光发红的酒葫芦和一个酒碗。

“噢，二位正在小酌!”

“是，大人。我们大早就去加固渠口刚回来……那冰水太冷了，刺骨寒，想喝两口酒暖暖身。”一个民工回答道。

“好！我们来得正巧，那咱们就一起暖暖身子!”图伯特说着先上了炕，巴扬阿、德克津布也跟着上了炕，盘腿而坐。几个跟

丁拴好马，套上料袋，搓着手鱼贯进屋坐在旁边。

“好，二位辛苦，先从你们来！”图伯特见大家都坐好，笑着对两个民工说。

“不，大人！你们是客，你们先来！”一个民工乐呵呵地抱起酒葫芦，另一个急忙双手端碗接酒。酒葫芦乌黑光亮的嘴里咕嘟咕嘟流出香醇的酒，酒还没下肚，香味就令人半醉。

“大人，请！”民工先给图伯特敬了酒。

“好酒！来，巴扬阿大人！”图伯特呷了一口，品了品连声称赞。

巴扬阿大人接过碗喝了一口，咂咂嘴，摸了一下下巴颏，笑着把碗递给德克津布。

“大人，这酒还是大人赏的那桶酒。平时小人们不敢喝，出工后才呷几口。”

“那就好。二位千万不可嘴馋，万一吃酒误了事，万一河水猛涨渠口漏水冲坏堤岸，本官可要治罪哟！”

“大人，请放心！我们俩决不会喝酒误事！”两个民工急忙向大人保证。

“这就是了，巴扬阿大人，德克津布佐领，今后每年入冬这龙口存一桶酒，以备冬日看渠、春天下河时民工们暖身子用。”

“知道了，大人！”德克津布不胜酒力，喝了一口就满脸通红。

“不过，银两由总管档房开支。”

“喳，大人。”

“大人，请尝尝我们炒的兔子肉！”

“喔，真香！”图伯特夹了一块放到嘴里，嚼了几下，笑着频频点头称好。

吃喝完毕，两个民工领着图伯特一行来到龙口查看。渠口横跨的粗长横木上还结着一层薄冰，一根根斜插的椽子仿佛一排士兵，手连手肩并肩，下截插进水中，上截枕着横木，顶着河水和冰块吼叫着的冲撞，沉闷的隆隆声在脚下一阵阵轰鸣。

“这里还有麦草吗？”图伯特仔细看了一阵渠口四周，满意地问。

“回大人，还有两车麦草和两车石块备用。”民工兴奋地回答。

“你们再砍些树枝，不要偷工！”巴扬阿大人见两个民工有些喜滋滋的，皱起眉头斥责一声。

“喳，巴扬阿大人！”两个民工急忙收住笑脸，低头毕恭毕敬地回答。

图伯特查看完毕又叮嘱几句，连夜赶回总管档房，准备召集各牛录佐领布置第二批人马动身挖渠事宜。硕尔泰负伤这段日子，图伯特一个人忙前忙后，十分劳累。

因二期工程事关重大，图伯特不敢一人做主，早已禀报将军府，恳望领队大臣普萨保大人届时亲临会议首肯。不久，将军府有了回复，命他近期择日速办。图伯特喜出望外，立即派人通知莫伦达喇嘛、各牛录佐领。次日吃过早茶，他一个人先到议事堂再详细看了一遍二期工程规划路线图，又将各牛录相关大事调整确定，切实保证一经开挖后不影响整个计划的实施进度和对防务兵力的出巡安排。

临近中午时分，各牛录佐领以及几位防御一个个劳马汗颜、风尘仆仆先后赶到，在互相寒暄和问候声中，说笑着走进议事堂

一一坐定。因普萨保大人直接从惠远城起程，只好等他到来。普萨保大人带着两名跟丁骑着马出了城关，渡过伊犁河，快马加鞭直奔锡伯营总管档房所在地四牛录。他一路走一路观看眼前的景色，不觉陷入久久难忘的回忆之中。

硕尔泰受伤，他一直悲痛和惋惜。虽说硕尔泰过去曾极力反对开挖大渠，但并未暗中作梗、明里阻挠。他总是以傲气和自负来表白自己的心怀，以倔强和才能显示自己的高尚和执着，以忠于职守和勤于防务辩解自己的愿望，权衡守边与挖渠之利弊。他不张扬不自狂，上阵打仗身先士卒却不贪功，是多么难得的同僚，他多想去看望硕尔泰呀！

还没进牛录，普萨保远远就见牛录外一群年轻人正在放风筝。那风筝人字形，比房屋还高，线足有指头粗。随着一声声喝呼，只听马蹄声起，两匹马拉着线绳急驰起来，那风筝直腾腾缓缓升空，发出嗡嗡声响，围追的村童们的叫喊声、欢笑声连成一片！普萨保大人笑了笑，驱马进了牛录大门。他一边走一边观看，牛录里大街小巷到处洒满和煦的阳光，路边的树木在春风中潇洒曼舞。农舍前燕子呢喃，屋后杏树含苞欲放。农夫们在门前院里打线合绳修理犁耙，姑娘们三五成群在大树底下悠悠荡着秋千，发出一阵阵甜蜜动人的嬉笑声。

“普萨保大人到！”普萨保及跟丁刚到总管档房门口收住缰绳，随着门卫一声高呼，图伯特急忙率众人出门迎迓。

“大人一路辛苦了！”大家一起恭敬施礼。

“诸位辛苦！”普萨保下了马便回礼。

一阵寒暄过后，大家互相谦让着进了议事堂。待坐定安静下来，图伯特咳了一声，站起来扫了众官一眼开了口：

“普萨保大人、诸位，挖渠的第二期所需粮草用具已备足，车辆后天就要出发了。为了不误农时，届时得以开田耕种，一定要趁着雪墒未退，土地松软，加快进度，赶五月初挖到察罕拜兴迄东！否则贻误时日，事倍功半，影响整个进度。今天召集大家，重新确认各牛录各自的位置以及准备事宜和出发时间。下面请锡伯营领队大臣普萨保大人训话！”

普萨保面对自己旗下一张张刚毅和善的面孔和一双双期待的眼睛，想讲几句庆功鼓励的话又觉为时尚早，只好将临行前将军大人的旨意传达给锡伯营众官兵。

“诸位，大渠第二期工程马上就要启动，这是第一期工程的延续，也是我们锡伯营生存的延续。第一期工程胜利告捷，已经说明了当初决策的正确和明智。这个前所未有的创意我们实现了，锡伯营没有辜负朝廷的重托，更没有为了挖渠而耽误边境防务。”普萨保大人生得高大，穿着得体，宽大的前额和略长的脸上没有一条皱纹，颧骨高高，气色端正，轮廓清楚，表情总是既坚定又温和，说话时总是充满镇静和自信。“诸位，第一期工程初步建功，将军府奏报皇上给锡伯营请功，这不仅是你们的功劳，也是关乎后人的生存大计、屯垦戍边的万全之策！”

大家听了他的话，除了深深的敬畏，还流露出激动的喜悦和振奋。他眼光明亮，看着下面众人情绪的变化愈发明亮了。

“诸位回去，再接再厉，尽心尽力做好准备，尤其管好各自民工的吃住，不可玩忽职守，影响下面的进度！”普萨保说完轻轻咳嗽一声，把身子微微朝后一仰，向图伯特点了点头。

“诸位，普萨保大人的话一定照办，违者严惩不贷。”图伯特接过普萨保大人的话，那张仿佛雕出来的冷酷的脸，顿时掠过有

所思虑的神色，两眼极力避开众人的视线，似乎向空中寻求强忍和安慰。“硕尔泰大人不幸受伤……营中防务一事及今秋选派随将军大人到喀什噶尔行围人员名额由三牛录纳尔泰佐领协助本官暂行代管，不得有误！”

“喳！”纳尔泰大吃一惊，心有余悸的他想不到竟然被图伯特大人点名选用。他慌忙地站起来，张着嘴，发红的眼睛左顾右盼，想看看其他牛录佐领对自己是如何看待。众佐领见他受宠若惊的样子，一个个哭笑不得。此时，只有七牛录佐领达明阿低着头谁也不瞧一眼，脸上失去了往日的骄横和自负，表现出因过多的重压而十分疲惫的神情，两眼虽然明亮却没有热情。

“德克津布佐领、巴扬阿大人二位先行一步，查看地势选定住处，人马一到，按时开工！”图伯特虽然从眼角看到达明阿有些反常，但他并不在乎。胸中的自信使他泰然自若，足以对付邪恶。他继续自己的话题，一言一语都充满激情和力量。

“柯伯克佐领！”

“卑职在！”四牛录佐领柯伯克急忙起身恭立。

“今年赴喀什噶尔换防轮到四牛录，你们准备得如何？”

“回大人，准备完毕，随时待命！”

“由谁管带？”

“回大人，由额尔固伦防御管带。”

“额尔固伦防御！”图伯特两眼急忙在众官中寻找。

“大人，卑职在！”听见图伯特的喊声，额尔固伦恭敬地起立大声回答。

“噢……我不想多说什么，你为挖大渠立一大功，总管档房给予厚报，赏你一匹配鞍好马，前赴喀什噶尔骑用。”

“谢大人！为朝廷出力，是卑职分内之事，何劳大人如此重赏。”额尔固伦十分感激。

“这一去路远日久，途中经常有强人盗贼出没，要带好手下，多加小心，时刻想着家里人在记挂着你们！”

“喳，大人！”

“乌里雅苏台去喀什噶尔驻防快一年了，你一到速叫他赶回。今秋他要去惠远城参加将军比武，多给他些时日演练。”

“喳，大人！”

63

春天的暖阳照得人陶醉，报春的燕子早在屋檐下往来飞舞，呢喃着妙音在空中忙碌，迎接新生命的到来。破土的绿草，乐呵呵抚摸着大地，说不尽的绵绵情话在万象更新的蓬勃中洋溢。

远处马儿叫，近处牛儿吼，掉了毛的羊群在一片咩咩声中跳跃撒欢儿。图伯特将府里所有事务安排完毕，又陪着普萨保大人去一牛录看望了正在卧床忍受煎熬的硕尔泰。

经受长时间的伤痛折磨，硕尔泰消瘦了许多，离群索居更使他苍老不少，灰白的脸上雕刻般的腮帮很少现过微笑。不过，他还是没有失去锋芒和倔强，他的目光含蓄深沉，令人见了一样敬畏。他见普萨保大人来看他，不知是突发的感激还是心里潜在的愧疚，或许是两者交织在一起，稍微发红的面孔隐隐露出几分喜色。他硬撑着坐起来和两位大人一阵寒暄之后，给他们讲起自己最近做的一个奇特的梦。

“那是一片无边无际的荒漠戈壁，四周阴暗昏沉，没有太

阳，没有月光，看不见山的灰影，听不见水的流声，所到之处被一片恐怖笼罩。突然，从黑魆魆的远方传来一阵阵拖长的凄凉的喊叫声，而且越来越大。我一个人骑着马静静地向那声音走去，可前面什么也没有。为了寻找那声音，我策马继续往前走，可是，前面越走越黑，已经再也无法分辨东南西北。我只得勒住马怅然站着，口干舌燥，在黑暗带来的奇异的压抑中，向四周极目环顾，希望能见到哪怕一丝亮光，能喝上一口水。渺茫惆怅的感觉终于使我拉起缰绳转了马头。正当此时，突然从背后传来一阵笑声，是女人迷人的笑！我心里一惊，不敢回头看，赶快闭了双眼，磕着马只顾往前走。那声音滚滚转动着，忽西忽东，忽前忽后，越来越大。我想我是不是到了阴间，家是不是回不了了呢？我正在悲凉中徘徊时，忽见头顶上猛然出现一个光轮，在那女人的笑声中顿时化成一条长长的彩虹。我吃惊地定睛细看，哪里有彩虹，分明是一条河从天边流下来，我不顾一切跳下马趴在河边，把头伸进河水里大口大口地喝，突然那河水变成一条龙，吓得我大叫一声，猛地醒来。想来想去，不知道这梦是吉兆还是恶兆，怎么也解不开！”

“大人，这只不过是一场梦而已，不必过虑费心思。”图伯特听了硕尔泰的讲述后笑着安慰说。

“硕尔泰大人，我看这倒是一个好梦，是个好兆头。”普萨保听了硕尔泰的诉说，两眼望着窗外，沉思片刻后点点头说。

“是个好梦？请大人说给卑职听听！”硕尔泰听了普萨保大人的话，一阵欣喜掠过眉宇，急忙央求说。

“你们锡伯人一向供奉喜利妈妈，本官想这或许是喜利妈妈在显灵，给我们暗示，那彩云绚烂一片从天而降化作一条河，一条河又变成一条龙，这分明指的是咱们挖的大渠将要大功告成，这千古荒原将得以重生。硕尔泰大人，看来你虽然身在家中却心系大渠，不然怎么会做这样一个难得的好梦呢？哈……”

硕尔泰听了普萨保的话，又见他开怀笑声中颇露得意，不觉轻轻叹了一口气，暗自苦笑一声，摇摇头问：“照大人这么说，卑职是不是心里非常渴望早日能喝上大渠的水呢？”

“那当然，这梦因为你口渴，因为你想喝水而做，巧的是你喝的水竟然变成一条龙，那分明是一条水龙啊！”

“有理，有理，大人说得有理。有了大人这话，卑职心里也踏实了。”硕尔泰虽然心里仍有纠结，但不好直白地说出自己的顾虑。大渠第一段工程已告成，自己又身负重伤躺在家里，他在两位大人面前怎么能重新拾起过去的自信！

图伯特坐在一旁早已看出硕尔泰有些尴尬中的黯然和内心的悔恨自责，急忙笑了笑打圆场，“硕尔泰大人，不必在意，那只不过是一场梦而已，况且普萨保大人也是依你的梦解说罢了，你心里信则有，不信则无，不要太认真。”

“硕尔泰大人，是否以为本官言重了？”

“哪里，哪里！古人说日有所思，夜有所梦，普萨保大人的话怎么会重呢！”

“我看硕尔泰大人还是早些歇息吧，好生养伤。您不知道大家多么盼望您能早日康复，重骑战马，挥鞭南北！”

“图伯特大人说得对，硕尔泰大人好好养伤，待日后再立功名。等有空本官再来看望大人，请多保重！”说着普萨保先起身整了整衣帽准备要走。

“硕尔泰真是自愧不争，多谢两位大人忙中来寒舍，恕硕尔

泰不送。"

"大人，何必客气。"

一向宁静、偶尔才能听见几声狗叫的六牛录大街今天沸腾了，一辆辆装满行李、工具、炊具、粮草的马车和牛车停在路边，好似一条待飞的长龙，见头不见尾。小孩子的追逐声、大人们的催促声、马嘶牛哞声、车辆的吱吱嘎嘎晃荡声、几只穿梭在车轮间寻找主人的狗的吠声交织在一起，生活的勃勃生机被一阵阵升腾的喧闹重新点燃，让人们在年复一年重复着的平淡中尝到生活的甜蜜。

绰布图佐领今天格外高兴。他虽然话语不多，但他那张风吹日晒中惯于隐蔽表情的僵硬的脸告诉着人们他内心的兴奋。他骑着马，陪着日夜兼程赶来的普萨保和图伯特，顺着大路看着两边整装待发的一辆辆车，一会儿举鞭指指，一会儿开心地哈哈笑笑。马蹄到处，嘚嘚声中卷起一股股黄色的尘土。普萨保虽然略显疲惫，但他依旧挺胸直腰，紧紧挽起缰绳，两腿暗地里却悄悄磕着镫，让马把头仰得高高的，显出高官的威严和自信。走了一阵，图伯特仿佛看到一个熟悉的背影，急忙给普萨保投了一个歉意的微笑，缰绳一提，颠着马过去。

"他怎么了？"普萨保不解地问。

"看见熟人了。"绰布图笑着回答说。

"走，我们也过去看看！"普萨保说着也磕镫跃马走过去。

路边一棵树荫下，一辆牛车上坐着阿吉疙瘩和花尔香，两个人不知在说什么，没说几句又仰头大笑。听那爽朗的笑声，看那兴奋的劲头，便知道阿吉疙瘩那家伙准是又在编造各种离奇的故事逗花尔香高兴。花尔香虽然没穿鲜艳的衣服，但把自己收拾得干干净净，头发梳得锃亮。孩子在她的怀里蹦跶着，也跟着父母咯咯笑着。花尔香明明知道自己的丈夫嘴里绝不会说出正经事，但她乐意听，有时还信以为真，甚至动感情。在她心目中，丈夫总给她一种永远快乐的感觉，只要他在自己身边，哪怕只看自己一眼，也会惹起她连绵的梦想，给她带来不尽的喜悦和满足，她从不知什么是苦恼和忧愁。

图伯特已经勒住马站在他们身后，那马还不停地咬着嚼铁打着响鼻。夫妻俩全然不顾身后的响声，依然你说我笑不止。

“阿吉疙瘩！”绰布图朝图伯特大人和普萨保大人看了看，又摇摇头，突然大喝一声。

阿吉疙瘩和花尔香大吃一惊，怀里的孩子也吓得一下将头埋在母亲的胸前，两只小眼睛滴溜溜转动着，胆怯地偷看。夫妻俩不约而同地抬头，见是几位大人，阿吉疙瘩惶恐的脸上急忙赔起几丝尴尬的笑容，跳下车，花尔香也低下头将腼腆的脸移开几位大人的视线，抱起孩子跟着丈夫下了车站在一旁。

“几位大人在上，小的阿吉疙瘩请安了！”阿吉疙瘩屈膝行礼，低下头把脸埋得深深的。

“免礼，免礼！”图伯特从马背上笑着向二人点了点头，以礼还礼。“阿吉疙瘩把头抬起来，我有话问你！”

“小的不敢。”

“挖大渠去年你们夫妻俩不是去过了吗，今年换了另一班人马，你们夫妻俩为什么还要去？”

阿吉疙瘩听了图伯特的问话，无法逃避那锐利的目光，但又不敢直说，狡黠地转动了几下灵动的眼珠，看了看身边的花尔香，想用自己的眼睛替他的口说出他难以表达的心意。“大

人……”

“怎么，是否有人逼你们?”图伯特见阿吉疙瘩为难的样子，立刻收敛笑容硬着口气问。

“不，不……大人，是花尔香她……”阿吉疙瘩到了嘴边的话又咽住。

“你那张能说会道的嘴今天怎么了，有什么事只管直说，不要吞吞吐吐!”

“大人，本来我是不想去的。可是，花尔香她非要去，她说她给大人做了保证，大渠不成不回家，她说不能食言，所以……”

“哈……”图伯特听了阿吉疙瘩的话，突然仰头大笑起来，笑得眼泪都快掉下来了。

“噢，花尔香真厉害!”

见图伯特大人大笑，花尔香倒不好意思红了脸。她将抱着的孩子往怀里拥了拥，低着头柔和地笑了笑，说:“大人，别听他说，是他瞎编!”

“阿吉疙瘩，我看花尔香这么通情达理，她不会打你屁股赶你上车的吧!”图伯特骑在马上居高临下，从花尔香那宽阔又亮堂的前额根本就看不出她对丈夫的厉害。

“大人，卑职几次劝他们夫妻俩下次轮班时再去，可这花尔香却铁了心，说什么也不肯，阿吉疙瘩他能不去吗?”

“阿吉疙瘩，是这样吗?”图伯特一边问着，一边下了马，走到花尔香面前摸了摸孩子的头，“阿吉布哈有人看吗?”

“大人请放心，这回卑职给她配了个好帮手。”

“好，好！花尔香真有志气，挖渠功成之日，总管档房会重重赏你们夫妻俩!”

“谢大人!”

从马背上远远望去，查干布拉克一带真是变了样，枣林苍茫，河水如带，大渠逶迤而去的躯干已经从曾经的虚无中昂头穿过，以无可非议的面貌横现在人们面前。经过渠道加宽、堤岸加固，民工们用自己的希望赶走了渺茫。在阵阵螺号声中，银锨闪烁，黄土飞舞，大渠在日日延伸，已逼近察罕拜兴了。

图伯特双手抹着腰，站在渠岸一堆高高的黄土堆上，脸上荡着喜悦。巴扬阿和德克津布看着一个个奋力扬锨的民工，穿过热火朝天的工地，满怀无法诉说的激动和喜悦高一脚低一脚来到图伯特跟前，乐呵呵地说：“大人，大渠快挖到察罕拜兴了！”

“噢，太好了！”图伯特喜不自禁，一股暖流从耳根一下流到脚跟，心里一片光明。“巴扬阿大人，德克津布佐领，你们二位再仔细查看一遍这段渠道，若还有需要加固处，要一一定桩标记，抽一部分劳力加班加固。我到下面去看看!”

“喳，大人!”巴扬阿和德克津布异口同声地回答。

图伯特说完孩子般几个滑步走下土堆，从跟丁手里接过缰绳，一手扶着鞍头，轻轻一蹬马镫就跃上马，两腿磕着马向下面跑去。巴扬阿大人和德克津布望着远去的图伯特，会心地笑了。

入夜，一弯月牙挂在西天，星星遥空闪亮。八个牛录依次而居的新工地高空八盏灯笼高高挂起，在夜风中轻轻摇曳，把四周照得明亮。劳累一天的民工们三五成群聚在一起，一边纳凉，一边消磨入睡前那段自由支配的时光，有人吹着苇笛，那悠扬悦耳的声音融进伊犁河哗哗的水声随着波浪漂向远方；有人用低沉的

声音唱着人人都听惯了的歌，给人一种亲切和无限深情的感觉，仿佛心中的憧憬渐渐展现在眼前，激起一阵阵喝彩；有人在大讲刘备、关羽、张飞大战吕布的三国故事，讲到了紧要处突然咳嗽一声说道“且听下回分解”，便装着起身要走，急得大伙又是挽留又是苦求，倒茶敬烟把说者请回来，陶醉在“下回分解”之中。六牛录的工地上时不时传出一阵阵欢笑和掌声。在灯笼下一黑暗处，阿吉疙瘩坐在一块土坡上，俨然一个说书先生，给新来的民工讲着神牛的故事、鬼火的故事，惹得大伙一阵阵赞叹，更加坚信这挖大渠是天意，是不可抗拒的，愈加敬仰和佩服图伯特大人。年轻人浑身都是劲儿，脉搏里流动的热血哪能叫他们安分，他们只要聚在一起就身手发痒，不是抱石头比臂力，就是弯腰摔跤比高低……

指挥部的大帐里灯火明亮，桌上摆着的饭菜冒着淡淡的热气，还没人动过筷子。图伯特、巴扬阿、德克津布以及几位防御正在兴奋地商议着下一步的安排。图伯特显然是心情激动，在静夜里说话的声音更加高昂洪亮，使每一个在座的人都为之振奋。

“诸位，苍天真是不负我等苦心。月余奋战，历经几次险恶，感天动地今日，终得善果，真乃我锡伯营之万幸。现已临近农耕之时，时不我待，农事宜早不宜迟，明日放水试渠，若渠水安然通过无大碍，咱就分田地早早下种！”

听了图伯特的话，每个人都按捺不住内心的喜悦。

“德克津布佐领！”

“卑职在！”德克津布应声起立，两眼因兴奋而放光。

“明日你带部分民工打开龙口放水，渐渐打开，一次不宜过大！”

“知道了，大人！”

“巴扬阿大人！”

“在！”

“劳您明日带几个民工守住查干布拉克退水闸，万一不测，立即开闸放水，尾水退进伊犁河，免得出了意外措手不及！”

“明白。”

终于等到开龙口放渠水的这一天了。

伊犁河依然是那条熟悉的河，河水依然漂着团团白沫放荡不羁，千层浪万层浪向西滔滔而去。此时此刻没有人去欣赏她，没有人为她唱赞歌，但她并不悲哀、并不停息。虽然没有往日的怒吼，但并没有沉寂。龙口一开，重叠而奔涌的浪涛，在断崖下卷起一个个巨大的漩涡，借助冲浪凶猛的势头把水源源不断地推进龙口。大渠里顿时沸腾了，那哗哗的流水在一道道灿烂的阳光下像一匹脱缰的野马向前撒欢儿奔跑。所到之处，仿佛有复苏的生命之花在盛开，向左右两旁黄灿灿、亮晶晶的堤岸浸入千百年来的渴望和梦想。流着流着，那水声渐渐变成温柔细语、清朗低鸣……从高坡往下看，蜿蜒而流的渠水在阳光下闪耀，在枣林边舞动，在无限期待中，查干布拉克终于见到了湿漉漉的弥漫着泥土芳香的黎明的晨曦，听到了甘水流入的咕咕声。

巴扬阿，这个曾经经历沧桑见过世面，被人们视为脾气刚强无比的汉子站在退水闸上，望见大渠之水安然无恙闪着银光流过查干布拉克，再也按捺不住内心的激动和兴奋，突然一下蹲在退水闸上，像小孩子般失声大哭起来……身后的几个民工见平时凶神恶煞般的巴扬阿大人如此动情，也跟着流泪。

“巴扬阿大人，我们到前面去看看吧！”过了一会儿，一个民

工把巴扬阿大人的马牵过来说。

巴扬阿这才站起来，用沾满黄土的衣袖抹了一下眼泪，看了一下身后的民工，忍不住笑了。

“鬼崽子们，看我巴扬阿笑话是不是？哼，等会儿再和你们算账，走！”

五六匹马沿着大渠带着成功的呐喊、胜利的喜悦撒开蹄子奔跑，尘土飞扬中，急骤欢快的马蹄声终于撞开了查干布拉克孤独沉睡的大门……

一望无际的荒原，千百年来被肆虐干旱扼住喉咙，被孤寂荒凉束缚手脚，与一片片黄色为伴静静地躺着，用万般无奈的目光迎送日月轮回。水，是生命之源；绿，是万物精华。图伯特的心血将化为生命之水，民工们的汗水浇出绿色屏障，千古未垦的苍茫大地将会舞动美丽，到处是开不败的五颜六色的花朵，柔和的微风将会飘送五谷的芳香，阡陌相连中农舍的烟囱里旋升的一缕缕蓝色的炊烟，在明澄的高空与飘浮的彩云流连。小鸟来了，欢乐的叽叽喳喳声吵醒了沉睡的寂寞；山鹰来了，扇动有力的翅膀搏击长空，赶走了往日笼罩的混沌。流水的哗哗声溅起一片片闪亮的水花，像拍手欢迎踏入这片土地的一群生机勃勃的开荒者。经过几天的兴奋和忙碌，依祖宗留下的规矩，八个牛录依次按芨芨草秆抓阄结果分了地，永不得互换。

分得地的各牛录大小官员喜笑颜开，立刻骑上马回牛录报喜。图伯特、巴扬阿、德克津布目送各奔东西的跑马，呵呵直笑。

广袤的荒原上开天辟地第一次迎来了热火朝天的耕耘，厚实的黄土上第一次插进淬火的犁头，干旱戈壁中第一次听到催赶牲畜的吆喝声，鞭儿脆响，马蹄奋力，犁飞土翻，从一只只张开的手中撒出的种子，就是收获的希望。

精神的力量总会超越生命的极限，辛勤的努力终于步入收获的殿堂。多少人梦寐以求的愿望，多少个如饥似渴的憧憬，化解危难，驱除疲劳，以累累硕果报答无畏的付出，换来永久的受益。

日子追逐日子，大渠昂首延伸，不久就挖到海努克属地。图伯特见下面一段没有大碍，便将有关事宜交与巴扬阿和德克津布，自己回府里处理积压的许多公事。一天早晨，图伯特刚坐在案前，准备批阅文书，忽听府门外马蹄声震，接着一个人风尘仆仆走进府门。图伯特疑惑地抬头一看，是富尔恒额那张满是汗水的慌张的脸。

“什么事，如此慌张?”

“大人，不好了，出事了!”

“什么事?”

“今天早晨，我们挖到海努克地界，不料从海努克庄子跑出一帮人，手持棍棒，挡住我们不让挖!”

“为什么?”图伯特听了此话不觉大怒，拍案而起。

“他们说那是他们的属地，要挖就叫我们绕过去，决不让从他们地界穿过!”

“真是岂有此理！大清的土地怎么成了他们的！他们的伯克大人怎么说?”

“德克津布佐领去找他们的伯克交涉，巴扬阿大人叫我快马向大人禀报。”

图伯特紧绷着脸，放下手中的文书，说声“备马”，就怒气冲冲走出总管档房。

海努克，地处查干布拉克以西，南高北低，中部是丘陵平原，自古以来便是一块风水宝地。

她头枕乌孙山，脚蹬伊犁河，沿着东西伸展的山脉张开双臂仰面朝天静静地躺着，把这片沃地尽收宽广的胸怀中，享尽日月轮回之乐。

这里泉眼众多，土地肥沃，古有伊犁名胜之地“河北无过固尔扎，河南无过海努克”之说。苍天造化，赋予这里得天独厚的生存根基，居住在这里的“畏兀儿”人无须挖渠引水，而是靠一年四季哗哗流的山泉水无忧无虑地度日。他们听说处在下游的锡伯营要从自己的属地挖渠引水，怎么也不愿意大渠从自己的土地上穿过，更不愿自己衣食无忧的安逸生活被别人打扰。于是他们成群结队走出庄子，高举着棍棒铁器用震动大地的呐喊声互相呼应，顷刻间汇成一股汹涌的人流，男的女的一个个两眼含着杀气向大渠堤岸冲去。正在挖渠的民工见这群人来势汹汹似乎要决堤放水，跃出大渠将一把把锃亮的铁锹握在手中挡住他们。来人见民工一张张挂满汗珠的脸沉着冷静，眼里不见怒火，光脊梁的身子在阳光下闪亮发光，反而被一种无形的力量牵住了脚步，一路上狂呼怒吼声也突然平息了下来。他们不敢贸然动手，又不甘示弱，于是前挤后拥挤成一团，不敢往前了。巴扬阿阴沉着那张黑脸，两眼瞪着面前随时要失控的狂暴人群，一步一步走到民工们前面，将手中的铁锹往地上一插，做了一个停止的手势，大声喝问：“你们跑来干什么？我们这里又没有跳舞唱歌，看什么热闹？”

这群人刚才还在骚动不定、气焰高涨，现在被巴扬阿的话问得不知如何回答，你看我，我看你，哑口无言了。双方不进又不退，开始对峙，都盯着对方泥塑般站着。

太阳越升越高，空气渐渐变得憋闷，阳光照射着每个人，汗水从一张张通红的脸上流下来，谁也无法躲避阳光的热力。

德克津布焦急万分地在海努克伯克大人门前来回踱着步，一再要求见伯克大人。伯克大人就是闭门不见，也不发话，急得他来回乱转，恨不得一脚踹门而入，将缩在屋里的伯克大人揪出来，和他理论。但他知道不能这么做，那样后果将不堪设想。此时此刻，他有多大的恼恨也只能约束自己强忍等待，等待伯克大人早点出来召回群情激愤的人们，而后双方静坐下来协商解决。操之过急反而引来祸端，造成不可挽回的局面。

临近中午，紧绷的对峙终于出现些许和缓迹象，双方人群中有人嗓子发干而轻微咳嗽，有人感到无聊而发出唉声叹气声，有想往前闯又不敢、想往后退又不甘的无可奈何的笑声……巴扬阿却一反常态，显得出乎意料的冷静和沉着。他双手依然拄着锨拐，面对人群不屑一顾地站着。突然，对方人群中躁动一阵后从里面走出一个黑紫胖脸的中年壮汉，向着巴扬阿咳了几声，以引起巴扬阿的注意。

巴扬阿警惕地看了一眼，懒声问："你想干什么？"

"我想问你几个问题。"那个壮汉直言不讳。

"问什么？"

"海努克这块地是谁的属地？"

"是朝廷的属地。"

"那……总有个先来后到吧？"

"对，是你们先来我们后到。"

"既然我们先来，这块地是不是归我们管？"

“当然归你们管。”

“那你们为什么挖渠引水偏要从这里穿过，是不是想霸占这块地?”

“挖渠引水看的是地形地貌，总不能从天上引过去吧！况且我们谁也没说过挖渠是为了霸占你们的地，你听谁说的?”

“那你们为了什么?”

“我们要吃饭哪！你们托胡达的福，依山傍水，不愁吃不愁穿。我们不种田不收粮，喝西北风啊!”

“你们不是有朝廷发放的皇粮吗？种田干什么?”

“好，问得好！那我问你，谁把你们从阿克苏迁移到这里来的?”

“朝廷啊!”

“为什么?”

“种地。”

“你们不在你们的阿克苏种地，为什么跑到这里来种地？难道你们的家乡没地种了吗?”

“……”

“你们收获的粮食交给了谁?”

“朝廷。”

“为什么自己不吃交给朝廷?”

“不知道。”

“你们一年给朝廷交多少粮？你知不知道我们吃的皇粮从哪里来的吗?”

“不知道。”

“我再问你，你们知不知道这伊犁将军管多少官兵嘴巴?”

“不知道。”

“好，既然不知道往后就别再问屁一样的问题！你们是来种田的，我们是来戍边的。伊犁将军府属七八个兵营，你们每年交的粮食还不够塞牙缝，这么多官兵吃不饱肚子怎能骑马打仗、戍边设防，保护你们安心过日子，嗯？那你说，我们不挖渠不吃粮行不行？……好，你们不让挖也行，我们也不想出力讨苦吃，那你们现在就立书保证每年给我们锡伯营供应所用粮食，我们立马就走。你们敢不敢？”

“哈……”壮汉听了巴扬阿的话，突然扬头狂笑起来。“你……你这老家伙，真可笑！你以为你是谁呀？我是吃奶的小孩呀？你这头割掉睾丸的公牛，你还想爬到母牛身上吗？”

“你个狗娘养的敢骂老子！”巴扬阿虽然装得若无其事，可肚里的火气早憋得一阵阵直往喉咙口冲，听了这般羞辱话哪能忍得住。他狠狠地骂了一句，一下将铁锨抄起横握在手，往前走出一大步大声怒喝：“你个乱咬人的疯狗，你有本事出来！”

“你个老东西真不识抬举，你以为我怕你？”壮汉并不示弱，也将手中木棒横握在前走出来。

两个人怒气冲冲疾步向前撞到一起，将锹把和木棒互相用力顶起，横眉对怒目，全身的青筋血管暴突，鼻子喷着火焰，只等对方一动手就会打起来。

两边的人群更是紧张万分，怒火在每个人胸中翻滚，也纷纷抄起家伙，眼含杀气，凝神屏息直盯着前面两个人，开始往前推挤，准备随时动手。

“住手！”在这千钧一发之际，突然从远处传来一声雷霆般的怒吼，所有在场的人都吃惊地侧头循声望去，只见一骑者带着一股腾起的尘烟，风驰电掣般飞驰而来，后面紧跟着四五个人。

巴扬阿一听声音就知道是图伯特大人到了，他终于松了一口气。他朝壮汉恼恨地瞪了一眼，鼻孔里哼了一声，便收起手中铁锨后退几步，又将铁锨狠狠地插在地上，双手拃着腰等大人到来。

图伯特还没等坐骑停下，老远就甩镫下鞍，顾不得抹一下满脸的汗尘，紧握手中的鞭杆疾步走到两堆人群中间厉声喝问："你们这是干什么？都给我退后！"

挖渠的民工立刻收起手中的铁锨，往后退去。那些人虽然人多势众，但都认识图伯特，不敢不听，也只得收起木棒向后退去。

图伯特走到巴扬阿面前，问："德克津布呢？"

"他去见伯克大人，到现在还没回来。"

图伯特听了巴扬阿的话，又立刻回头取镫上马，叫几个跟丁留下，自己缰绳一抖两腿一夹，朝海努克庄子催马跑去。

海努克伯克叫阿克木，五十出头，身材矮胖，鼻头发红，眼光总有点迷糊，身体袒露在外的部分全都长满了黑毛。胡子即便是刮得净光，也留下一片青色，脸上总是一副捉摸不定的神态，几乎没有一点逼人的锋芒。他平时着一身白色长袍，肚子总是圆圆鼓起，走起路来十分吃力。他平时与锡伯营硕尔泰大人多有来往，而且交情颇深。他认为硕尔泰性格豪爽、胸怀坦荡、办事果断凌厉，甚是佩服。硕尔泰手下有一位佐领，说是七牛录的，经常与他一起来家里做客，也十分熟悉。前天夜里，他正要和衣入睡，七牛录佐领达明阿单人匹骑来悄悄告诉他：图伯特挖渠开荒只是个借口，暗地里却密报伊犁将军府大渠开通之后将下面所属海努克地全都占为己有。硕尔泰大人是个硬汉，主持正义，出面阻止反被图伯特告到伊犁将军府。无奈伊犁将军大人只听一面之词，罪责硕尔泰大人，硕尔泰大人一气之下卧病不起，命在旦夕。他又说如果你们现在不出面阻止挖渠，将来大渠挖通后渠北海努克耕地全归锡伯营所属，到时后悔莫及。

他听了达明阿的话，又惊又气，想不到经常见面道貌岸然的图伯特原来是个暗算别人的卑鄙小人，一气之下便召集族人前去阻止挖渠，自己躲在屋里看事态如何发展。气消之余，他又十分感激硕尔泰大人，念朋友交情，替他打抱不平，还派达明阿佐领来告诉他锡伯营隐情。于是德克津布几次求见，他就是憋着一肚气不见。他决定等事情闹大了，图伯特来了再出面交涉。

图伯特到了阿克木伯克家门口，门卫已通报伯克大人。阿克木听说图伯特已到，这才出门迎接。

“伯克大人好！”图伯特虽然肚里有气，还是强颜笑脸施礼握手问候。

“托真主的福，谢大人问候！”伯克大人也十分大度回礼。

“因路途遥远，本官来迟一步，请伯克大人见谅！”

“大人一路辛苦，请进屋喝碗茶再说！”

“多谢大人！”

“不必客气！”

阿克木伯克的家是独门大院，庭前葡萄架上微微摆动的浓厚的枝叶密不透风，从翠绿的缝隙间挤进来点点明亮，一串串吊挂的刚刚露脸的小葡萄映出一缕缕透明的浅浅的黄色薄光，令人咽口水。旁边几棵苹果树上刚刚入色的果实似乎还留着黎明的露珠，逗引客人贪婪的目光。葡萄架下铺着花毡，上面放着一条长

长的餐桌，餐桌上摆放着各种地产食品和茶碗，显得肃穆、淡雅、清凉。伯克大人非常客气地招呼图伯特入座后，一位侍女立刻端上水壶、脸盆和毛巾请图伯特洗漱。

“锡伯营向来与地方上相安无事，今日有人棍棒相见阻我挖渠，不知何故？”因事关紧急，图伯特没有寒暄，单刀直入地问刚入座准备端茶碗的伯克大人。

阿克木伯克听了图伯特大人的话，不得不放下手中的茶碗，看了一眼图伯特大人刚毅矜持的脸，勉强笑了笑，回答说：“大人，你我都心里明白，海努克这块地自移民之始便是我们的属地，何况守护自己的土地是我们的本分，难道这有罪吗？”

“大人，锡伯营挖渠引水、屯垦戍边乃是皇上旨意、朝廷之决策。你我共为朝廷之官、大清子民，应和睦相处，齐心协力加强防御，为朝廷出力分忧才是，何必分你我呢？”

“大人，理应如此。不过，眼前这里水到渠成，下面这块地你们将占为己有，到那时我们种什么地，吃什么粮，交什么粮？”

“伯克大人，这挖渠线路乃将军大人所允准决定，并非锡伯营私自开挖，企图占你田地。将来渠成水到，你我都受益，怎说锡伯营有非分之想呢？”

“不占我们的地，大渠何必非要从这里经过？您说，从海努克下面绕过去不也是一样吗？”

“伯克大人，此言差矣。依海努克的地形地貌，渠道越是往上走，开辟的田地就越多，受益就更大。如果渠道改为往下移，那将会失去多少良田啊！”

“那么依大人之意，这地将来怎么分？”

“大人放心，大渠挖过后我保证不占你一分地，可给你常年一闸水浇地种田，如若大人信不过，你我马上进城在将军大人面前立书为证如何？”

“那……前天夜里你们锡伯营七牛录佐领达明阿来告诉我说，你们挖渠是个阴谋，意在霸占海努克这块地，这是怎么回事？”

“达明阿佐领？”图伯特听了伯克大人的话，嘴里喊了一声，心里顿时明白了。他十分感激地望着伯克大人能给自己吐露真心话，长长叹了一口气，语重情深地说，“伯克大人，你我在将军府一起共事当差不是一天两天，难道你不相信本官的话却信小人莫须有的谎言吗？”

“噢，我与硕尔泰大人交往多年，怎么会想到与他一起共事的佐领是个小人呢？……真是不可思议，不可思议！如此说来鄙人差点上当坏了你我大事！真是……望大人见谅！”

“哪里，哪里！人非圣贤，孰能无过。伯克大人已知内情通晓大理，本官感激不尽！”

“大人，不要再提了，真是惭愧！”

图伯特兴奋地摸了一下胡须，“那这事就这么定了，给你们常年一闸水，这里就叫海努克闸板怎么样？”

“啊！叫海努克闸板？噢，太好了！”

“那就多谢了，伯克大人！”

“不要客气！鄙人岂能一时糊涂便事事糊涂呢？走，明日我抽出一部分劳力帮助你们锡伯营挖过这一段，算是鄙人将功赎罪！”

“不用，不用，大人！”

“大人，鄙人愿意！”

“哈……那就一言为定!”

“一言为定。”

入夏，被开垦的处女地庄稼长得茂盛。明朗的阳光下，柔和的热气在阡陌间荡漾，仿佛醉了似的。远处，天是蓝蓝的，朵朵白云从头顶上缓缓飘过，给耕作的人们留下一种熟悉的愉悦。脚下，泥土的气息混合着庄稼和野草的芳香弥漫在四周，令人感到格外亲切舒坦、清新爽快。一块块高粱地望不到边，经过汗水的浇灌，愈加浓绿。一片片翠绿的谷子刚刚抽穗，张开的叶子遮盖着大地，泛着收获的波纹。

一天，图伯特带着几个手下特地前往新开垦的庄稼地查看。他骑着马走走停停，眼看着灿烂的阳光下流动的希望，一时间感慨万分，多少天的辛苦，多少次的抗争，多少回的交锋，终于有了回报，他还有什么遗憾呢！快要走到二牛录地头时，老远见几个人挥着手顺着田埂向自己跑过来，边跑边喊：“总管大人！总管大人!”

图伯特听见喊声，慢慢勒马停下，眯眼张望，不知来人是谁，有何事。

“大人，大人，神了！神了!”原来是二牛录佐领呼图克，后面跟着几个农户。只见他高一脚低一脚跑过来，嘴里还不停地喊“神了！神了!”图伯特笑了笑，大声问：“呼图克佐领，什么事叫你如此高兴?”

呼图克踉跄着跑到图伯特马前，喘着气，连声称奇：“大人，大喜！大喜！我牛录富兴额地里种的谷子长得像狼尾巴，一秆上长了两三个穗，有的长四五个，真是少见!”

“真的?”图伯特听了十分惊奇，有些不信。

“大人，您快过去瞧瞧！不亲眼看看谁都不信!”呼图克说完扭头带路。

“好，走!”图伯特把马一拍，跟着呼图克朝富兴额的地头走去。

富兴额眼看着图伯特大人朝自己的地走来，高兴得不知所措，一个劲儿地搓着两只长满硬茧的巴掌，乐得合不拢嘴，眯没了眼睛。图伯特走到地头跨下马，富兴额急忙迎过来。

“你是富兴额?”

“是，大人！小人是二牛录富兴额。”富兴额躬身答道。

图伯特举目望着眼前一片浓绿秀穗的谷子地，问：“这谷子浇过几遍水?”

“回大人，已浇过三遍。若能再浇一次水，那就准保粒粒饱满了!”

“好，太好了!”图伯特说着又弯腰用手摸了摸几个秀穗，嘴里不停地称赞着，眼里闪起高兴的泪花。“呼图克佐领!”

“卑职在!”

“你速去进城报知将军大人和普萨保大人，明日庙里祭拜天地，庆贺苍天给予的恩德，敬请二位大人光临!”

“是，大人!”呼图克高兴得手舞足蹈，立刻叫了手下急匆匆朝马走去，恨不能立即上马去惠远城。

图伯特转身看着富兴额喜悦的脸，举手施礼说：“富兴额，本官谢你了!”

“不，不……大人，小人不敢受大人之礼，这功劳应该归大人，若不是大人挖大渠，富兴额地里怎么会长出如此庄稼!”富

兴额做梦都想不到图伯特会给自己施礼，慌得一下不知说什么好。

“这是大家的功劳！我们一定要把大渠挖到底！”图伯特感慨万千，难以言表。

“是，大人，一定，一定……”富兴额急忙躬身附和，道不尽内心的感激。

次日清晨，一阵清脆的钟声响过，太阳渐渐露出来，映着满天的朝霞，绚丽多彩。高大树木掩映下的寺院高阁，画栋雕梁，在霞光中显得虚幻缥缈，殿堂秀亭间鸟鸣丹树、鹤饮石泉。门开风细细，卷帘烟茫茫，一片佛门净地。正殿供奉释迦牟尼佛像，两边灯烛辉煌，香烟缭绕，供物满桌。下面两边两排弟子团坐诵经，声盖殿堂。图伯特、莫伦大师领着巴扬阿以及八个牛录佐领、防御、骁骑校等在寺庙大门前恭候将军大人的到来。

中午时分，在众人兴奋的期待中，将军大人和普萨保一行终于赶到，在一片铿锵的锣鼓声和号角声中，将军大人和普萨保老远就离鞍下马疾步走来。图伯特和莫伦大师率众人急忙过去施礼迎接。

“将军大人，普萨保大人，二位辛苦了！”

将军大人脸上洋溢着喜色，笑着一边走一边还礼说：“图伯特大人，可喜可贺，这真是大功告成的好兆头啊！”

“大人过奖。”

“大师，我佛慈悲，保佑众生，本官今日特来祭拜，望我佛大恩大德，永志青史！”

“阿弥陀佛，善哉，善哉！大人光临我寺，为我佛门增光，我千恩万谢！”

礼后，将军大人和普萨保大人心怀虔诚和敬畏走进寺庙。莫伦大师在偏殿设座伺候将军大人一行歇脚喝茶，暂缓鞍马劳顿。

巴扬阿以及各牛录佐领、防御等一一进殿见过将军大人、普萨保大人后，将军大人呷了一口茶，看了一眼手下众官一个个喜颜悦色的脸，激动不已地开口说：

“真是天遂人愿，你们锡伯营挖大渠旗开得胜，真是功绩不小，可谓朝廷之大幸！”

“本官走南闯北多年，像锡伯营做出这种事的真是少见！”普萨保大人也清了嗓门接着将军大人的话说，两眼熠熠闪亮。

“图伯特大人，诸位佐领、防御，真是佛门有幸，上天有灵，若无莫伦大师鼎力辅助何以能完成如此重任。今日本官感激不尽，不知大师有何要求？”

“阿弥陀佛，我谢大人恩典。佛门净地，严忌奢望。我别无他求，已备一牌匾，请大人赐字！”

松筠将军看了一眼身边的普萨保，哈哈笑着站起来朗声说：

“我看暂将空匾收起，再等些时日不迟。此前图伯特大人曾向朝廷奏请，按制敕立本寺的称号，皇上已赐名‘靖远寺’。近日我欲将图伯特大人之功绩上奏，不如另请皇上为本寺赐匾，岂不更好。”

莫伦达喇嘛合十道谢，说道：“大渠一开，功泽后世，就算为图伯特大人立祠也不为过，本寺有幸沾光了。”

钹声腾起，鼓号齐鸣，在一阵阵震天动地的诵经声中开始了祭拜天地仪式，大家共举香烛，告慰天地。

这天，是锡伯营重获新生的一天，是屯垦戍边开启创业的一天，是人们遵循生存的轨迹去奋斗去抗争赢得胜利的一天，是人

们在苦乐中终究得到自己归宿的一天，是坚定的信念在千古戈壁荒野扎根发芽的一天，是值得封闭的历史永远铭记锡伯营功绩的一天！

消息传到一牛录和三牛录，所有官兵和闲散都为之振奋而欢欣鼓舞时，硕尔泰却在家中悄然离开了人世。临终前，他将一直追随他的纳尔泰和巴尔布叫到家里，一再沉痛叮嘱：

“你们不要再干后悔莫及的事了，一定要鼎力辅助图伯特大人完成屯垦戍边的重任，千万不要玷污我锡伯营的名声，丢祖宗的脸。”并嘱托纳尔泰将一封有关达明阿的亲笔信转交图伯特。

硕尔泰一生光明磊落，忠于职守，防务有功，但因刚愎自用反对挖渠，铸成生命中的遗憾。他这一生，喜也罢，悲也罢，历史会给出一个评说。但他毕竟是锡伯营移驻西圣地的经历者、见证者。嘉庆十年，副总管缺额擢八牛录德克津布补放。

纳尔泰因胸无大志，挖渠不力，于嘉庆八年引咎自退。三牛录佐领缺额擢额尔固伦补放。

达明阿因造谣中伤，挑拨离间，破坏挖渠，于嘉庆十年被革职查办，七牛录佐领缺额擢富尔恒额补放。

锡伯营在总管图伯特统领下，经过七年的艰辛劳动，终于使深一丈、宽一丈二尺，东自恰布恰山口，西至霍吉格尔，横贯二百余里，辟田近万亩的大渠大功告成。从此千古荒原变成粮仓，原居绰霍尔渠北的八个牛录先后迁至大渠南北两岸筑城定居，肩负戍边重任，为国家疆域安宁、版图完整做出不朽的贡献。大渠先称“锡伯新渠”“锡伯营大渠”“锡伯八旗渠”，后改称“察布查尔布哈”“察布查尔大渠”，世代哺育着锡伯人，锡伯人喻它为母亲渠。

图伯特一生公正廉明，为创议并开挖大渠呕心沥血，矢志不移；其恩德布及万众，其功绩八方赞颂。为感怀其丰功伟绩，图伯特在世时，锡伯营在渠首崖上修了公祠，以志纪念。

嘉庆十四年，为表彰图伯特的功德，经皇上允准，其带上五谷良种进京朝觐，锦帛记名，画像紫光阁，并准回盛京故里上坟祭祖，了却锡伯营全体感怀故土之愿。嘉庆十五年，图伯特被皇上封为塔尔巴哈台领队大臣。

图伯特站在蒲河边，望着那如泣如诉的蒲河水，抚今追昔，泪水纵横。故土依然是那样的宁静、安详和亲切，依然是那样难以割舍。无论他走到哪里，童年时留下的足迹一个个在眼前跳跃浮现，难以忘怀。在他的心目中，故土是欢乐的海洋，梦中的天堂。记忆中的老一辈都去世了，与自己一起长大的伙伴们都被朝廷分到盛京各地当差去了。

他刚刚踏上故土，从伊犁来人探亲的消息即刻轰动了整个盛京城，各旗的锡伯人跑出家门奔走相告，像洪水般涌向锡伯家庙，几千双泪眼都想一睹亲人的面孔，让盼望已久的思念得到释怀！在蒙眬泪眼中，他渐渐清晰地看到伊犁河波涛汹涌、震撼人心、一泻千里；看到察布查尔大地千古荒原变良田，阡陌相连，流水潺潺；看到一座座卡伦遥相呼应，顶天立地，冲天的旌旗在千里边防线上迎风飘扬；看到觉罗和包吉力成亲的大篷车，车轮滚滚，马蹄嘚嘚，欢天喜地的笑声荡漾在千里高空；看到阿吉疙瘩和花尔香扬镰割麦，麦捆如山，丰收的歌声传万里……

他紧紧地闭上眼睛站了一会儿，慢慢地转过身，从跟丁手里接过一个小陶罐。

“硕尔泰兄弟，阿哥把你带回了咱故乡，你的心愿已了，你安息吧！咱哥儿俩有缘的话，来世还做兄弟！”

多少年，天地转，星斗移，生命的轮回依然在磨难中延续。图伯特的事迹之所以流传到今天，是因为他给人们带来了希望，创造了生命的奇迹！

巍巍乌孙山，千峰争苍穹；浩荡伊犁河，白浪齐奔腾。
伊犁锡伯营，西迁自盛京；南北十八站，戍边保安宁。
日月如梭行，人口逐年增；竭尽全力种，五谷不丰登。
八项要政中，谷粮要先行；不图根基业，势必陷绝境。
总管图伯特，一世唯圣明；深谋细远虑，决心挖渠成。
踏勘渠地形，利弊细权衡；神牛托梦助，莫伦香火灵。
树大惹招风，愚者先得宠；蜚言飘忽起，瞒天欲逞凶。
恩公图伯特，壮志更坚定；发誓渠不成，愿抵九族命。
出言如九鼎，浩气贯长虹；为解生计难，将军照准行。
日月倍多情，七年渠功成；浪花漫沃野，历史重诞生。
是非终分明，功过自公论；从此锡伯人，戍边根基定。
皇上下圣旨，图公觐嘉庆；绘图紫光阁，功德千古颂。

2016年6月20日重修

2017年2月3日改完

于新疆伊犁察布查尔锡伯自治县县城